Das Projekt „Heine im Harz“ wurde durch das Land Sachsen-Anhalt gefördert.

#moderndenken

HEINE IM HARZ

Entdeckungen am Rande einer legendären Fußreise

herausgegeben von Elke-Vera Kotowski und Uwe Lagatz
in Verbindung mit dem Harzmuseum Wernigerode

Inhalt

Seite

Grußwort von Rainer Robra, Staatsminister und Minister für Kultur des Landes Sachsen-Anhalt

300 Jahre Klopstock, 200 Jahre Harzreise mit der Brockenbesteigung Heines. Es fehlt zurzeit nicht an literarischen Jubiläen in Sachsen-Anhalt. Und mit der Feier des 250. Geburtstages von Caspar David Friedrich erfährt auch in der Malerei der Harz weltweit Aufmerksamkeit. Denn im Rahmen der Jubiläumsausstellungen in Hamburg, Berlin, Dresden und Greifswald sind auch die bekannten Harzbilder Friedrichs zu sehen. Bei Jubiläen ist immer entscheidend, wie sie begangen werden und was man aus ihnen macht. Wichtig ist, Vergangenes lebendig werden zu lassen, Interesse zu wecken und die Lust auf die Beschäftigung mit dem kulturellen Erbe. So freut es mich, dass nach der engagierten Würdigung Klopstocks nun auch die Harzreise Heines für die Gegenwart „entdeckt" und mit einer Ausstellung und einem umfänglichen Rahmenprogramm entsprechend gewürdigt wird. Dazu gehört auch dieser Begleitband. Das Land Sachsen-Anhalt hat das Projekt gern unterstützt und ich bin mit Freude der Bitte nachgekommen, diesen kleinen Beitrag für die vorliegende Publikation zu verfassen, die überaus gelungen ist.

Die schriftstellerische Aufarbeitung der berühmten Wanderung zählt zu den Höhepunkten im Schaffen Heines. Neben ihrem Protagonisten kommen auf den folgenden Seiten aber auch weitere Harzreisende zu Wort, deren Namen uns heute nicht mehr so geläufig sind. Doch das Lesen der Texte von Friedrich Gottschalck, Adolph Glassbrenner oder David Kalisch – alles Zeitgenossen Heines – rundet das Bild eines Jahrhunderts ab. Und manch einer wird überrascht sein wie modern, humorvoll, aber auch wie weitsichtig die Autoren waren, als sie auf Gesellschaft und Umwelt im Deutschland des 19. Jahrhunderts schauten.

Heinrich Heine entdeckte, wie viele seiner Zeitgenossen, im Wandern im wahrsten Sinne des Wortes eine ganz besondere Form der Weltanschauung. In der Natur fand er sich frei von so vielen ihm auferlegten Zwängen. Das Wandern schuf ihm Freiraum, er konnte Sorgen und Nöte hinter sich lassen. Die grandiose Naturkulisse des Harzes, aber auch die Begegnungen mit ganz unterschiedlichen Menschen, prägten Heine auf dieser Reise. Seine Gedanken und Empfindungen während der Harzreise verarbeitete er meisterhaft. Er schuf eine moderne Form von Reiseliteratur, in der Poesie, Naturerlebnis und feine Ironie eine gelungene Symbiose eingingen. Sein Werk hat bis heute nichts von seinem Reiz verloren. Und so wanderten bis heute viele Harzreisende auf seinen Spuren.

Ich bedanke mich bei den Initiatoren und allen Beteiligten dieses großartigen Heine-Projektes und wünsche der Ausstellung und den dazugehörigen Veranstaltungen viele Besucherinnen und Besucher. Dem vorliegenden Band wünsche ich zahlreiche Leserinnen und Leser. Möge er Lust darauf machen, den Brocken und den Harz und vielleicht auch noch mehr von der wunderbaren Kulturlandschaft Sachsen-Anhalts für sich zu entdecken.

Grußwort von Tobias Kascha, Oberbürgermeister von Wernigerode

Heine gehört zum Harz wie Goethe oder Fontane. Die weltbekannte Heinesche Harzreise des Jahres 1824, die zwei Jahre später in den Reisebildern als Buch erschien, ist ein Klassiker im besten Sinn. Generationen von Schülerinnen und Schülern haben den bis heute anregenden Text kennengelernt. Vieles darin bleibt aktuell, auch wenn die Namen und manche Zeitbezüge heute erklärt werden müssen. Viel Landeskundliches ist bis heute darin zu entdecken. Die Schärfe von Heines Spott erinnert manchmal an aktuelle öffentliche Diskurse, aber Heine verfügt über die Sprache und den Witz, den Esprit, um seinen Sarkasmus in eine Form zu gießen, die schon seit 200 Jahren trägt.

Umso erfreulicher für die Stadt Wernigerode, dass unser städtisches Harzmuseum in Zusammenarbeit mit der Moses Mendelssohn Stiftung in Berlin und gefördert durch das Land Sachsen-Anhalt eine Sonderausstellung auf den Weg gebracht hat. 200 Jahre sind seit der legendären Fußreise vergangen, aber der Harz hat seitdem nichts von seiner Attraktivität verloren, im Gegenteil. Wer wollte die Zahl der Wanderer ermitteln, die in den letzten 200 Jahren den Harz erkundet, durchquert und schätzen und lieben gelernt haben? Bis heute sind die markanten Stationen, die Heine besucht hat, mehr als einen Besuch wert, darunter der Brocken, der seit Jahrhunderten eine geradezu mystische Ausstrahlung besitzt und bis heute für jeden Harz-Besucher obligatorisch ist.

Ungezählte Wanderer machen sich jeden Tag im Harz auf den Weg, bei jedem Wetter und in jeder Jahreszeit. Von modernen Errungenschaften wie dem Smartphone samt Wander-App konnte Heine natürlich noch nichts ahnen. Die Navigation fällt heute deutlich leichter als 200 Jahre zuvor, als man auf bestimmten Passagen noch geführt werden musste. Auch sonst hat sich im Harz einiges verändert, und auch die Stempelstellen der Harzer Wandernadel müsste man Heine erst einmal erklären. Ganz sicher hätte er diese auf seine Weise gewürdigt. Ein gepflegtes, gut beschildertes Wegenetz wie heute wäre für den angehenden Dichter ein Traum gewesen, und auf dem Brocken verlaufen kann man sich auch nicht mehr. Aber das Landschaftserlebnis und die menschlichen Begegnungen, die Heine – meist ironisch-satirisch – festgehalten hat, die sind auch heute noch möglich. Die Umgebung verändert sich, aber die Heineschen Routen, soweit sie genau bekannt sind, können teilweise immer noch nachvollzogen werden. Somit bleibt viel Raum, auch für diejenigen, die den Harz erst noch für sich entdecken wollen.

Die aktuelle Sonderausstellung und der damit verbundene Begleitband können zu neuen Unternehmungen inspirieren, und natürlich zu einer erneuten Lektüre eines historischen Textes, den man vielleicht seit Schulzeiten nicht mehr in der Hand gehabt hat. Ich bin davon überzeugt: Die „Harzreise" wird am Ende zu einem persönlichen Erlebnis für alle, die sie unternehmen: Auch heute! Besonderen Dank zolle ich deshalb all jenen, die das Heine-Projekt initiiert und am Ende realisiert haben, allen voran den beiden Kuratoren Dr. Elke-Vera Kotowski und Dr. Uwe Lagatz sowie den Mitarbeiterinnen und Mitarbeitern unseres Harzmuseums.

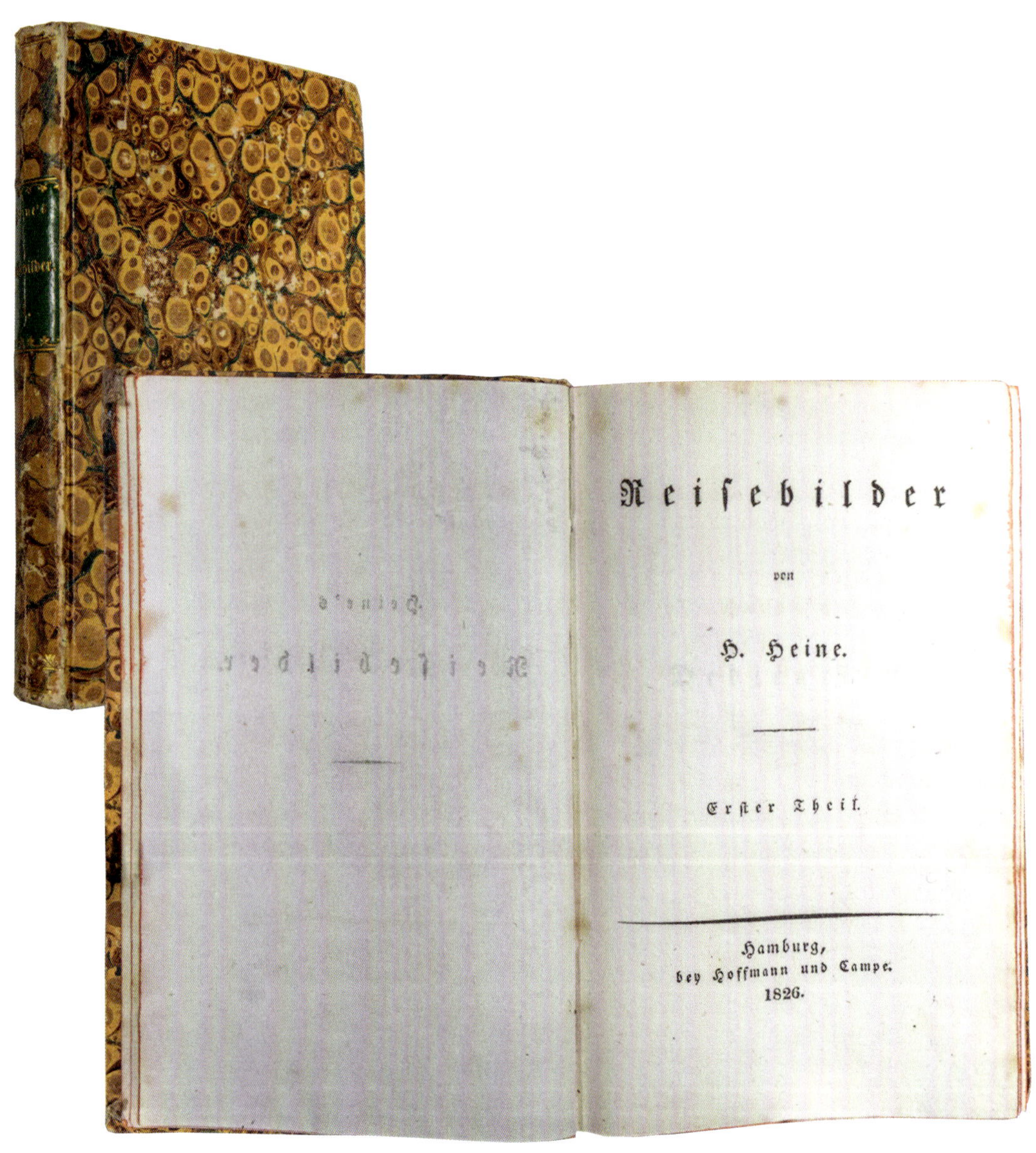

Die „Reisebilder" von Heinrich Heine mit der ersten Buchausgabe der „Harzreise", 1826

Zum Geleit

Aller Anfang ist eine Idee. Diese Idee entwickelte sich im Herbst 2022, als sich der Oberbürgermeister von Wernigerode, Tobias Kascha, und der Vorstand der Moses Mendelssohn Stiftung, Julius H. Schoeps und Elke-Vera Kotowski, in Magdeburg begegneten. Bei einem Gespräch kristallisierte sich schnell heraus, dass beiderseits ein großes Interesse bestand, auf kulturellem Gebiet zusammenzuarbeiten. Die Berliner Moses Mendelssohn Stiftung sowie ihre Partnereinrichtung, die Moses Mendelssohn Akademie mit dem Berend Lehmann Museum für jüdische Geschichte in Halberstadt, fand sehr bald eine Klammer, die sowohl Berlin und Wernigerode als auch Halberstadt miteinander in Verbindung bringen konnte und dabei alle Themen, die an den jeweiligen Orten im Fokus stehen, zu verknüpfen verstand. In Kombination mit der touristisch überaus attraktiven Stadt am Fuße des höchsten Berges Norddeutschlands samt städtischem Harzmuseum ergibt sich ein einzigartiges Gespann der Kulturarbeit und Wissensvermittlung, das sein verbindendes Element in Heinrich Heine und seiner 1824 angetretenen Harzreise fand. Aus der ersten Idee ist nunmehr eine Ausstellung erwachsen, die sich in dem vorliegenden Begleitband widerspiegelt. Ein großer Dank gilt in diesem Zusammenhang der Staatskanzlei und dem Ministerium für Kultur des Landes Sachsen-Anhalt, die das Projekt mitgefördert hat.

Als „Schlüsseltext der Moderne" gehört Heinrich Heines *Harzreise* zum Kanon der deutschen Literatur, darüber hinaus ist er seither aber auch ein Sinnbild für die Verbundenheit der deutschen Jüdinnen und Juden – vor der NS-Verfolgung – zu ihrer Heimat. Diese Verbundenheit wurde jedoch durchaus auf eine harte Probe gestellt. Auch dafür fand Heine die passende Ausdrucksform in einem im Pariser Exil verfassten Text, der 20 Jahre nach der *Harzreise* entstand: *Deutschland ein Wintermärchen* (1844). Mit der sukzessiven bürgerlichen Gleichstellung (u. a. Judenedikt von 1812) wuchs das Bekenntnis zur deutschen Kultur, was sich im Zuge der Romantik auch in einer Naturverbundenheit und einer Faszination für das Wandern ausdrückte. Besonders der sagenumwobene Harz mit seinen mythischen Verbindungen zur deutschen Geschichte bot hier eine ideale Annäherungsmöglichkeit und die Anziehungskraft dieses Sehnsuchtsortes wurde durch die zeitgenössische deutsche Dichtung noch verstärkt. In der mustergültigen „Verschränkung von Selbstbild und Zeitbild", wie es die Literaturwissenschaftlerin Renate Stauf 2006 während einer Tagung im Schloss Wernigerode formulierte, spiegelt Heines *Harzreise* seither innerhalb des deutschen Judentums jenes assimilatorische Moment und gibt bis in die Gegenwart Anlass für Interpretationen und Diskurse. Für viele Nachfahren von deutschsprachigen Jüdinnen und Juden weltweit ist das Bild des Harzes bis heute ein Narrativ und ein Sinnbild für die eigenen Wurzeln.

Seit langem und besonders seit Heines Zeit gilt der Harz als Synonym für Naturerlebnis, Wandern, Sommerfrische und das Reisen schlechthin – einmal ganz davon abgesehen, dass dieses Gebirge für viele Menschen als Ort der Inspiration dient: Man wandert auf Heines Spuren durch den Harz, um am Ende das in der *Harzreise* Gelesene mit dem zu verarbeiten, was man selbst auf seiner Unternehmung erlebt und empfunden hat.

Diese Gegenwärtigkeit und ungebrochene Popularität der *Harzreise* steht in einem gewissen Widerspruch zur Präsenz des herausragenden Werkes und seines Urhebers in der (regionalen) Geschichts- und Erinnerungskultur. Während mit Heines Namen vielerorts geworben wird und in der touristischen Harz-Literatur bzw. in lokalen musealen Präsentationen immer wieder Verbindungen zum Schriftsteller und seinem Werk hergestellt werden, fehlte es in der gesamten Harzregion bislang an einer (musealen) Präsentation, die sich der *Harzreise*, ihrem historischen Kontext und ihrem Verfasser komplex widmet. Das 200-jährige Jubiläum von Heines *Harzreise*

Der Gedenkstein für Heinrich Heine im Ilsetal, 2023

bildet folglich den perfekten Anlass für eine entsprechende Sonderausstellung und das Wernigeröder Harzmuseum bietet sich in besonderem Maße hierfür an. Einerseits korrespondieren der museumsdidaktische Zuschnitt und die regionale Verwurzelung des Hauses mit dem Thema, andererseits handelt es sich im Falle von Wernigerode um einen der Orte, die Heine 1824 besucht hatte, auch wenn die hier gewonnenen Eindrücke von ihm am Ende nicht in der *Harzreise* literarisch verarbeitet werden sollten.

Der vorliegende Begleitband zur Ausstellung bildet diese aber nicht allein ab und dient auch nicht als Neuauflage, geschweige denn Neuinterpretation der *Harzreise*. Vielmehr wollen Ausstellung und Publikation Heines Werk in einen historischen Kontext einbetten und Bezüge zur Gegenwart herstellen.
Es gilt Heine als Gebirgsbesucher zu zeigen, der einem typischen frühen touristischen Muster der Zeit folgte. Darüber hinaus symbolisiert seine schriftstellerische Auseinandersetzung jenes jüdische Emanzipationsstreben und das Bekenntnis zur Heimat, zur Kultur und zur deutschen Sprache. Dieses wird gerade auch im Vergleich mit zeitgenössischen Autoren wie Friedrich Gottschalck (1772–1852), Adolph Glassbrenner (1810–1876) und David Kalisch (1820–1872) deutlich, die ebenfalls in der Ausstellung wie im vorliegenden Band zu Wort kommen. Von allen drei – heute kaum mehr bekannten – Autoren werden im Anhang Auszüge ihrer Texte über den Harz präsentiert. Diese verdeutlichen in besonderer Weise den Zeitgeist und den Blick auf die Gesellschaft zwischen Spätaufklärung, Vormärz, 1848er-Revolution und anschließender Reaktionszeit.
Ihnen vorangestellt sind zwei Überblickstexte, die Heine in den zeitgenössischen Kontext einfügen, aber auch einen Bezug zur Gegenwart herstellen. So schlägt der langjährige Leiter des Heinrich-Heine-Instituts und Mitherausgeber der historisch-kritischen Düsseldorfer Heine-Ausgabe, Joseph A. Kruse, in seinem Eröffnungsessay „‚Nichts ist dauernd, als der Wechsel' – Gedanken zu Heines 200-jähriger Harzreise (1824–2024)" einen kulturhistorischen Bogen bis in unsere Tage und sinniert darüber, was uns Heines *Harzreise* heute noch zu vermitteln sucht. Die Literaturwissenschaftlerin Irmela von der Lühe gewährt uns mit ihrem Essay „‚Ein zusam-

mengewürfeltes Lappenwerk': Heinrich Heines *Harzreise* (1824) zwischen Wanderlust, Naturbegeisterung und Zeitkritik" einen Einblick in das Deutschland zu Heines Zeit und hält uns jenen Göttinger Studenten vor Augen, der sich auf eine Wanderung durch die Natur begibt. Diese Wanderung gerät zur Suche zu sich selbst und seziert in zuweilen beißender Satire die gesellschaftliche Transformation der Restaurationszeit.
Die Begeisterung für das Wandern, die mit Heines Veröffentlichung der *Harzreise* nicht erst entstand, aber an Popularität gewann, nimmt der Historiker, ausgewiesene Harzkenner und Mitkurator Uwe Lagatz in seinem Essay „Heine als Harzwanderer – Einer von vielen? Eine Annäherung aus tourismusgeschichtlicher Perspektive" unter die Lupe. Auf den Wernigeröder geht zudem das Grundkonzept von Ausstellung und Katalog zurück.
Diese Harzbegeisterung nahm seit dem 19. Jahrhundert auch innerhalb des deutschen Judentums stetig zu. Dies zeigte sich beispielsweise auch in Halberstadt mit einer der bedeutendsten jüdischen Gemeinden in der Harzregion. Prägende Vertreter der Halberstädter Judenschaft waren der Hofjude Berend Lehmann und die Unternehmerfamilie Hirsch, die den Kupferhammer in Ilsenburg betrieb. Die Gründungsdirektorin der Moses Mendelssohn Akademie und des Berend Lehmann Museums, Jutta Dick und die Historikerin und Judaistin Sarah Jaglitz verweisen in ihrem Essay „Heinrich und Ilse. Die Halberstädter Judenschaft und der Harz" auf die Geschichte des jüdischen Lebens und Wirkens in der Harzregion.
Überleitend zu den Texten von Heines harzaffinen Zeitgenossen, beschäftigt sich Elke-Vera Kotowski, Mitinitiatorin und -kuratorin der Ausstellung, in ihrem Essay „‚Der Brocken ist ein Deutscher' – Heinrich Heines und David Kalischs satirischer Blick auf das deutsche Gemüt" mit einem Schriftsteller und Journalisten im Dunstkreis Heines, der als namenloser Verfasser die Schrift *„Schultze und Müller im Harz." Humoristische Reisebilder* herausbrachte. Sie war ein Nebenprodukt seiner Tätigkeit als Mitbegründer und -herausgeber der politisch-satirischen Zeitschrift *Kladderadatsch*, ein Begriff, der nach 1848 zum Schlagwort wurde und in den allgemeinen Sprachgebrauch überging.

Das Herzstück von Ausstellung und Begleitband bilden jedoch die atemberaubenden Landschaftsbilder des Harzes, die sich bis heute den Betrachtenden offenbaren und die Leidenschaft für das Wandern seit Generationen beflügeln. Norbert Perner, der sowohl als Gestalter dieses Bandes als auch als Fotograf der aktuellen Harzaufnahmen in der Ausstellung wie der Publikation verantwortlich zeichnet, zeigt dies eindrucksvoll in dem Zusammenspiel von historischen und heutigen Ansichten auf den Harz. Allerdings verschlossen einst wie heute die Betrachterinnen und Betrachter ihre Augen nicht vor den Folgen der Industrialisierung und dem damit einhergehenden Eingriff in die Natur, der zu Raubbau, Umweltverschmutzung, Klimawandel und Gefahren für Mensch, Tier- und Pflanzenwelt führte. Die wachsende Mobilität verstärkte zusehends diese Entwicklung, das erkannten bereits zeitgenössische Autoren und Harzreisende wie Gottschalck, Glassbrenner und Kalisch – und nicht zuletzt Heinrich Heine.
Allen Veränderungen zum Trotz ist es auch heute noch möglich, die Stimmung des fußreisenden Heine auf seinen Wegen durch den Harz auf einer eigenen Wanderung, sei es durch die Ausstellung, den Katalog oder auf Heines Spuren die historischen Pfade entlang, nachzuempfinden:

> „Unendlich selig ist das Gefühl, wenn die Erscheinungswelt mit unserer Gemüthswelt zusammenrinnt, und grüne Bäume, Gedanken, Vögelgesang, Wehmuth, Himmelsbläue, Erinnerung und Kräuterduft sich in süßen Arabesken verschlingen."
>
> (Heinrich Heine, aus der *Harzreise*)

Olaf Ahrens
Leiter des Harzmuseums
Kurator

Elke-Vera Kotowski
Chefkuratorin der
Moses Mendelssohn Stiftung

Uwe Lagatz
Historiker und Kurator

Joseph A. Kruse

„Nichts ist dauernd als der Wechsel"

Gedanken zu Heines 200-jähriger Harzreise (1824–2024)

Allerorten und jederzeit sind sie vorhanden und wirksam: die Macht, der Zwang und der Zauber der Erinnerung. Nicht umsonst sprechen wir deshalb vernünftiger-, ja klugerweise von Erinnerungskultur. Es ist richtig und gut, ebendiese Form der Vergegenwärtigung möglichst rechtzeitig und umsichtig beim Schopfe zu fassen und ihr die Ehre zu erweisen. Denn mit ihr und ihrem großen Speicher an entsprechend bedenkenswerten Daten und zu beschwörenden Gedenkjahren leben wir unser Privatleben mit all seinen Sternstunden und Besonderheiten oder auch tragischen Erlebnissen genauso intensiv, wie wir in aller Öffentlichkeit uns bemühen, mit ihr auf vertrautem Fuße zu stehen. Mit und in ihr begehen wir in der Tat, um nicht zu sagen: feiern wir, zwischen Ernst, Nachdenklichkeit, auch Schrecken, Trauer und Hoffnung, zum Glück trotz allem doch oft genug auch noch mit Freude, Genugtuung und Gewinn die Wiederkehr von unterschiedlichsten Ereignissen oder Fakten, die dem Leben ihren Stempel aufgedrückt haben und deren Botschaften jeweils ein Innehalten nahelegen.

Geburts- und Sterbejahre machen uns jeweils mit bedeutenden Menschen vertrauter, die auf den Feldern des öffentlichen Lebens von Politik, Technik, Wissenschaft und Kunst wie Literatur (oder womit das Leben sich sonst schmückt, adelt, eventuell auch beschwert) durch Wort und Tat ihre nachhaltigen Wirkungen gezeitigt haben. Vor allem bei aus mancherlei Gründen nicht immer leicht zu vermittelnden Namen und Persönlichkeiten haben Säkularfeiern geradezu Wunder gewirkt.

Der Dichter Heinrich Heine (Düsseldorf 1797 – Paris 1856 [Abb.1.])[1] ist dafür ein ausgesprochen gutes Beispiel, der seinem Publikum die nunmehr oft genug überwältigende Akzeptanz nicht immer unbeschwert verschaffen konnte, obgleich oder weil er – erstaunlicherweise bis heute! – stets so etwas wie einen sensiblen Seismographen der Probleme und Veränderungen durch Reaktionen auf ihn und sein Leben wie Werk ab-

Abb.1
Heinrich Heine (geb. am 13.12.1797 in Düsseldorf, gestorben am 17.02.1856 in Paris) gemalt von Moritz Daniel Oppenheim (1831)

gab. Da waren seine Bedingungen der oft genug als Signatur sich verändernder Zeiten die ambivalent empfundene jüdische Herkunft und damit verknüpft das seinerzeit für den öffentlichen Dienst notwendigerweise vorzuzeigende, wenn auch oft genug angepasste Christentum, sprich in seinem Fall die protestantische Taufe. In der bestimmenden Mehrheitsgesellschaft bildete sie die konfessionell eingependelte Grundvoraussetzung für eine öffentliche Anstellung. Was jedoch die Probleme von Sympathie oder Apathie durch die Öffentlichkeit nicht maßgeblich änderte (Heine spricht anschließend in einem Brief an

Abb. 2
Der Bankier und Rabbiner Moses Moser (1797–1838) war seit der gemeinsamen Studienzeit ein enger Vertrauter von Heinrich Heine. Die Zeichnung entstammt dem Werk „Heinrich Heine – Aus seinem Leben und aus seiner Zeit" von Gustav Karpeles, 1899.

seinen Freund Moses Moser [Abb. 2] im Herbst 1826 desillusioniert vom „nie abzuwaschenden Juden"![2]), sondern allenfalls auf der Skala der Beurteilung wie Wirkung die nicht vorurteilsfreie Einschätzung jeweils nur um Nuancen verschob. Jubel und Ablehnung ruhten für das Publikum sogar bis in unsere Gegenwart nah und gelegentlich unversöhnlich beieinander – wobei die positive Zuneigung und der bewundernde Dank im Widerstreit der Urteile in der Regel obsiegte.[3] Und stets sind es die im Untergrund wabernde Fremdheit, das Anderssein, die vielfachen Wechsel mit ihren Überraschungen, ob in Lebenslauf, Stil, Themen und Werken, die von Beginn an die Aufnahme seines Werkes und der planvollen Schriftstellerexistenz mit bestimmten, ja ihrerseits eine fruchtbare Unruhe mit sich führten und die demgemäß neben allem Einvernehmen eindeutig irritiert und angeregt haben.[4] Poesie gab es nicht nur pur als ästhetisches Phänomen, sondern stets auch als Aufklärung und Berufung auf die Menschenrechte. Romantik und Revolution spielten zusammen mit den Fakten der Realität und den Entwürfen einer hoffnungsvollen Utopie in seinen Botschaften und Versen. Alles war von Bedeutung und konnte den Gegenstand der Literatur bilden. Das Leben der Menschen in ihrer Einzigartigkeit galt Heine dabei als ungemein hohes Gut, das nicht missachtet werden oder gar zugrunde gehen durfte. Der Dichter hatte früh einen Universalismus der Humanität als sein eigenes Refugium empfunden. Es spricht für die Besonderheit der modern empfindenden Kaiserin Elisabeth von Österreich mit ihren ausufernden Fluchtbewegungen, dass sie sich im damaligen Denkmalstreit um Heine als seine Förderin und Schülerin hervortat und damit Maßstäbe setzte.

Ja, besonders seine literarisch-poetische Reaktion auf alle politisch-sozialen Verhältnisse, die er mit Vorliebe und besonders gekonnt ins Wort zu bringen verstand, verhielten sich zur Tradition und manchen „biedermeierlichen" Erwartungen ganz und gar ungewöhnlich, nämlich wie üblich verbotsmäßig, was auch spürbar genug bereits durch die Zensur und das Verbot des Jungen Deutschland und ihres angeblichen Anführers Heine im Dezember 1835 für eine gewisse Zeit geschah und enorme Folgen für den von ihm deshalb geübten mehrdeutigen Schriftsinn zeitigte. Hinzu kommt sein erfolgreicher Grenzwechsel in angedeutet mehrfacher Bedeutung – eben nicht nur in dem der Religion oder Weltanschauung: Als nicht mehr ganz unbekannter Autor mit Anfang Dreißig aus den ihn beengenden deutschen Verhältnissen im Freiheitsdrang nach Paris zu gehen und von dort aus eine Weltberühmtheit zu werden, sprach zweifellos für seine spezielle Begabung, wenn nicht obendrein für ein geniales Erbe beispielsweise seines Düsseldorfer „Großoheims" Simon van Geldern [Abb. 3], des Chevaliers und „Morgenländers", aus der mütterlichen Familie, wurde aber nicht unbedingt als berechtigte Anpassung an einmal gegebene Verhältnisse begriffen. Insofern blieb er in Leben und Nachwirkung umstritten und von Widersprüchen gezeichnet: Er war und blieb eben ein Dichter zwischen den Fronten und Meinungen. Während der deutschen Teilung nach dem Zweiten Weltkrieg konnte um ihn die literarhistorische Gelehrsamkeit von West und Ost wetteifern: Beide Seiten sind um ihrer trotz aller Probleme zu Tage tretenden Verdienste zu loben.

Wohl wahr – Achtung und Verachtung berührten sich bei ihm. Sie lagen auf jeden Fall verwechselbar nah beieinander, und das bei einem Schriftsteller, der für sich bald die Beachtung durch die unterschiedlichsten Medien und die Aufmerksamkeit der weiten Welt in Anspruch nehmen durfte. Hatte er nicht die deutsche Nordsee für die Literatur entdeckt? War nicht vor allem von ihm der romantische Mittelrhein auf den Spuren Clemens Brentanos durch das Loreley-Gedicht „Ich weiß nicht, was soll es bedeuten, / Daß ich so traurig bin"[5] mit dessen wehmütigen Untiefen seit der Erstveröffentlichung in einer Berliner Zeitschrift am 26. März 1824 zur gelungensten Mystifizierung einer immer noch bewegenden

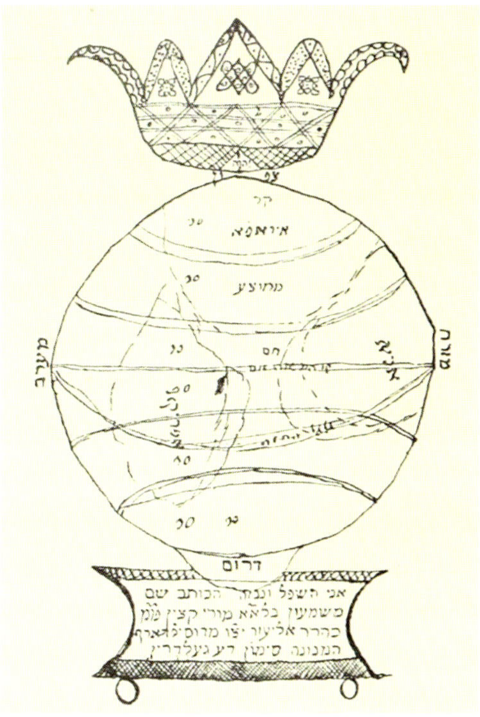

Abb. 3
Heines Großonkel Simon van Geldern (1720–1774) war ein weitgereister Schriftsteller, der lange im Orient weilte und an den Höfen Europas ein und aus ging. In seinem Tagebuch fand sich auch diese Zeichnung der Erdkugel mit den Himmelsrichtungen und der Inschrift auf dem Sockel: „Ich, der unwürdige und geringe Schreiber [des Werkes] ‚Schem miSchim'on', Sohn meines Vaters, Herrn und Lehrers, des Vorstehers, Ernährers und Führers, des geehrten Rabbiners, Herrn Elieser (sein Fels [d. h. Gott] und Erlöser möge ihn schützen) aus Düsseldorf, genannt Simon de Geldern." [übersetzt von Uri Faber]

Landschaft in unvergesslich melancholische Verse gebracht, was der peniblen Heine-Chronik leicht zu entnehmen ist und mit seinen 200 Jahren übrigens sinnreich am Loreleyfelsen heuer ausdrücklich gefeiert wird?[6] Als zweites Gedicht des Zyklus *Die Heimkehr* schmücken diese sechs von Friedrich Silcher 1838 so erfolgreich vertonten Strophen (was Karl Kraus in seiner berühmt-berüchtigten scharfen Heine-Fehde nicht ironisch anzumerken vergisst) schon das berühmte *Buch der Lieder* von 1827. Kein Wunder, dass Heines Verehrer Thomas Mann in den *Bekenntnissen des Hochstaplers Felix Krull* noch 130 Jahre später (im Jahre 1954) durch den bereits gemäß der Sagengestalt am ursprünglich erfunden-heimatlich rheinischen Standort benannten Schaumwein und nach dessen Konkurs dann durch die von der Restfamilie „zu frommer und froher Erinnerung" neu eröffnete „Pension Loreley"[7] in Frankfurt am Main diese poetische Tradition kurzerhand, sozusagen schlaglichtartig, auf humoristische Weise aufgriff und für einen kurzen Moment überhöhte.[8] Was beispielsweise in der historischen Realität zufällig durch den Namen „Lorelei" eines deutschen Schiffes, verquickt in die Geschichte der Verfolgung der Armenier durch deren nur vorgebliche Bestrafung ihrer Mörder zu Beginn des 20. Jahrhunderts, sein wahrlich zweifelhaftes Gesicht zeigte und ins diabolische Gegenteil verkehrte.[9] Und hatten nicht die *Reisebilder* Heines Beweglichkeit und Welterschließung vom kleinsten Erinnerungsbild der Düsseldorfer Herkunft bis zum größeren landschaftlichen und politischen Zusammenhang über Berlin nach Polen bis nach England und Italien fabelhaft bereits in seiner deutschen Zeit bis zum Frühjahr 1831 unter bemerkenswert nachhaltigen Beweis gestellt? Heine bildete eine literarische Macht, dessen Stimme ernst genommen und dessen Sprache konsequenterweise zu den Höhepunkten der deutschen Prosa und Lyrik gerechnet wurde, wie nicht nur Nietzsche bekennt. Heines Ton und Spezialität bleibt bis in unser Feuilleton hinein als ein Nachhall der Gnade poetischen Verfahrens bis in die Gegenwart präsent und weist weit darüber hinaus.

Sein 200. Geburtstag im Jahre 1997 mit unterschiedlichsten deutschen, jedoch auch internationalen Anlässen und Terminen erbrachte, wie man das Ergebnis nennen könnte, endlich jenen intensiven Kafka-Effekt (wie er im gegenwärtigen 100. Todesjahr des Prager deutsch-jüdischen Dichters durch manches Gedenken wiederum greifbar ist) der teilweise komplett veränderten, nämlich positiv existentiellen Akzeptanz mit einem Werktypus zuwege, der inzwischen für eine enorm erfolgreiche Wirkungsgeschichte von Identifikation und Vorbildcharakter spricht. An was musste man sich in Heines Fall nicht, wie schon angedeutet, alles gewöhnen: An den originellen, furchtlosen, hochbegabten Lyriker und Prosaautor, der als deutscher Jude aufgrund der christlichen Bedingungen, was den öffentlichen Dienst betraf, sich im anspielungsreichen Heiligenstadt des katholischen Eichsfeldes nahe seinem letzten Studienort Göttingen Mitte 1825 [Abb. 4] am 28. Juni, passend zum juristischen Staatsexamen samt Promotion, so unbemerkt wie möglich, und zwar protestantisch taufen ließ, was den rheinisch-katholischen Erlebnissen samt heimischem Schulbesuch im ehemaligen Franziskanerkloster eigentlich widersprach, um den Sprung in die erhoffte erfolgreiche Zukunft zu schaffen. Der aber trotz negativer Erfahrungen, was das anging, gleichzeitig bereit war, sich am 31. August 1841, gut anderthalb Jahrzehnte später, in der bedeutsamen Pariser Kirche St. Sulpice einer katholischen Trauung mit seiner sehr viel jüngeren, heiter-unbelasteten und unbefangenen Lebensgefährtin Augustine Crescense Mirat (1815–1883 [Abb. 5]), die er Mathilde nannte, mit allen dafür nötigen Klauseln zu unterziehen. Und der als Freigeist während der achtjährigen Bettlägerigkeit vom Revolutionsjahr 1848 an bis zu seinem Tode Anfang 1856 aus den quälenden Symptomen des unheilbar Kranken für die Öffentlichkeit von sich ein Bild Hiobs oder des armen Lazarus entwarf und aushielt, so dass man zugleich verwundert von einer sogenannten Bekehrung zum Gott der Väter durch die vertiefte Lektüre der von ihm immer hoch geschätzten Bibel ausgehen konnte. Solche Haltung verblieb freilich, neben aller öffentlichen Überraschung angesichts der sprichwörtlichen Heineschen Ironie und Freisinnigkeit, im Rahmen der ersten Hälfte des 19. Jahrhunderts zweifellos dennoch ein Löcken gegen den Stachel von Vorschrift und Gewohnheit. Ist nicht gar seine jugendlich lyrische zweite „Bergidylle" in der *Harzreise* bereits die kühne Variante einer erstaunlich begeisterten, trinitarisch zu nennenden Weltsicht, in der er sich selber am Schluss dem Mädchen aus dem Harz durch die Aufforderung zum „dreisten" Kuss als „Ritter von dem heil'gen Geist"[10] zu erkennen gibt? Nach der Regel: Wenn schon, denn schon …

Abb. 4
Blick auf ‚Göttingen von Südwest', um 1825. Stammbuchkupfer von Heinrich Grape aus einer Publikation mit dem Titel „Göttingen um 1825"; im gleichen Jahr in Göttingen erschienen.

Man möchte es fast verständlich nennen, dass Vieles für ein nicht gerade von Problemen begeistertes Publikum gegen ihn zu sprechen schien und, wenn auch oft nur untergründig, waberte und Merkmale zu Vorsicht und Fremdheit lieferte. Das Unangepasste, das der Mehrheit Unvertraute, machte es Heine nicht leicht. Er selber blieb ein Mirakel und verstand es dennoch zu einer der Hauptgestalten der deutschen Sprache und Dichtung im Rahmen der umfassenderen Weltliteratur aufzusteigen. Dafür sprechen allein schon die Tausende von Vertonungen seiner Gedichte durch so viele bedeutende Komponisten wie (um nur einige Zeitgenossen zu nennen) Schubert, Schumann, Mendelssohn und Brahms, die ihn „Auf Flügeln des Gesanges"[11] im Gedächtnis begeisterter Menschen für immer verankert haben.[12] Dafür spricht jedoch auch seine Kunst der Agonie, woraufhin seine achtjährige Krankheit von ihm zur gewollt aussagekräftigen „Matratzengruft zu Paris"[13] erklärt wurde. Dabei wusste er persönlich ebenso unbeugsam wie souverän als ein durch die damalige Medizin zum Morphinisten sich entwickelnder Ernstfall das gesamte Elend und die rasenden Schmerzen zu ertragen und zu beschreiben. Er verstand sein intensiv von ihm dargestelltes, geradezu „erdichtetes" Sterben als einen folgerichtigen tapferen Akt eines Lebens für die tragenden Ideen der Menschheit. Der immer so bewegte, in jedem Sinne reise- und aufnahmewillige Poet gewann sogar noch den letzten erbärmlich zu nennenden Jahren ihre existentiellen Farben und bewundernswerten Hoffnungen wie Zweifel durch eine literarische Teilhabe ab. Aus der schweifenden Phantasie entstanden Dichtungen von Format, Beispiele für eine äußerst faszinierende, immer neu zu entdeckende späte und beispiellose Poetenexistenz.

Nicht nur das ganze Leben, auch einzelne Werke können ihre bedeutsame Rolle spielen, die dabei zugleich Exempel veränderter Realität zu bilden haben, wie beispielsweise jene Verdichtung einer in den Semesterferien im Herbst 1824 unternommenen Fußwanderung durch den Harz mit ihrem geradezu epochemachenden Schlusspunkt durch den Besuch bei Goethe in Weimar. Kein Wunder, dass beider großen Dichter besonders auf dem mythischen Brocken durch Wege und Denkmäler gedacht wird. Diese Wanderung entsprach in der Tat so ganz dem in jedem Sinne

Abb. 5
Heine hatte die Schuhverkäuferin Augustine Crescense Mirat 1833 in Paris kennengelernt und sich gleich in sie verliebt. 1834 zogen sie zusammen, aber erst sieben Jahre später ließen sich Mathilde, wie Heine sie nannte, und der Dichter katholisch trauen. Holzstich von E. Hoffmann nach einer Fotografie von 1851.

mobilen Verhalten seiner originellen autobiographischen *Reisebilder*, nämlich in ebendiesem Bericht über *Die Harzreise*, der sich aus mehreren Fassungen und manchen Varianten ergab, die ihrerseits die wichtigsten Fixpunkte seines jungen Lebens vom Ende des Jurastudiums samt der skeptischen Akzeptanz der neuen Zugehörigkeit zur christlichen Religion spiegeln. Diese so persönlich kecke, sentimentale und durch und durch gescheite wie naturbewusste Harzadaption hat als eigentlicher Introitus neben den frühen Gedichten des *Buchs der Lieder* [Abb. 6] die Berühmtheit des Dichters Heinrich Heine grundgelegt und kann als Stolperstein des Sinns und der Selbstortung nach allen Seiten gewendet und als Initiation zum Schriftsteller von Format begriffen werden. Halten wir es mit dieser kleinen Studentenprosa so, wie Heine es „in jedem Lustrum meines Lebens"[14], also alle fünf Jahre, mit dem großen „Don Quixote" von Cervantes „mit abwechselnd verschiedenartigen Empfindungen"[15] je nach Alter und dessen ambivalenten Wirkungen vormachte: Lesen wir sie regelmäßig von Neuem als „Harzreise in die Zeit". So lautete bereits vor einem halben Jahrhundert in der Heine-Forschung ein gescheiter Beitrag „Zum Funktionszusammenhang von Traum, Witz und Zensur in Heines früher Prosa".[16] Nie spüren wir lebhafter, wie sehr sich die Welt und in ihr auch wir selber als Beteiligte und ihre Geschöpfe uns verändert haben. Der Text gewinnt an unterschiedlichen Reizen und die Lektüre an Überraschungen und Tiefe.

Abb. 6
Bei Lagerfeuer und Fanfarenklängen durften sich die jungen jüdischen Pioniere in Osteuropa auch an der deutschen Romantik erfreuen. Titelblatt der broschierten Ausgabe von Heinrich Heine, „Buch der Lieder" (Lider), übersetzt von Mosche Chaschtschewatski, Ukrmeluchenazmindfarlag [Charkiw] 1936. Bereits 1917 erschien im Kunst-farlag, einem avantgardistischen Kiewer Verlag, eine Übersetzung der Lieder von Esra Korman (1888–1959). 1920 hatte der Wiener jiddische Verlag Najland eine weitere Übersetzung der Lieder von Samuel Jacob Imber (1889–1939) veröffentlicht.

Vor allem die Annäherung an die zeitlichen Bedingungen, wie sie der eben nicht oberflächliche Autor religionsgeschichtlich zu meistern, ja zu erleiden hatte, worüber erst jüngst aus theologischer Sichtweise aufregend Würdigendes zum Übergang von „Schwelle" zu „Schwelle" seines jungen Lebens zu erarbeiten oder besser zu eruieren war, verdienen unseren Respekt.[17] 200 Jahre sind seit seiner realen, all seinem wachsenden Ruhm zugrunde liegenden Harzwanderung vergangen. Also verdient auch sie von Zeit zu Zeit und in solchem Abstand überschaubarer Epochen, vor allem aber zu einem solchen 200-jährigen Geburtstag unsere berechtigte Aufmerksamkeit. Dabei können wir just dem Harze, diesem sagenhaften deutschen Mittelgebirge mit seiner beachtlichen Literarisierung, ganz und gar nicht entkommen und das am wenigsten mit der kleinen *Harzreise* Heines in der Hand – und sollten es nicht und wollen es noch weniger.

Denn gerade der Harz, und was der Dichter über ihn erzählt, hat mehreres über die Vergangenheit, Gegenwart und Zukunft zu offenbaren. Heine stellt nicht umsonst diese *Harzreise* unter ein tiefsinniges Motto seines dem Schicksal nach Frankfurter Zwillings und jüdisch-christlichen Leidensgenossen Ludwig Börne (1786–1837 [Abb. 7]), der in späteren Pariser Jahren sein konkurrierender Gegner, zugleich aber auch ein eigenes großartiges Spiegelbild in seiner wichtigen „Denkschrift" von 1840 über den früh verstorbenen Kollegen war. Und zwar entscheidet sich Heine als Grundgedanken gerade für einen seinerzeit jüngst veröffentlichten Satz aus dessen bewegender, am 2. Dezember 1825 in Frankfurt am Main vorgetragener „Denkrede auf Jean Paul", dessen Tod am 14. November 1825 diese Würdigung durch den originellen und geachteten Schriftsteller Ludwig Börne zur Folge hatte.

Erschienen war sie am 9. Dezember 1825 im Stuttgarter *Morgenblatt*. Heine fügte erst jetzt seinem Text *Die Harzreise* mit dem ausdrücklichen Untertitel „1824" dieses Motto für den Druck im ersten Band der *Reisebilder* von 1826 hinzu: „Nichts ist dauernd als der Wechsel [so beginnt das Zitat]; nichts beständig, als der Tod. Jeder Schlag des Herzens schlägt uns eine Wunde, und das Leben wäre ein ewiges Verbluten, wenn nicht die Dichtkunst wäre. Sie gewährt uns, was uns die Natur versagt: eine goldene Zeit, die nicht rostet, einen Frühling, der nicht abblüht, wolkenloses Glück und ewige Jugend."[18] Börne hatte auf diese hehre Weise dabei auf begnadete Eigenschaften von Jean Paul hingewiesen, die Heine gerade als Wegzeichen der eigenen Überzeugung erscheinen mussten. Denn Börne beruft sich auf Jean Pauls „Kampf für die Freiheit des Fühlens" und seinen Spott über die deutschen „Höfe", wobei gerade das „verschmähte Dörfchen" durch ihn entdeckt und zugleich das Poetische gefeiert wurde.[19] Dem konnte Heine nur voll und ganz mit jugendlicher Verve zustimmen.

Abb. 7
Ludwig Börne, Gemälde von Moritz Oppenheim (1827)

Der Harz seinerseits, das muss heute sorgenvoll festgehalten werden, hatte seitdem enorm viel zu erdulden, ganz so wie sein Dichter Heine selbst, und zeigt sich mittlerweile unter dem gewohnten Grün denn doch angesichts der vordem viel bejubelten Schönheit, nun aber einiger offensichtlich damit einhergehenden allzu zerstörerischen Folgen teilweise nur noch als Leidtragender des einvernehmlich sogenannten, aber viel zu harmlos eingeschätzten Fortschritts eben nicht nur ins Bessere, sondern ins Üble und Angekränkelte. Dagegen mögen wir die Bedeutungskurve Heines trotz mancher Angriffe und Rückschläge geradezu als beruhigend gelungen bezeichnen. Denn ach, der Harz ist aufgrund der jüngsten, in diesem oder jenem nur noch negativ zu bezeichnenden Dezennien geradezu mehrfach geschunden und gebeutelt worden. O du schöner Harz, armer Harz! Trockenheit und Brand sind keine ratsamen Allheilmittel für ein gewohntes ewig lebendiges, saftiges Grün. Und es ergaben sich insgesamt schwer zu behandelnde Übel, obwohl die Harz-Landschaft wenigstens ihre jahrzehntelange deutsche Teilung vor über drei Jahrzehnten mir und dir nichts aufgrund einer friedlichen Revolution im Osten verloren hat und wieder für alle da ist als Spiegel jüngster Geschichte. Hier wenigstens endlich ein friedlicher Fortschritt im ramponierten Kleide, der uns mit manchem versöhnt. Aber auch umso fürsorglicher machen muss, damit uns der Harz nicht vollends den Rücken kehrt! Beispielhaft hat der ostdeutsche Dichter Thomas Rosenlöcher (1947–2022) gleich den Heine-Faden aufgenommen und kurz nach der Wende im Jahre 1991 sein Echo auf die *Harzreise* geliefert, indem er damit die „Wiederentdeckung des Gehens beim Wandern" [Abb. 8] konstatierte.[20] Denn wahrlich ist und war gerade in diesem Zusammenhang nicht alle Erinnerung süß und un-

Abb. 8
Cover der Ausgabe von Thomas Rosenlöcher, Wiederentdeckung des Gehens beim Wandern, erschienen 1991 im Suhrkamp Verlag

problematisch. Gelegentlich stößt sie einen mit der Nase auf Probleme, denen wir nur entkommen, wenn wir uns selber ändern. Natur als Aufgabe, damit sie jenen beruhigend unergründlichen Zauber in etwa wiedererlangt, der so lange Perioden hindurch die Seele dieser herausragenden Landschaft mit ihren Geschichten und heilsamen Wirkungen gewesen ist. Und sei es, dass es selten irgendwo heimeliger und vertrauter war als im Harze mitsamt seinen Waldungen und Gewässern. Es gehörte zur Heine-Zeit dazu, sich ihm hinzugeben: aus der Ebene in die Höhe aufzubrechen. Heine verstand es zweifellos auf besondere Weise, seine Harzerkundung als Sprung in die Weltliteratur vom Brocken am 19. September 1824 bis hin zu Goethe am Frauenplan in Weimar am 2. Oktober als Ritus zu vollziehen. Dieser katapultierte ihn in die deutsche Romantik, obgleich er als deutscher Jude aus Düsseldorf nach einer Kaufmannszeit in Hamburg und am Ende seines Jurastudiums im verbal von ihm misshandelten Göttingen erst während des Publikationsprozesses seiner frischen Prosa *Die Harzreise*, wie nicht deutlich genug wiederholt werden kann, eben auch die Mehrheitsgesellschaft erreichen wollte durch seine protestantische Taufe in Heiligenstadt im katholischen Eichsfeld im Juli 1825, parallel zu Staatsexamen und Promotion an der eingestandenermaßen bedeutenden Göttinger Universität – und somit gänzlich anders für ein wahrlich öffentliches Leben gerüstet, als wenn er in der anfangs übernommenen Tradition der väterlichen Kaufmanns- und Bankiersfamilie verblieben wäre.

Ebendieser nicht unkomplizierte, die Existenz für den öffentlichen Dienst, etwa eine Geschichtsprofessur an einer Universität, vorbereitende Vorgang lässt sich als großer existentieller Wechsel, als Bezwingung von ihm selbst bewusst gewordener „Schwellen" bezeichnen, was nachspürbar nicht nur dieser seiner Wanderung eingeschrieben ist. So gut er damals zu Fuß war, für sein Leben ist dieser eher still und heimlich vorgenommene Schritt der Akzeptanz und Anpassung in der Tat rein persönlich etwas Halsbrecherisches und letztlich Vergebliches gewesen. Gerade solches Krakelee ist es, was an Heines Leben wie Werk fasziniert und was ihm die angesprochene kafkaeske Bedeutung zuweist.
Spontane Studentengefühle und originelle Darstellung verleihen der *Harzreise* ihre spezielle wie anhaltende Wirkung. Damit schafft er eine unabhängige Literatur für die angesprochene und anteilnehmende Welt und erreicht eine autobiographische Selbstvergewisserung, deren Wert nicht hoch genug eingeschätzt zu werden vermag. Insofern erreicht Heine eine Mitteilungs-Qualität, die einen enormen Einfluss verspricht. Denn solche Aufnahme der unter anderem, wie er bei Heine sprichwörtlich zu sein scheint, damals des „Skandals"[21] geziehenen *Harzreise* gehört bereits zu den zeitgenössischen Stimmen und geht durch die Generationen hindurch. „Unerhört und revolutionär" sei „vor allem, daß die Themen in der *Harzreise* wegen ihres vielfältig die Gegenwart anspielenden Inhalts", wie es bei Heine an seine Freundin Friederike Robert, Schwägerin der Rahel Varnhagen, heißt, „in einem ganz neuen Ton von verblüffender Unbefangenheit" daherkamen oder eben „in einem lebendigen, enthusiastischen Stil" verfasst seien, so an den Freund Moses Moser.[22] Insofern schenkt Heine von früh an individuelle Höhepunkte und gelangt mit deutschen Gefühlen und grenzenlosen Urteilen und Formulierungen gewissermaßen vom Brocken aus zum Hort der deutschen Abteilung innerhalb der Weltliteratur. Der romantische Wald ist es, der es Heine angetan hat, wobei er durchaus von der Einfalt und Wankelmütigkeit der Gefühle ausgeht. Er weiß, dass dem Zauber immer auch die Realität vorauseilt und dass die allgemein von Tieck und anderen, darunter der heute im 250. Geburtsjahr hochgeachtete Maler Caspar David Friedrich [Abb. 9], beschworene „Waldeinsamkeit" des frühen 19. Jahrhunderts geschont wie rücksichtsvoll erobert sein will. Bis in die Gegenwart lassen sich diese Linien zum Glück verfolgen. Ja, wie gesagt: Selbst die Kunst hat seitdem nicht locker gelassen und sich des Waldes erfreut und erbarmt. Und durch dieses sich offen gestaltende Interesse gerät Heines *Harzreise* gar in das „Wald"-Buch im Verlag Walther König, Köln, des großen Malers und Professors an der Düsseldorfer Kunstakademie Gerhard Richter (Jg. 1932) von 2008. Überhaupt hat dieses Jahr geradezu die „Konjunktur" des Harzes unter Beweis gestellt.[23] Richter steht keineswegs allein da, verbirgt freilich Heine und den Harz geheimnisvoll durch das Rütteln und Schütteln seiner Textverarbeitung. Die den Fotos von dessen waldig-baumreichen Kölner Sitz jeweils zugeordneten „Legenden" gehorchen gnadenlos dem

von Richter bekannten Verwirrspiel vollständiger Vermischung – wie von Farben in seinem viel diskutierten Kölner Domfenster so von Worten auf diesen technisch-künstlich gemixten Seiten. Die Texte entstehen aus einer ihm bekannten und eines seiner Bilder („Liebespaar im Wald", 1966) zitierenden Vorlage, nämlich der Kölner künstlerischen Abschlussarbeit des Künstlers und Försters (was das Thema geradezu herausfordert!) Nikolaus Theile (Jg. 1973), die als Probeheft namens *Waldung. Magazin für Wald, Wandern, Wissen* von 2006 dem Wald seine Reverenz erweist und dessen Bedeutung nachspürt. Gerade in diesem Heft erhält Heines *Harzreise* einen eigenen – gewissermaßen – Haupt-Artikel, in dem sie vom Autor dieser hier vorliegenden „Gedanken" besprochen und eingeordnet wird.[24] Nur sind nunmehr durch Richters Wirrwarr die Texte nicht mehr sinnvoll lesbar, sondern haben die durcheinander geschüttelten Worte zu verfremdenden Botschaften angeblicher Interpretation der jeweils benachbarten Fotoseite umgeschaffen, in denen Heine, dessen Verhältnisse und sein Harz und noch einige wenige, davon unabhängige Dinge und Autoren ihre fröhlichen, im ersten Moment sinnlos wirkenden Urstände feiern.[25]

Das Thema, das übrigens bereits den Ausstellungskatalog der Berliner Akademie der Künste von 1987 adelt und eine Vorreiterrolle zuweist mit dem Titel „Waldungen. Die Deutschen und ihr Wald. Ausstellung der Akademie der Künste vom 20.9. – 15.11.1987. Akademie-Katalog 149 von Bernd Weyergraf unter Mitwirkung von Annemarie Hürlimann", der zwei Jahre später als eigene Produktion der Nicolaischen Verlagsbuchhandlung übernommen wurde, spielt auch im 2011 begangenen „Internationalen Jahr der Wälder" beim Deutschen Historischen Museum in Berlin durch die Ausstellung „Unter Bäumen. Die Deutschen und der Wald" eine eigene Rolle; der in Dresden erschienene Katalog (mit dreimaligem Heine-Gedenken) wurde herausgegeben von Ursula Breymayer und Bernd Ulrich. Wald und Wälder und alles, was damit zusammenhängt, blieben also zweifellos auch untergründig im kulturellen Kontext weiterhin brisant und präsent. Denn wie das Leben so spielt: Unter dem Titel „Wälder – Von der Romantik in die Zukunft" boten gerade das Deutsche Romantik-Museum, das mit dem Goethe-Haus am Hirschgraben engstens verknüpft ist (Leitung: Anne Bohnenkamp-Rempen), und das Senckenberg Naturmuseum in Frankfurt am Main sowie das Museum Sinclair-Haus in Bad Homburg von Mitte März bis Mitte August 2024, also just im Jahre von Heines 200-jähriger Harzwanderung und dieser vorausgehend, einander ergänzende Ausstellungen an.[26]

Welch ein schöner Zufall, dass Heine seinerseits mit der *Harzreise* als junger Autor durch die Harzwanderung von 1824 ein ganz eigenes Kapitel solchen unendlich abwechslungsreichen Gebiets derart unterhaltsam aufgeschlagen und diesem ihn selber durchaus das ganze Leben begleitenden Feld so selbstbewusst und kenntnisreich der unbedingt notwendigen Debatte frühzeitig und zweifellos wirksam eingefügt hat. Wie sehr muss Heine doch das Dichterherz auf dem rechten Fleck gehabt haben – und wir können es durch den verbliebenen und wiederherzustellenden Zauber des Harzes voller Vergnügen und Hoffnung immer noch schlagen hören. Vor allem, nachdem es dankenswerterweise aus besagtem 200-jährigen Anlass gewissermaßen am Orte des Geschehens selbst, nämlich im mit dem Harze und seiner literarischen Verflechtung eng verschwisterten Wernigerode,[27] durch die Moses Mendelssohn Stiftung, Berlin, eben nicht anders als durch eine originäre „Harzreise"-Ausstellung mit Eröffnungsbeginn an Heines historischem „Brockentag", dem 19. September 2024, veranschaulicht und sichtbar gemacht wird: Dem Ganzen also sozusagen eine neue, ebenso notwendige wie berechtigte unverwechselbare Erinnerungs-Krone – und diese nicht ohne spürbaren Handlungsappell mit zu erhoffender guter Zukunft – aufgesetzt ist.

Abb. 9
Caspar David Friedrich bereiste 1811 mit dem Bildhauer Gottlob Christian Kühn den Harz. Im gleichen Jahr entstand das Gemälde „Felsenpartie im Harz".

Irmela von der Lühe

„Ein zusammengewürfeltes Lappenwerk“

Heinrich Heines Harzreise (1824) zwischen Wanderlust, Naturbegeisterung und Zeitkritik

Es ist ein poetisches Dokument aus der frühen Blütezeit des Harz-Tourismus, ein lyrisches Zeugnis für die Produktivität eines Außenseiters im Literaturbetrieb des frühen 19. Jahrhunderts, vor allem aber ist Heinrich Heines *Die Harzreise* eine satirische Abrechnung mit romantischer Sentimentalität und verkitschter Natursehnsucht; mit falschen Gefühlen, verstockten Gemütern, mit rationalistisch-autoritären Strukturen in Wissenschaft und Gesellschaft. Kurzum, *Die Harzreise* liefert in ihrer Mischung aus frechem Reisebericht, entlarvender Beschreibung wandernder Harzliebhaber und heiterer Naturlyrik vielerlei Sprengstoff. Sie brachte nach der Publikation eines Bandes mit Gedichten (1822) und eines weiteren mit zwei kaum beachteten Tragödien (1823) den ersten großen literarischen Erfolg für Heinrich Heine; seinerzeit noch Student der Rechte an der „Georgia Augusta", jener 1734 gegründeten Universität aus protestantisch-aufklärerischem Geiste, über die der Autor gleich einleitend seinen beißenden Spott ausgießt. Kaum eine akademische Feier, keine Rektoratsrede, kein universitäres Großzeremoniell, aus dessen Anlass die berühmten Sätze später nicht genüsslich-masochistisch zitiert worden wären:
„Die Stadt Göttingen, berühmt durch ihre Würste und Universität, gehört dem Könige von Hannover, enthält 999 Feuerstellen, diverse Kirchen, eine Entbindungsanstalt, eine Sternwarte, einen Karzer, eine Bibliothek und einen Rathskeller, wo das Bier sehr gut ist [...].
Im Allgemeinen werden die Bewohner Göttingens eingetheilt in Studenten, Professoren, Philister und Vieh; welche vier Stände doch nichts weniger als streng geschieden sind. Der Viehstand ist der bedeutendste."[1]

Der satirisch übertreibenden Einleitung zur *Harzreise* hat Heine ein fünfstrophiges Gedicht vorangestellt, das mit raffiniert einfachen lyrischen Mitteln Konstruktion und Intention des gesamten Reiseberichts intoniert. Herzlose Eleganz und falsche Gefühlsseligkeit, Konvention und Kälte des städtischen Alltags treiben den Sprecher „Auf die Berge [...] / Wo die frommen Hütten stehen". Von dort oben will er „lachend" herunterblicken auf die „Glatten Säle / Glatte(n) Herren! glatte(n) Frauen". Dem falschen Schein der Kultur steht die wahre Fülle der Natur, der Enge der Stadt die Weite der Berge entgegen; und dem seiner Wanderung durch den Harz entgegensehenden Ich öffnet sich der spöttische Blick auf die hinter und unter ihm liegende Welt; denn hier oben erlebt es „freye Lüfte, stolze Wolken", die über den Himmel jagen. Die poetischen Topoi, auf die Heine im Eingangsgedicht der *Harzreise* zurückgreift, finden sich allenthalben in der Naturlyrik des 18. Jahrhunderts. Souverän bedient er sich aus dem durch Salomon Gessners *Idyllen* (1756), den *Musenalmanach* des Göttinger Hainbundes (1772–1775), aber auch durch *Goethes Werther* (1774) und das durch die Romantiker bereitgestellte Repertoire zur Illustration des Gegensatzes von Stadt und Natur, Enge und Weite, kalter Konvention und wahrer Freiheit. Auch Friedrich Gottschalcks *Taschenbuch für Reisende in den Harz* (2. Auflage 1817), das Heine bei sich trug, als er am 12. oder 13. September 1824 von Göttingen aus zu seiner Wanderung durch den Harz aufbrach, beschwört bereits einleitend den genannten Gegensatz; und zwar mit Versen aus Friedrich Schillers *Die Braut von Messina* (1803). Auch sie könnten Heine für sein Eröffnungsgedicht angeregt haben: „Auf den Bergen ist Freiheit/Der Hauch der Grüfte/Steigt nicht hinauf in die reinen Lüfte! / Die Welt ist vollkommen überall/Wo der Mensch nicht hinkommt mit seiner Qual".[2]

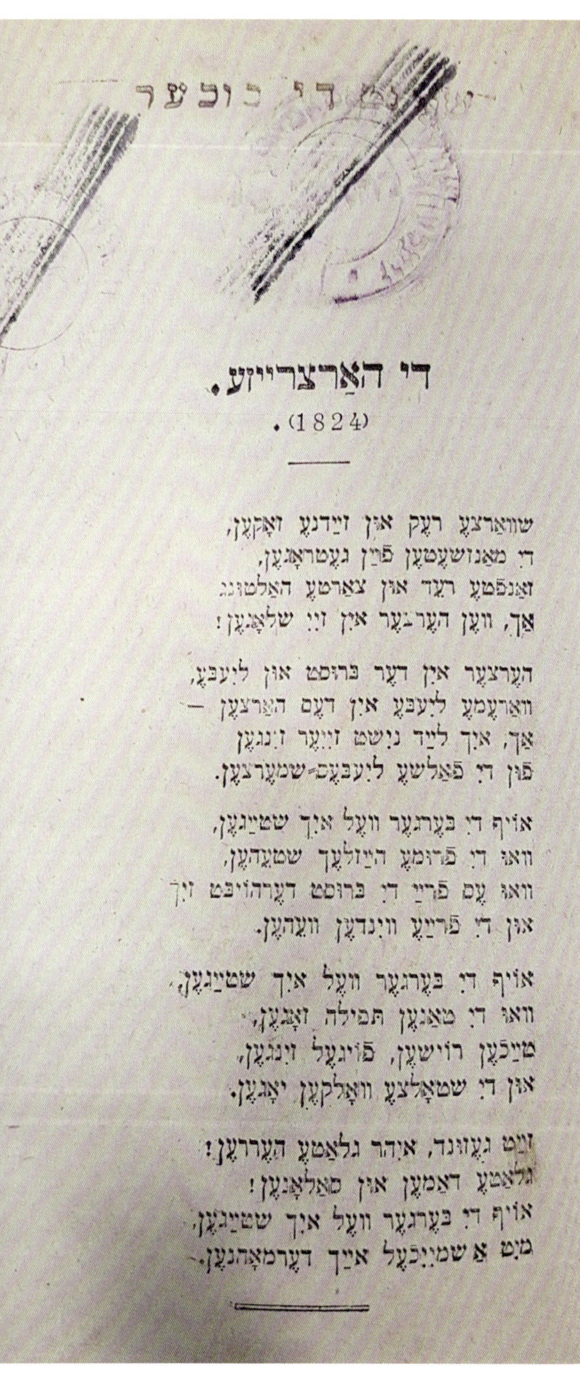

די הארצרייזע.

(1824).

שווארצע רעק און זיידענע זאקען,
די מאנזשעטען פיין געטראגען,
זאנפטע רעד און צארטע האלטונג:
אך, ווען הערצער אין זיי שלאגען!

הערצער אין דער ברוסט און ליעבע,
ווארעמע ליעבע אין דעם הארצען —
אך, איך לייד נישט זייער זינגען
פון די פאלשע ליעבעס־שמערצען.

אויף די בערגער וועל איך שטייגען,
וואו די פרומע הייזלעך שטעהען,
וואו עס פריי די ברוסט דערהויבט זיך
און די פרייע ווינדען וועהען.

אויף די בערגער וועל איך שטייגען,
וואו די טאנען תפילה זאגען,
טייכען רוישען, פויגעל זינגען,
און די שטאלצע וואלקען יאגען.

זייט געזונד, איהר גלאטע הערען!
גלאטע דאמען און סאלאנען!
אויף די בערגער וועל איך שטייגען,
מיט א שמייכעל אייך דערמאהנען.

Abb. 1
Erste Seite der jiddischen Ausgabe der „Harzreise":
„Di harzrajse", übersetzt von Salman Reisen, erschienen 1911 in der Welt-bibljotek Warschau

Die Harzreise
(1824)

Schwarze Röcke, seidne Strümpfe,
Weiße höfliche Manschetten,
Sanfte Reden, Embrassieren –
Ach, wenn sie nur Herzen hätten!

Herzen in der Brust, und Liebe,
Warme Liebe in dem Herzen –
Ach, mich tötet ihr Gesinge
Von erlognen Liebesschmerzen.

Auf die Berge will ich steigen,
Wo die frommen Hütten stehen,
Wo die Brust sich frei erschließet,
Und die freien Lüfte wehen.

Auf die Berge will ich steigen,
Wo die dunkeln Tannen ragen,
Bäche rauschen, Vögel singen,
Und die stolzen Wolken jagen.

Lebet wohl, ihr glatten Säle!
Glatte Herren! glatte Frauen!
Auf die Berge will ich steigen,
Lachend auf euch niederschauen.

Harzreisen und Brockenbesteigungen waren schon im 17. Jahrhundert Gegenstand einlässlicher Schilderungen; das Interesse galt seinerzeit freilich vor allem magisch-übernatürlichen Erlebnissen, den Hexen- und Teufelsgeschichten rund um die Walpurgisnacht, die in ihrer Mischung aus Wunderglaube, Weltveränderungssehnsucht und enthemmter Lebensgier mit der bekannten Szene aus Goethes *Faust* weltliterarischen Ruhm erlangen sollten. Im 18. Jahrhundert beherrschte zudem die Faszination für kuriose, proto-wissenschaftliche Phänomene die Harzdarstellungen, gefolgt vom Interesse an den geologischen, physikalischen und botanischen Besonderheiten des Harzes und bis hin zur detaillierten Beschreibung von Arbeits- und Lebensbedingungen der Harzer Bergleute. So spiegelt sich – kaum überraschend – in der Literaturgeschichte des Harzes und der Brockenbesteigungen die Kultur,- Ideen- und Mentalitätsgeschichte des 18. und frühen 19. Jahrhunderts. Dem zunächst mythisch-wundergläubigen folgt ein aufklärerisch-rationalistischer

Blick, der an materiellen und sozialen Besonderheiten von Land und Leuten ausgerichtet ist; er weicht einer für die Göttinger Studenten seit ca. 1750 charakteristischen „empfindsamen" Perspektive,[3] die in der Begeisterung für Naturschauspiele das Erlebnis subjektiver Gemüts- und Seelenregungen feiert und in ihnen gespiegelt sieht. Harzreise-Bücher haben Konjunktur, zumal Göttinger Studenten eine Erkundung „diese(s) merkwürdigen norddeutschen Gebirges"[4] dringend empfohlen wurde. Man suchte und fand Naturschönheit, erhabene Ausblicke vom Brocken und bedrückend-begeisternde Erlebnisse in den dunklen Bergwerksstollen; man zeigte sich berührt von einfachen Lebensverhältnissen und schwärmte von echten Gefühlen. So zumindest das literarisch vielfach genutzte Klischee, das mit den seit 1780 populär werdenden Lithografien von Harzansichten und mit der Eröffnung des Brockenhauses (1800) medial und touristisch weiter perfektioniert wurde. Zwar hatten Goethes Harz-Dichtungen, die Folge seiner insgesamt drei Reisen und Brockenbesteigungen waren (1777, 1783, 1784), der frühen Wanderlust durch den Harz poetische Weihe verliehen, zahlreiche praktische Reise- und Wanderführer waren aber schon vor den Äußerungen des berühmten Autors erschienen und erfreuten sich großer Beliebtheit. Immer beliebter wurden zudem kurze Erlebnisschilderungen von Brockenbesteigungen und Harzwanderungen in essayistisch-feuilletonistischer Manier; sie bereiteten jenen Ton amüsant-anekdotischer Unmittelbarkeit vor, den Heine aufgreifen und ironisch raffiniert ausgestalten sollte. Auch im Berliner *Gesellschafter*, jenem Periodikum, das 1826 eine erste Fassung der *Harzreise* veröffentlichte [Abb. 2], waren im November 1820 und im Juni 1821 solche kurzen Reiseskizzen erschienen. Sie enthielten Naturbeschreibungen, Traumberichte und Gedichte und lieferten gleichsam eine Vorform jenes „zusammengewürfelte(n) Lappenwerk(s)", das Heine selbst in seiner *Harzreise* später sehen sollte.[5]

Abb. 2a+b
Am 30. August 1826 erschien in einer Beilage der Berliner Zeitschrift „Der Gesellschafter. Blätter für Geist und Herz" ein Teilabdruck der „Harzreise" unter dem Titel „Reise von Osterode nach Clausthal". (Seitenstück zu H. Heine's „Harzreise".)

Der Gesellschafter
oder
Blätter für Geist und Herz.

1826. Mittwoch den 30. August. 138stes Blatt.

Aus De Lamartine „méditations poetiques".

VI. Das Gebet.

Des Tages strahlender König, sich nieder senkend in seiner Glorie, entsteigt langsam seinem Siegeswagen. Die leuchtende Wolke, die ihn dem Auge birgt, malt am Himmel in goldenen Furchen seine Spur, und übergießt mit purpurnem Abglanze die Lüfte. Wie eine goldene Leuchte, im Azur schwebend, wiegt sich der Mond am Saume des Gewölbes; seine milden Strahlen entschlummern auf dem Rasen und der Schleier der Nacht entfaltet sich über dem Gebirge. Das ist die Stunde, wo die Natur, einen Augenblick sich sammelnd nach dem fliehenden Tage, vor der kommenden Nacht sich aufschwingt zu dem Schöpfer der Nacht und des Tages, und mit glühenden Worten dem Vater dar zu bieten scheint der Schöpfung erhabene Huldigung. Unermeßliches, unendliches Opfer! Das Weltall ist der Tempel, die Erde der Altar, die Himmel sind des Domes Gewölbe, die Sterne ohne Zahl, diese halb verschleierten Flammen, bleiche Zierden des Schattens, geordnet hingestreut über die azurne Wölbung, sind die geweiheten Fackeln, angezündet im Tempel; und das leichte Gewölk, welches der scheidende Tag röthet, und das sanfte Winde, vom Niedergange zum Aufgange in den Lüften auflockernd, wie purpurne Flocken über den Rand des Horizonts hinstreuen, sind die Weihrauchwellen, die sich empor heben, und aufsteigen zu dem Thron der Gottheit, vor welchem die Natur anbetet!

Aber ohne Stimme ist dieser Tempel! Wo sind die Lieder der Andacht? Wo wird die Hymne sich erheben dem Könige des Weltalls? Alles schweigt — nur mein Herz redet in dem Schweigen. Meine Seele ist die Stimme des Alls. Auf den Strahlen des Abends, auf der Lüfte Flügeln erhebt sie zum Vater sich, wie ein lebendiger Hauch. Sie giebt Rede der Kreatur; der Natur leiht sie sich, an zu beten! Hier, einsam, seinen väterlichen Blick anrufend, fülle ich die Räume mit dem Namen des Ewigen, und Er, der aus dem Schooße seiner unendlichen Herrlichkeit die Harmonie der Welten hört, die er ordnet, hört auch meines Gedankens schwache Stimme, welche, seine Ehre anstaunend, seinen Namen stammelt.

Heil Dir, Du Anfang und Ende Deiner Selbst und des Weltalls! Du, der mit reinem Blick der Unendlichkeit Leben giebt, Geist des Alls, Gott, Vater, Schöpfer: unter all' diesen Namen bekenne ich Dich, Herr! Nicht erst Deine Stimme darf ich hören. An der Himmel Stirn lese ich die hohe Offenbarung. Die Unendlichkeit enthüllt meinem Auge Deine Größe, die Erde Deine Güte, das Sternenheer Deine Herrlichkeit. Du schufst Dich selbst in Deinem leuchtenden Werke; das ganze Weltall strahlt wieder Dein Bildniß, und meine Seele das Weltall. Der Gedanke, umfliegend Dein Wesen, sieht überall um sich her Dich, und betet Dich an; er versenkt sich in seine eigene Tiefe und entdeckt Dich wieder. So strahlt des Tages Gestirn vom Himmel, bricht sich in der Welle und malt sich in meinem Auge!

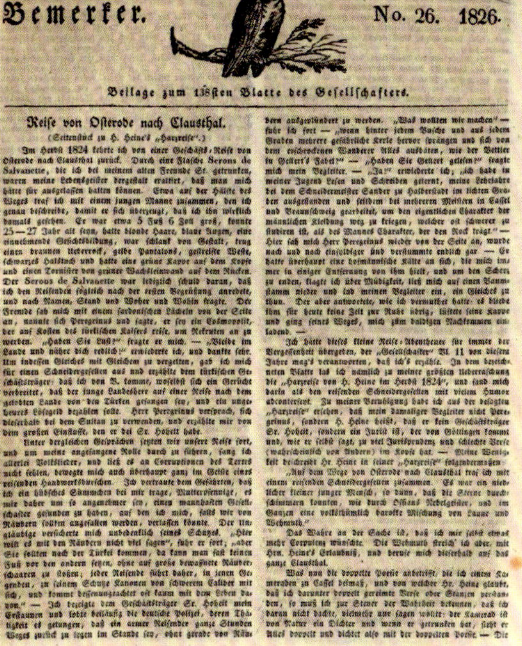

Bemerker. No. 26. 1826.

Beilage zum 138sten Blatte des Gesellschafters.

Reise von Osterode nach Clausthal.

(Seitenstück zu H. Heine's „Harzreise".)

Im Herbst 1824 kehrte ich von einer Geschäfts-Reise von Osterode nach Clausthal zurück. Durch eine Flasche Serons de Salvanette, die ich bei meinem alten Freunde St. getrunken, waren meine Lebensgeister dergestalt exaltirt, daß man mich hätte für ausgelassen halten können. Etwa auf der Hälfte des Weges traf ich mit einem jungen Manne zusammen, den ich genau beschreibe, damit er sich überzeugt, daß ich ihn wirklich damals gesehen. Er war etwa 5 Fuß 6 Zoll groß, konnte 25—27 Jahr alt seyn, hatte blonde Haare, blaue Augen, eine einnehmende Gesichtsbildung, war schlank von Gestalt, trug einen braunen Ueberrock, gelbe Pantalons, gestreifte Weste, schwarzes Halstuch und hatte eine grüne Kappe auf dem Kopfe und einen Tornister von grüner Wachsleinwand auf dem Rücken. Der Serons de Salvanette war lediglich schuld daran, daß ich den Reisenden sogleich nach der ersten Begrüßung anredete, und nach Namen, Stand und Woher und Wohin fragte. Der Fremde sah mich mit einem sardonischen Lächeln von der Seite an, nannte sich Peregrinus und sagte, er sey ein Cosmopolit, der auf Kosten des türkischen Kaisers reise, um Rekruten an zu werben. „Haben Sie Lust?" fragte er mich. — „Bleibe im Lande und nähre dich redlich!" erwiederte ich, und dankte sehr. Um indessen Gleiches mit Gleichem zu vergelten, gab ich mich für einen Schneidergesellen aus und erzählte dem türkischen Geschäftsträger: daß ich von B. komme, woselbst sich ein Gerücht verbreitet, daß der junge Landesherr auf einer Reise nach dem gelobten Lande von den Türken gefangen sey, und ein ungeheures Lösegeld bezahlen solle. Herr Peregrinus versprach, sich dieserhalb bei dem Sultan zu verwenden, und erzählte mir von dem großen Einflusse, den er bei Sr. Hoheit habe.

Unter dergleichen Gesprächen setzten wir unsere Reise fort, und um meine angefangene Rolle durch zu führen, sang ich allerlei Volkslieder, und ließ es an Corruptionen des Textes nicht fehlen, bewegte mich auch überhaupt ganz im Geiste eines reisenden Handwerksburschen. Ich vertraute dem Gefährten, daß ich ein hübsches Sümmchen bei mir trage, Mutterpfennige, es wie daher um so angenehmer sey, einen mannhaften Gesellschafter gefunden zu haben, auf den ich mich, falls wir von Räubern sollten angefallen werden, verlassen könnte. Der Ungläubige versicherte mich unbedenklich seines Schutzes. „Hier will es mit den Räubern nicht viel sagen", fuhr er fort; „aber Sie sollten nach der Türkei kommen, da kann man fast keinen Fuß vor den andern setzen, ohne auf große bewaffnete Räuberschaaren zu stoßen; jeder Reisende führt daher, in jenen Gegenden, zu seinem Schutze Kanonen von schwerem Caliber mit sich, und kommt dessenungeachtet oft kaum mit dem Leben davon." — Ich bezeigte dem Geschäftsträger Sr. Hoheit mein Erstaunen und lobte beiläufig die deutsche Polizei, deren Thätigkeit es gelungen, daß ein armer Reisender ganze Stunden Weges zurück zu legen im Stande sey, ohne gerade von Räubern ausgeplündert zu werden. „Was wollten wir machen" — fuhr ich fort — „wenn hinter jedem Busche und aus jedem Graben mehrere gefährliche Kerle hervor sprängen und sich von dem erschrockenen Wanderer Alles ausbäten, wie der Bettler in Gellert's Fabel?" — „Haben Sie Gellert gelesen?" fragte mich mein Begleiter. — „Ja!" erwiederte ich; „ich habe in meiner Jugend Lesen und Schreiben gelernt, meine Lehrjahre bei dem Schneidermeister Sander zu Halberstadt im lichten Graben ausgestanden und seitdem bei mehreren Meistern in Cassel und Braunschweig gearbeitet, um den eigentlichen Charakter der männlichen Kleidung weg zu kriegen, welcher oft schwerer zu studiren ist, als des Mannes Charakter, der den Rock trägt." — Hier sah mich Herr Peregrinus wieder von der Seite an, wurde nach und nach einsylbiger und verstummte endlich gar. — Er hatte überhaupt eine hofmännische Kälte an sich, die mich immer in einiger Entfernung von ihm hielt, und um den Scherz zu enden, klagte ich über Müdigkeit, ließ mich auf einen Baumstamm nieder und lud meinen Begleiter ein, ein Gleiches zu thun. Der aber antwortete, wie ich vermuthet hatte: es bliebe ihm für heute keine Zeit zur Ruhe übrig, lüftete seine Kappe und ging seines Weges, mich zum baldigen Nachkommen einladend. —

Ich hätte dieses kleine Reise-Abentheuer für immer der Vergessenheit übergeben, der „Gesellschafter" Bl. 11 von diesem Jahre mag's verantworten, daß ich's erzähle. In dem bezeichneten Blatte las ich nämlich zu meiner größten Ueberraschung die „Harzreise von H. Heine im Herbst 1824", und fand mich darin als den reisenden Schneidergesellen mit vielem Humor abconterfeit. Zu meiner Beruhigung habe ich aus der besagten „Harzreise" ersehen, daß mein damaliger Begleiter nicht Peregrinus, sondern H. Heine heißt, daß er kein Geschäftsträger Sr. Hoheit, sondern ein Jurist ist, der von Göttingen kommt und, wie er selbst sagt, zu viel Jurisprudenz und schlechte Verse (wahrscheinlich von Andern) im Kopfe hat. — Meine Wenigkeit beschreibt Hr. Heine in seiner „Harzreise" folgendermaßen:

„Auf dem Wege von Osterode nach Clausthal traf ich mit einem reisenden Schneidergesellen zusammen. Es war ein niedlicher kleiner junger Mensch, so dünn, daß die Sterne durchschimmern konnten, wie durch Ossians Nebelgeister, und im Ganzen eine volksthümlich barocke Mischung von Laune und Wehmuth."

Das Wahre an der Sache ist, daß ich mir selbst etwas mehr Corpulenz wünschte. Die Wehmuth streich' ich aber, mit Hrn. Heine's Erlaubniß, und verweise mich dieserhalb auf das ganze Clausthal.

Was nun die doppelte Poesie anbetrifft, die ich einem Kameraden zu Cassel beimaß, und von welcher Hr. Heine glaubt, daß ich darunter doppelt gereimte Verse oder Stanzen verstanden, so muß ich zur Steuer der Wahrheit bekennen, daß ich daran nicht dachte, vielmehr nur sagen wollte: der Kamerad ist von Natur ein Dichter und wenn er getrunken hat, sieht er Alles doppelt und dichtet also mit der doppelten Poesie. — Die

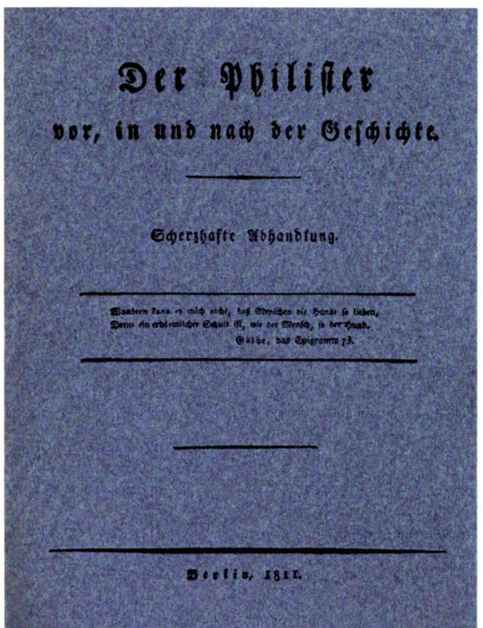

Der Philister
vor, in und nach der Geschichte.

Scherzhafte Abhandlung.

Wundern kann es mich nicht, daß Menschen die Hunde so lieben,
Denn ein erbärmlicher Schuft ist, wie der Mensch, so der Hund.
Göthe, das Epigramm 73.

Berlin, 1811.

Abb. 3+4
1811 veröffentlichte Clemens Brentano (1778–1842) seine Schrift „Der Philister, vor, in und nach der Geschichte", in der er jene Haltung im Zuge der Aufklärung anprangerte, die ihre ursprünglichen freiheitlichen Ideale selbst verriet und zu reinem Nützlichkeitsdenken verkam. Für die Romantiker wurde der Philister ein Synonym für eine bornierte Geisteshaltung. Gemälde von Clemens Brentano, um 1837, von der Schweizer Malerin Emilie Linder.

Und doch ist zurecht darauf hingewiesen worden, dass die belletristisch-literarische Nutzung und Ausformung des Reiseberichts für Komposition und Intention der *Harzreise* weitaus größere Bedeutung hatte als die journalistisch-publizistische Konjunktur dieser Gattung. Heine war nicht nur mit Goethes Reisebeschreibungen sehr gut vertraut; vor allem die von Struktur und Motivik der Lebensreise geprägten Romane und Erzählungen der Romantiker, insbesondere aus der Feder Achim von Arnims, Jean Pauls, Justinus Kerners und E.T.A. Hoffmanns, liefern Anspielungspotential und Subtexte für die *Harzreise*. Die boshaft satirischen Attacken auf die bildungsbeflissene, aber phrasengestützte Lebenswelt der Philister, die den einleitenden Abschnitt über Göttingen und am Ende die Beschreibung der den Brocken bestaunenden Gesellschaft prägen, sind auch von Brentanos *Die Philister vor, in und nach der Geschichte* (1811) inspiriert. [Abb. 3] Viele weitere literarische Vorbilder und literaturgeschichtliche Muster lassen sich nennen; unter ihnen der von Heine gerade in jenen Jahren besonders geliebte *Don Quichotte* (1605) von Cervantes, vor allem aber die Vertreter der großen Reiseromane des 18. Jahrhunderts wie Laurence Sterne mit *Sentimental Journey Through France and Italy* (1768) oder *Reise in die mittäglichen Provinzen von Frankreich* (1791–1805) von Moritz August von Thümmel. Heine selbst hat in einem Brief vom 4. März 1825 an Ludwig Robert, den Bruder Rahel Varnhagens, die *Harzreise* zusammenfassend charakterisiert und bei dieser Gelegenheit noch einen weiteren Gewährsmann genannt: „Das Hübscheste was ich unterdessen schrieb ist die Beschreibung einer ‚Harzreise', die ich vorigen Herbst gemacht, eine Mischung von Naturschilderung, Witz, Poesie und Waschington Irvingscher Beobachtung."[6] [Abb. 5] Der zu diesem Zeitpunkt mit drei Reisebeschreibungen bekannt gewordene amerikanische Schriftsteller Washington Irving (1783–1857) hatte mit dem 1823 durch Samuel Heinrich Spiker ins Deutsche übersetzten *Bracebridge Hall oder die Charaktere* großen Einfluss auf Heine; und zwar nicht nur durch die Aneinanderreihung von Naturbeschreibungen, lokalen Sagen, historischen Anekdoten und Gedichten, sondern weil er als „republikanisch gesinnter Amerikaner"[7] ebenso erstaunt wie scharfsinnig die feudal-aristokratischen Verhältnisse konstatierte, auf die er bei seinen Reisen in Europa und insbesondere in England traf. Die zeitsatirisch-sozialkritische Stoßrichtung der *Harzreise* hat ihr Vorbild wohl auch bei Washington Irving, der überdies im Jahre 1823 den Harz bereiste und dabei ebenfalls Gottschalcks *Taschenbuch für Reisende in den Harz* mit sich führte.

Über die skizzierten kultur- und emotionsgeschichtlichen Faktoren, die zeittypischen Vorbilder und die literarisch-literaturgeschichtlichen Kontexte, die für *Die Harzreise* bestimmend wurden, hinaus sind die lebensgeschichtlichen, persönlichen Umstände zu bedenken, die Heine im September 1824 seine Fußwanderung durch den Harz antreten ließen. 1819 hatte er an der Universität Bonn ein Studium der Rechts- und Kameralwissenschaften begonnen, sich dabei aber mehr für die Vorlesungen August Wilhelm Schlegels *Zur Geschichte und Sprache der deutschen Poesie* begeistert als für juristische Kollegien. Der wichtigste Vertreter der deutschen Romantik sollte erheblichen Einfluss auf Heine gewinnen; was ihn indes später nicht davon abhielt, Schlegel und *Die Romantische Schule* (1836) zum Gegenstand heftigen Spotts zu machen. Zum Wintersemester 1820/21 schrieb Heine sich an der Universität Göttingen ein; in Folge einer unstatthaften Duellforderung musste er den „gelehrten Kuhstall"[8] allerdings bereits im Januar 1821 wieder verlassen. Es folgten zwei Jahre an der Berliner Universität, wo er zu den Hörern G. W. F. Hegels gehörte. Hegels Geschichtsphilosophie prägte Heine maßgeblich und machte ihn zu einem der wichtigsten literarischen Vertreter des Linkshegelianismus. In Berlin erhielt Heine Zutritt zum Salon Elise von Hohenhausens; in der aufstrebenden preußischen Metropole begegnete er Rahel Varnhagen und ihrem Mann; Heine wurde regelmäßiger Besucher von Rahels zweitem Salon [Abb. 6], der Briefwechsel mit August Varnhagen reicht bis zu Heines Tod; nicht zufällig stammt eine der ersten begeisterten Rezensionen der *Harzreise* aus der Feder Varnhagens [siehe weiter hinten Abb. 12].

In intellektueller und sozialer, vor allem aber in literarischer Hinsicht brachte Berlin den Durchbruch für den jungen Autor Heine. Seine ersten Veröffentlichungen erschienen hier: Ein Band mit Gedichten, ein weiterer mit Tragödien, die – sieht man von den tumultartigen Umständen der Uraufführung des *Almansor* [Abb. 7] am 20. August 1823 in Braunschweig ab – ohne wirkliche Resonanz blieben.

Abb. 5
Der amerikanische Schriftsteller Washington Irving (1783–1859) bereiste zwischen 1815 und 1930 mehrfach Europa und hielt sich auch 1823 im Harz auf. In seine Aufzeichnungen „The Journals" flossen seine Impressionen und Erfahrungen während seiner Reisen ein. 2014 veröffentlichte der Jazzybee Verlag eine Reihe dieser Reiseberichte.

Abb. 6
Geselligkeit bei Rahel Varnhagen um 1825, Radierung von Erich M. Simon. Auch Heinrich Heine verkehrte Anfang der 1820er-Jahre im Berliner Salon Rahel Varnhagens.

National - Theater.
Vierzehnte Vorstellung im fünften Abonnement.
Mittwochs, am 20. August 1823.
zum Erstenmal:
Almansor
Tragödie in zwei Acten von H. Heine.

Personen:

Aly, ein Maure, vormals Moslem, jetzt getauft und mit dem Namen Don Gonsalvo belegt . . . . Hr. Meck.
Donna Clara, vormals Zuleima, seine angebliche Tochter . Mad. Meck.
Pedrillo, sein Bedienter . . . . Hr. Günther.
Don Enrique, / Don Diego { Glücksritter . . . . } Hr. Moller. / Hr. Gerber.
Almansor, ein junger Maure, Abdullah's vermeintlicher Sohn . Hr. Schütz.
Hassan, ein alter Diener seines Hauses . . . . Hr. Köster.

Abb. 7
Ausschnitt aus dem Programmzettel der Uraufführung (20. August 1823) von Heinrich Heines „Almansor" im Nationaltheater von Braunschweig

Zeitschrift
für
die Wissenschaft des Judenthums.

Herausgegeben
von dem
Verein für Cultur und Wissenschaft der Juden.
(Redakteur: Zunz Dr.)

Erster Band.

Erstes Heft.

Berlin 1822.
In Commission in der Schlesingerschen Buch- und Musik-Handlung.

Abb. 8
Die von Leopold Zunz mitbegründete Wissenschaft des Judentums gilt als eine der einflussreichsten intellektuellen Strömungen des deutschsprachigen Judentums. Entstanden im Kontext der Emanzipation begründete sie das moderne wissenschaftliche Studium des Judentums und war wesentlicher Faktor der innerjüdischen Reformbewegungen im 19. Jahrhundert. 1822 erschien die erste Ausgabe der „Zeitschrift für die Wissenschaft des Judenthums".

Im August 1822 hatte sich Heine in Berlin dem im November 1819 gegründeten Verein für Cultur und Wissenschaft der Juden angeschlossen [Abb. 8]. Der u. a. von Eduard Gans, Moses Moser und Leopold Zunz ins Leben gerufene Verein war auch als Reaktion auf die Hep-Hep-Verfolgungen [Abb. 9] entstanden, die seit August 1819 allenthalben im Gebiet des Deutschen Bundes wüteten; es waren die schlimmsten Pogrome seit dem Mittelalter, vorbereitet und begleitet von einem aggressiven akademischen Antisemitismus, den Heine seit seiner Bonner Studienzeit auch selbst erfahren hatte. Dem Verein ging es sowohl um die Abwehr dieser Tendenzen als auch um den Versuch, mit einer „Wissenschaft des Judentums" jüdisches Selbstbewusstsein und Selbstverständnis zu stärken. Die wissenschaftlichen und die pädagogisch-aufklärerischen Ziele des Vereins folgten damit jenem humanistisch-fortschrittsoptimistischen Erbe des späten 18. Jahrhunderts, das sich in den preußischen und später in den napoleonischen Emanzipationsedikten niedergeschlagen hatte. Geist und Buchstabe dieser Ideale wurden nach dem Wiener Kongress und in der mit den Karlsbader Beschlüssen einsetzenden Restaurationszeit zurückgenommen.

Die lyrisch-literarische und die publizistisch-polemische Auseinandersetzung mit diesen gegenaufklärerisch-restaurativen, antiliberalen und antisemitischen Tendenzen sollte zum Lebensthema Heinrich Heines werden. Schon die *Briefe aus Berlin* (1822), sodann die *Harzreise* und schließlich die *Reisebilder* in mehreren Bänden, sein gesamtes umfangreiches lyrisches, erzählerisches und publizistisches Werk legt davon Zeugnis ab und hat den 1825 zum Protestantismus konvertierten Autor schließlich ins Exil nach Frankreich gezwungen. Bleibt nachzutragen, dass die Beschäftigung mit jüdischer Tradition und Geschichte ihren ersten wichtigen Niederschlag in der 1840 als Fragment veröffentlichten Erzählung *Der Rabbi von Bacherach* [Abb. 10] fand. Im Horizont der Hep-Hep-Pogrome und während der Zeit seiner Mitarbeit im Verein für Cultur und Wissenschaft der Juden, also zwischen 1822 und 1823, entwickelte Heine die Idee zu einer Erzählung, in der die gegenwärtigen Erfahrungen von Judenhass und antisemitischer Verfolgung in der Welt der mittelalterlichen Ritualmordlegenden und Pogrome

Abb. 9
Im August 1819 setzte eine Welle gewalttätiger antijüdischer Ausschreitungen in vielen Städten und Ortschaften des Deutschen Bundes ein. Die „Hep-Hep-Krawalle" zählten zu den ersten weiträumigen Aktionen der Judenverfolgung seit dem Mittelalter. Der Begriff „hep hep" rührt wahrscheinlich aus dem Vokabular der Viehtreiber, die die Tiere vor sich her trieben. Zeitgenössische nachkolorierte Radierung von Johann Michael Voltz (1819).

vorgebildet und gespiegelt erscheinen; zugleich diskutieren die Protagonisten der Fragment gebliebenen Erzählung über Möglichkeiten und Grenzen von Emanzipation und Assimilation. Neben Vorträgen zu anderen Themen hat Heine wohl auch während eines Jahresfests des Vereins aus der entstehenden Erzählung vorgetragen.[9]

Wie nachhaltig Heines Schreiben und sein schriftstellerisches Selbstverständnis von der Auseinandersetzung mit Judentum und jüdischer Herkunft, mit der Erfahrung von Ausgrenzung und Antisemitismus bestimmt war, zeigt sich in den Passagen über die polnischen Juden im Reisebericht *Über Polen* (1822), im Gedicht *An Edom* (1824), schließlich in den *Hebräischen Melodien* [Abb. 11], dem dritten Teil des *Romanzero* (1851).
In der *Harzreise* trifft man in dieser Hinsicht auf eine spöttisch-liebevolle Reminiszenz an den Philosophen, Publizisten und scharfen Kritiker des antisemitisch-antiliberalen Zeitgeistes, Saul Ascher (1767–1822). Ascher war 1810 an der Universität Halle als erster Jude in Deutschland zum Doktor der Philosophie promoviert worden, hatte als Schriftsteller und Journalist mit der *Germanomanie* (1815) und der *Wartburgsfeier* (1819) den aggressiv deutschtümelnden Tendenzen satirisch-analytisch die Stirn geboten. Im Berliner „Café Royal" war Heine ihm begegnet, hatte wohl heftige Debatten über Macht und Schönheit der Vernunft mit ihm geführt und lässt ihn nun als „Gespenst" der Aufklärung durch die Träume des Wanderers in Goslar schreiten. Der „Nekrolog"[10] ist trotz seiner spöttischen Behandlung von Vernunftgläubigkeit und rationalistischem Systemdenken eine Hommage auf Ascher, in dem man durchaus einen Vorläufer Heines sehen kann.[11]

Heine Heinrich Der rabi fun Bachrach
di Harcrajze un andere
היינריך היינע.
דער רבי פון באַכראַך,
די האַרצרייזע
און אנדערע ערצעהלונגען.
ב. שימין, ווארשא.
ווארשא, תרע"ד.

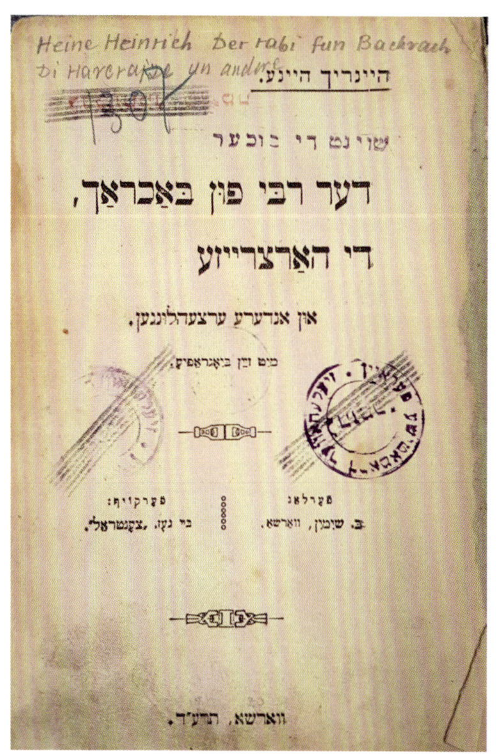

Fraglos gehört die Erfahrung des „großen Judenschmerzes" (Ludwig Börne) also nicht nur zum Entstehungskontext, sie liefert Subtext und Anspielungshorizont für Heines erste wirklich erfolgreiche Veröffentlichung. Gegen alle historischen Erfahrungen hat man später in der *Harzreise* gern ein unvergängliches, überhistorisches Meisterwerk gesehen. Dem steht schon eine der ersten Rezensionen entgegen. August Varnhagen von Ense schrieb 1826 [Abb. 12]:

„Der Verfasser geht von Göttingen aus und besucht den Harz, hat dabei aber auch beständig Berlin vor der Seele. Diesen Zusammenhang von reichen, treffenden Naturbildern, feinen Beobachtungen, schalkhaften, witzigen, beißenden Scherzen, persönlichen Feindseligkeiten, weichen Gefühlen, reizenden Liedern, tollen Fratzen, unglaublichen Verwegenheiten usw. können wir hier nicht zergliedern; wir überlassen dem Leser selbst, daran sich ärgerlich und liebevoll, wie er kann, zu ergötzen."[12]

Abb. 10
1913 erschienen im Warschauer Schimin Verlag die jiddischen Übersetzungen von „Der Rabbi von Bacherach" und die „Harzreise" in einer Ausgabe

Abb. 11
Im dritten Buch des Bandes „Romanzero", erschienen 1851, finden sich die „Hebräischen Melodien", drei Gedichte, die sich spezifisch einer jüdischen Thematik widmen

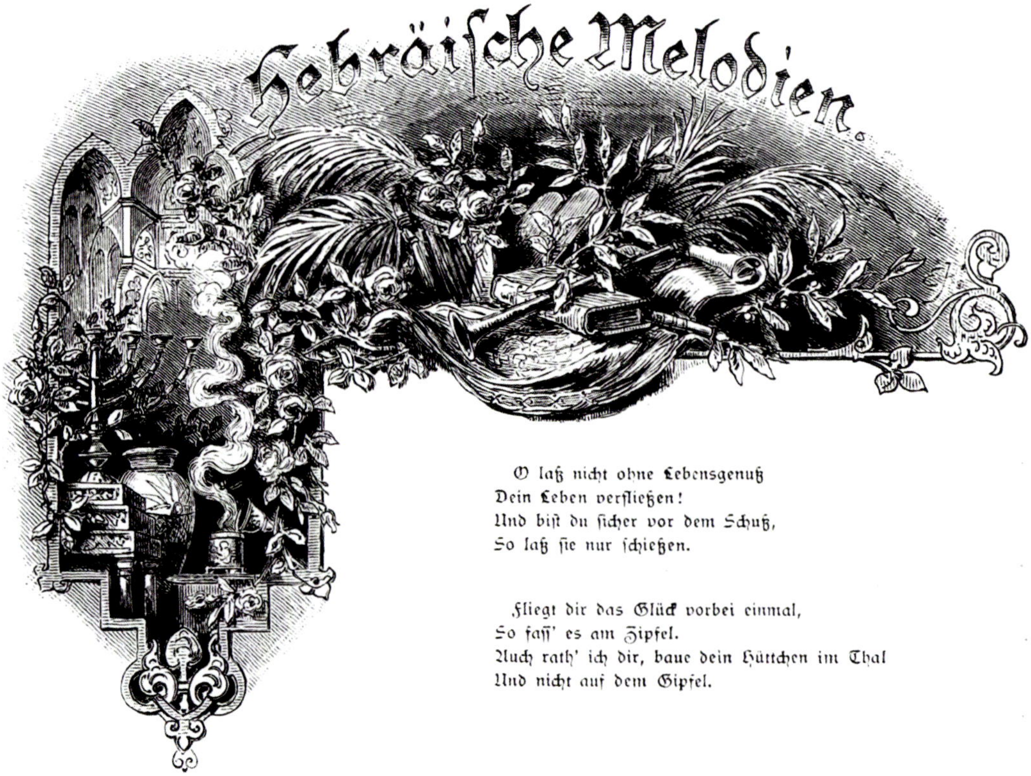

Hebräische Melodien.
O laß nicht ohne Lebensgenuß
Dein Leben verfließen!
Und bist du sicher vor dem Schuß,
So laß sie nur schießen.

Fliegt dir das Glück vorbei einmal,
So fass' es am Zipfel.
Auch rath' ich dir, baue dein Hüttchen im Thal
Und nicht auf dem Gipfel.

Zeitung der Ereignisse und Ansichten.

Literatur. „Reisebilder von H. Heine. Erster Theil.“ (Hamburg, bei Hoffmann und Campe, 1826.) — Will ich aufrichtig seyn, so muß ich, bei mancher Mißempfindung, die mir der Verfasser bereitet, doch bekennen, daß mir sein Buch von Anfang bis zu Ende Unterhaltung gewährt, mich in Spannung und Eifer versetzt, überrascht, zuweilen besänftigt und gerührt, und sehr oft, was vielleicht nicht das Schlimmste ist, laut lachen gemacht hat. Der Humor unseres Autors hat in Wahrheit viel Eignes und Einziges; wenn die Tiefe und das Licht seiner Gedankenbilder oft an die Vorzüge Jean Paul's erinnern, manches Dunkel und manche Verwilderung seiner Gefühlsart an die glänzenden Fehler Byron's, so gehört dagegen anderes Ausgezeichnete nur ihm allein, und läßt sich nur mit dem, was er selbst früher in solcher Art gegeben, in Vergleich stellen; dahin rechnen wir die ganz eigenthümliche Mischung von zartestem Gefühl und bitterstem Hohn, die einzige Verbindung von unbarmherzigem, scharf einbohrendem, ja giftigem Witz und von einschmeichelnder Süßigkeit des Vortrags, lebhaftem zugleich und mildem Redefluß, der durch nichts gehemmt, durch nichts getrieben scheint, und gleichmüthig über Alles, was ihm in die Quere kommt, leicht dahin wallt. Auch dürfen wir als eine Eigenheit unseres Autors nicht übersehen, daß er mit gleicher Natürlichkeit — oder Fertigkeit, wenn man will — sich in beiden Formen, in Prosa und in Versen, bewegt, was bisher noch von keinem Geisteskinde seiner Art gesagt werden konnte. Er ist in der That nicht bloß ein Dichter, wie jeder Humorist im Allgemeinen es heißen kann, sondern auch in dem engeren Wortsinne, in welchem die meisten Humoristen es nicht sind. Dies ist ein Vorzug, der noch sehr weit führen kann. Aber wo viel Licht ist, ist auch viel Schatten, pflegt man zu sagen, will man vom Lobe zum Tadel übergehen, und so möchten auch wir gern das Sprüchwort uns zur Brücke machen, wenn sie uns nicht gleich unhaltbar würde! Denn das ist eben das Eigne, die Kunst, das Glück, oder auch der Nachtheil jedes Autors dieser Art, daß die Elemente seiner Darstellungsweise nicht neben einander zum Sortiren, Auswählen und Absondern da liegen, sonder unter einander verflochten und verwachsen, in einander gemischt und gebunden sind, und ihre Scheidung nicht ohne Zerstörung des Vorhandenen geschehen kann. Der Schatten, welchen wir nachweisen möchten, steht hier ganz im Lichte, das Licht, von dem wir geredet, ganz im Schatten, wenn wir so reden dürfen! Ohne Frage, die Wagnisse des Verfassers gehen bis zum Frevelhaften, seine Freiheiten bis zur Frechheit — die zwar selbst schon längst in unserer Literatur die göttliche heißt, seit Friedrich Schlegel in der „Lucinde“ und im „Athenäum“ sie so getauft und geweiht!! — sein Muthwille wird Ausgelassenheit, seine Willkühr verschmäht auch das Gemeine nicht, wenn sie unerwartet damit die Erwartung necken, durch einen Satz dorthin die gespannte Einbildungskraft plötzlich kann abschnappen lassen. Allein gerade in diese Wendungen und Sprünge windet sich der Gedanke mit ein, springt der Witz mit, und wir müssen — gleich dem Indier, der in dem unreinsten Gethier, das vom geweihten Tempelbrodte genascht, nun den Behälter des Geweihten verehrt — noch in der unangenehmsten Gestalt den darin verkörperten Geist anerkennen. Dies gilt jedoch einzig nur dann, wenn wirklich die Vereinigung eine wahre ist; zeigt sie sich als eine scheinbare, treffen wir die Frevelhaftigkeit und Frechheit, die im Geleit der höheren Macht höchstens unser Achselzucken erfahren dürfen, einmal für sich allein, ohne jenes Geleit, dann kennen wir auch keine Schonung, sondern fallen darüber grimmig her, und reißen die Ungebühr in Stücken. Einige der Gebilde unseres Autors können durchaus kein besseres Schicksal erwarten, sie überschreiten jedes Maaß, und ohne alle Noth; er wird selbst am besten wissen, was er sich selber zu Ehren und seinem Buche zum Frommen aus demselben hätte weglassen sollen. — Die „Reisebilder“ bestehen aus viererlei Mittheilungen. Die „Heimkehr“ in 88 Liedern — die Lieder Heine's, hat man bemerkt, dividiren sich immer durch die schlimme Zahl Eilf — macht den Anfang. Hier ist noch ganz die alte trübsinnig-bittere, schmerzlich-höhnische Stimmung, die wir aus den Tragödien und dem lyrischen Intermezzo unseres Dichters kennen, aber weil es mit diesem Eingebrockten doch endlich zu Ende kommen muß, so ist hier gleichsam die Grundsuppe vorgesetzt, in der die schwersten und schlimmsten Brocken liegen. Da zeigt sich denn Mancherlei, was man bedenklich ansieht, wobei man den Kopf schüttelt, was man auf keine Weise rechtfertigen kann; die Beispiele überlassen wir Andern anzuführen. Dann folgen einige Gedichte, welche einen etwas größeren Schwung nehmen, und mannigfaltigere Welt behandeln. Die Romanze vom Sohne des schriftgelehrten Rabbi Israel von Saragossa, im schönsten spanischen Tone, dürfte auch im Treiben der heutigen Welt für manches Alkalden-Fräulein recht wohl passen; den drei stark mahometanischen Romanzen „Almansor“ hält die echt christlich-katholische „Wallfahrt nach Kevlaar“ die Wage, und der Verfasser, der unseres Wissens selber Katholik ist, hätte nicht nöthig gehabt, sich wegen der Deutung zu rechtfertigen, die aus dem Stoffe dieser Romanzen irrig auf seine Denkweise gemacht werden könnte. Die dritte Abtheilung enthält die „Harzreise“, welche, wie mehrere der Gedichte, zum Theil schon im „Gesellschafter“ abgedruckt erschienen ist; sie hat aber Zusätze und Ergänzungen erhalten. Der Verfasser geht von Göttingen aus, und besucht den Harz, hat aber dabei beständig auch Berlin vor der Seele. Diesen Zusammenhang von reichen, treffenden Naturbildern, feinen Beobachtungen, schalkhaften, witzigen, beißenden Scherzen, persönlichen Feindseligkeiten, weichen Gefühlen, reizenden Liedern, tollen Fratzen, unglaublichen Verwegenheiten u. s. w. können wir hier nicht zergliedern; wir überlassen dem Leser selbst, daran sich ärgerlich und liebevoll, wie er kann, zu ergötzen; nur bemerken wir, daß das Vernunftgespenst ein wahres Meisterstück tiefsinniger Laune, und daß die Ehrenrettung eines im Text irrig verunglimpften Schauspielers in ihrer Art einzig ist. — Den Beschluß des Buches machen Seebilder, „die Nordsee“ überschrieben. Diese Abtheilung dünkt uns die gehaltvollste, und, nach Ausscheidung einiges Frevels, die würdigste. Hier beurkundet sich noch mehr als in der „Harzreise“ das bis zum Genie gesteigerte Talent des Autors. Welche Naturschilderungen in wenigen, aber markigen, für immer bezeichnenden Worten! Welche tiefgeschaute Eigenthümlichkeiten, reiche Beziehungen, leichtbewegte Gestalten! Hier zeigt der Dichter seine echte Verbindung mit dem Ursprünglichen, der Natur sowohl als des Geistes; sein wahres Dichter-Talent zu sehen, zu bezeichnen! Wir empfehlen besonders Nr. 1, 3, 4, 5, 9, 10, und würden auch Nr. 12 empfehlen, wenn dieses nicht durch völlig unstatthafte, tadelnswerthe, schwer zu rügende Beimischung entstellt wäre. Diese Dichtungsart, des kolossalen Epigramms möchten wir sie nennen, eignet ganz besonders dem Genius unseres Autors, und daß er aus dem epigrammatischen Liede zu ihr übergegangen, kann uns ein entscheidendes Zeichen seines innern und äußern Fortschrittes seyn. — Ein zweiter Theil des pikanten Buches soll nächstens nachfolgen. Unsere Neugier kann nur mit Verlangen dessen Erscheinung entgegen sehen.

W.

Die kleine Stadt St. Chamond, im Loire-Departement, verfertigt jährlich 27,900,000 Ellen Schnürsenkel. Welche ungeheure Länge, um der Breite (der Damen) einen Grad ab zu gewinnen! (Pandore.)

Redakteur und Herausgeber: F. W. Gubitz. Verleger: Maurersche Buchhandlung.

Abb. 12
Eine ganzseitige Rezension der „Reisebilder von H. Heine. Erster Theil“, in: „Der Gesellschafter“ Nr. 103 vom 30. Juni 1826. Der Verfasser August Varnhagen von Ense, Ehemann der Berliner Salonière Rahel Varnhagen, bleibt hier ungenannt.

So anregend, produktiv und in sozialer, intellektueller und künstlerischer Hinsicht folgenreich die beiden Berliner Jahre für Heine gewesen waren, so entschloss er sich doch Anfang 1824 nach Göttingen zurückzukehren, um dort sein Jura-Studium zu beenden. „Ich lebe jetzt ganz in meiner Jurisprudenz", heißt es bereits im Februar 1824 an den Freund Moses Moser; und Ende März schreibt er an seine Schwester: „Meine Muse trägt einen Maulkorb, damit sie beym juristischen Strohdreschen mit Ihren Melodien nicht störe."[13]

Dem Akten- und Paragraphenstudium konnte er nach wie vor wenig abgewinnen, das studentische Leben lieferte kaum Anregungen und die in Berlin aufgebrochenen Hoffnungen auf eine schriftstellerische Karriere standen in striktem Widerstreit zu den Notwendigkeiten, das ungeliebte Brotstudium mit einer Promotion doch noch zum Abschluss zu bringen. Gesundheitliche Probleme kamen hinzu, so dass Heine schließlich im September 1824 dem Rat seines Arztes folgte und zu der schon seit längerem geplanten, zeit- und kulturtypischen Fußwanderung durch den Harz aufbrach. Dies geschah am 12. oder 13. September 1824; die Wanderung führte aus Göttingen heraus über Nörten, Nordheim nach Osterode, sodann nach Clausthal und Zellerfeld, wo er zwei Tage blieb, die Gruben „Dorothea" und „Carolina" besichtigte, also in die Tiefe der Bergwerke stieg. Anschließend gelangte er nach Goslar, am 19. September folgte schließlich der Aufstieg auf den Brocken, am Tage danach gemeinsam mit einigen Studenten aus Halle der Abstieg ins Ilsetal, nach Ilsenburg und Wernigerode. Von dort ging es nach Elbingerode und über Rübeland nach Eisleben. Dort trennte sich die Gruppe, Heine wanderte weiter, kam am 27. September nach Halle und traf nach Stationen in Naumburg und Jena am 1. Oktober in Weimar ein. Hier kam es zur berühmten, vielfach kolportierten Begegnung mit Goethe. Ob sie wirklich das eigentliche Anliegen der Reise gewesen war, sei dahingestellt. Nach Aussagen mehrerer Zeugen verlief der Besuch enttäuschend: „Se Exzellenz [Goethe] habe ihn [Heine] eigentlich ungebührlich kalt empfangen."[14] Trotz aller Bewunderung sparte der 26-jährige Heine denn auch nicht mit abschätzigen Urteilen über den 50 Jahre älteren Goethe [Abb. 13]: „Über Göthes Aussehen erschrak ich bis in tiefster Seele, das Gesicht gelb und mumienhaft, der zahnlose Mund in ängstlicher Bewegung, die ganze Gestalt ein Bild menschlicher Hinfälligkeit [...] Nur sein Auge war klar und glänzend. Dieses Auge ist die einzige Merkwürdigkeit, die Weimar jetzt besitzt."[15]

Abb. 13
Johann Wolfgang von Goethe, Gemälde von Johann Joseph Schmeller (1796–1841), das vermutlich 1824 entstand

Der Dichter des *Werther* und der Harz-Gedichte ist in der *Harzreise* präsent, die Begegnung mit Goethe in Weimar bleibt hingegen unerwähnt. Mit der Niederschrift hatte Heine sofort nach der Rückkehr nach Göttingen begonnen; eine erste Fassung war wohl Ende November / Anfang Dezember 1824 bereits abgeschlossen.

Über die Wirkung der Reise hatte Heine seinem Freunde Moses Moser bereits am 25. Oktober mitgeteilt:

„Sie war mir sehr heilsam, und ich fühle mich durch diese Reise sehr gestärkt. Ich habe zu Fuß und meistens allein den ganzen Harz durchwandert, über schöne Berge, durch schöne Wälder und Thäler bin ich gekommen und habe wieder frey geathmet. [...] Ich habe viel herrliches und Liebes erlebt, und wenn nicht die Jurisprudenz gespenstisch mit mir gewandert wäre, so hätte ich die Welt wohl sehr schön gefunden."[16]

Tatsächlich – so merkt man in fast jeder Zeile – erhalten die Erlebnisse, Begegnungen und Erfahrungen der knapp dreiwöchigen Reise nicht lediglich eine literarische Form, die erzählerische Gestaltung steigert Erlebnisse und Gefühle. An der berühmten Eingangspassage mit ihren boshaften Sottisen auf Stadt, Universität und Alltag in Göttingen lässt sich dies ebenso illustrieren wie an den von Märchen- und Traummotiven durchzogenen Berichten vom Abstieg in die Tiefe der Bergwerkstollen; und nicht zuletzt in der Schilderung der Brockenbesteigung und der ihren Enthusiasmus selbstgefällig und alsbald volltrunken feiernden Gäste im Brockenhaus wird dieser Konnex zwischen Erlebnis und Erzählen, Empfindung und Reflexion greifbar; in diesem Falle als satirische Dekonstruktion eines vorgeblich authentischen Naturschauspiels.

Ein aufwallendes Empfinden von Freiheit und Ungebundenheit veranlasst den aus der autoritär-spießigen Ödnis Göttingens herauswandernden Studenten zu polemisch-provokativen Mitteilungen und Schlussfolgerungen. Nachdem er das Weender Tor durchschritten und auf freier Chaussee „frische Morgenluft" geatmet hat, wandert er, vom Singen der Vögel „frisch und freudig" gestimmt, weiter; wie selbstverständlich lässt er sich zu Mitteilungen über seine Universität [Abb. 14, 15] verführen, die stilistisch einen Reisebericht imitieren, semantisch aber einer erbarmungslosen Abrechnung mit Geist und Buchstaben seiner Universität gleichkommen:

„In solch einer Universitätsstadt ist ein ständiges Kommen und Abgehen, alle drey Jahre findet man dort eine neue Studentengenerazion, das ist ein ewiger Menschenstrom, wo eine Semesterwelle die andere fortdrängt, und nur die alten Professoren bleiben stehen in dieser allgemeinen Bewegung, unerschütterlich fest, gleich den Pyramiden Egyptens – nur daß in diesen Universitätspyramiden keine Weisheit verborgen ist."[17]

Die banale Tatsache, dass der akademische Betrieb in Semestern abläuft und Studenten im Dreijahresrhythmus kommen und gehen, fasst Heine ins karikierende Bild vom „ewigen Menschenstrom" und den einander ablösenden „Semesterwellen; in dieser allgemeinen Bewegung" bilden lediglich „die alten Professoren" eine unerschütterliche Bastion; ähnlich den „Pyramiden Egyptens". Allein der Vergleich verschärft die boshafte Perspektive auf die Repräsentanten des universitären Systems, und die Pointe überbietet noch das so entstandene Bild: Der in den Pyramiden verkörperten altägyptischen Weisheit entspricht in den „Universitätspyramiden" der Gegenwart rein gar nichts. Der Kontrast zwischen Bewegung und Stillstand, der Wechsel des akademischen Jahres und die stumpfe Beständigkeit verkrusteter Strukturen und pedantisch-lebensferner Gelehrsamkeit bilden die Antipoden, auf die man in Heines Universitäts- und Wissenschaftskritik immer wieder trifft.

Souverän und ohne Rücksicht auf Sitte und Konvention kommt der aus Göttingen wandernde Student vom morgendlichen Vogelgezwitscher, von der belebenden Wirkung guter Luft zu scharfzüngigen Urteilen über seine Alma mater.

Abb. 14
Göttinger Universitäts- und Bibliotheksgebäude um 1815, Kupferstich von Heinrich Christoph Grape

Abb. 15
Der große Bibliotheks-Saal zu Göttingen (Lesesaal der Universitätsbibliothek), Federzeichnung, aquarelliert, von Friedrich Besemann (um 1820)

In vielen Passagen der *Harzreise* begegnet dieses Verfahren: von natürlich-harmlosen Mitteilungen geht es zu gewichtigen Urteilen über Lebensverhältnisse und mentale Gewohnheiten, vom Erlebnis der Naturschönheit zur Diagnose empörend-unschöner politischer und sozialer Gegebenheiten.

Neben das Prinzip der Steigerung und Überbietung, der Provokation durch unerwartete Pointen und bissige Schlussfolgerungen tritt in der *Harzreise* ein weiteres, nicht minder wirksames Verfahren, das Leser und Leserinnen irritieren, überraschen und zur Korrektur klischeehafter Harzbegeisterung veranlassen soll. Die Besichtigung der Gruben in Clausthal liefert ein gutes Beispiel. Der gefährlich-unromantische Abstieg in die „schwarze Ewigkeit" des Berginnern führt über „kothig nasse" Leitern; über schmale glitschige Bretter und Sprossen; und auch wenn der begleitende Steiger stets beteuert, es sei alles nicht gefährlich, man solle nur nicht auf die Füße sehen und damit schwindelig werden, so führt der Abstieg in die „unterste Tiefe" der Grube doch zu einer bedrohlich-disharmonischen Sinneswahrnehmung: „Immerwährendes Brausen und Sausen, unheimliche Maschinenbewegung, unterirdisches Quellengeriesel, von allen Seiten herabtriefendes Wasser, qualmig aufsteigende Erddünste, und das Grubenlicht immer bleicher hinein flimmernd in die einsame Nacht. Wirklich, es war betäubend, das Athmen wurde mir schwer, und mit Mühe hielt ich mich an den glitschrigen Leitersprossen."[18]

Solche fast naturalistischen Schilderungen setzt Heine bewusst gegen die zeitgenössischen romantisierenden Darstellungen des Bergwerkwesens; für Tieck, E.T.A. Hoffmann und Novalis galt der Abstieg in die Tiefe des Bergwerks als Symbol für die Reise ins Innere des Ichs und der Welt. Von einer metaphysisch-ästhetisierenden Überformung der Grubenerlebnisse in Clausthal ist Heines Schilderung weit entfernt; ihm liefern sie den Anlass für Reflexionen über das harte Leben der Bergleute [Abb. 16], die noch in Harmonie mit Welt und Natur lebten, in Märchen und Mythen den Zusammenhang zwischen „Denken und Fühlen" bewahrt hätten. So will es dem Wanderer zumindest scheinen; freilich muss er sofort zugeben, dass es sich um ein Leben handelt, das „nichts weniger als gefährlich" ist.[19] Zur Idealisierung und Idyllisierung dieses Lebens besteht keinerlei Anlass, wohl aber nutzt der Wanderer und Reiseberichterstatter Heine die Gelegenheit für eine ganz andere, weitreichende Reflexion. Sie gilt der Person und Funktion

Abb. 16
Ein dreifacher Löser von 1664 mit springendem Welfenross und einer Harzer Bergbaulandschaft (hier bezogen auf Clausthal), der den hart arbeitenden Bergleuten ein numismatisches Denkmal setzt. Es handelt sich hierbei um eine Schaumünze mit einem mehrfachen Talergewicht. Herzog Julius von Braunschweig-Wolfenbüttel (1528–1589) hatte derartige Schaumünzen zu Repräsentationszwecken eingeführt, um den Silberreichtum des Harzes zu veranschaulichen.

des Steigers, der ihn beim Grubenabstieg begleitet und geführt hat. Seinem Cicerone stellt er das denkbar beste Zeugnis aus; nennt ihn „eine kreuzehrliche, pudeldeutsche Natur"; mit „innerer Freudigkeit" habe er davon berichtet, wie er einst den Herzog von Cambridge mit großem Gefolge in die Grube begleitet habe. Den „lieben dicken Herzog und das ganze Haus Hannover" hätten die Bergleute seither in allerbester, stolzer Erinnerung.[20] Den Wanderer Heine indes beschleicht eine ganz andere, den herzoglichen Besuch in einem Clausthaler Bergwerk kräftig karikierende Empfindung:

„Innig rührt es mich jedesmal, wenn ich sehe, wie sich dieses Gefühl der Unterthanstreue in seinen einfachen Naturlauten ausspricht. Es ist ein schönes Gefühl! Und es ist ein wahrhaft deutsches Gefühl! Andere Völker mögen gewandter seyn, und witziger und ergötzlicher, aber keines ist so treu, wie das treue deutsche Volk. Wüßte ich nicht, daß die Treue so alt ist, wie die Welt, so würde ich glauben, ein deutsches Herz habe sie erfunden. Deutsche Treue! Sie ist keine moderne Adressenfloskel. An Euren Höfen, Ihr deutschen Fürsten, sollte man singen und wieder singen das Lied von dem getreuen Eckart [...]."[21]

Ein einfacher Bergwerkführer veranlasst Heine zum Hohen Lied auf deutsche Treue; die nationaltypische Verallgemeinerung wird im hymnischen Ausbruch ironisiert und so als politische Warnung konnotiert. Im Horizont einer restaurativen Politik, die die Fürstenhöfe gestärkt und demokratisch-rebellisches Denken und Handeln als „treulos" verunglimpft hatte, nutzt Heine den Topos der deutschen Treue und die wirkmächtige Erzählung vom getreuen Eckart für eine kaum camouflierte politische Richtigstellung. An die Fürstenhäuser des Deutschen Bundes gewandt ruft er nach der Grubenfahrt und vor der bald beginnenden Brockenbesteigung aus: „Ihr habt das treueste Volk, und ihr irrt, wenn Ihr glaubt, der alte, verständige, treue Hund sey plötzlich toll geworden, und schnappe nach Euern geheiligten Waden."[22]

Das klingt wie abwiegelnde Rhetorik, wie eine biedermeierliche Bekräftigung der zitierten „Unterthanstreue", spielt freilich mit der ironischen Verkehrung der erwähnten „kreuzehrlichen, pudeldeutschen Natur"; sie ist gerade keine Bedrohung für die restituierte feudalaristokratische Ordnung; dass Heine sie an einem Bergarbeiter illustriert und zum Exempel eines „wahrhaft deutschen Gefühls" erhebt, macht sie ebenso lächerlich wie ungefährlich.

Heines poetisches Spiel mit den repressiven politischen Verhältnissen prägt viele Passagen der *Harzreise*. Naturromantische Schwärmerei, Fiktionen echten Gefühls und sarkastische Demontage der mentalen und diskurspolitischen Implikationen solchen „Gemüthskehrichts"[23] gehen ineinander über und erreichen anlässlich der Brockenbesteigung buchstäblich ihren Gipfelpunkt. Die Bergbesteigung selbst beschreibt Heine als Abfolge von Anspielungen, Zitaten, Floskeln und Phrasen: „goldene Sonnenlichter" durchstrahlen „das dichte Tannengrün; Baumwurzeln" bilden „eine natürliche Treppe"; allenthalben herrscht „liebliche Kühle und träumerisches Quellengemurmel". Der Aufstieg auf den Brocken wird zum Spaziergang durch eine zum Märchen- und Wunderland gewordene Szenerie, in der die Vögel „Sehnsuchtslaute" singen, die Bäume „wie mit Tausend Mädchenzungen" flüstern und die Bergblumen den Wanderer „wie mit Tausend Mädchenaugen" ansehen. Der sieht sich denn auch von sinnigen Kräutlein umgeben, die grüne Märchen erzählen und konstatiert schließlich: „es ist alles wie verzaubert, es wird immer heimlicher und heimlicher, ein uralter Traum wird lebendig, die Geliebte erscheint – ach, daß sie so schnell wieder verschwindet."[24]

Das Idyll aus flüsternden Vögeln, sprechenden Blumen und uralte Träume erzählenden Kräutern enthält gleichsam natürliche Traumgebilde aus liebenden Mädchenaugen; mehr noch: Die Naturbilder rufen die ferne Geliebte ins Leben. In scharfem Kontrast zu dieser Natur-, Traum- und Liebes-Szenerie stehen aber die dem Wanderer nun gegenübertretenden „wunderliche(n) Gruppen von Granitblöcken", die er als „Spielbälle" deutet, „die sich die bösen Geister einander zuwerfen in der Walpurgisnacht, wenn hier die Hexen auf Besenstielen und Mistgabeln einhergeritten kommen, und die abentheuerlich verruchte Lust beginnt, wie die glaubhafte Amme es erzählt [...]."[25]

Schon die Kaiserstadt Goslar, die Bergwerke von Clausthal, aber auch andere Stationen seiner Wanderung hatte Heine im Rückgriff auf Mythen, Sagen und Legenden beschrieben; die Gebrüder Grimm werden dafür ebenso selbstverständlich herangezogen wie die Erzählungen der Romantiker; und wenig überraschend werden aus Anlass der Brockenbesteigung Naturszenarien mit Traumhaft-Erotischem verknüpft und mit dem Teufelsbündler Faust und Goethes Faustdichtung kontrastiert. Texte und Bilder liefern die Vorlage für ein Naturschauspiel, dessen Originalität und Authentizität immer erneut karikiert wird.

Letzteres auch dadurch, dass Heine ausgerechnet auf einer Felsplatte des Brocken eine aus Berlin angereiste „ästhetische Theegesellschaft" – der von ihm gern frequentierte Salon Rahel Varnhagen ist gemeint – von „belletristischen Damen" sich versammelt, ihr Staunen über Ort und Ausblick allerdings hinter der Lektüre der Abendzeitung verschwinden lässt; wobei sie „ihre poetischen Ziegenböckchen, die meckernd den Theetisch umhüpften, als Universalgenies priesen, und über alle Erscheinungen der deutschen Literatur ihr Endurtheil fällten".[26]

Die Konventionen des Berlin Salongeschehens und die konventionalisierte Begeisterung für die Bergwelt des Harzes sind zwei Seiten einer Medaille, ebenso wie die poetisierte Emphase des Brockenerlebnisses und die aktualisierende Deutung seiner Wirkung. Letztere setzt autobiographisch ein und endet – ähnlich wie im Falle der Beschreibung des Bergwerkers – in einem politisch-nationalpsychologischen Topos mit langer Tradition. Beim ersten Blick vom Brocken aus hinab in die Ebene und die Ferne – so Heine, der damit zunächst den Beschreibungen Gottschalcks folgt – erscheine alles „in hohem Grade wunderbar: alle Seiten unseres Geistes empfangen neue Eindrücke, und diese, meistens verschiedenartig, sogar sich widersprechend, verbinden sich in unserer Seele zu einem großen, noch unentworrenen, unverstandenen Gefühl. Gelingt es uns, dieses Gefühl in Begriffe zu fassen, so erkennen wir den Charakter des Berges."[27]

Beim Blick vom Brocken stellt sich also ein Empfinden des Wunderbaren, der Größe und Weite ein, das durchaus demjenigen des jungen Studenten korrespondiert, als er Göttingen verlässt und auf freier Chaussee beim Gesang der Vögel in der frischen Morgenluft ein lange vermisstes Gefühl von Freiheit und Ungebundenheit erlebt.

Abb. 17
Der Brocken von der Harzburg aus gesehen, kolorierter Stahlstich nach einer Zeichnung von Wilhelm Ripe, um 1850

Abb. 18a+b
Brockenansichten. Kupferstiche von Heinrich Christoph Grape nach Zeichnungen von Friedrich Wilhelm Saxesen, um 1820

Auf dem Brocken erweitert sich das Empfinden, es diffundiert, erscheint verworren und unverstanden. Und doch überlässt sich Heine dem ambivalent-uneindeutigen Empfinden gerade nicht. Er mystifiziert und er erotisiert es auch nicht, stattdessen bringt er es „in Begriffe", versucht so den Charakter des Berges zu erfassen. Freilich ergibt sich kein intellektueller Durchbruch, sondern eine Pointe, deren diskurspolitisches Potential weit über ein Naturerlebnis auf hoher Bergkuppe hinausgeht. Denn – so der Befund – „Dieser Charakter ist ganz deutsch, sowohl in Hinsicht seiner Fehler, als auch seiner Vorzüge. Der Brocken ist ein Deutscher. Mit deutscher Gründlichkeit zeigt er uns, klar und deutlich, wie ein Riesenpanorama, die vielen Städte, Städtchen und Dörfer […]
Der Berg hat auch so etwas Deutschruhiges, Verständiges, Tolerantes; eben weil er die Dinge so weit und klar überschauen kann. Und wenn solch ein Berg seine Riesenaugen öffnet, mag er wohl noch etwas mehr sehen, als wir Zwerge, die wir mit unseren blöden Aeuglein auf ihm herumklettern."[28]

Abb. 19
Das Wirtshaus auf dem Brocken, genannt das Brockenhaus, kolorierte Umrissradierung, um 1820

Die Blicke, die der Brocken seinen Besuchern erlaubt, reichen „unendlich weit"; sie machen den Zwang zur Systematisierung, zur kleinteiligen Genauigkeit überflüssig, erlauben eine Erfahrung von Erhabenheit und Distanz. So hatte es auch der von Heine genutzte Gottschalck beschrieben. Heine indes wendet seine Beschreibung ins Politisch-Symbolische. Die erhabene Schönheit der Natur, die Unbegrenztheit des Ausblicks in weite Landschaften, die sich vor den Augen des Betrachters auftut, entstammt dem „Charakter des Berges"; er repräsentiert „Deutschruhiges, Verständiges, Tolerantes". Über der feudalistisch-repressiven Kleinstaaterei des Deutschen Bundes erhebt sich der Brocken als ein gleichsam uneingelöstes Versprechen angesichts grassierender nationaler Engstirnigkeit und Intoleranz und falscher deutschtümelnder, judenfeindlicher Borniertheit.

Von dem allen schwärmt der Brockentourist Heine durchaus selbstkritisch; nicht nur, weil er auch von den „Fehlern" im „deutschen Charakter" des Brocken spricht, sondern weil er den falschen und verlogenen, abgedroschenen und unechten Gefühlsausbrüchen, die Harz und Brocken auszulösen vermögen, mit besonderem Sarkasmus begegnet. An mehreren Stellen, so auch aus Anlass der nationalcharakteristischen Deutung des Brocken, betont Heine die Verfertigung von Gefühlen beim Reden: „denn Naturschönheiten genießt man erst recht, wenn man sich auf der Stelle darüber aussprechen kann."[29] Dem befreienden Erlebnis einfacher oder erhabener Naturszenarien hat Heine von Beginn der *Harzreise* an die Skepsis und den Spott gegenüber der behaupteten Originalität solchen Empfindens entgegengesetzt. Philister, zechfreudige Untertanen, singende Burschenschaftler, aber auch die kulturbeflissenen Berliner Salonièren werden aufs Korn genommen.

Der vielgerühmte und daher auch in der *Harzreise* minutiös und maliziös ausgestaltete Sonnenuntergang auf dem Brocken bringt sie alle zusammen und liefert dem Berichterstatter einen letzten Beleg. Auf der Turmplatte versammeln sich am Abend „Studenten, Handwerksburschen und einige ehrsame () Bürgersleute (), sammt deren Ehefrauen und Töchtern, die alle den Sonnenuntergang sehen wollten. Es ist ein erhabener Anblick, der die Seele zum Gebet stimmt."[30]

Mit gefalteten Händen folgt die „stille Gemeinde" dem Naturgeschehen; auch der Erzähler fühlt sich ihr zugehörig, bricht das Bild frommer Andacht vor abendlichem Sonnenuntergang dann aber auf gleich doppelte Weise. Zunächst durch einen Bildwechsel, denn „es war, als ständen wir, eine stille Gemeinde, im Schiffe eines Riesendoms, und der Priester erhöbe jetzt den Leib des Herrn, und von der Orgel herab ergösse sich Palaestrinas ewiger Choral".[31]
Freilich erklingt kein Ton aus der berühmten Messe des großen italienischen Komponisten, sondern der Erzähler hört aus dem Munde eines jungen Kaufmanns einen Satz, der zum geflügelten Wort werden sollte und seine tourismusförderlichen Zwecke womöglich auch heute noch erfüllt. Der junge Mann ruft aus: „Wie ist die Natur doch im Allgemeinen so schön!"

Fromme Andacht und dümmliche Floskeln gehören – so zeigt die *Harzreise* immer wieder – zum unerschöpflichen Reservoir wanderfreudiger Harz- und Brockenbesucher und -besucherinnen. Dabei schreibt der Harztourist Heine die unfreiwillige Komik und die Klischees kollektiver Naturbegeisterung nicht einfach fort, sondern enthüllt mit poetischen Mitteln ihr politisch-zeitkritisches Potential. Das beginnt beim boshaften Spott über die lebensferne Gelehrsamkeit seiner Universität und endet beim poetisch-metaphorischen Lobgesang auf Bergleute und Berggipfel als Repräsentanten deutscher Tugenden und nationalcharakteristischer Mentalitäten. Und nicht zufällig schließt es die scharfe Abrechnung mit einer Geschwätzigkeit ein, die ihre Objekte in Universität oder Salon, in freier Natur oder im Wirtshaus, bei Sonnenuntergang oder Sonnenaufgang auf dem Brocken stets findet.
Zu den brillantesten Passagen gehört denn auch die Aufzählung der Themen, die nach Sonnenuntergang und Abendmahlzeit und begleitet von vielen „Boutaillen" das Gespräch der Harzreisenden bestimmten. Goethes Reisebriefe und der Werther finden ebenso Erwähnung wie die Beobachtung einer Mutter, die die „versinkende Sonne … wie eine glühende Rose erlebt habe, die der galante Himmel herabgeworfen in den weitausgebreiteten Brautschleier seiner geliebten Erde".[32]
Der Erzähler ergänzt, man habe wohl auch „von Angorakatzen, etruskischen Vasen, türkischen Shawls, Makaroni und Lord Byron" gesprochen. Die Absurditäten geistreich-verklemmter Konversation, die ebenso angestrengte wie verkrampft-alberne Salongeselligkeit findet Heine auch bei den Gästen des Brockenhauses, die ihre spießige Emphase aus der Natur, aus der Welt von Gesellschaft und Theater und schließlich auch aus der Politik beziehen kann. Wenig überraschend endet die zur Schau gestellte Natur- und Bildungsbeflissenheit der abendlichen Runde im großen Klamauk polternder Gesänge und dummer Sprüche: „An unserem Tische wurde es immer lauter und traulicher; der Wein verdrängte das Bier, die Punschbowlen dampften, es wurde getrunken, smollirt und gesungen. Der alte Landesvater und herrliche Lieder von W. Müller, Rückert, Uhland u. s.w. erschollen […] Am allerbesten erklangen unseres Arndts deutsche Worte ‚Der Gott, der Eisen wachsen ließ, der wollte keine Knechte!'. Und draußen brauste es, als ob der alte Berg mitsänge, und einige schwankende Freunde behaupteten sogar, er schüttele freudig sein kahles Haupt, und unser Zimmer werde dadurch hin und her bewegt. Die Flaschen wurden leerer und die Köpfe voller. Der Eine brüllte, der Andere fistulierte, ein Dritter deklamierte aus der ‚Schuld', ein Vierter sprach Latein, ein Fünfter predigte von der Mäßigkeit, und ein Sechster stellte sich auf den Stuhl und dozierte."[33]
Es folgt eine kabarettistische Karikatur auf Welterklärungsversuche im Namen des technischen Fortschritts und der wissenschaftlichen Deduktionsmanie.
Heine steht dem staunend und polemisch, analytisch und satirisch, vor allem aber steht er dem omnipräsenten „Gemüthskehricht" als wortmächtiger poetischer Diagnostiker gegenüber.

Schon Entschluss und Verlauf der Wanderung hatten Heine Erleichterung und Erholung gebracht; Komposition und Niederschrift der *Harzreise* steigerten dieses Empfinden der Befreiung nochmals, auch wenn Zeit und Kraft für die Arbeit am Manuskript gegen die Notwendigkeiten und Zwänge des Studiums und der bevorstehenden Promotion behauptet werden mussten. Anfang Dezember 1824 war eine erste Fassung fertiggestellt. In 14 Folgen erschien eine durch den Herausgeber des *Gesellschafter* stark zensierte erste Druckfassung zwischen 20. Januar und 11. Februar 1826. Heines Empörung über „die schändlich mißhandelte Harzreise"[34] war so groß, dass er beschloss, keine Publikationen in

Abb. 20
Blick zum Brocken von der Westerklippe bei Ilsenburg 2022

Zeitschriften oder Zeitungen, sondern nur noch eigene geschlossene Sammelbände anzustreben. Im ersten Band der Reisebilder erschien *Die Harzreise* daher in erweiterter und um mehrere Gedichte (darunter „Heimkehr", „Götterdämmerung") sowie „Die Nordsee" ergänzter Form im Frühsommer 1826. Es wurde ein erster großer Erfolg für den Autor, der im Jahr zuvor in Göttingen promoviert worden war und sich im selben Jahr hatte taufen lassen. Die mit der Konversion verbundene Hoffnung auf eine Professur zerschlug sich schnell; dass der „Taufzettel" gerade nicht zum „Entreé Billet" für die bürgerliche Gesellschaft geworden war, wurde zur bestimmenden Erfahrung.

Als „Opposition gegen das abgedroschen Gebräuchliche"[35] wollte Heine seine *Reisebilder* und damit auch das „zusammengewürfelte Lappenwerk" der *Harzreise* verstanden wissen. Im Urteil von Zeitgenossen und Nachwelt fand diese Absicht durchaus ihre Bestätigung. Und auch Heines Vorsatz: „Wenn ich gut haushalte, kann ich mein ganzes Leben lang meine Gedichte mit Harzbäumen ausstatten"[36], wird man im singulären literarischen Werk dieses „geborenen Provokateurs und ewigen Ruhestörers" (Marcel Reich-Ranicki) bei jeder Lektüre neu bestätigt finden.

Uwe Lagatz

Heine als Harzwanderer – Einer von vielen?

Eine Annäherung aus tourismusgeschichtlicher Perspektive

Was wäre eigentlich passiert, wenn sich Heinrich Heine (1797–1856) nicht dazu entschlossen hätte, die Impressionen seines Harzabenteuers aufzuschreiben und in Druck zu geben? Würde die herbstliche Wanderung des jungen Studenten anno 1824 viel mehr Menschen interessiert haben bzw. interessieren als Heine-Biographen und Germanisten? Gäbe es einen Gedenkstein für den Dichter auf dem Brocken oder einen nach ihm benannten Weg im Ilsetal? Wäre die anstrengende Fußreise des angehenden Schriftstellers durch das nördlichste deutsche Mittelgebirge nicht einfach als gesundheitsfördernder Umweg auf dem Gang zu Goethe (1749–1832) in Weimar gedeutet worden? Und wie hätte sich das weitere literarische Schaffen Heines ohne den Erfolg seiner *Harzreise* entwickelt? Viele ähnliche Fragen ließen sich noch stellen.

Glücklicherweise hatte sich Heine damals aber dazu entschlossen, die eigenen Harzerfahrungen im Rückblick in Worte zu fassen und zu publizieren; wenn auch als „Fragment", wie er selbst betonte.[1] Hätte er dies nicht getan, wäre er wohl in der Schar der historisch verbrieften Harzwanderer einer von vielen gewesen; wenn auch einer, der durch sein Schaffen bald sehr bekannt werden sollte und dem allein aufgrund des Studienortes Göttingen sicher eine gewisse Nähe zu Harz und Brocken zugeschrieben worden wäre.

Doch für Spekulationen ist hier nicht der rechte Ort. Heines *Harzreise* liegt als Text seit knapp 200 Jahren vor. Generationen von Wissenschaftlern haben sich ebenso an ihr abgearbeitet, wie sich Leserinnen und Leser nach wie vor an ihr erfreuen. Manch einen hat das Reisebild sogar inspiriert, selbst die Wanderschuhe zu schnüren und den Rucksack zu schultern, um den Harz Schritt für Schritt zu erobern. Letztere wird wahrscheinlich dieser Aufsatz besonders interessieren, da dessen Hauptanliegen darin besteht, Heines *Harzreise* tourismusgeschichtlich in den Blick zu nehmen. Es geht folglich nicht etwa darum, eine neue Lesart des berühmten literarischen Textes zu skizzieren, sondern stattdessen die Wanderung ihres Urhebers als historische Fußreise zu untersuchen, um am Ende die Frage beantworten zu können, ob der harzreisende Heinrich Heine nun tatsächlich einer von vielen gewesen sei oder etwa nicht.

Abb. 1 Der Heine-Gedenkstein auf dem Brocken, 2020

HERCYNIA CURIOSA,
oder
Curiöser
Hartz-Wald/
Das ist
Sonderbahre
Beschreibung und Verzeichnis
Derer Curiösen
Hölen/ Seen/ Brunnen/ Bergen/
und
vielen andern an- und auff dem Hartz vorhandenen
Denckwürdigen Sachen
mit unterschiedenen Nützlichen und Ergetzlichen
Medicinischen/ Physicalischen und Historischen
Anmerckungen
denen
Liebhabern solcher Curiositäten
zur Lust
heraus gegeben
von
D. GEORG HENNING BEHRENS,
Physico Ordin. Subordin. in Nordhausen.
NORDHAUSEN/
Verlegts Carl Christian Neuenhahn/ Buch-Händler.
1703.

Abb. 2
Titelblatt des 1703 erschienenen ersten Harzreiseführers von Georg Henning Behrens

Der Tourismus besitzt im Harz und in seinem unmittelbaren Umland eine lange Tradition. Während sich die heutigen Konturen des für die Region unverzichtbaren Wirtschafts- und Imagefaktors im Kontext der Industrialisierung herausbildeten, um in der Wilhelminischen Ära einen ersten Höhepunkt zu erleben, waren die Vorläufer der Sommer- und bald auch Winterfrischler bereits vor mehr als 300 Jahren in das markante Gebirge vorgestoßen.[2] Als eindrucksvollster Beleg für dieses erstaunlich frühe Phänomen gilt das Erscheinen des ersten Harzreiseführers im Jahre 1703.

Jenen hatte der aus Nordhausen stammende Arzt Georg Henning Behrens (1662–1712) unter dem Titel *Hercynia Curiosa, oder Curiöser Hartz-Wald* vorgelegt und dessen Veröffentlichung unter anderem damit begründet, dass er bezwecke, „diejenigen / welche aus Curiosität den Hartz mit denen angräntzende Oertern in Augenschein nehmen wollen / zu unterrichten: was vor Curiosa daselbst eigentlich vorhanden / massen ich wahrgenommen / daß zu Zeiten etlichen weit darnach gereiseten Personen aus Mangel eines Berichts nicht der dritte Theil davon gezeiget worden."[3] Der harzerfahrene Autor muss den Nerv des Publikums getroffen haben, erlebte sein gut 200-seitiges Buch doch 1712 und 1720 zwei deutsche Nachauflagen und zehn Jahre später sogar eine englische Übersetzung.

Im Aufklärungszeitalter stieg die Zahl auswärtiger Besucher langsam aber beständig an. Rationales Denken und Forscherdrang fanden in der bekannten und ökonomisch überaus bedeutenden Montanregion Harz reichlich Nahrung. Aber nicht nur Wissenschaftler und Bergbauexperten durchstöberten die Gegend rund um den Brocken auf der Suche nach neuen Erkenntnissen oder Erz und Ertrag. Besonders ab der zweiten Hälfte des 18. Jahrhunderts nahm parallel die Schar derjenigen zu, die sich aus heutiger Sicht im touristischen Sinne auf den Weg in das Gebirge machten. So bestaunten abenteuerlustige Männer, ja selbst Frauen die vielfältigen Reize von Landschaft und Natur, befuhren unter halsbrecherischen Bedingungen Höhlen und Bergwerke, erklommen zerklüftete Felsformationen und geschichtsträchtige Ruinen.

Vielen der mutigen Touristinnen und Touristen galt der Brocken als höchster, weithin sichtbarer und sagenumwobener Harzgipfel als das regionale Reiseziel schlechthin. Kaum ein Gebirgsbesucher verließ folglich den Harz, ohne den Fuß auf dessen kahles und wettergegerbtes Haupt gestellt zu haben. Die in Wernigerode residierenden Grafen zu Stolberg-Wernigerode und ob der großen Popularität stolzen Besitzer des sogenannten Blocksberges reagierten prompt. Hatten sie schon 1736 direkt auf dessen Kuppe ein kleines steinernes Schutzhaus errichten lassen, gaben sie knapp zehn Jahre später dem in ihren Diensten stehenden Betreiber einer Torfstecherunterkunft auf der unweit der Brockenspitze gelegenen Heinrichshöhe die Erlaubnis, nebenher Reisende mit Kost und Logis zu versorgen. Wie sehr diese Entscheidung den frühen Harz- und Brockentourismus befördern sollte, lässt sich leicht aus den bereits 1791 veröffentlichten Gästebüchern der bescheidenen Klause herauslesen. 7011 Personen hatten sich für den Zeitraum von 1753 bis 1790 in ihnen verewigt, Adlige und Geistliche ebenso wie einfache Handwerker und Händler; sogar 557 Frauen fanden Erwähnung. Doch als Heinrich Heine den Brocken bestieg, gab es das alte Wirtshaus schon lange nicht mehr. Ein im Jahre 1800 direkt auf der Brockenhöhe eröffnetes Gasthaus stand ihm und allen anderen Besuchern statt seiner jetzt offen – und das sogar sommers wie winters. Von diesem außergewöhnlichen Domizil wird später noch die Rede sein.[4]

Die frühe touristische Attraktivität des Harzes speiste sich, wie bereits angedeutet, aus verschiedenen Quellen. Literarische und künstlerische Werke nehmen dabei eine bemerkenswerte Sonderrolle ein. Im Prozess der Verarbeitung inspirierender Harzreiseeindrücke entstanden, beförderten sie auf ihre spezifische Weise die Anziehungskraft der gebirgigen Region. Literatur und Kunst können also gleichermaßen als Produkte wie als Motoren der Tourismusentwicklung gekennzeichnet werden. Im besonderen Maße gilt dies für die sogenannte Goethezeit, die Zeit also, in die Heine geboren wurde und in die er als junger Autor hineinwirkte. So wie seine *Harzreise* als literarischer Text damals wie heute den Harztourismus förderte und fördert, hatten es vor ihm andere Künstler und Autoren mit ihren Werken getan. An erster Stelle zu nennen gilt es hier Pascha Weitsch (1723–1803), den in Braunschweig beheimateten Begründer der deutschen romantischen Landschaftsmale-

Abb. 3
Das erste Brockengasthaus auf der Heinrichshöhe diente ursprünglich als Torfstecherunterkunft.
Kolorierter Kupferstich von Christian Andreas Besemann, um 1790

rei, und natürlich Johann Wolfgang von Goethe. Weitere harzaffine Maler sowie Schriftsteller von Rang könnten hier aufgeführt werden. Wichtiger scheint jedoch der Hinweis, dass es zu Lebzeiten Heinrich Heines recht viele, heute nahezu in Vergessenheit geratene Künstler und Publizisten gegeben hatte, die, vom Harz inspiriert, mit Gemälden und Grafiken oder Reisebüchern und Pressetexten Wesentliches zur touristischen Popularisierung des Mittelgebirges beigetragen haben.[5]

Liest man Heines *Harzreise* heute, kann man wie bei der Lektüre ähnlicher und zeitnaher Texte schnell dem Gefühl erliegen, dass der Harz um 1824 ein zusammenhängendes Territorium gebildet habe, in dem es keine Grenzen gab. Doch dieser Schein trügt. Wie schon im Mittelalter und in der Frühen Neuzeit durchzogen das vergleichsweise kleine Gebirge eine ganze Reihe von Trennlinien, die unterschiedliche Staatsgebilde innerhalb des 1815 entstandenen Deutschen Bundes voneinander schieden. Weil deren Grenzen seinerzeit in der Regel nicht überwacht wurden, störte dies die Harztouristen kaum. Friedrich Gottschalck (1772–1854), von dem in dieser Betrachtung noch des Öfteren die Rede sein wird, da er für den in jenen Jahren maßgeblichen Harzreiseführer verantwortlich zeichnete, vermerkte folglich in dessen 1823er und zum Zeitpunkt von Heines Harzreise aktuellsten Ausgabe, dass man einen Pass nicht zwingend mitführen müsse, „da die meisten Örter ohne Thore sind, und fast nirgends darnach gefragt wird". Trotzdem betonte er, dass es „immer gut" sei, „für unvorhergesehene Fälle irgend etwas zur Legitimation bei sich zu haben".[6]

No 14.

Taschenbuch
für
Reisende in den Harz,
von
Friedrich Gottschalck.

Das Wirthshaus auf dem Brocken.

Zweite verbesserte Auflage mit einer Karte.

Magdeburg
bei Wilhelm Heinrichshofen.
1817.

Abb. 4
Heinrich Heine nutzte für seine Harzreise die 1817er Ausgabe von Friedrich Gottschalcks „Taschenbuch für Reisende in den Harz", obwohl 1823 eine neue und aktualisierte Auflage auf den Markt gekommen war

An anderer Stelle ging Gottschalck auf die erwähnte politische Zersplitterung des Harzes ein: „In seiner Länge durchzieht und berührt er zum Theil folgende Staaten: die Grafschaft Mansfeld, das Ober-Herzogthum Anhalt-Bernburg, das Preuß. Herzogthum Sachsen, die Fürstenthümer Quedlinburg, Blankenburg und Halberstadt, die Grafschaften Stolberg, Wernigerode und Hohenstein, das Herzogthum Braunschweig, und das Fürstenthum Grubenhagen. Alle diese Staaten stehen unter der Hoheit der vier Regentenhäuser: Preußen, Anhalt-Bernburg, Braunschweig, und Hannover, und diese sind daher die Herren des ganzen Harzgebirges zu nennen." Unter Berücksichtigung der vom Autor mit „höchstens 36 geographischen Quadratmeilen", also etwa 2000 km^2, angegebenen Gesamtfläche des Mittelgebirges ist das schon eine beeindruckende staatliche Vielgestaltigkeit auf kleinstem Raum. Zum Harz insgesamt rechnete Gottschalck dabei das Gebiet, das im Osten von „Mansfeld", im Westen von „Seesen und Osterode", in nördlicher Richtung von „Ballenstedt, Wernigerode, und Goslar" sowie südlich von „Roßla, Nordhausen, Elrich, und Osterode" begrenzt wurde.[7]
Auch wenn sich Heines Wanderroute auf Grundlage der Angaben in der *Harzreise* bzw. in den dazugehörigen *Bruchstücken* sowie Briefstellen nicht genau rekonstruieren lässt, kann sicher behauptet werden, dass deren Urheber im Herbst 1824 in Territorien der vier genannten Regenten unterwegs gewesen war. Alle oben aufgeführten Staaten durchschritt er jedoch nicht. Keine Belege existieren beispielsweise dafür, dass er die erwähnten Fürstentümer Halberstadt und Quedlinburg sowie die Grafschaften Stolberg und Hohenstein erreichte. Das musste er aber auch nicht, bestand doch die Absicht seiner Fußreise bekanntermaßen keineswegs darin, den Harz in Gänze kennenzulernen.

Wie in der Gegenwart setzten hauptsächlich touristisch motivierte Reisen in Heines Zeiten eine entsprechende Infrastruktur voraus. Dabei spielte es eine untergeordnete Rolle, ob man sich allein oder in der Gruppe, in der Kutsche, zu Pferde oder zu Fuß aufmachte. Wege und Wirtshäuser waren folglich auch im Harz für die Auswärtigen unverzichtbar, um von Station zu Station zu gelangen sowie Kost und ggf. Logis bekommen zu können. Obwohl von manch Fremdem im Detail immer wieder heftig kritisiert, bot das Gebirge aufs Ganze gesehen recht gute Bedingungen für das Reisen. Vielerlei Trassen verbanden die einzelnen Ortschaften miteinander. Hierbei ist jedoch zu berücksichtigen, dass deren Palette von gut ausgebauten Chausseen bis hin zu halsbrecherischen Fußsteigen reichte. Ähnliche Qualitätsunterschiede gab es bei den vielerorts vorhandenen Gasthöfen.
Die Existenz jener Infrastruktur hat der Harz wie die dauerhafte Besiedlung überhaupt in erster Instanz seiner Montangeschichte zu verdanken. Ein erfolgreicher Betrieb der Bergwerke und Hütten setzte diese ebenso voraus wie die für den Montansektor unverzichtbare Forstwirtschaft. Erze, Holz und Fertigprodukte mussten gleichermaßen transportiert werden, wie es galt, Lebensmittel aus dem landwirtschaftlich geprägten Umland in die höher gelegenen Orte zu schaffen. Ein ganzes Heer von Fuhrleuten bewältigte die in den Gebirgslagen zuweilen recht schwierige Aufgabe. Nicht umsonst mahnte Friedrich Gottschalck in diesem Zusammenhang: „Allen Holz-, Kohlen- und Erzfuhren muß ausgewichen werden. Dieser durchgehends auf dem Harze geltenden Gewohnheit, füge sich Jeder, der nicht mit rohen Menschen Händel haben will."[8]

Die jeweiligen Landesherren hatten bereits seit mehreren Generationen das Interesse Auswärtiger an den Sehenswürdigkeiten in ihren Harzer Besitzungen wahrgenommen. In der Hoffnung auf einen langfristigen Zugewinn an Prestige und Einnahmen investierten sie deshalb in verschiedene touristische Projekte, wie wir heute sagen würden. Als leuchtendes Beispiel gilt das von Heine besuchte und schon erwähnte Brockenhaus. Ohne herrschaftliches Engagement hätte der junge Wanderer aber auch wie viele der Zeitgenossen die unterirdischen Schatzkammern des Gebirges, die Höhlen und Bergwerke, nicht erkunden können bzw. dürfen. Selbst ihre Schlösser und Gärten öffneten manche der hochadeligen Besitzer für die Öffentlichkeit, so etwa in Ballenstedt, Blankenburg und Wernigerode. Heinrich Heine wusste um die Möglichkeit, die Residenz der heutigen Bunten Stadt am Harz zu besehen, verzichtete jedoch bewusst auf deren Visite. In den *Bruchstücken* zur *Harzreise* kommentierte er diese Entscheidung auf typisch-bissige Weise: „Im Wernigroder Schloß soll manches Bemerkenswerthe zu sehen seyn;

Abb. 5
Clausthal-Zellerfeld, Grubenansicht, kolorierter Kupferstich, 1804.[1]
Der Montansektor bildete noch zu Heines Zeiten das wirtschaftliche Rückgrat des Harzes.

Abb. 6
Harzbesucher und Kiepenfrauen bei Oderbrück unterhalb des Brockens, kolorierte Lithografie von Gustav Wilhelm Kraus, um 1835 (Ausschnitt)

aber wären wir an diesem Tage hinaufgestiegen, so hätte man wahrhaftig glauben können wir wollten die Herren Grafen sehen. Wir gingen deßhalb gleich weiter nach Elbingrode."[9]

Die Erfahrung, vom Tourismus quasi nebenher profitieren zu können, hatten schon vor Heines Zeiten eine ganze Reihe von Harzern gemacht. Besonders galt dies für die Frauen und Männer, die sich als Führerinnen und Führer der Fremden verdingten. Ihre Dienste wurden vor allem für die Passage höherer und abgelegener Wege dringend empfohlen, da ansonsten die Gefahr bestünde, sich schlicht zu verlaufen. Außerdem übernahmen die sogenannten Boten bzw. Wegzeiger im Allgemeinen den Transport des Reisegepäcks. Aufgrund ihrer Kondition und Vertrautheit mit dem Terrain galten für diese Tätigkeit die noch heute in der Harz-Folklore gern gesehenen Kiepenfrauen als besonders prädestiniert. Traditionell mit der Absicherung des regionalen Kleinhandels betraut, transportierten sie mitunter selbst schwerere Lasten über weite Strecken. Heine traf einen solchen „Schwarm Frauenzimmer, deren jede ein großes, fast häuserhohes, mit weißem Leinen überzogenes Behältniß auf dem Rücken trug" nach eigenem Bekunden hinter Northeim. Die Gruppe sei nach Angabe des Wanderers neben anderen Krämern auf dem Weg nach Braunschweig gewesen, um dort „allerley eingefangene Singvögel" zu verkaufen. Spitz kommentierte er das Gesehene in dem Satz: „Mir kam es gar närrisch vor, wie so ein Vogel den andern zu Markte trägt."[10]

Abb. 7
Henrichsdukat aus dem Jahre 1824.
Die Goldmünze wurde anlässlich der Regierungsübernahme des Grafen Henrich zu Stolberg-Wernigerode geprägt.

Der Reisebuchautor Friedrich Gottschalck scheint den Harzführern insgesamt recht kritisch gegenübergestanden zu haben. Obwohl er für den einen oder anderen Weg dazu riet, auf deren Dienste besser zurückzugreifen, lautete sein Fazit: „Führer für den ganzen Harz, welche mehr als bloße Wegweiser wären, [...] findet man gar nicht, und unter denen, die man gewöhnlich auf eine kurze Strecke mit zu nehmen pflegt, trifft man auch selten einen etwas unterrichteten an. Mit ihnen zuvor über das Lohn sich zu vereinigen, ist rathsam, weil sie, ohne diese Vorsicht, hinterdrein oft höchst unbillige Forderungen machen."[11]

Der junge Heine hatte während der Harzreise wahrscheinlich, traut man seinen Darlegungen, nur einmal solcherart Unterstützung in Anspruch genommen, beim Abstieg vom Brocken durch die sogenannten Schneelöcher. Unter Führung eines „Wegweiser[s]" sei er jedoch nicht allein durch das schwierige Gelände marschiert, sondern in Gesellschaft von „ungefähr zwanzig Mann".[12]

Vielleicht hätte Heine auch allein des Öfteren auf die Begleitung Ortskundiger bauen sollen? Zumindest gilt dies für die Strecke zwischen Goslar und Harzburg, wo er sich angeblich „wohl eigentlich verirrt" hatte und nur dank der Hilfe eines Einheimischen die Orientierung wiederfand. Letzterer muss dem jungen Wanderer trotz allem nicht sonderlich sympathisch gewesen sein, setzte er ihm doch in der *Harzreise* ein ziemlich herbes literarisches Denkmal: „Aber es giebt immer gute Seelen, die uns wieder auf den rechten Weg bringen; sie thun es gern, und finden noch obendrein ein besonderes Vergnügen daran, wenn sie uns mit selbstgefälliger Miene und wohlwollend lauter Stimme bedeuten: welche große Umwege wir gemacht, in welche Abgründe und Sümpfe wir versinken konnten, und welch ein Glück es sey, daß wir so wegkundige Leute, wie sie sind, noch zeitig angetroffen. Einen solchen Berichtiger fand ich unweit der Harzburg. Es war ein wohl genährter Bürger von Goslar, ein glänzend wampiges, dummkluges Gesicht; er sah aus, als habe er die Viehseuche erfunden."[13]

Von einer ganz anderen und aus heutiger Sicht zweifelhaften Art touristischer Nebeneinkünfte erfuhr Heinrich Heine nach eigener Angabe auf dem Wege nach Clausthal: „Ein kleiner Junge, der für seinen kranken Oheim im Walde Reisig suchte, zeigte mir das Dorf Lerbach, dessen kleine Hütten, mit grauen Dächern, sich über eine halbe Stunde durch das Thal hinziehen. ‚Dort', sagte er, ‚wohnen dumme Kropfleute und weiße Mohren', – mit letzterem Namen werden die Albinos vom Volke benannt." Trotz des Hinweises stieg der Wanderer wohl nicht in den benannten Ort ab, um sich selbst ein Bild von diesen Menschen zu machen. Dabei galt besonders die von dem Jungen erwähnte Anwesenheit zweier vom Albinismus betroffenen Kinder als ausgesprochene touristische Attraktion. Gottschalck jedenfalls kennzeichnete sie als „eine im nördlichen Deutschland seltene Naturerscheinung" und erklärte, dass die Geschwister von armen Eltern abstammen würden, „deren übrige Kinder von gewöhnlicher Farbe sind". Und er fügte hinzu: „Gegen ein kleines Geschenk zeigen sie sich gern."[14]

Der in diesem Aufsatz schon mehrfach angeführte Friedrich Gottschalck wird – zumindest im Geiste – Heines wichtigster Reisebegleiter gewesen sein.[15] Der zum damaligen Zeitpunkt in der kleinen Residenzstadt Ballenstedt lebende und im Dienste des Hauses Anhalt-Bernburg stehende Jurist hatte bereits im Jahre 1806 mit seinem *Taschenbuch für Reisende in den Harz* einen ersten modernen Führer für das Gebirge vorgelegt.[16] Kompakt und informativ eroberte das in der Erstauflage knapp 500 Seiten umfassende Bändchen schnell die Herzen des harzaffinen Publikums. Das lag nicht nur daran, dass sein kundiger Verfasser eine Buch-Marktlücke erkannt und bedient hatte, sondern hauptsächlich an der inhaltlichen Qualität des Produkts. Sehr gründlich recherchiert, lieferte der *Gottschalck* einfach alle Informationen, die ein Harzreisender zur Vor- und Nachbereitung der Tour ebenso benötigte wie unterwegs vor Ort. Neben Reiseregeln und Routenvorschlägen bot er sehr detailreiche Kenntnisse zur Region insgesamt sowie zu deren verschiedenen Orten und Sehenswürdigkeiten. Eine sehr praktikable Ergänzung stellte die beigefügte, von dem Quedlinburger Oberprediger Johann Heinrich Fritsch (1772–1829) entworfene Reisekarte dar, die aufgrund ihrer Genauigkeit für die damalige Zeit als mustergültig bezeichnet werden kann und zumindest eine grobe Orientierung im Gebirge ermöglichte.

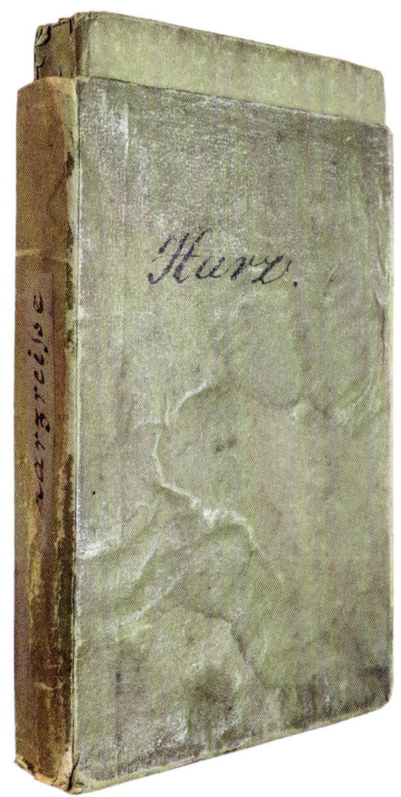

Abb. 8
Friedrich Gottschalcks „Taschenbuch für Reisende in den Harz" erlebte zwischen 1806 und 1843 fünf Auflagen. Die Leser und Nutzer ließen sich das handliche Buch entsprechend ihrer individuellen Vorstellungen einbinden.

Der *Gottschalck* erlebte bis 1843 insgesamt vier Nachauflagen. Da sein Verfasser bei deren Aktualisierung wie bei der Erarbeitung der Erstausgabe sehr sorgfältig zu Werke gegangen war, konnten sich die Bände trotz der größer werdenden Konkurrenz am Markt behaupten.[17]
Das hatte auch Heinrich Heine erkannt. Er nutzte den *Gottschalck* und berief sich in der *Harzreise* sogar mehrfach auf ihn. Mitunter, dies arbeitete der verdienstvolle Literatur- und Kulturwissenschaftler Jost Hermand (1930–2021) heraus, lehnte sich Heine sogar „besonders eng an Gottschalck an".[18] Offen ist hingegen die Frage, warum der Schriftsteller nachweislich auf die bereits 1817 erschienene zweite Ausgabe des *Gottschalcks* zurückgegriffen hatte, statt sich der 1823 publizierten und überarbeiteten Folgeauflage zu bedienen.
Offenkundig wird die fehlende Aktualität des 1817er Reiseführers zum Zeitpunkt Heines Wanderung etwa in dem der Stadt Goslar gewidmeten Abschnitt der *Harzreise*: „In Gottschalcks ‚Handbuch' hatte ich von dem uralten Dom und von dem berühmten Kaiserstuhl [...] viel gelesen. Als ich aber Beides besehen wollte, sagte man mir: der Dom sey niedergerissen und der Kaiserstuhl nach Berlin gebracht worden."[19]
Bei Nutzung des 1823er *Gottschalcks* wäre ihm das nicht passiert, denn er hätte vorab erfahren können: „diese Urkunde aus grauer Vorzeit ist nicht mehr. Im Jahre 1820 ward der Dom abgebrochen, und mit ihm Goslars erste Merkwürdigkeit vernichtet."[20]
Friedrich Gottschalck stellte übrigens einen der Autoren dar, die äußerst engagiert für den Harz als Reiseziel warben, aber gleichzeitig sehr früh und offensiv auf die im Zusammenhang mit der Montanwirtschaft in dem Gebirge entstandenen Umweltbelastungen eingingen. Eindrucksvoll illustriert dies die Beschreibung der in der Nähe Clausthals gelegenen Frankenscharner Hütte, die Heine, wie sehr viele Harzbesucher wahrscheinlich auch, besichtigt hatte.[21] Sie sei eine „Cyklopen-Officin", so der Reisebuchautor, „deren Blei- und Arsenikaldämpfe alle Vegetation um sie her zerstört" habe.[22]

Heines Gründe dafür, eine Wanderung durch den Harz anzutreten, sind schon häufiger erörtert worden.[23] Hin- und hergerissen zwischen der zunehmenden Bürde des zur Sicherung seines künftigen Lebensunterhalts scheinbar unverzichtbaren Jurastudiums und dem steigenden Drang nach schriftstellerischer Selbstverwirklichung, plagten den 1824 gerade einmal 26-Jährigen schon seit Längerem arge gesundheitliche Probleme. Vor allem auf Anraten der Ärzte hatte er deshalb erwogen, eine Fußreise zu unternehmen. Eine neuere Untersuchung stellt den erwähnten Faktoren ein weiteres Motiv zur Seite. Sie betrachtet die *Harzreise* samt ihrer literarischen Aufarbeitung „als biographische und literarische Evasion aus dem ‚Bannkreis' des Judentums".[24]

Unumstritten ist, dass für Heinrich Heine als Studenten der Georgia Augusta die Wahl des Harzes als erstes Reiseziel faktisch auf der Hand lag. Ob als Abenteuer oder Fachexkursion, Ausflüge in den Harz gehörten an der renommierten Universität bereits im 18. Jahrhundert zum guten Ton. „Wer in Göttingen studirte und nicht etwa aus der Nähe des Harzes herstammt, muss sich schämen, wenn er diese merkwürdigen norddeutschen Gebirge nicht besucht hat, da er ihnen doch so nahe war!", hieß es folglich in dem 1813 erschienenen populären Ratgeber *Der Göttinger Student.*[25]

Teilweise in Begleitung ihrer Hochschullehrer zogen die jungen Männer in der Regel in mitunter größeren Gruppen in das Mittelgebirge, um sich mit dessen Natur und Montanwirtschaft vor Ort vertraut zu machen oder einfach Freizeit gemeinsam im Freien zu genießen. „Binnen 8 Tagen", wusste der Verfasser der zitierten Schrift, „pflegen die Reisenden zwar ermüdet, aber an Kenntnissen bereichert, an Körper und Geist gestärkt, zurückzukehren."[26]

Abb. 9
Wandergruppe im Oberharz, kolorierter Kupferstich von Heinrich Grape, um 1802 (Ausschnitt)

Schon im Winter 1821 hatte Heinrich Heine darüber nachgedacht, von Göttingen aus ins Gebirge zu ziehen. So teilte er seinem Bekannten Friedrich Steinmann (1801–1875) am 4. Februar mit: „Ich werde wahrscheinlich übermorgen abreisen. Nicht nach Berlin. Ich will eine Fußreise nach dem Harz machen."[27] Zur Ausführung kam dieses Projekt jedoch nicht. Stattdessen ging er vorerst nach Hamburg und später in die preußische Hauptstadt, um dort die Studien fortzusetzen.

Spätestens ab März 1824 dürfte Heines Idee einer Harzwanderung neue Nahrung bekommen haben. Gleich zweimal hatte er die markante Landschaft auf dem Wege nach Berlin und zurück durchquert, allerdings nicht zu Fuß. Seiner Schwester Charlotte Embden (1800–1899) schrieb er am 8. Mai 1824 darüber rückblickend: „Meine Hinreise nach Berlin habe ich in sehr schlechtem Wetter gemacht, es war kalt und schneite entsetzlich. Die Herreise ging weit besser, in schönem Wetter, und in 48 Stunden, – so schnell geht es mit der Schnellpost! Es war recht überraschend daß ich das Harzgebirge, das ich mit Schnee bedeckt verlassen hatte, im freudigsten Frühlingsgrün wiedersah."[28] Der Weg über die Berge, den Heine in der Kutsche zurückgelegt hatte, lässt sich mittels des zitierten Briefes und der damals üblichen Post-Routen recht gut rekonstruieren. Er führte ihn von Nordhausen über Stolberg sowie Harzgerode nach Quedlinburg und später auf gleicher Strecke zurück.[29]

Allein der Rückblick auf die skizzierten Reisemotive und der Fakt, dass das Wandern im frühen 19. Jahrhundert die deutlich preiswerteste Variante gewesen ist, um von Ort zu Ort zu kommen, boten für Heinrich Heine Anlass genug, seine Tour und die nachfolgenden Etappen per pedes zu absolvieren. Die Gesamtschau auf den frühen Harztourismus fördert jedoch noch weitere Überlegungen zu Tage.

Abgesehen davon, dass Heine unbedingt wandern wollte, bot ihm und den Zeitgenossen diese Art der Fortbewegung im Gebirge eine ganze Reihe von Vorteilen im Vergleich zum ebenfalls möglichen Reiten oder Fahren.[30] Sicher, selbst das Wirtshaus auf der Heinrichshöhe war bereits in der zweiten Hälfte des 18. Jahrhunderts wie später das sogenannte Brockenhotel auf dem Gipfel hoch zu Ross, auf Maultieren oder eben in der Kutsche zu erreichen gewesen. Als bequem und ungefährlich können solch Ritt oder Fuhre allein aufgrund der schlechten Wege jedoch nicht bezeichnet werden. Selbst zu Heines Zeiten besaß deshalb noch das 1796 von dem Wernigeröder Christian Friedrich Schroeder (1750–1800) formulierte Postulat Gültigkeit, nach dem „die eigenen Füße [...] das beste Fuhrwerk auf dem Harze" seien.[31] Der Verfasser der ersten Brockenmonographie musste es wissen, galt er doch noch zu Anfang des 19. Jahrhunderts als der beste Hochharz-Experte überhaupt.[32]

Auch Friedrich Gottschalck warb aus den oben genannten Gründen explizit für das bewusste Wandern. Er stellte zudem heraus, dass diese Art der Fortbewegung neben den erwähnten Vorzügen das intensivste Landschaftserlebnis verspreche. Außerdem bestünde der Vorteil, an allen Stationen von Interesse so lange verweilen zu können, wie man wolle. Das schloss auch die Möglichkeit ein, mit den Menschen vor Ort intensiv in Kontakt zu treten. Folglich formulierte der Harzkenner in der von Heine genutzten zweiten Auflage des Reiseratgebers: „Der mehrste Nutzen und volleste Genuß der Natur, verbindet sich auch einzig nur bei dem Fußreisenden, da nichts seiner Aufmerksamkeit entgeht. Wem es daher nicht an Kräften und Gesundheit gebricht, der gehe."[33]

Große Überzeugungsarbeit in Sachen Wandern musste von Gottschalck allerdings nicht mehr geleistet werden, hatte sich das Fußreisen im Harz wie in anderen touristisch relevanten Gegenden doch bereits vor dem Erscheinen seines ersten Harzführers durchgesetzt. Er selbst sprach 1806 davon, dass deutsche Gastwirte noch drei bis vier Jahrzehnte zuvor die Wandernden „von der Seite" angesehen, „ihrem Beutel wenig" zugetraut und sie deshalb „oft mit Gleichgültigkeit" behandelt hätten. Das sei jetzt aber vorbei, „da so viel zu Fuß gereist wird, und auf dem Harze ist man es ganz gewohnt, weil der größte Theil derer, die ihn durchwandern, es zu Fuße thun".[34] Ähnliche Beobachtungen tat 1826 Ernst Heinrich Zober (1799–1869) kund, der unter Berufung auf entsprechende eigene Erfahrungen in verschiedensten deutschen Landen davon sprach, dass „in einigen vielbereisten Gegenden [...] jetzt jeder ordentliche Wanderer mit dem Wagenreisenden" seitens der Gastgeber die gleiche Aufmerksamkeit erfahre. Einschränkungen gäbe es nur „in vornehmen Städten", wo der „Fußreisende" Gefahr liefe,

„noch öfters, theils gänzlich abgewiesen, theils mit saurem Gesichte empfangen, und langsam bedient"[35] zu werden. Mit einem Gemeinwesen der bezeichneten Art hatte der junge Dichter jedoch auf der eigenen Harztour nicht zu rechnen.

Abb. 10
Fußreisende in der Biedermeierzeit, anonyme Lithografie, um 1835

Überhaupt scheint Heinrich Heine die Mittelgebirgswanderung inklusive ihrer Fortsetzung in Richtung Weimar und retour ausnehmend gut bekommen zu sein. In einem Brief aus Göttingen an seinen Vertrauten Moses Moser (1797–1838) ließ er rückblickend am 25. Oktober 1824 wissen: „Sie war mir sehr heilsam, u ich fühle mich durch diese Reise sehr gestärkt. Ich habe zu Fuß u meistens allein den ganzen Harz durchwandert, über schöne Berge, durch schöne Wälder u Thäler bin ich gekommen u habe wieder mahl frey geathmet."[36]

Ganz so positiv reflektierten nicht alle Harzbesucher jener Epoche ihre Fußreiseabenteuer. Mal machte ihnen ungünstiges Wetter zu schaffen, mal die ungewohnt schlechten Wege und Stege. Bei einem, der dies am deutlichsten artikulierte, handelt es sich um den Berliner Schriftsteller Adolph Glassbrenner (1810–1876), der knapp zehn Jahre nach Heine mit einem Freund den Harz besucht und sich auf Anregung Friedrich Gottschalcks extra für das Wandern entschieden hatte. In seinem Reisebild verkündete er zornig: „O wäre ich nie auf diesen unglückseligen Gedanken gekommen! Gottschalk, das werde ich Dir nie vergessen, so lange ich Hühneraugen habe! Du sagst in Deinem Werke über den Harz, man müsse, um alle Schönheiten desselben zu genießen, ihn zu Fuß bereisen, und weil ich ihn zu Fuß bereiste, habe ich alle Schönheiten desselben nicht genossen. [...] Gott behüte mich zum Zweitenmale vor diesen Schönheiten; mein Herz ist wahrhaftig so voll davon, daß ich für dieses Leben hinreichend versehen bin."[37]
Gerechterweise muss diese kritische Stimme dahingehend ergänzt werden, dass die Berliner Gefährten auf ihrem Weg von der preußischen Hauptstadt in Richtung Harz bereits in Egeln, also kurz hinter Magdeburg, die Postkutsche verlassen hatten. Von dort bis an den Rand des Gebirges, den sie bei Wernigerode erreichten, mussten Sie schon einmal rund 50 km auf vergleichsweise eintönigen Trassen zurücklegen.[38]

Neben der Kondition spielt heutzutage die Ausrüstung für das Gelingen einer längeren Wanderung eine gewichtige Rolle. Das galt früher ebenso. Die Reisebuchautoren gaben deshalb ihren Nutzern gern entsprechende Hinweise mit auf den Weg. Im 1817er *Gottschalck*, den Heinrich Heine 1824 nutzte, fielen diese allerdings recht knapp aus. So betonte der Verfasser, dass die Kleidung „bequem und leicht, aber warm" sein müsse. Zudem solle der Fußreisende ein zusätzliches „Paar Stiefeln oder Schuhe" sowie einen „Ueberrock" mitführen. Denjenigen, die gedachten, „das Reisebündel selbst" zu tragen, riet er außerdem, dieses „an Zwei Riemen über die Schultern, nicht an Einem über die Brust" zu befestigen, da letztere „nicht beengt, noch gedrückt werden darf".[39]

Deutlich differenziertere Tipps hatte Friedrich Gottschalck in der Erstauflage des Führers 1806 geliefert: „Meine Idee einer guten Kleidung für den Fußgänger ist die: Lange Beinkleider von dunklen oder grauen Nanking,[40] welche an den Lenden weit sind, unter dem Knie sich verengen, wie Kamaschen herabgehen, und unten am Fuße über den Schuh von allen Seiten dicht aufschließen; dauerhaft gearbeitete mit Rahmensohlen versehene Bänderschuhe, welche nicht weit ausgeschnitten seyn dürfen, damit ihr Rand von den Beinkleidern bedeckt, und dadurch das Hineinkommen kleiner Steine verhindert wird; eine kurze Jacke von leichtem aber festem Zeuge, welche vorn ganz zugeknöpft werden kann, und den Unterleib völlig bedeckt; darunter eine leichte Weste von Zeuge, das nicht jeden Schmutz bemerken läßt; statt des schwarzen Filzhutes, eine lederne Kappe, und endlich einen guten Stock, auf den man sich verlassen, welcher bey Besteigung der Berge Dienste leisten, und auch zur Notwehr allenfalls gebraucht werden kann." Wer keine Schuhe oder Jacken mochte, der könne stattdessen Stiefel bzw. „einen kurzen leichten Halbüberrock" tragen, ergänzte Gottschalck, um am Ende wie später auch auf die Nützlichkeit von Ersatzschuhwerk und Überrock hinzuweisen.[41]

Abb. 11
Die Wanderer Caspar David Friedrich und Gottlob Christian Kühn im Jahre 1811. Auf der Abbildung sind die für die damalige Zeit typischen Utensilien sehr gut zu erkennen. Bleistiftzeichnung von Georg Friedrich Kersting, 16. Juni 1811.

Es gibt zwar eine ganze Reihe historischer Ansichten, die Fußreisende des beginnenden 19. Jahrhunderts zeigen, aber nur wenige Texte, in denen die Kleidung früher Touristen genauer beschrieben wird. So ist es ein regelrechter Glücksfall, dass sich nach dem Erstabdruck der *Harzreise* in der in Berlin erscheinenden Zeitschrift *Der Gesellschafter oder Blätter für Geist und Herz* ein de facto Betroffener zu Wort meldete. Es handelte sich hierbei um den Handlungsreisenden Carl Dörne, mit dem der junge Schriftsteller zwischen Osterode und Lerbach ein Stück der Strecke gemeinsam gelaufen war. Heine hatte ihn kurz darauf in der *Harzreise* als angeblichen Schneidergesellen karikiert. Der belesene Dörne entdeckte zur „größten Ueberraschung", dass der Schriftsteller ihn „mit viel Humor abconterfeyt" hatte und wandte sich darauf an den Zeitschriftenherausgeber Friedrich Wilhelm Gubitz (1786–1870) mit der Bitte um Veröffentlichung seiner Version der Begegnung. Der druckte diesen Text alsbald ab und mit ihm ein treffliches Abbild des wandernden Poeten: „Etwa auf der Hälfte des Weges traf ich mit einem jungen Manne zusammen, den ich genau beschreibe, damit er sich überzeugt, daß ich ihn wirklich damals gesehen. Er war etwa 5 Fuß 6 Zoll groß, konnte 25–27 Jahr alt seyn, hatte blonde Haare, blaue Augen, eine einnehmende Gesichtsbildung, war schlank von Gestalt, trug einen braunen Ueberrock, gelbe Pantalons, gestreifte Weste, schwarzes Halstuch und hatte eine grüne Kappe auf dem Kopfe und einen Tornister von grüner Wachsleinwand auf dem Rücken."[42]
Unabhängig von Dörnes Ansinnen, das Äußere des berühmten Begleiters nur zwecks dessen eindeutiger Identifikation zu beschreiben, bietet sein verbales Porträt Anlass zur Vermutung, dass Heine wie wohl die meisten Harzreisenden der Zeit die besagten Tipps bedacht hatte. Vom Wanderer selbst wissen wir, dass er neben einer Karte Ersatzstiefel und eine Wechselhose mitführte. Doch schon am ersten Tag wurde ihm das Ränzel angeblich zu schwer, so dass er sich kurzerhand entschloss, „die eingepackten blauen Hosen" in Nörten einem ihm seit längerem bekannten Kellner zu schenken.[43] Ein ähnliches Schicksal ereilte laut *Harzreise* das Ersatzschuhwerk beim Start von Clausthal in Richtung Goslar: „Den andern Morgen musste ich meinen Ranzen nochmals erleichtern, das eingepackte Paar Stiefel warf ich über Bord."[44] Bleibt zu hoffen, dass er diese Entscheidung später nicht bereute.
Von seiner „Landkarte", bei der es sich vermutlich um die kartographische Beilage zum *Gottschalck* handelte, machte der Wanderer nach eigener Auskunft auf dem Turm des Brockenhauses unter den Augen einer „wißbegierigen Schönheit" Gebrauch. Dabei gestand er ein, „manche Stadt" nicht gefunden zu haben, „vielleicht weil ich mehr mit den Fingern suchte, als mit den Augen, die sich unterdessen auf dem Gesicht der holden Dame orientirten, und dort schönere Partien fanden, als ‚Schierke' und ‚Elend'."[45]

Inwiefern Heine, wie es von Friedrich Gottschalck ausdrücklich empfohlen wurde, „Feuerzeug und Schwefel" für den Fall, dass er einmal im Freien nächtigen müsse, sowie „zur Erwärmung, [...] Stärkung und zur Sicherung gegen Erkältungen [...] Wein" oder „ein anderes geistiges Getränk" im Tornister verstaut hatte, ist nicht klar.[46] Bei sich trug er jedoch, glaubt man der Darstellung des Brockenspaziergangs in der *Harzreise*, ein Paar Pistolen.[47] Ob das wirklich notwendig gewesen war, scheint unter Berücksichtigung der in der von ihm genutzten Auflage des *Gottschalcks* zu findenden Angabe, nach der „es auf dem Harze sehr sicher" sei „und Beispiele von räuberischen Anfällen überaus selten" vorkämen, fraglich.
Hinsichtlich der gewählten Reisezeit leistete der junge Schriftsteller dem Rat des harzerfahrenen Autoren annähernd Folge. Von dem waren ausdrücklich die Zeiträume „kurz vor Johannistag" oder „Ende des August´s, und im Anfange Septembers" für eine Wanderung favorisiert worden. Besonders im letztgenannten Monat könne „man", so Gottschalck, „gewöhnlich auf dauerhaft gutes Wetter, und auf reine, ungetrübte Aussichten in die Ferne rechnen".[48] Beides genoss Heinrich Heine mehrfach, besonders während seiner beiden Brockentage. Das ist schon bemerkenswert, klagten und klagen doch Gipfelbesucher nur zu häufig darüber, außer Wolken bzw. Nebel nichts auf dem Berge gesehen zu haben. Traut man der *Harzreise*, kam Heine sogar nur ein einziges Mal in schlechtes Wetter, und zwar „im schmiededunkeln Rübeland", wo ihn „die Bode, [...] verhüllt [...] in einen silbergrauen Regenschleyer" begrüßte.[49]

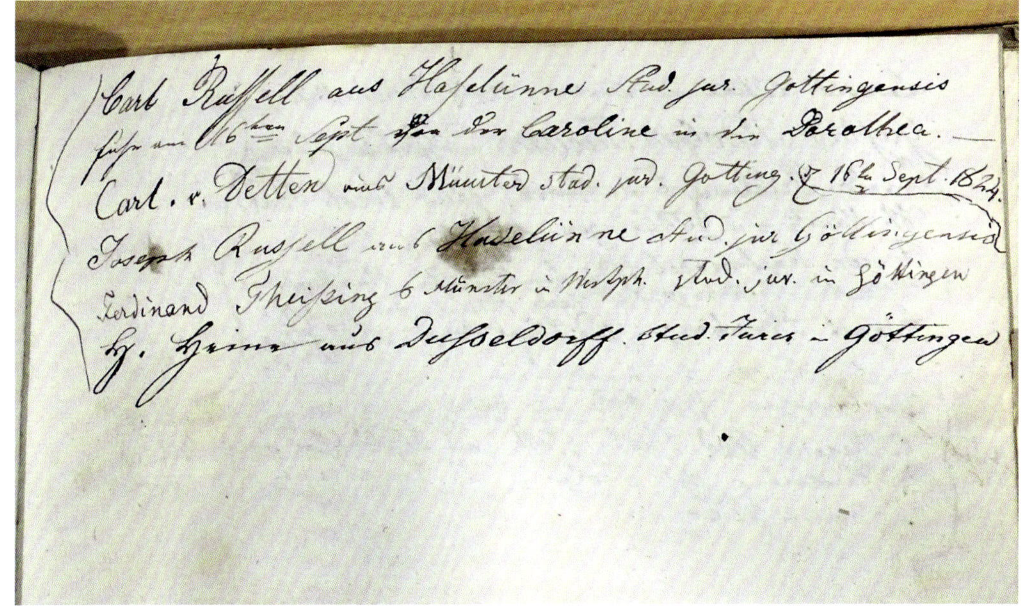

Carl Rüssell aus Haselünne Stud. jur. Gottingensis
fuhr am 16ten Sept. [illegible] der Caroline in die Dorothea. —
Carl v. Oetten aus Münster stud. jur. Götting. d. 16. Sept. 1824.
Joseph Russell aus Haselünne stud. jur. Göttingensis
Ferdinand Theissing [illegible] Münster in Westph. stud. jur. in Göttingen
H. Heine aus Dusseldorff stud. Juris in Göttingen

Abb. 12
Heinrich Heines Eintrag im Besucherbuch der Grube Dorothea vom 16. September 1824

Wer Heines Harzwanderung genau rekonstruieren möchte, gerät schnell in gewisse Schwierigkeiten. Dies liegt hauptsächlich daran, dass der Schriftsteller weder ein exakt geführtes Reisetagebuch hinterlassen hat noch in der *Harzreise*, in den dazugehörigen *Bruchstücken* bzw. Briefen exakte Angaben zum zeitlichen Verlauf sowie zur genauen Route lieferte. Das wollte deren Urheber aber auch gar nicht. „Die Dokumentenlage zur Harzwanderung Heines ist dürftig", formulierten folglich unumwunden die Autoren eines neueren und gut recherchierten Kulturreiseführers.[50] Im Widerspruch dazu vertrat Raphaela Brüggenthies unlängst in ihrer Studie die Meinung, dass „Heines Reiseroute [...] gut erfasst und durch ‚Spuren' belegt" sei, „die er unterwegs" hinterlassen habe.[51]
Wie kompliziert das Ganze jedoch im Detail ist, soll hier allein die Frage danach illustrieren, wann Heinrich Heine nun eigentlich in Göttingen die Wanderung begonnen hatte. Während im oben aufgeführten und 2021 erschienenen Kulturreiseführer vom 14. September 1824 gesprochen wurde, verkündete Brüggenthies ein Jahr später, dass Heine einen Tag zuvor losgelaufen sei.[52] Sie berief sich dabei unter anderem ausdrücklich auf den schon erwähnten Jost Hermand, der wiederum vor längerer Zeit formierte: „Wahrscheinlich brach er am 12. oder 13. September 1824 morgens" auf.[53] Jene Auskunft liefert derzeit auch das Stadtarchiv Göttingen auf seiner Website.[54] Eine weitere Variante hatte der Heine-Kenner Christian Liedtke 2012 zur Diskussion gestellt: den 15. September 1824.[55] Was also glauben?
Es sind nur wenige unumstößliche Fakten, die sichere Zeitangaben zu Heines Harzreise erlauben. Zuerst zu nennen ist der auf den 16. September 1824 datierte und eigenhändige Eintrag im Besucherbuch der in der Nähe Clausthals gelegenen Grube Dorothea.[56]

Als ebenso verlässlich kann die Nennung seines Namens in der Liste der auswärtigen Brockenbesucher für Montag, den 20. September 1824 gelten.[57] Jenes Verzeichnis war zwischen 1808 und 1848 in der damaligen Wernigeröder Zeitung regelmäßig abschnittsweise publiziert und immer wieder statistisch ausgewertet worden. Hier ist beispielsweise zu erfahren, dass für das Gesamtjahr 1824 insgesamt 1960 Gipfeltouristen gezählt werden konnten, die nicht aus der Grafschaft Wernigerode stammten.[58]

Wernigerödisches Intelligenz-Blatt,

zum Besten des Waisenhauses.

43tes Stück. Montag, den 25. October 1824. (Delius Redakteur.)

Des Heinrich Overbecks auf der Heide zwischen Rinke und Dickmanns Häusern sub nro. 86 belegenes, gerichtlich auf 119 Thlr. taxirtes Kothhaus wird Schulden halber zum meistbietenden Verkauf angeschlagen, und werden zahlungsfähige Kaufliebhaber vorgeladen, in dem auf

den 8. December d. J.

angesetzten Bietungstermin früh 10 Uhr auf hiesiger Gerichtsstube zu erscheinen und ihre Gebote abzugeben.

Wernigerode, den 15. September 1824.

Der Justiz-Magistrat.

Des Georg Bergmann auf der Schenkstraße sub nro. 393. neben Brocke- und Riemenschneiders Häusern belegenes, gerichtlich auf 171 Thlr. taxirtes Kothhaus wird Schulden halber zum meistbietenden Verkauf angeschlagen und werden die Kaufliebhaber vorgeladen, in dem auf

den 8. December d. J.

angesetzten Termin früh 10 Uhr auf hiesiger Gerichtsstube zu erscheinen, um ihre Gebote abzugeben.

Wernigerode, den 22. September 1724.

Der Justiz-Magistrat.

Von einer zur Feier des 18. Octobers im Schwarzen Hirsch versammelt gewesenen Gesellschaft sind der Armenkasse zwei Thaler zwanzig Silbergr. Kurant überwiesen worden. Dank den milden Gebern!

Wernigerode, den 19. October 1824.

Das Stadt-Armen-Collegium.

Die Zweifler
oder:
die Auferstehung des Herrn.
Ein religiöses Gedicht
von
Adolph Köttgen.
(Zum Besten der Graf von der Recke'schen Rettungs-Anstalt verlassener Waisen zu Düsselthal.)
Elberfeld, Büschler 1823.

Von diesem, durch Inhalt und Form anziehenden Gedicht sind, zum Besten der Düsselthaler Anstalten, Exemplare à 15 Sgr. bei dem Buchbinder Rudolph Struck in Wernigerode zu haben.

Brocken-Besucher.

Den 9. September. Pastor Carl Brullow; Provisor Ernst Dannenberg; Kaufmann Wilhelm Grunow, sämmtlich aus Calbe an der Saale. Friedr. Schäfer aus Wispz.

Den 10. September. Ludwig Eduard Seemann, Oeconom aus Litthauen. Gustav Adolph

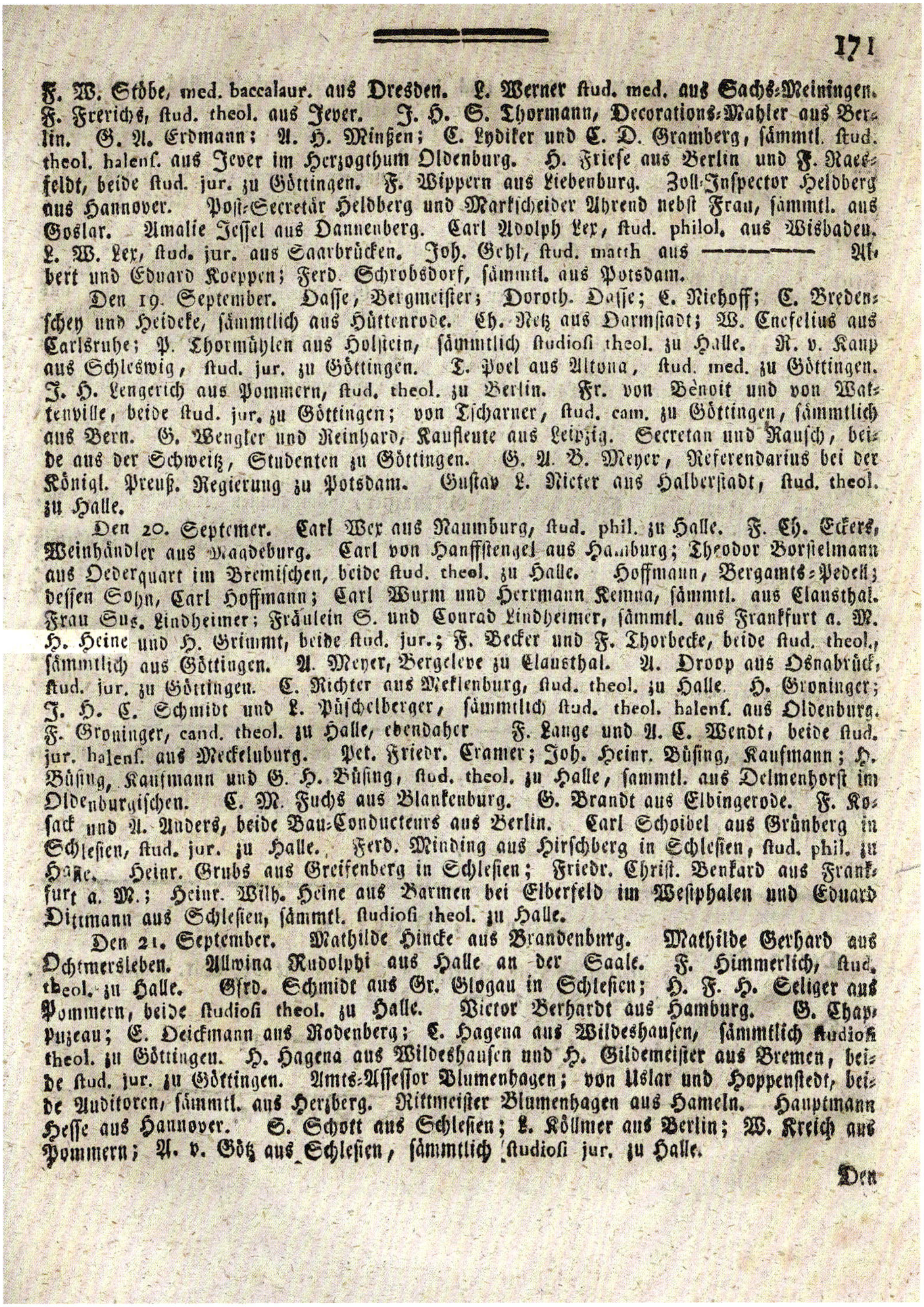

171

F. W. Stöbe, med. baccalaur. aus Dresden. L. Werner stud. med. aus Sachs-Meiningen. F. Frerichs, stud. theol. aus Jever. J. H. S. Thormann, Decorations-Mahler aus Berlin. G. A. Erdmann; A. H. Minßen; C. Lydiker und C. D. Gramberg, sämmtl. stud. theol. halens. aus Jever im Herzogthum Oldenburg. H. Friese aus Berlin und F. Raesfeldt, beide stud. jur. zu Göttingen. F. Wippern aus Liebenburg. Zoll-Inspector Heldberg aus Hannover. Post-Secretär Heldberg und Markscheider Ahrend nebst Frau, sämmtl. aus Goslar. Amalie Jessel aus Dannenberg. Carl Adolph Lex, stud. philol. aus Wisbaden. L. W. Lex, stud. jur. aus Saarbrücken. Joh. Gehl, stud. math aus ———— Albert und Eduard Koeppen; Ferd. Schrobsdorf, sämmtl. aus Potsdam.

Den 19. September. Dasse, Bergmeister; Doroth. Dasse; E. Niehoff; C. Bredenschey und Heidecke, sämmtlich aus Hüttenrode. Ch. Retz aus Darmstadt; W. Cnefelius aus Carlsruhe; P. Thormühlen aus Holstein, sämmtlich studiosi theol. zu Halle. R. v. Kaup aus Schleswig, stud. jur. zu Göttingen. T. Poel aus Altona, stud. med. zu Göttingen. J. H. Lengerich aus Pommern, stud. theol. zu Berlin. Fr. von Benoit und von Wattenville, beide stud. jur. zu Göttingen; von Tscharner, stud. cam. zu Göttingen, sämmtlich aus Bern. G. Wengler und Reinhard, Kaufleute aus Leipzig. Secretan und Rausch, beide aus der Schweitz, Studenten zu Göttingen. G. A. B. Meyer, Referendarius bei der Königl. Preuß. Regierung zu Potsdam. Gustav L. Ricter aus Halberstadt, stud. theol. zu Halle.

Den 20. Septemer. Carl Wex aus Naumburg, stud. phil. zu Halle. F. Ch. Eckers, Weinhändler aus Magdeburg. Carl von Hanffstengel aus Hamburg; Theodor Borstelmann aus Oederquart im Bremischen, beide stud. theol. zu Halle. Hoffmann, Bergamts-Pedell; dessen Sohn, Carl Hoffmann; Carl Wurm und Herrmann Kemna, sämmtl. aus Clausthal. Frau Sus. Lindheimer; Fräulein S. und Conrad Lindheimer, sämmtl. aus Frankfurt a. M. H. Heine und H. Grimmt, beide stud. jur.; F. Becker und F. Thorbecke, beide stud. theol., sämmtlich aus Göttingen. A. Meyer, Bergeleve zu Clausthal. A. Droop aus Osnabrück, stud. jur. zu Göttingen. C. Richter aus Meklenburg, stud. theol. zu Halle. H. Groninger; J. H. C. Schmidt und L. Püschelberger, sämmtlich stud. theol. halens. aus Oldenburg. F. Groninger, cand. theol. zu Halle, ebendaher F. Lange und A. C. Wendt, beide stud. jur. halens. aus Meckeluburg. Pet. Friedr. Cramer; Joh. Heinr. Büsing, Kaufmann; H. Büsing, Kaufmann und G. H. Büsing, stud. theol. zu Halle, sammtl. aus Delmenhorst im Oldenburgischen. C. M. Fuchs aus Blankenburg. G. Brandt aus Elbingerode. F. Kosack und A. Anders, beide Bau-Conducteurs aus Berlin. Carl Schoibel aus Grünberg in Schlesien, stud. jur. zu Halle. Ferd. Minding aus Hirschberg in Schlesien, stud. phil. zu Halle. Heinr. Grubs aus Greifenberg in Schlesien; Friedr. Christ. Benkard aus Frankfurt a. M.; Heinr. Wilh. Heine aus Barmen bei Elberfeld im Westphalen und Eduard Dittmann aus Schlesien, sämmtl. studiosi theol. zu Halle.

Den 21. September. Mathilde Hincke aus Brandenburg. Mathilde Gerhard aus Ochtmersleben. Allwina Rudolphi aus Halle an der Saale. F. Himmerlich, stud. theol. zu Halle. Gfrd. Schmidt aus Gr. Glogau in Schlesien; H. F. H. Seliger aus Pommern, beide studiosi theol. zu Halle. Victor Berhardt aus Hamburg. G. Chappuzeau; E. Deickmann aus Rodenberg; C. Hagena aus Wildeshausen, sämmtlich studiosi theol. zu Göttingen. H. Hagena aus Wildeshausen und H. Gildemeister aus Bremen, beide stud. jur. zu Göttingen. Amts-Assessor Blumenhagen; von Uslar und Hoppenstedt, beide Auditoren, sämmtl. aus Herzberg. Rittmeister Blumenhagen aus Hameln. Hauptmann Hesse aus Hannover. S. Schott aus Schlesien; L. Köllmer aus Berlin; W. Kreich aus Pommern; A. v. Götz aus Schlesien, sämmtlich studiosi jur. zu Halle.

Den

Abb. 13
Die Namen der auswärtigen Brockenbesucher wurden regelmäßig in der in Wernigerode erscheinenden Presse veröffentlicht. Heine fand hier für den 20. September 1824 Erwähnung.

Abb. 14
Das 1800 auf dem Brocken eröffnete Gipfelgasthaus mit seinem markanten Aussichtsturm, Ölgemälde, 1833

Einen weiteren Anhaltspunkt bietet eine Aussage Heines in der *Harzreise* selbst: „Von Goslar ging ich den andern Morgen weiter, halb auf Gerathewohl, halb in der Absicht, den Bruder des Clausthaler Bergmanns aufzusuchen." Der Wanderer lief also in Richtung Harzburg, und dabei sei „wieder schönes, liebes Sonntagswetter" gewesen.[59] Tatsächlich könnte es sich dabei um einen Sonntag gehandelt haben, fiel doch der mit großer Wahrscheinlichkeit am Folgetag absolvierte Brockenaufstieg auf den oben genannten Montag.

Doch selbst mit der eindeutigen Datierung des Brockenaufstiegs scheint es kompliziert zu sein. Auf die Nennung Heines in der Gästeliste des Berges für den 20. September 1824 wurde bereits verwiesen. Dem Fakt folgend, schrieben die Herausgeber des Kulturreiseführers für jenen Tag: „Heine erreicht den Brocken und übernachtet dort, wie im Wernigerödischen Intelligenz-Blatt belegt ist."[60] Raphaela Brüggenthies hingegen wusste unter ausdrücklicher Berufung auf Jost Hermand zu berichten, dass der Wanderer „am 19. September 1824 [...] den Goetheberg, den Horeb der deutschen Dichtung" betreten habe.[61] Wann kam Heinrich Heine also auf dem Brocken an bzw. für welchen Tag fand sein Name Eingang in das Wirtschaftsbuch des Brockenwirts, das die Grundlage der veröffentlichen Liste bildete – für den An- oder für den Abreisetag?[62]

Ganz unabhängig von den skizzierten Datierungsproblemen, die es nicht nur im Falle Heines, sondern auch beim Nachvollzug vieler anderer Harzreisen gibt, ist festzuhalten, dass der junge Göttinger Student und Schriftsteller im Rahmen der Tour viele der Sehenswürdigkeiten aufgesucht hatte, für die das Mittelgebirge damals im Deutschen Bund genauso bekannt war wie in angrenzenden europäischen Ländern. In erster Instanz galt dies natürlich für den Brocken, den mit 1141 m über NN höchsten Berg Norddeutschlands überhaupt. Der verdankte und verdankt seine Berühmtheit verschiedenen Faktoren, zu denen die exponierte Lage ebenso gehört wie das extreme Gipfelklima samt der spezifischen Flora und Fauna.

Zuallererst zu nennen ist jedoch des Brockens Ruf als mythenschwerer Hexenberg. Den hatte Goethe mit seinem *Faust* zwar beträchtlich genährt, aber nicht zu verantworten. Die Legende von der alljährlichen Walpurgis-Orgie lebte schon seit vielen Generationen in den Köpfen der Bewohner von Harz und Harzumland. Die Angst vor den zahllosen Hexen und Teufeln, die sich angeblich in der Nacht auf den 1. Mai mit Besen, Ofengabeln, Ziegenböcken oder anderen Flugobjekten in wilder Hast auf den Weg zu ihrem Sehnsuchtsberg machten, um dort Urian zu treffen und mit ihm einen grenzenlos-diabo-

lischen Sabbat zu feiern, trieb sogar noch zu Beginn des 19. Jahrhunderts manch Umwohner des Brockens ernsthaft um. Den Nährboden für die europaweite Popularität der seit der Wende vom Mittelalter zur Neuzeit im hiesigen Landstrich nachweislich verbreiteten Mär war jedoch nicht von dem Weimarer Dichterfürsten gelegt worden, sondern in der Hauptsache von Autoren des 17. Jahrhunderts. Zu ihnen zählte der Leipziger Magister und Publizist Johannes Praetorius (1630–1680), der 1668 erstmals seine bekannte *Blockes-Berges-Verrichtung* in Druck gegeben hatte.[63]

Abb. 15
Bloks Bergs Verrichtung, Holzschnitt, 1668. Diese populäre Darstellung des wilden Walpurgis-Treibens auf dem Brocken zierte als Frontispiz das Brockenbuch von Johannes Praetorius.

Abb. 16
Ernst Helbig, Blick zum Brocken, Ölgemälde, 1843

Harzwanderer, die in der Heine-Ära den Brocken erklommen, verbanden mit dessen Besteigung oft ganz unterschiedliche Hoffnungen und Wünsche. Viele suchten Spuren des Walpurgis-Mythos. Andere folgten der romantischen bzw. teutonischen Stilisierung des Berges, und wieder andere lockte die Chance auf neue naturwissenschaftliche Erkenntnis. Nicht zu vernachlässigen sind schließlich diejenigen, die einfach einen hohen Berg besteigen und dessen Aussicht genießen wollten.

Doch nicht allein der Brocken zog die Harztouristen in seinen Bann, sondern, wie bereits betont, gleichzeitig eine Reihe anderer Sehenswürdigkeiten. Das hatte zur Folge, dass die meisten Besucher ihre Tour entsprechend ihrer persönlichen Wünsche gestalteten. Planung und Umsetzung hingen dabei natürlich in erster Linie von den jeweiligen Ressourcen in Sachen Zeit und Geld ab. In der 1817er und von Heine favorisierten Ausgabe des *Gottschalcks* ist folglich zu lesen: „Wer mit Nutzen reisen will, muß sich zuvor einen gewissen Reiseplan entwerfen." Gleichzeitig betonte der Autor, dass man sich für die Unternehmung unbedingt genug Zeit nehmen solle, denn „unter 14 Tagen" sei es nicht möglich, „den ganzen Harz [...] mit Vortheil" zu durchqueren. „Bloße Touren auf den Brocken", fügte er hingegen an, könnten vom Gebirgsrand „an gerechnet, freilich in 2, 3, 4 Tagen abgethan werden."[64]

Da Heine es erwiesenermaßen nicht bei einer einfachen Brockentour belassen wollte, sondern eine wirkliche Harzreise anstrebte, würde er folglich länger unterwegs sein. Aufgrund der umrissenen Datierungsproblematik kann zwar nicht mit Bestimmtheit gesagt werden, wie viele Tage er nun am Ende tatsächlich im Gebirge zugebracht hatte, es ist jedoch unter Berücksichtigung der Auskünfte in der *Harzreise* und der zugehörigen *Bruchstücke* sowie der Angaben von Hermand und Brüggenthies zu vermuten, dass er knapp zwei Wochen in der Region zu Gast gewesen war. Am 27. September 1824 soll er jedenfalls in Halle an der Saale, das er auf dem Weg über Eisleben erreichte, eingetroffen sein.[65]

Ob Heinrich Heine im Vorfeld der Wanderung einen genaueren Plan für die Route und die anzulaufenden Stationen erstellt hatte oder sich einfach von Ort zu Ort überlegte, wie er das Abenteuer fortsetzt, ist nicht bekannt. Einem der in seinem Reiseführer ausgewiesenen Vorschläge ist er jedenfalls in Gänze nicht gefolgt, auch wenn er immer wieder einzelne, von Friedrich Gottschalck aufgelistete Streckenabschnitte nutzte.[66] Zudem beachtete er in der Regel wie fast alle Fußreisenden den Hinweis des harzerfahrenen Autoren, die „Wanderungen immer in den frühesten Morgenstunden zu beginnen".[67] Anders wären die zuweilen recht langen von Heine gelaufenen Strecken kaum zu bewältigen gewesen.

Der junge Schriftsteller legte nach Schätzungen der Herausgeber des mehrfach benannten Kulturreiseführers nur auf den Etappen zwischen Göttingen und Rübeland ungefähr 160 Kilometer zurück, was einem Tagesmittel von etwa 23 Kilometern entsprechen würde.[68] Dieser Durchschnitt trügt jedoch, da Heine allein auf den Strecken von Göttingen nach Osterode sowie vom Brocken über Ilsenburg und Wernigerode nach Elbingerode deutlich längere Distanzen überwunden hatte. Nicht umsonst berichtete er in beiden Fällen davon, erst nachts das jeweilige Ziel allein bzw. mit den Gefährten erreicht zu haben.[69] Auf diesen zwei Etappen dürfte er über 40 bzw. mindestens gut 30 Kilometer gelaufen sein. Das sind aus heutiger Perspektive auf einer Fernwanderung mit leichtem Gepäck recht beachtliche Tagesabschnitte.

Für geübte Fußreisende wie etwa Handwerker auf der Walz, Kleinhändler, Studenten oder Soldaten, die in der ersten Hälfte des 19. Jahrhunderts nicht die Postkutsche nutzen konnten, waren dies selbst im Bergland aber durchaus gewöhnliche Entfernungen. So hatte beispielsweise der wandererfahrene Ernst Heinrich Zober 1826 darauf hingewiesen, dass die Distanz für den „tägliche[n] Marsch" bei einer längeren Reise im Durchschnitt „vier gute deutsche Meilen", also etwa 30 Kilometer, betragen solle, und er ergänzte: „so kommen auf die Woche ungefähr dreißig, und auf den Monat einhundert und zwanzig Meilen. Dabei versteht sich's von selbst, daß man oft 5 und 6, ja noch mehr Meilen täglich geht; eben so daß man oft nur 2 oder 3 macht; je nachdem man sich wo aufhalten will; auch sind die Ruhe- und Rasttage in schönen Gegenden, großen Städten oder bei gastlichen Freunden mit eingerechnet."[70]

Vertraut man Heines Darstellungen in der *Harzreise* und in den *Bruchstücken*, scheint er ein ausgeprägtes Faible für die abwechslungsreiche Landschaft des Gebirges und speziell für dessen unterirdische Reize gehabt zu haben. Auch die Täler von Ilse, Bode und Selke hatten es ihm angetan. Nicht zu vergessen die ganz unterschiedlichen und mitunter recht intensiven Begegnungen mit denen, die damals im Harz unter zuweilen ärmlichen Bedingungen lebten und arbeiteten.

Abb. 17
Mägdesprung im Selketal, Lithografie von Wilhelm Pätz und Eduard Lütke, um 1830/40

Abb. 18
Eingang zur Baumannshöhle zu Rübeland am Harz, Radierung von C. Schröder, um 1800

Die von ihm besuchten Orte beschrieb der Schriftsteller im Nachgang zumeist nur kurz in Anlehnung an seinen Reiseführer. Von Friedrich Gottschalck war hingegen für Osterode, Clausthal und Wernigerode deutlich mehr Sehenswertes aufgeführt worden, dies scheint den Poeten aber nicht so stark interessiert zu haben. Oder er hatte es mit Blick auf die eigene Erzählabsicht und das künftige Lesepublikum als nicht ausreichend mitteilenswert betrachtet. Zumindest die weithin bekannte Stadt am Rammelsberg nahm der Poet jedoch intensiver ins Visier, wenngleich natürlich in der für ihn typischen Manier: „Der Name Goslar klingt so erfreulich, und es knüpfen sich daran so viele uralte Kaisererinnerungen, daß ich eine imposante, stattliche Stadt erwartete. Aber so geht es, wenn man die Berühmten in der Nähe besieht! Ich fand ein Nest mit meistens schmalen, labyrinthisch krummen Straßen, allwo mittendurch ein kleines Wasser, wahrscheinlich die Gose, fließt, verfallen und dumpfig, und ein Pflaster, so holprig wie Berliner Hexameter. Nur die Alterthümlichkeiten der Einfassung, nämlich Reste von Mauern, Thürmen und Zinnen, geben der Stadt etwas Pikantes."[71]

Im Falle der beiden in der Nähe Clausthals gelegenen Gruben Dorothea und Carolina gestaltete sich das anders. Wie alle Auswärtigen, die diese touristisch recht stark frequentierten Bergwerke befuhren, zeigte sich Heine tief beeindruckt von deren unterirdischer Dimension und Betriebsamkeit. Hin- und hergerissen zwischen Begeisterung, Sorge um das eigene Wohl und Bewunderung für die, die dort ihr täglich Brot verdienten, sollte er im Nachgang die gewonnenen Eindrücke sogar, so die Lesart von Raphaela Brüggenthies, als literarische Projektionsfläche genutzt haben, um in ihnen „als agitatorische Kontrafaktur zur Minen-Romantik [...] die sozialen Widersprüche [...] ans Licht" zu bringen.[72]

In die Landschaft unter Tage stieg Heinrich Heine nach der Brockenvisite noch einmal in dem im Bodetal gelegenen Hüttenort Rübeland ab. Der Besuch zumindest einer der beiden seinerzeit zugänglichen Tropfsteinhöhlen gehörte damals zum Standardprogramm jeder Harzreise. Schon Behrens hatte im Ur-Harzreiseführer von 1703 die Besichtigung der seit 1649 offiziell zugänglichen Baumannshöhle dringend empfohlen und die Beschreibung dieser Sehenswürdigkeit sogar allen anderen vorangestellt, da sie „mit ihrer Größe / Vielheit derer Grüften und darinnen befindlichen Raritäten" angeblich alles andere übertreffen würde, was im Harz zu entdecken sei.[73] Im Jahre 1824 sah das etwas anders aus, vor allem in Rübeland, denn hier besaß die Baumannshöhle direkt vor Ort nun Konkurrenz. Seit 1788 konnte gleichfalls die gut ein Jahrhundert zuvor entdeckte Bielshöhle befahren werden. Sie galt wie erstere als „ohne Gefahr und bequem zu besehen", aber laut dem 1817er *Gottschalck* als „in mancher Hinsicht merkwürdiger".[74] Heine entschloss sich kurzerhand für sie, aber angeblich weil ihm zugetragen wurde, dass der Gang durch ihr Inneres leichter zu bewältigen sei. Bedauerlicherweise schaffte es die Beschreibung der Bielshöhle nicht bis in die *Harzreise*, sondern nur in deren *Bruchstücke*.

Schon seit dem 18. Jahrhundert herrschte unter Einheimischen und Fremden die Meinung vor, dass der östlich des Brockens gelegene Unterharz deutlich mehr an Sehenswertem zu bieten habe als der sich westlich vom Gipfel erstreckende Oberharz. Letzterer galt als vergleichsweise rau, ja regelrecht abweisend und hauptsächlich aufgrund der hier zu findenden Stätten der Montanwirtschaft bemerkenswert. Heinrich Heine empfand nach seiner Wanderung ähnlich und schrieb zum Ende der *Harzreise*: „Ich kann nicht umhin, hier ebenfalls anzudeuten: daß der Oberharz, jener Theil des Harzes, den ich bis zum Anfang des Ilsethals beschrieben habe, bey weitem keinen so erfreulichen Anblick, wie der romantisch malerische Unterharz gewährt, und in seiner wildschroffen, tannendüstern Schönheit gar sehr mit demselben kontrastirt; so wie ebenfalls die drey, von der Ilse, von der Bode und von der Selke gebildeten Thäler des Unterharzes gar anmuthig unter einander kontrastiren, wenn man den Charakter jedes Thales zu personifiziren weiß. Es sind drey Frauengestalten, wovon man nicht so leicht zu entscheiden vermag, welche die Schönste sey."[75]
Zumindest im Text der *Harzreise* hatte sich der Schriftsteller klar entschieden, setzte er doch der Ilse und ihrem Tal ein literarisches Denkmal, das bis heute Leserinnen und Leser auf ebensolche Weise in seinen Bann zieht wie die Wanderinnen und Wanderer, die seit mehreren Generationen vor Ort versuchen, Heine unmittelbar auf die Spur zu kommen. Dabei gehörte das Ilsetal bereits im 17. und 18. Jahrhundert zu den bekanntesten Gegenden des Harzes. Ursprünglich jedoch weniger aufgrund der landschaftlichen Attraktivität, sondern allein deshalb, weil das Flusstal als bester Einstieg für eine erfolgreiche Brockenbesteigung galt. Den entsprechenden Pfad hatte bereits Behrens im Jahre 1703 beschrieben und dabei betont, dass ein Wanderer von Ilsenburg etwa vier Stunden auf den Gipfel bräuchte, wobei sogar die Möglichkeit bestünde, den ersten Abschnitt hoch zu Ross zurückzulegen. Das ginge ab der Hälfte der Strecke aber „wegen des bösen Weges" nicht mehr, der nun beständig über „Stock und Block" führe. Die Brockenpilgrimme, wie man die Bergtouristen einst nannte, müssten zuweilen sogar klettern, um den Gipfel zu erreichen. Ohne einen ortskundigen „Weg-Weiser", stellte der Mediziner klar, sei dies freilich alles nicht möglich.[76]

Im Jahre 1824 sah die Situation ganz anders aus. Heine dürfte in seinem *Gottschalck* gelesen haben, dass bei Ilsenburg „das schöne, romantische Ilsethal" beginne, „das wohl kein Harzreisender unbesehen lassen wird" und dass „das schönste Naturprodukt darin" der Ilsestein sei, „ein Granitfelsen, der aus dem Thale bis zu einer Höhe von 250 F. heraufsteigt, und der beträchtlichste ist, den das Brockengebirge noch als einen Ueberrest seiner vormaligen Felsenriesen aufzuweisen hat". Folglich hatte der Reisebuchautor mehrere Wege beschrieben, die durch das Tal führten. Dabei vergaß er nicht zu erwähnen, dass von hier die Möglichkeit bestehe, „zu Wagen" auf den Harzgipfel zu gelangen und im Ort selbst mit dem „Gasthof ‚zu den rothen Forellen'" eine gute sowie freundlich gelegene Wirtschaft existiere, die sogar in ihrem „Garten über eine kleine Badeanstalt" verfüge.[77]
Dass sich Heinrich Heine nach seinem Brockenabstieg in dem Gasthof recht wohl gefühlt haben muss, verraten die *Bruchstücke*, wie gleichsam aus der *Harzreise* herauszulesen ist, auf welche intensive Weise er die Wanderung durch das Ilsetal und den von hier erfolgten Aufstieg zum Ilsestein genossen hatte.[78]
Wenngleich der junge Heine mit diesen Empfindungen alles andere als allein gewesen ist, gab es dennoch Harzbesucher, die die wild-romantische Umgebung des damals auch aufgrund seiner mustergültigen Eisenhütte überregional bekannten preußischen Fleckens nicht

Abb. 19
Der Ilsestein im Ilsetal, Gouache von August M. Becker, 1825

ganz so stark beeindruckte. Das prominenteste Beispiel dafür lieferte der gut eineinhalb Jahrzehnte vor dem Göttinger Studenten daselbst gewesene französische Schriftsteller Henri Beyle (1783–1842). Der unter dem Namen Stendhal berühmt gewordene Autor hatte im Juli 1807 von Braunschweig aus eine Kutschfahrt auf den Brocken unternommen und in sein Tagebuch geschrieben: „Das kleine Tal, das dort hinaufführt, ist ziemlich alltäglich; die Leute dieses Landes bewundern es, weil sie hier zum erstenmal ein Gebirge sehen. Der Ilsenstein verdient in meinen Augen keinerlei Beachtung, dennoch ist er berühmt."[79] Nimmt man die Vita und Welterfahrenheit des in Grenoble Aufgewachsenen in den Blick, überraschen diese Gedanken nicht. Dass die meisten frühen Harztouristen, die das Ilsetal für sich entdeckten, anders fühlten, belegen bis in unsere Tage hingegen die in großer Zahl überlieferten Reisebeschreibungen, Gemälde und Grafiken.[80]

Obwohl Heine, wie erwähnt, ausdrücklich betont hatte, dass es ihm schwerfiele zu sagen, welches der Täler von Ilse, Bode und Selke für ihn das reizvollste sei, setzt er am Ende nur das Ilsetal in der *Harzreise* umfänglich in Szene. Die beiden anderen, nach wie vor bei den Touristen sehr beliebten Täler bedachte er demgegenüber vergleichsweise kurz, aber nicht minder phantasievoll. Die Bode sei ihm als „düstere Schöne" zuerst bei Rübeland begegnet, „die schöne Selke, die schöne liebenswürdige, Dame" deutlich später. Zwischendurch habe er, so Heine ebenfalls in der *Harzreise*, „die Höhe der Roßtrappe" oberhalb des Bodetals erklommen und damit eine der markantesten Felsformationen des Harzes überhaupt.[81]

Die beim Hüttenort Thale am Ausgang des Bodetals weit aufragenden Klippen gehörten und gehören wie der Brocken und die Harzer Höhlen und Bergwerke zu den wichtigsten Attraktionen des Mittelgebirges. Große Popularität erhielten sie wie die Baumannshöhle schon zu Beginn ihrer touristischen Karriere in der Mitte des 17. Jahrhunderts durch die Aufnahme eines der Roßtrappe gewidmeten Kupferstichs in der Merian-Topographie des Herzogtums Braunschweig-Lüneburg. Pascha Weitsch und andere Künstler mehrten später mit ihren künstlerischen Darstellungen der bizarren Szenerie deren besonderen Ruf genauso wie alle Harzautoren des 18. und 19. Jahrhunderts.[82]

Wie intensiv sich Heinrich Heine während der Wanderung dem landschaftlich attraktivsten Abschnitt des Selketals zwischen Alexisbad und Meisdorf widmete, ist weder aus der *Harzreise* noch aus den *Bruchstücken* herauszufinden. Abgesehen davon, dass er in ersterer kundtat, in dem Tale „gar mancherley kleines Ungemach" erlitten zu haben, hielt sich der Poet bedeckt.[83] So muss die Frage unbeantwortet bleiben, ob er bei der Gelegenheit etwa mit Alexisbad den ersten Harzer Badeort überhaupt besucht hatte oder mit dem Falkenstein die wohl interessan-

Abb. 20
Der Kessel bei der Rosstrappe im Bodethale, Lithografie von Wilhelm Pätz und Eduard Lütke, um 1830/40

Abb. 21
Die Burg Falkenstein im Selketal gehörte im frühen 19. Jahrhundert zu den beliebtesten touristischen Zielen des Unterharzes. Heine hat sie dennoch wahrscheinlich nicht besucht. Falkenstein, kolorierte Lithografie von Eduard Lütke, um 1830/40

teste Bergfeste der Region.[84] Dass das Selketal von Heine vergleichsweise stiefmütterlich behandelt wurde, steht außerdem in gewissem Widerspruch zu der von Gottschalck postulierten Auffassung, nach der es sich bei diesem um „unstreitig das schönste" Tal des gesamten Harzes gehandelt habe.[85]

Heinrich Heine dürfte bei der Lektüre seines *Gottschalcks* nicht entgangen sein, dass dessen Urheber immer wieder darauf verwiesen hatte, wie geschichtsträchtig und reich das Mittelgebirge an Relikten der Historie sei. „Ergriffen wird sich der Freund altdeutscher Geschichte fühlen beim Anschauen der vielen Trümmern und ehrwürdigen Reste aus der Vorzeit unserer Nation", mutmaßte der, um im gleichen Kontext auf die besondere Fülle vorhandener Zeugnisse des zehnten, elften und zwölften Jahrhunderts hinzuweisen.[86] Keine Frage, Friedrich Gottschalck kannte sich in diesem Metier gut aus. Das bewies er mit dem Harzführer eindrucksvoll. Daneben stellte er seine diesbezügliche Kompetenz mit der zeitgleichen Herausgabe eines der frühen Standardwerke zur deutschen Burgen- und Schlössergeschichte unter Beweis. Das beeindruckende, reich illustrierte und neunbändige Werk war von ihm zwischen 1810 sowie 1835 veröffentlicht worden und vermittelte grundlegende Kenntnisse zu entsprechenden Bauwerken in ganz Deutschland.[87]

Wie in Gottschalcks Harzführer besaß die Historie für viele Gebirgstouristen des beginnenden 19. Jahrhunderts einen großen Stellenwert. Sie erklommen Burgberge, durchstöberten Ruinen, kletterten jahrhundertealte Türme hinauf und besahen voller Neugier zur Besichtigung freigegebene Teile adliger Schlösser. Heinrich Heine war an verschiedenen Orten solch steinernen Zeugen der Geschichte begegnet; gleich am allerersten Reisetag bei Nörten-Hardenberg, dann in Osterode, Goslar und bei Harzburg, nach der Brockenbesteigung in Wernigerode und zumindest, wenngleich vermutlich aus der Ferne, im Selketal. Hier befand sich mit der angeführten Burg Falkenstein eine „alte Ritterveste", die laut *Gottschalck* „größtentheils erhalten" war und aufgrund dessen „ein ziemlich deutliches Bild von der inneren Einrichtung und äußeren Verwahrung solcher Burgen aus dem Mittelalter" lieferte. Da „der liberale Besitzer [...] den Besuch der Burg, und ihre Benutzung" gern erlaube, bot sich allen Interessenten wahrscheinlich wie selten die Gelegenheit, fast die ganze Anlage zu erkunden. Da gab es „die Kirche" zu sehen, den „Rittersaal", „das Fräuleinzimmer", einen „Brunnen", dazu „Ställe, Gewölbe und Gefängnisse" sowie insgesamt „7 Thore"; der große Bergfried lockte zudem mit dem „Burgverließ" und einer „weite[n] Aussicht", die „allein schon einen Besuch des Falkensteins" rechtfertige. Damit die Touristen dies alles inspizieren konnten, hatten die Burgbesitzer sogar einen „Aufseher" angestellt, „der den Fremden herumführt, und auch Lebensmittel verschafft".[88] Doch Heinrich Heine hatte dessen Dienste scheinbar im Gegensatz zu vielen anderen Harzwanderern leider nicht in Anspruch genommen, sonst hätte er sicher davon berichtet. Von der damaligen großen Beliebtheit des Falkensteins und ähnlicher historischer Bauwerke des Harzes künden bis in unsere Tage zahllose Text- und Bildquellen.[89]

Bleibt der Brocken zu besprechen, dessen Besteigung für Heinrich Heine wie für alle Harzwanderer einst und jetzt den Höhepunkt ihrer Reise durch das Gebirge bildete und bildet.
Der junge Poet hatte den Berg aus Richtung des heutigen Bad Harzburg in Angriff genommen. Auf die Dienste eines Führers, vorausgesetzt seine Darlegungen verschweigen dies nicht, verzichtete er. Unter Berücksichtigung der Orientierungsprobleme am Vortag war dies auch aus weiteren Gründen eigentlich keine kluge Entscheidung. Abgesehen davon, dass er nun im Vergleich zu den Strecken vorab einen erheblichen Höhenunterschied zu bewältigen hatte und das Gepäck dabei selbst tragen musste, galt es für ihn vor allem, wiederum allein den richtigen Weg zu finden. Letzterer war von Friedrich Gottschalck in der 1817er Ausgabe folgendermaßen beschrieben worden: von „Neustadt unter der Harzburg 5/4 St., nach Wildenplatz 1 St., nach dem Brockenkrug 2 St., nach Oderbrück ¾ St., über das 1 St. breite Brockenfeld, nach dem Brocken 2 St." Zudem war aus dem Harzführer zu erfahren, dass man bis Oderbrück mit der Kutsche gelangen und „zu Fuß auch schon vom Brockenkruge gleich über den Königsberg auf den Brocken steigen" könne.[90] Wahrscheinlich wird sich Heinrich Heine für letztere Variante entschieden haben. Um die Mittagsstunde, vertraut man der *Harzreise*, traf er jedenfalls auf einen Schäfer, der ihn nicht nur mit Brot und Käse versorgte, sondern bestimmt gleichzeitig mit Auskünften zum weiteren Streckenverlauf.
Die Darlegungen in der *Harzreise* zeugen davon, dass Heine den Brockenaufstieg bei herrlichstem Wetter absolviert haben muss. Das erleichterte ihm die Orientierung im Gelände, verschaffte ihm aber vor allem ein intensives, von faustischen Gedanken durchsetztes Naturerlebnis, von dem er in seiner Dichtung regelrecht schwärmte. Trotzdem freute er sich angeblich sehr, nach dem „äußerst erschöpfende[n] Weg [...] endlich das langersehnte Brockenhaus zu Gesicht" bekommen zu haben.[91]

Jenes Brockenhaus behauptete 1824 schon ein knappes Vierteljahrhundert seinen Platz auf dem ungeschützten Plateau des wettergegerbten Harzgipfels und bot den Gästen seit der Eröffnung ganzjährig Verpflegung und Unterkunft. Bewirtschaftet wurde es unter der Regie der Grafen zu Stolberg-Wernigerode seit September 1800 von Johann Friedrich Christian Gerlach (1763–1834) und dessen Frau Elisabeth. Dem bis zu seinem Tode auf dem Berg tätigen Wirt wurde unter anderem nachgesagt, dass er die Angewohnheit habe, die Übernachtungsgäste kurz vor Sonnenaufgang auf eine besondere Art zu wecken. Er sei unter dem ständigen Ruf „D´ Sunne kummt" so lange mit seinen „halb eisernen Harz-Schuhen" über den Hausflur gepoltert, „bis Männer und unverzagte Weiber an die Haustür gestürzt" seien.[92]
Was Gerlach, dessen Frau und ihr Personal für den Brockentourismus geleistet haben, ist aus heutiger Perspektive nicht hoch genug einzuschätzen. Dass ihr unermüdlicher Einsatz seinerzeit bereits gebührende Beachtung fand, illustriert jedoch allein die Tatsache, dass der Wirt nach seinem Tod in der in Wernigerode erscheinenden Zeitung mit einem sehr wertschätzenden Nachruf bedacht wurde.[93] Dies war für die damalige Zeit alles andere als gewöhnlich, handelte es sich doch beim Brockenwirt de facto nur um einen herrschaftlichen Bediensteten.
Das Brockenhaus selbst skizzierte Heinrich Heine in der *Harzreise* knapp, aber treffend. So hob er mit den „erstaunlich dick[en]" Außenwänden und mit der das Gebäude in der Mitte krönenden „thurmartige[n] Warte" dessen wichtigste äußere Charakteristika hervor.[94] Neben dem Titelblatt des von Heine genutzten *Gottschalcks* zeigen zahlreiche zeitgenössische Ansichten das

Abb. 22
Das Brockenhaus, wie es Heinrich Heine 1824 gesehen hat. Rechts ist mit dem sog. Wolkenhäuschen die knapp 90 Jahre zuvor auf dem Gipfel errichtete erste steinerne Schutzhütte auszumachen. Das Brockenhaus am Harz, kolorierter Kupferstich, um 1820

Brockenhaus genau so; auf vielen ist sogar der Blitzableiter zu sehen.

Unmittelbar neben dem Haupthaus waren in den ersten Jahren nach der Inbetriebnahme noch zwei hölzerne Gebäude errichtet worden, von denen Heine vermutlich fälschlicherweise eines als das sogenannte Wolkenhäuschen identifizierte.[95] Seinerzeit als Waschhaus genutzt, behauptet letzteres seit 1736 bis heute seinen Platz auf dem Brockenscheitel, allerdings ein wenig abseits vom einstigen Standort des Wirtshauses. Die ursprüngliche Inneneinrichtung der Brockenherberge stellte sehr genau Carl Eduard Nehse (1793–1871), der zwischen 1834 und 1850 auf dem Berg wirkende und publizistisch tätige Nachfolger Gerlachs, folgendermaßen dar: „Im Wohngebäude befanden sich zwölf heizbare Zimmer, nämlich ein Saal, zwei Gastzimmer, sieben kleinere Logier-Zimmer, ein dergleichen für den Wirth und eins für die Boten und Dienstleute, und außer diesem die Küche, Speisekammer und ein in den Felsen gehauener Keller; auch für bedeutenden Bodenraum war gesorgt. Auf der linken Seite im Wohngebäude befand sich noch ein Pferdestall für sechs Pferde und auf der rechten Seite zwei Kuhställe für acht Kühe und über demselben ein kleiner Hühnerstall."[96] Ein von Nehse für das Jahr 1834 gezeichneter Grundriss zeigt eine beinahe identische Situation, weshalb davon auszugehen ist, dass Heinrich Heine im Herbst 1824 das Brockenhaus wie beschrieben ausgestattet vorgefunden hatte.

Dem jungen Schriftsteller wurde sogar das Glück zuteil, eines der Zweibettzimmer zu bekommen, wenngleich ihn, wie er in der *Harzreise* beklagte, dabei das Pech ereilte, solches mit einem „jungen Kaufmann" teilen zu müssen, den er im Nachhinein „als langes Brechpulver" charakterisierte.[97] Der Beschreibung des spätnachmittäglichen und abendlich-nächtlichen Treibens im Brockenhause räumte Heine wie manch anderer Autor recht

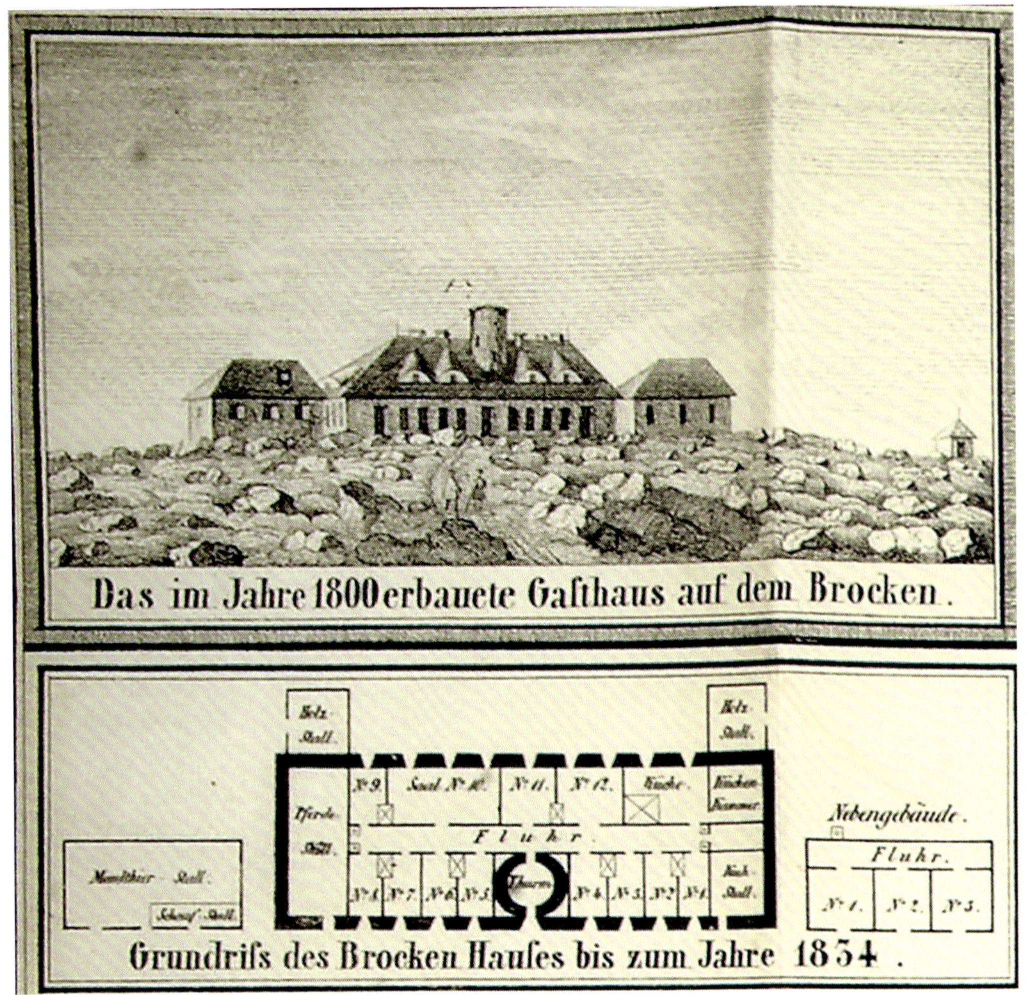

Abb. 23
Ansicht und Grundriss des Brockenhauses bis zum Jahr 1834, Lithografie nach Zeichnungen von Brockenwirt Carl Eduard Nehse, 1849

breiten Raum ein. Die Interpretation dessen sei wie die Deutung des abschließenden Heine-Traums den Fachleuten vorbehalten. Dass „lauter Leben und Bewegung" im Haus gewesen sei, ist sicher allein mit Blick auf die lange und bunt gemixte Gästeliste des Abends nicht zu bezweifeln. Ob man hingegen die hier an diesem Tage wie sicher häufiger praktizierte feucht-fröhliche Geselligkeit gleich als „alkoholisierte[n] Tourismus á la Ballermann" abtun könne, scheint äußerst fraglich.[98]

Nichtsdestotrotz weckte Brockenwirt Gerlach am kommenden Tage pünktlich und gewiss unüberhörbar seine Hausgäste in aller Frühe, damit sie mit eigenen Augen den Sonnenaufgang auf dem Berg erleben konnten.

Heine jedenfalls scheint das morgendliche Schauspiel genossen zu haben, was sicher nicht ausschließlich an der Anwesenheit der Damen lag, mit denen er bereits am Vorabend geplaudert hatte. Beim anschließenden Morgenkaffee nahm der angehende Dichter dann nach eigener Auskunft das Brockenstammbuch zur Hand. Dessen Lektüre veranlasste ihn resümierend zu der gern zitierten Bemerkung, dass der ganze Band „nach Käse, Bier und Tabak" riechen würde.[99] Ob er selbst einen Eintrag in der Kladde hinterlassen hat, ist ungewiss.[100]

Abb. 24
Wanderer vor den Toren Quedlinburgs, kolorierter Stahlstich von T. J. Hinchliff, um 1838

Am Ende schied Heinrich Heine mit seinen neuen Wandergefährten in Richtung Ilsenburg wohl mit recht zwiespältigen Impressionen aus dem Brockenhaus. Einerseits hatte es ihm nach dem anstrengenden Marsch des Vortags ein sicheres Obdach samt illustrer Gesellschaft sowie einen beeindruckenden Sonnenauf und -untergang beschert – und dies alles zu einem Preis, der „über alle Erwartung billig" ausgefallen sein muss. Andererseits hatte er kaum geschlafen, wüst geträumt und war bestimmt verkatert aufgewacht. Auch das Abendessen muss ihm nicht behagt haben, es sei zwar reichlich gewesen, aber „schlecht".[101]

Selbst wenn Heinrich Heine später nicht noch eine weitere Fußreise durch den Harz unternehmen sollte, kann behauptet werden, dass ihm das Abenteuer des Jahres 1824 bestens bekommen war. Das galt in mehrfacher Hinsicht, gesundheitlich sowie künstlerisch. Nicht umsonst betonte er im Nachgang mehrfach, wie zuträglich ihm das Wandern rund um den Brocken körperlich und psychisch gewesen sei, ganz abgesehen von der schriftstellerischen Inspiration, die ihm das Gebirge in vielfältiger Hinsicht geliefert hatte. Mit Blick auf jenen künstlerischen Ertrag ist die Bemerkung gegenüber seinem Freund Rudolf Christiani (1797–1858) signifikant, dem er am 26. Mai 1826 aus Göttingen schrieb: „Wenn ich gut haushalte kann ich mein ganzes Leben lang meine Gedichte mit Harzbäumen ausstaffiren."[102]

Bleibt abschließend die eingangs aufgeworfene Frage zu klären, ob Heinrich Heine als Harzreisender nun einer von vielen gewesen sei oder eben nicht.
Zahlreiche der im Aufsatz skizzierten Aspekte sprechen dafür, dass sich der schriftstellerisch ambitionierte Göttinger Student sehr gut in die große Schar der Harz- und Brockenbesucher des frühen 19. Jahrhunderts einordnen lässt. Dazu gehören der Zeitraum und die Dauer seines Gebirgsaufenthalts ebenso wie die Entscheidung, das Abenteuer per pedes anzugehen und insgesamt zu bewältigen. Aber auch die Route eingedenk der von Heine besuchten Sehenswürdigkeiten und vor allem des Brockens sprechen dafür. Nicht zu vergessen der Umstand, dass er sich als Führer und hauptsächlichstes Hilfsmittel der schriftstellerischen Nachbereitung mit dem *Gottschalck* den besten und beliebtesten Harzreisebegleiter jener Zeit ausgewählt hatte. Warum er jedoch nicht dessen aktuellste und erst ein Jahr vor Wanderungsantritt erschienene Auflage nutzte, bleibt offen.

Hinsichtlich Kleidung und Ausrüstung wird sich Heine ebenso kaum von den anderen fußreisenden Harztouristen unterschieden haben. Das Äußere war es vor allen Dingen, das es den Einheimischen leicht machte, die Besucher sofort zu erkennen. So hatte Heine in der *Harzreise* hinsichtlich seines Eintreffens in Clausthal berichtet: „Die Kinder sahen an meinem Ranzen, daß ich ein Fremder sey, und grüßten mich recht gastfreundlich."[103]

Vom Gros der Harzwanderer dürfte sich Heine dadurch unterschieden haben, dass er die meiste Zeit über allein unterwegs gewesen war. Nur zeitweise wanderte er an der Seite einzelner Begleiter oder, wie beim Brockenabstieg und auf den Folgekilometern, in einer Gruppe. Als eher ungewöhnlich kann zudem seine Entscheidung bewertet werden, auf einen Harzführer ganz bzw. zumindest auf einzelnen Etappen verzichtet zu haben. Gründe dafür liefert er nicht. Nur einmal, auf dem Weg durch die Schneelöcher in Richtung Ilsenburg nahm er gemeinsam mit seinen „Landsleute[n]" die Dienste eines „Wegweiser[s]" in Anspruch.[104] Dabei könnte es sich um Christian Winkel, den Hausknecht des Brockenwirts, gehandelt haben, den Friedrich Gottschalck 1823 als „einen eben so fröhlichen, als mit allen Wegen bekannten, Begleiter" charakterisiert hatte.[105]

Aufs Ganze gesehen liegt es folglich nahe, Heinrich Heine – rein tourismushistorisch betrachtet – durchaus als einen unter vielen Harztouristen der damaligen Epoche zu kennzeichnen. Diese Einschätzung verliert aber sofort an Relevanz, bezieht man die *Harzreise* als literarisch wichtigsten Ertrag der Fußreise in die Betrachtung mit ein. Dieses Werk hier zu vernachlässigen, verbietet sich aber schon deshalb, weil dem „Schlüsseltext der Moderne" neben seiner ungebrochenen Popularität bis heute literaturgeschichtlich höchste Priorität beigemessen wird.[106]

Heines Fußreise durch Deutschlands nördlichstes Mittelgebirge ist folglich ohne die *Harzreise* nicht zu denken und zu bewerten. So, wie der junge Schriftsteller vom Brocken und dessen Umfeld in mehrfacher Hinsicht persönlich profitiert hatte, gab er dieser markanten Landschaft und ihren Bewohnern mit seinem Reisebild unglaublich viel zurück. Bis heute liefert die *Harzreise* dem Harztourismus allein als Werbung und Inspirationsquelle so viele unverzichtbare Impulse, dass deren Urheber mitnichten nur als einer von vielen Harzbesuchern des 19. Jahrhundert angesehen werden kann.

Abb. 25
Herbstlandschaft bei Elbingerode, 2023

Abb. 1
Johann Heinrich Fritsch, Charte vom Harz, Beilage zu Friedrich Gottschalcks Taschenbuch für Reisende in den Harz, neu herausgegeben 1817
Diese Karte begleitete Heinrich Heine höchstwahrscheinlich auf seiner Reise durch den Harz.

Uwe Lagatz und Norbert Perner

Auf Heines Route unterwegs

Eine Bilderreise

Als Heinrich Heine im September 1824 durch den Harz zog, hatte das Gebirge seine touristische und künstlerische Entdeckung ebenso längst hinter sich wie die wirtschaftliche Erschließung. Davon profitierte der junge Wanderer gleich in mehrfacher Hinsicht. Wege und Wirtshäuser konnten von ihm ebenso genutzt werden wie aktuelle Reiseratgeber. Zu alledem lag seinerzeit bereits eine beachtliche Menge an Kunstwerken vor, die der Region rings um den Brocken gewidmet waren: Zeichnungen, Gemälde und Drucke sowie Texte unterschiedlicher Gattungen. 
Gerade dieses reichhaltige Harz-Erbe birgt heute die Chance, Heines Harzwanderung samt deren literarischer Verarbeitung vielfältig zu kontextualisieren und lebendig zu illustrieren. Wer in unseren Tagen der legendären Fußreise des angehenden Poeten nachspüren will, muss folglich nicht gleich selbst die Wanderschuhe schnüren und das Ränzel schultern. Es reicht mitunter vorerst, neben der *Harzreise* besagtes Harz-Erbe in den Blick zu nehmen und die historischen Ansichten sowie Schriften auf sich wirken zu lassen.

Die nachfolgende Bilderreise lädt in ihrer Kombination aus zeitgenössischen Grafiken und Gemälden sowie gegenwärtigen Fotos zu genau einer solchen Annäherung an Heines Harzwanderung ein. Sie folgt der Route, die der Student von Göttingen aus im Jahre 1824 bewältigte. Damit bezieht sie sich folglich nicht nur auf den Wegabschnitt, den der Schriftsteller wenig später in der *Harzreise* literarisch veredeln sollte. Statt also im romantischen Ilsetal ihren Abschluss zu finden, führt die Bilderreise bis in das Selketal über die Stationen weiter, die sich unter anderem anhand der sogenannten *Bruchstücke* für den Harzraum nachvollziehen lassen.

Als historischer roter Faden dienen der Bilderreise zeittypische und miteinander verwobene Bild- beziehungsweise Textelemente. Ausgewählten Grafiken aus dem Bestand der sogenannten Göttinger Stammbuchkupfer stehen Auszüge aus der von Heine genutzten zweiten Auflage von Friedrich Gottschalcks *Taschenbuch für Reisende durch den Harz* und Passagen der *Harzreise* zur Seite.
Besagte Stiche wurden in dem Göttinger Verlag Wiederhold in einfacher Ausstattung und kleinem Format in großen Auflagen produziert. Sie genossen bei den Zeitgenossen Heines nicht zuletzt deshalb besonders große Popularität, weil sie Sehenswürdigkeiten ganz verschiedener europäischer Regionen gleichermaßen künstlerisch anspruchsvoll und authentisch ins Bild setzten. So wundert es kaum, dass die für die Harzregion aus dem ersten Drittel des 19. Jahrhunderts in beachtlicher Zahl vorliegenden Stammbuchkupfer nicht nur bei Sammlern unserer Tage sehr beliebt sind, sondern gleichzeitig die gegenwärtigen Vorstellungen vom Harz jener Jahrzehnte wesentlich prägen.
Gottschalcks Reiseführer stand den Göttinger Stammbuchkupfern damals in Sachen Popularität nicht nach. Im Gegenteil, das 1806 erstmals veröffentlichte, handliche Bändchen galt wie seine stets aktualisierten Nachauflagen als verlässlichster Begleiter auf dem Harz, wie man damals sagte. Solch eine sachkundige Verquickung von grundlegenden Informationen zur Region, allgemeinen Reisetipps sowie differenzierten Angaben zu einzelnen Orten und Sehenswürdigkeiten hatte es vorher für das Gebirge nicht gegeben. Erhöht wurde der praktische Nutzen des Büchleins obendrein durch die beiliegende Karte, deren Gehalt und Genauigkeit für jene Zeit beispielgebend waren. Sie wurde folglich der vorliegenden Bilderreise ebenso an die Seite gestellt wie weitere ausgesuchte historische Ansichten des Harzes.

Abb. 2

Wichtige Stationen der von Heinrich Heine absolvierten Wanderung: 1. Göttingen, 2. Northeim, 3. Osterode, 4. Clausthal, 5. Goslar, 6. Harzburg, 7. Brocken, 8. Ilsenburg, 9. Wernigerode, 10. Elbingerode, 11. Rübeland, 12. Roßtrappe, 13. Selketal, 14. über Eisleben nach Weimar.

Der genaue Streckenverlauf lässt sich anhand der „Harzreise“ und anderer Quellen in Gänze nicht rekonstruieren.

Abb. 3
Ulrichs iezt von Seelens Garten bey Göttingen, kolorierter Stammbuchkupfer, um 1817.
Ullrichs Garten wurde von Heine auch in der „Harzreise" erwähnt.

Abb. 4
Das Alte Rathaus am Markt mit dem Gänseliesel-Brunnen, 2023

1

„Man beginne seine Wanderungen immer in den frühesten Morgenstunden, denn die Genüsse, welche sich bei heiterem Himmel, im Gebirge und zu dieser Tagszeit, darbieten, und worunter ich vorzüglich das Zauberspiel der Beleuchtung in den Thälern rechne, sind höchst mannigfaltig, und für den Bewohner ebener Gegenden, so wie für den Städter, durchaus neu und äußerst überraschend."

Friedrich Gottschalck

„Die Stadt Göttingen, berühmt durch ihre Würste und Universität, gehört dem Könige von Hannover, und enthält 999 Feuerstellen, diverse Kirchen, eine Entbindungsanstalt, eine Sternwarte, einen Karzer, eine Bibliothek und einen Rathskeller, wo das Bier sehr gut ist. [...] Die Stadt selbst ist sehr schön, und gefällt einem am besten, wenn man sie mit dem Rücken ansieht."

Heinrich Heine

Abb. 5
Am Haus in der Weender Straße 50 weist eine Gedenktafel darauf hin, dass Heine hier 1825 gewohnt hat, 2023

Abb. 6
In der Göttinger Altstadt, 2023

„Die liebe Wirthshaussonne in Nordheim ist auch nicht zu verachten; ich kehrte hier ein, und fand das Mittagessen schon fertig. Alle Gerichte waren schmackhaft zubereitet, und wollten mir besser behagen, als die abgeschmackten akademischen Gerichte, die salzlosen, ledernen Stockfische mit ihrem alten Kohl, die mir in Göttingen vorgesetzt wurden."

Heinrich Heine

„Gebirgige Gegenden werden am sichersten, bequemsten und nützlichsten, zu Fuße bereist. Der mehrste Nutzen und volleste Genuß der Natur, verbinden sich auch einzig nur bei dem Fußreisenden, da nichts seiner Aufmerksamkeit entgeht. Wem es daher nicht an Kräften und Gesundheit gebricht, der gehe."

Friedrich Gottschalck

Abb. 7
Die Sonne am Balkongitter des Gasthauses „Sonne" in der Breiten Straße von Northeim, 2024.
Hier kehrte Heine zum Mittagessen ein.

Abb. 8
Der alte Brauereiturm, Teil der Befestigungsanlagen von Northeim, 2024

2

Abb. 9
Osterode von der Westseite, Stahlstich von Jobst Riegel, um 1845/50

„In pechdunkler Nacht kam ich an zu Osterode. Es fehlte mir der Appetit zum Essen, und ich legte mich gleich zu Bette. Ich war müde wie ein Hund und schlief wie ein Gott.
[…]
Diese Stadt hat so und so viel Häuser, verschiedene Einwohner, worunter auch mehrere Seelen, wie in Gottschalks ‚Taschenbuch für Harzreisende' genauer nachzulesen ist. Ehe ich die Landstraße einschlug, bestieg ich die Trümmer der uralten Osteroder Burg. Sie bestehen nur noch aus der Hälfte eines großen, dickmaurigen, wie von Krebsschäden angefressenen Thurms."

Heinrich Heine

„Osterode, – die zweite Landstadt des Fstth. Grubenhagen, liegt an der Söse, enthält mit Inbegriff zweier sogenannten Vorstädte, und des daran stoßenden Dorfes: die Freiheit, 684 H. und gegen 3200 E. – Gute Gasthöfe sind: das ‚weiße Roß' am Markte, und ‚der Hannöversche Gasthof' vor dem Neustädter Thore. – Eine sehenswerthe Anstalt hier, ist das Kornmagazin in einem schönen massiven 240 Fuß langen Gebäude, das sein Daseyn dem Berghauptmann v. d. Busche, auf dessen Vorschlag es von 1718 bis 1722 für 26000 Thl. erbauet wurde, verdankt. Die Bestimmung dieses Magazins ist: die Berg- und Hüttenleute des Hannöv. Harzes in theuern Zeiten mit Getraide für einen billigen Preis zu unterstützen."

Friedrich Gottschalck

3

Abb. 10
Auf dem Kornmarkt mit Blick zur St. Aegidien Marktkirche, 2024

Abb. 11
Im ehemaligen Gasthof „Englischer Hof" am Kornmarkt hat Heine vermutlich übernachtet, 2024

3

Abb. 12
Clausthal, Stahlstich von Johann Poppel, um 1854

„Clausthal, (vallis Nicolai) im Fstth. Grubenhagen, ist die erste unter den 7 Bergstädten des Hannöverschen Harzantheils, und der größte Ort auf dem ganzen Harze. In 800 H. enthält Cl. 7500 E. und ist der Sitz des königl. Bergamtes. – Die ‚goldene Krone,' und der ‚goldene Löwe,' sind die besten Gasthöfe. Auch logirt man gut im Rathhause. – Für den Mineralogen, den Bergbaukundigen, und den Mechaniker, ist Cl. mit seiner umliegenden erzreichen Gegend, ein höchst bedeutender Ort. Um Alles, was dahin einschlägt, zu sehen, hat man einen Erlaubnißschein des Berghauptmanns, oder, in dessen Abwesenheit, des nächst Vorsitzenden im Bergamte nöthig, welchen der Wirth des Gasthauses besorgt."

Friedrich Gottschalck

„Da unten ist ein verworrenes Rauschen und Summen, man stößt beständig an Balken und Seile, die in Bewegung sind, um die Tonnen mit geklopften Erzen oder das hervorgesinterte Wasser herauf zu winden. Zuweilen gelangt man auch in durchgehauene Gänge, Stollen genannt, wo man das Erz wachsen sieht, und wo der einsame Bergmann den ganzen Tag sitzt und mühsam mit dem Hammer die Erzstücke aus der Wand herau klopft. Bis in die unterste Tiefe, wo man, wie Einige behaupten, schon hören kann, wie die Leute in Amerika *‚Hourrah, Lafayette!'* schreien, bin ich nicht gekommen; unter uns gesagt, dort, bis wohin ich kam, schien es mir bereits tief genug: […]"

Heinrich Heine

Abb. 13 Der Förderturm des Ottiliae-Schachts, 2024

Abb. 14 Das Hotel „Goldene Krone", 2024.
Der ursprüngliche Hotelbau, in dem Heine übernachtete, ist 1844 abgebrannt.

4

Abb. 15 Das alte Oberbergamt, 2024

Abb. 16 Die Technische Universität Clausthal, 2024

Abb. 17 Goslar am Harz, Stammbuchkupfer, um 1820

Abb. 18 Ansicht des Unterharzes auf dem Wege nach Goslar, kolorierter Stammbuchkupfer, um 1812

5

Abb. 19
Der Zwinger auf dem Thomaswall im Süden von Goslar, 2024

„Goslar. Am Fuße des mitternächtlichen Harzes, dicht unter seinen letzten Bergen, liegt Goslar, einst eine hoch-kaiserliche Pfalz- und Reichsstadt, jetzt, und seit 1816, eine Hannöv., zum Fstth. Hildesheim gehörige, Stadt, von 1109 H. mit 5670 E. – Gute Gasthöfe sind: der Sörmannsche, in der Worthstraße, und der Burghardtsche, am breiten Thore. – G. ist nicht arm an Gegenständen, welche in historischer, technologischer, oder sonstiger Hinsicht, den Reisenden anziehen könnten. […] Außerhalb G. ist unstreitig der merkwürdigste Punct für den Reisenden der Rammelsberg mit seinen unterirdischen gewaltigen, seit 600 bis 700 Jahren schon benutzten Erzreichthümern, ½ St. von der Stadt."

Friedrich Gottschalck

„Der Name Goslar klingt so erfreulich, und es knüpfen sich daran so viele uralte Kaisererinnerungen, daß ich eine imposante, stattliche Stadt erwartete. Aber so geht es, wenn man die Berühmten in der Nähe besieht! Ich fand ein Nest mit meistens schmalen, labyrinthisch krummen Straßen, allwo mittendurch ein kleines Wasser, wahrscheinlich die Gose, fleißt, verfallen und dumpfig, und ein Pflaster, so holprig wie Berliner Hexameter. Nur die Alterthümlichkeiten der Einfassung, nämlich Reste von Mauern, Thürmen und Zinnen, geben der Stadt etwas Pikantes. Einer dieser Thürme, der Zwinger genannt, hat so dicke Mauern, daß ganze Gemächer darin ausgehauen sind."

Heinrich Heine

5

Linke Seite Abb. 20 und 21
Das Rathaus von Goslar.
Das Zinnfigurenmuseum in der alten Lohmühle an der Gose, Fotos 2024.

Abb. 22 und 23
Das alte Gildehaus mit den Standbildern deutscher Kaiser, 2024

„Das Rathhaus zu Goslar ist eine weißangestrichene Wachtstube. Das danebenstehende Gildenhaus hat schon ein besseres Ansehen. Ungefähr von der Erde und vom Dach gleich weit entfernt stehen da die Standbilder deutscher Kaiser, räucherig schwarz und zum Theil vergoldet, in der einen Hand das Scepter, in der andern die Weltkugel; sehen aus wie gebratene Universitätspedelle. Einer dieser Kaiser hält ein Schwerdt, statt des Scepters. Ich konnte nicht errathen, was dieser Unterschied sagen soll; und es hat doch gewiß seine Bedeutung, da die Deutschen die merkwürdige Gewohnheit haben, daß sie bei Allem, was sie thun, sich auch etwas denken."

Heinrich Heine

5

Abb. 24
Das Innere der Harzburg mit dem neu erbauten Gasthause, Lithografie von Täger nach einer Zeichnung von Edmund Heusinger von Waldeck, um 1850

Abb. 25
Bad Harzburg am Platz mit dem Jungbrunnen, im Hintergrund Hotel „Victoria", 2024

„Neustadt unter der Harzburg, – ein Braunschweig. Flecken an der Radau, wo man bei ‚Nikolai' gut logirt. Er besteht aus 119 H., wovon der südliche Theil Schulenrode heißt, und zählt 850 E., die sich Männer nennen, starke Viehzucht treiben, und von dem nah gelegenen Salzwerke, Juliushall, viele Nahrung haben. Dieses Salzwerk, das Hannover und Braunschweig auf gemeinschaftliche Rechnung betreiben lassen, legte Herzog Julius v. Braunschweig im J. 1569 an, daher auch der Name. […]
Ueber Neustadt liegt der Burgberg, welcher einst die historisch merkwürdige Harzburg, wo Kaiser Otto IV. im J. 1218 sein Leben endigte, trug."

Friedrich Gottschalck

6

Abb. 26 und 27
Während Heine noch den Brocken zu Fuß eroberte, bietet die Brockenbahn seit 1899 eine bequemere Reisemöglichkeit, Fotos 2023

Abb. 28
Das Brockenhaus und das Wolkenhäuschen, Stammbuchkupfer, um 1815

„Auf der höchsten Stelle des Brockens liegt das Wirthshaus, wahrscheinlich in Deutschland das einzige in der Höhe, das im Winter bewohnt wird. Es wurde im J. 1800 vom Grafen Christian Friedrich zu Stolberg-Wernigerode mit vielen Kosten erbaut, ist 130 Fuß lang, und 30 Fuß tief. Seine Mauern sind 5 Fuß stark, und aus der Mitte des Gebäudes steigt eine thurmähnliche Warte über das Dach, zum ungehinderten Genuß der Aussicht, heraus. Man kann in diesem Hause so bequem, als es auf einer solchen Höhe nur zu erwarten ist, ja selbst mit Pferden, unterkommen. Mit Lebensmitteln sich zu belasten, hat man nicht nöthig, denn an allem Nothwendigen ist hier nie Mangel."

Friedrich Gottschalck

„Dieses Haus, das, wie durch vielfache Abbildungen bekannt ist, bloß aus einem Rez-de-Chaussée besteht, und auf der Spitze des Berges liegt, wurde erst 1800 vom Grafen Stollberg-Wernigerode erbaut, für dessen Rechnung es auch, als Wirthshaus, verwaltet wird. Die Mauern sind erstaunlich dick, wegen des Windes und der Kälte im Winter: das Dach ist niedrig, in der Mitte desselben steht eine thurmartige Warte, und bey dem Hause liegen noch zwey kleine Nebengebäude, wovon das eine, in frühern Zeiten, den Brockenbesuchern zum Obdach diente."

Heinrich Heine

7

Abb. 29 und 30
Auf dem Brocken, unten das Wolkenhäuschen, 2020

Abb. 31 und 32
Aussichten vom Brockenplateau, 2020

7

Abb. 33   Baumsterben im Nationalpark Harz, 2020

Abb. 34   Neues Grün, neue Hoffnung für den Wald, 2024

„Ilsenburg. (230 H. 1691 E.) An der Nordseite des Harzes, wo sich das schöne Ilsethal öffnet, liegt der Wernigerodesche Flecken Ilsenburg. – Der Gasthof ‚zu den rothen Forellen,' ist gut, liegt freundlich, und hat in seinem Garten eine kleine Badeanstalt. […]
Bei I. fängt das schöne, romantische Ilsethal an, das wohl kein Harzreisender unbesehen lassen wird, wenn er auch nicht den durch dasselbe führenden Weg nach den Brocken wählen sollte. Das schönste Naturprodukt darin ist der Ilsenstein, ein Granitfelsen, der aus dem Thale bis zu einer Höhe von 230 F. heraufsteigt, und der beträchtlichste ist, den das Brockengebirge noch als einen Ueberrest seiner vormaligen Felsenriesen aufzuweisen hat. […] Der Blick von Ilsenstein in das Thal, links nach dem Brocken, rechts in das flache Land, ist sehr schön […] und eine höchst merkwürdige Erscheinung am Ilsenstein ist noch die, daß die Magnetnadel bald östlich, bald westlich bei ihm abweicht."

Friedrich Gottschalck

„Es ist unbeschreibbar, mit welcher Fröhlichkeit, Naivität und Anmuth die Ilse sich hinunter stürzt über die abentheuerlich gebildeten Felsstücke, die sie in ihrem Laufe findet, so daß das Wasser hier wild empor zischt oder schäumend überläuft, dort aus allerley Steinspalten, wie aus tollen Gießkannen, in reinen Bögen sich ergießt, und unten wieder über die kleinen Steine hintrippelt, wie ein munteres Mädchen. Ja, die Sage ist wahr, die Ilse ist eine Prinzessin, die lachend und blühend den Berg hinab läuft. Wie blinkt im Sonnenschein ihr weißes Schaumgewand! Wie flattern im Winde ihre silbernen Busenbänder! Wie funkeln und blitzen ihre Diamanten!"

Heinrich Heine

Abb. 35
An den oberen Ilsefällen, 2023

8

Abb. 36
Der Ilsenstein, Stammbuchkupfer, um 1812

„Endlich gelangten wir auf den Ilsenstein. Das ist ein ungeheurer Granitfelsen, der sich lang und keck aus der Tiefe erhebt. Von drey Seiten umschließen ihn die hohen, waldbedeckten Berge, aber die vierte, die Nordseite, ist frey, und hier schaut man das unten liegende Ilsenburg und die Ilse, weit hinab ins niedere Land. Auf der thurmartigen Spitze des Felsens steht ein großes, eisernes Kreuz, und zur Noth ist da noch Platz für vier Menschenfüße.

[...]

Ich rate aber Jedem, der auf der Spitze des Ilsensteins steht, weder an Kaiser und Reich, noch an die schöne Ilse, sondern bloß an seine Füße zu denken. Denn als ich dort stand, in Gedanken verloren, hörte ich plötzlich die unterirdische Musik des Zauberschlosses, und ich sah, wie sich die Berge ringsum auf die Köpfe stellten, und die rothen Ziegeldächer zu Ilsenburg anfingen zu tanzen, und die grünen Bäume in der blauen Luft herum flogen, daß es mir blau und grün vor den Augen wurde, und ich sicher, vom Schwindel erfaßt, in den Abgrund gestürzt wäre, wenn ich mich nicht, in meiner Seelennoth, ans eiserne Kreuz festgeklammert hätte. Daß ich, in so mißlicher Stellung, dieses letztere gethan habe, wird mir gewiß Niemand verdenken."

Heinrich Heine

Abb. 37
Das gusseiserne Kreuz auf dem Ilsestein, 2023

8

8

Linke Seite Abb. 38 und 39
Das Ilsetal, 2023

Abb. 40
Blick über den Forellenteich zum Zentrum von Ilsenburg und dem Landhaus „Zu den Rothen Forellen", 2022

„Der Unterharz übertrifft den Oberharz an Naturschönheiten, und an historisch merkwürdigen Puncten. Er enthält Aussichten und Merkwürdigkeiten der Natur, die einzig in ihrer Art sind; und ein Künstler wird hier unendlich mehr Stoff als auf dem Oberharze finden. Auch ist keine andere nördliche Provinz unsers Vaterlandes für die Geschichte des Mittelalters so wichtig, als der Unterharz, wovon man noch überall Spuren erblickt."

Friedrich Gottschalck

„Ich kann nicht umhin, hier ebenfalls anzudeuten: daß der Oberharz, jener Theil des Harzes, den ich bis zum Anfang des Ilsethals beschrieben habe, bey weitem keinen so erfreulichen Anblick, wie der romantisch malerische Unterharz gewährt, und in seiner wildschroffen, tannendüstern Schönheit gar sehr mit demselben kontrastirt; so wie ebenfalls die drey, von der Ilse, von der Bode und von der Selke gebildeten Thäler des Unterharzes gar anmuthig unter einander kontrastiren, wenn man den Charakter jedes Thales zu personifiziren weiß. Es sind drey Frauengestalten, wovon man nicht so leicht zu entscheiden vermag, welche die schönste sey.
[...]
Nun, ich bin Paris, die drey Göttinnen stehen vor mir, und den Apfel gebe ich der schönen Ilse."

Heinrich Heine

8

Göttingen bey Wiederhold

Wernigerode.

Abb. 41
Wernigerode, Stammbuchkupfer, um 1815

Abb. 42 *Schlossblick an der Schönen Ecke, 2021*

9

„Wernigerode, – eine Stadt, ist der Hauptort der Grfsch. gleiches Namens, und der Wohnsitz der Grafen zu Stolberg-Wernigerode. Es liegt an der Nordseite des Harzes in einer höchst angenehmen Gegend, enthält in 710 H. 3,680 E. und wird von der Holzemme bewässert. – Gute Gasthöfe sind: der ‚schwarze Hirsch', in der Vorstadt Nöschenrode, und das ‚deutsche Haus', in der Stadt. […] Wer auf den 3 Schlössern: in Ballenstedt, Blankenburg, und hier war, kann sagen: auf den schönsten Umsichtspunkten am mitternächtlichen Harze gewesen zu sein; aber schwer möchte es ihm werden, zu bestimmen, welchen von den dreien der Vorzug gebührte, da alle so reich als mannigfaltig sind."

Friedrich Gottschalck

Abb. 43 Über die Dächer der Altstadt bis zum Harz geschaut, 2021

Abb. 44 Der Zugang zur Kochstraße, 2021

9

Abb. 45 Elbingerode, Alte Pinge am Büchenberg, lavierte Tuschezeichnung, um 1800–1835

Abb. 46 Bei Elbingerode, 2023

„Rübeland, – liegt im Fstth. Blankenburg, und im Thale der Bode, die hier noch nicht die Rap- und Lup-Bode aufgenommen hat. Es ist ein D. und Hüttenort von 44 H. mit 270 E., der, sowohl wegen seiner romantischen Lage, als wegen der ihm so nahe liegenden sehenswerthen Naturmerkwürdigkeiten, von keinem Harzreisenden unbesucht bleiben muß. Im Orte liegt ein herrschaftl. Eisenhüttenwerk […] und nahe dabei ist ein trefflicher schwarzer Marmorbruch. […] Eben so nahe und dicht über R. sind in den beiden Kalkbergwänden des Thales die bekannten merkwürdigen und wunderbar gebildeten Höhlen: die Baumannshöhle u. d. Bielshöhle, erstere links, letztere rechts."

Friedrich Gottschalck

Abb. 47
Baumannshöhle am Harz, Stammbuchkupfer, um 1815

Abb. 48 Rübeland im Bodetal, 2024

Abb. 49
Die Roßtrappe im Bodethal, Aquarell und Gouache über Lithografie von Johann Heinrich Bleuler, um 1830

Abb. 50
Die hufeisenförmige Vertiefung auf der Roßtrappe, 2024

12

„Die Roßtrappe, zu der ein steiler Fußweg führt, ist ein Felsengerüste oder eine Felsmauer, die aus dem Gebirge herausläuft, und an drei Seiten bis zu einer Tiefe von 500 bis 600 F. abgeschnitten ist. Die Breite der oberen Fläche, welche man besteigt, beträgt zuletzt 4 bis 6 F. Der Blick in das tiefe, von der Bode durchbraußte, sich hin und her windende Thal, und auf dessen gewaltige Felsenufer, ist unbeschreibbar groß, majestätisch und Staunen erregend; so wie er, rückwärts in das flache Land, bis zu den Thürmen von Magdeburg hin sanft und lieblich ist. […]
Auf der vorderen Spitze der Felswand ist eine Vertiefung, welche eine entfernte Aehnlichkeit mit dem Abdruck eines Pferdehufes hat. Diese gab zur Benennung der Stelle, so wie zu der sehr alten Volkssage Veranlassung, daß sie durch ein Pferd entstanden, auf welchem eine, von ihrem Liebhaber verfolgte, Prinzessin über die Bode weg bis auf die gegenseitige Felsmauer gesetzt sey."

Friedrich Gottschalck

Abb. 51 Im Bodetal, 2020

Abb 52 Die Roßtrappe vom Hexentanzplatz aus gesehen, 2020

Schloß Falkenstein am Harz.

Abb. 53 Schloss Falkenstein am Harz, Stammbuchkupfer, nach 1815

Abb. 54 In Mägdesprung, 2024

Abb. 55 *Burg Falkenstein, 2020*

„Selkenthal. Unter allen Thälern des Harzes, ist das Selkenthal unstreitig das schönste; denn diese stete Abwechslung von sanften und rauhen, belebten und wilden Parthieen, von Bildern der Vorwelt und Werkstätten eines stets thätigen Lebens und einer ununterbrochenen Regsamkeit, findet man in einer solchen Vereinigung in keinem andern Harzthale wieder. Und alle diesen Schmuck kann man im Wagen und zu Fuß auf den obersten Wegen bequem genießen. Es fehle daher nie im Plane einer vollständigen Harzreise dies Thal, das [...] ungefähr 6 St. lang ist und von der Selke durchflossen wird."

Friedrich Gottschalck

Abb. 56 *Im Selketal, 2020*

13

Jutta Dick unter Mitwirkung von Sarah Jaglitz*

Heinrich und Ilse

Die Halberstädter Judenschaft und der Harz

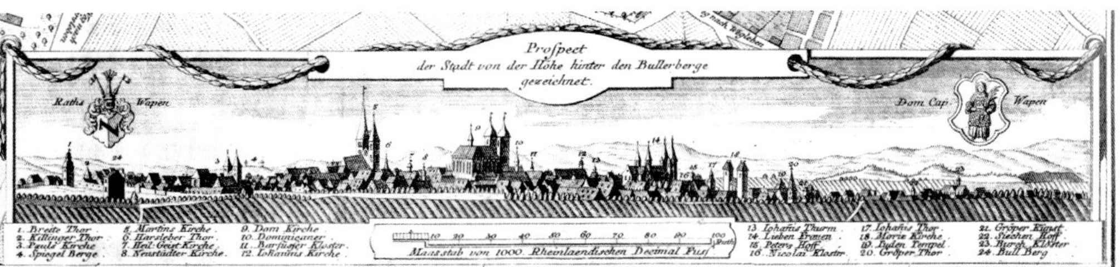

Abb. 1
Silhouette von Halberstadt im 18. Jahrhundert (Ausschnitt aus einem Stadtplan)

„Es ist unbeschreibbar, mit welcher Fröhlichkeit, Naivetät und Anmuth die Ilse sich hinunter stürzt über die abenteuerlich gebildeten Felsstücke, die sie in ihrem Laufe findet, so daß das Wasser hier wild empor zischt oder schäumend überläuft, dort aus allerlei Steinspalten, wie aus vollen Gießkannen, in reinen Bögen sich ergießt und unten wieder über die kleinen Steine hintrippelt, wie ein munteres Mädchen. Ja, die Sage ist wahr, die Ilse ist eine Prinzessin, die lachend und blühend den Berg hinabläuft."[1]

Durch die Jahrhunderte hatte die Geschichte um die Prinzessin Ilse im Schloss am gleichnamigen Fluss die Phantasie beflügelt und die deutsche Sagenwelt bereichert; auch Heinrich Heine erlag dem Zauber der Ilse auf seiner Wanderung durch den Harz 1824. Von den drei Schwestern Ilse, Bode und Selke gewann erstere sein Herz und ihr nur huldigte er in seiner *Harzreise* mit einem Gedicht.

Die Beschreibung seiner Reise endet jedoch, bevor Heinrich Heine und die Ilse die Talsohle und das dort gelegene Ilsenburg erreichen. So bleibt unbekannt, wie er die Ilse in ihrem weiteren Verlauf charakterisiert hätte, denn bereits seit 1595 wurden dort im Ilsenburger Kupferhammer die reichen Erzvorkommen des Harzes verarbeitet und dafür wurde auch die Wasserkraft der Ilse genutzt. Ab 1829 befand sich der Kupferhammer im Besitz der Familie Hirsch, die in Halberstadt im Harzvorland ansässig war.

Die markante Stadtsilhouette von Halberstadt mit den Türmen des St. Stephanus Doms, der Liebfrauenkirche und der Martinikirche ist von weitem sichtbar. Nähert man sich von Magdeburg durch die ebene Börde der Stadt, bildet der wuchtige Harz mit dem Brocken gewissermaßen hinter der Silhouette einen Wall Richtung Südwesten.

Die Lage der Stadt zwischen Börde und Harz begründet u. a. die Entwicklung der Halberstädter jüdischen Gemeinde zu einer zahlenmäßig starken und bedeutenden. Die Börde mit ihren fruchtbaren Böden erlaubte den Handel mit Getreide und Vieh, die Erzvorkommen des Harzes den mit Metallen. Beides waren Produkte, mit denen Juden zu handeln erlaubt war.

Im alten jüdischen Viertel von Halberstadt, unterhalb des Domplatzes, entwickelten sich die Metallhandlungen Aron Hirsch (seit 1806) bzw. Aron Hirsch & Sohn am Abtshof (seit 1828), am Ende der Voigtei H. J. Meyer & Söhne (seit 1862) und Samuel Baers Söhne in der Bakenstraße (seit 1877). Die drei Standorte befanden sich in einem Dreieck in unmittelbarer Nachbarschaft zueinander. Sie umschlossen das physische jüdische Gemeindezentrum, das aus der von den Häusern der Baken- und der Judenstraße umschlossenen Barocksynagoge bestand sowie der Gemeindemikwe Judenstraße 26 und dem Kantorhaus, Bakenstraße 56, dessen Tordurchgang seit 1879

* Der Beitrag von Jutta Dick wurde durch die Übersetzungen aus dem Englischen ins Deutsche und durch Zitate aus der „Harzreise" von Sarah Jaglitz ergänzt.

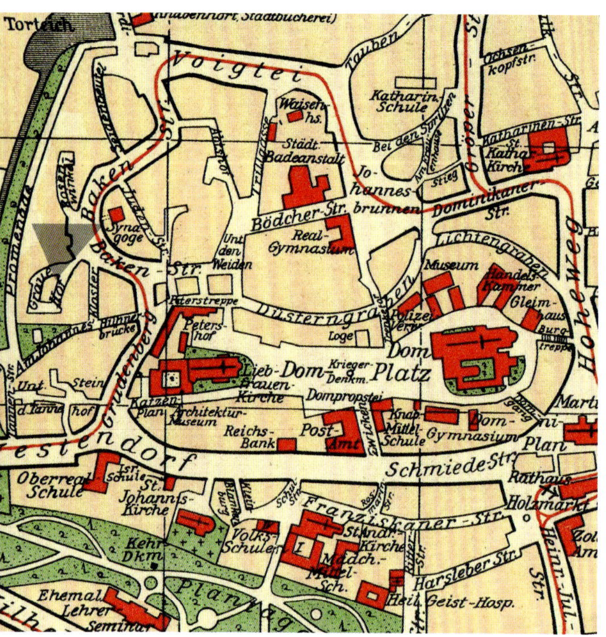

Abb. 2
Auszug aus dem Stadtplan von Halberstadt um 1900, in dem die Synagoge eingezeichnet ist

den Hauptzugang zur Gemeindesynagoge bildete. Im Rosenwinkel 18, also in unmittelbarer Nachbarschaft, vervollständigte die Klaus als jüdisches Lehrhaus das Ensemble.

Die Unternehmen der Familien Hirsch, Meyer und Baer bildeten nicht nur den äußeren Rahmen der jüdischen Gemeinde. Es waren diese Familien, die über beinahe zweihundert Jahre die jüdische Gemeinde Halberstadt prägten und trugen. Die Vorfahren dieser Metallhändler, oder die, die den Handel begonnen hatten, waren jüdische Gelehrte gewesen.
Aron Hirsch Gumprecht Göttingen (1783, Halberstadt – 1842, Halberstadt) sollte wie sein Vater Naphtali Hirsch Gumprecht Göttingen (1743, Göttingen – 1835, Halberstadt) Gelehrter an der Halberstädter Klaus, dem um 1700 von Berend Lehmann (1661, Essen – 1730, Halberstadt) gegründeten jüdischen Lehrhaus, werden. Die Bildung und Erziehung für ein solches Amt hatte er durch seinen Vater erfahren. Aber nachdem Aron Hirsch, wie er sich dann nannte, 1806 Hindle Joseph/Goslar (1787, Halberstadt – 1821, Halberstadt) geheiratet hatte, entschied er sich, in den Metallhandel einzutreten, um finanziell unabhängig zu sein. Er war schnell erfolgreich, da es ihm gelang, ein großes Netzwerk für den Handel aufzubauen. Aron Hirsch erkannte die Chancen für die Entwicklung des Unternehmens, die die Industrielle Revolution bot. Erste Versuche, in die Metallproduktion einzutreten, scheiterten allerdings. Hier war der Kauf des Kupferhammers in Ilsenburg 1829 der erste Schritt in Richtung Erfolg. Allerdings konnte Aron Hirsch den Kauf nicht unter seinem Namen tätigen, da seit 1592 Ansiedlung und Eigentum von Juden in der Grafschaft Wernigerode nicht gestattet waren.[2]

Mit dem Kupferhammer erwarb Aron Hirsch von den Grafen zu Stolberg-Wernigerode auch die damit verbundenen Fischereirechte in der Ilse. 1920 verschwand die Ilse im Zuge des zweiten großen Ausbaus des Ilsenburger Kupferwerks unter Dr. Abraham Hirsch über das gesamte Betriebsgelände in einem geschlossenen Kanal. Artur Fürst, Verfasser populärwissenschaftlicher Bücher über aktuelle technische Themen, war von der Produktionsstätte, die als eine der modernsten in Europa galt, beeindruckt.

Abb. 3
Das Logo der Firma Hirsch

Hatte Heinrich Heine hundert Jahre zuvor den Wasserlauf in der *Harzreise* noch als „Prinzessin Ilse“ besungen, dichtete Artur Fürst 1923 in Schierke, Heine persiflierend, „Die gefangene Ilse“[3] und erinnert sich wehmütig der Zeiten, als „[…] sinnend über die Wiesen / der alte Aron schritt“. Lockte damals bei Heine noch das kristallene Schloss der Prinzessin Ilse, wo zum Tanze aufgespielt wurde und „Die Zwerge trompeten und pauken / Und fiedeln und blasen das Horn“,[4] so lädt die Herrin des Ilsensteins nun auf ein realistischeres, wenn auch bedrückenderes Abenteuer ein: „Komm mit zum Kupferwerke, / dort soll es seltsam sein.“[5] Der Heinesche Traum „Von alter Märchenlust“[6] hat keinen Platz mehr im Dröhnen und „Gestampf der Maschinen“, die „für Deutschlands Größe“[7] schaffen.

Die gefangene Ilse

Ich bin die Prinzessin Ilse
und wohne im Ilsestein.
Komm mit zum Kupferwerke,
dort soll es seltsam sein.

Da muß ich mein Bettchen verlassen,
in dem ich so selig schwamm,
das sonnenbeschienene Bette,
es wird zur finsteren Klamm.

Statt Eichwipfeln und Tannen,
statt Gräsern und roten Mohn
hängt über meinem Antlitz
ganz plötzlich Eisenbeton.

Als frisches munteres Mädchen
Eilt ich hinunter ins Tal,
da kam der Hirsch gesprungen
und fing mich im finstern Kanal.

Im dunklen Gehäuse fließ ich,
mir wird im Kopfe ganz wirr,
denn zu mir niedertönen
hör ich gar seltsam Geklirr.

Es ist nicht der Kaiser Heinrich,
es klirren nicht Eisensporn,
man hört nicht trompeten
und pauken und fiedeln
und blasen das Horn.

Es sind des Hirschen Knappen,
die hier das Kupfer glühn,
es hämmern, schneiden
und walzen, zu Platten und Blechen ziehn.

Es dröhnen die Kümpelpressen,
es rollt auf der Schiene der Kran,
geschwinde Rollgänge schieben
die Bramme über die Bahn.

An meine weißen Arme,
an meine weiße Brust
denkt keiner von den Männern,
sie wären mir auch zu berußt.

Sie zwingen mich unter den Koksberg,
doch wenn ich ihm rasch entsprang,
staun ich, was hier gewachsen
in kurzer Jahrzehnte Gang.

Abb. 4
Am oberen Ilsefall, 2023

Es war ein romantisch Erleben,
dass es so schnell entschwand,
als klein an meinem Ufer
der Kupferhammer stand,
als ruhig an dieser Stätte
der Bauer sein Heu noch schnitt,
und sinnend über die Wiesen
der alte Aron schritt.

Dann kam der Dampf geschnoben,
es legte sich auf die Birsch
nach Blöcken und Feuerkisten
die ganze Familie Hirsch.

Das laute Gestampf der Maschinen
klingt meinem Ohre nicht süß,
sympathisch allenfalls find ich
die stille Elektrolys.

Jedoch mein Los will ich tragen
denn ich bin ein deutscher Fluss
und weiß, was heut mehr als jemals
gearbeitet werden muss.
Türmt nur ihr deutschen Männer
den Hügel über mir,
Ihr schafft für Deutschlands Größe,
da helf ich meine Manier.

Gern tret ich ins finstere Gefängnis,
Wenn ich nur dadurch stärk
und in seinem Wachstum
fördre das große Hirschkupferwerk.

Artur Fürst (2.8.1923, Schierke)

Abb. 5
Die alte Feuerbuchsenwerkstatt auf dem Gelände des Ilsenburger Kupferhammers, um 1885

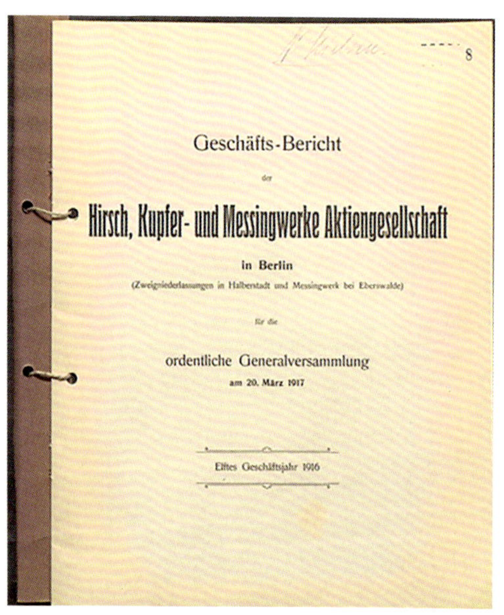

8

Geschäfts-Bericht

der

Hirsch, Kupfer- und Messingwerke Aktiengesellschaft

in Berlin

(Zweigniederlassungen in Halberstadt und Messingwerk bei Eberswalde)

für die

ordentliche Generalversammlung

am 20. März 1917

Elftes Geschäftsjahr 1916

Abb. 6
Geschäftsbericht der Firma Hirsch aus dem Jahr 1916

1828, ein Jahr vor dem Kauf des Ilsenburger Kupferhammers, hatte Aron Hirsch seinen ältesten Sohn Joseph mit 19 Jahren als gleichberechtigten Teilhaber in das Handelshaus aufgenommen und es in „Aron Hirsch & Sohn" umbenannt. Joseph Hirsch entwickelte das Unternehmen und erweiterte den Außenhandel in einem ersten Schritt um Handelsbeziehungen mit Österreich, Belgien, Frankreich und Italien. Die Produkte waren Kupfer, Blei und Zink. Hinzu kam das Ein- und Umschmelzen von Edelmetallen und deren Wiederverkauf. Der Eintritt in den Welthandel gelang mit Blei- und Zinklieferungen nach Amerika. Der seit 1906 als „Hirsch Kupfer- und Messingwerke AG" firmierende Familienbetrieb entwickelte sich so zu einem weltweit führenden Unternehmen.

Nur wenig jünger als Joseph Hirsch war Herz Meyer (1810–1884), der 1810 in unmittelbarer Nachbarschaft der Hirschs Unter den Weiden 6 geboren war. Er erlernte bei Joseph Hirsch den Metallhandel und blieb dem Handelshaus lange Jahre verbunden. Es soll Joseph Hirsch selbst gewesen sein, der Herz Meyer 1862 ermutigte, gemeinsam mit seinen Söhnen einen eigenen Handel mit Metallen und mit Bergwerksgerät zu beginnen. „H.J. Meyer & Söhne" war Anfang der 1860er Jahre zuerst im Düsterngraben 28 und ab 1873 bis 1938 in der Voigtei 6 ansässig. Auf diesem Grundstück wurden zahlreiche Firmengebäude, unter anderem eine Gießerei, errichtet.[8]

Herz Meyer stammte aus einer der ältesten Halberstädter jüdischen Familien. Familiäre Verbindungen gab es u. a. zu den Familien Hirsch und Hildesheimer. Laut der Familienchronik der Familie Meyer-Sust[9] war Herz Meyer, wie sein Vater Isaak Meyer-Sust, Vorsteher der Halberstädter Gemeinde und Vorbeter an den hohen Feiertagen.

Von der Voigtei geht die Bakenstraße ab, und in dieser, nämlich Nr. 28 gegenüber dem Kantorhaus, hinter dem sich die barocke Gemeindesynagoge verbarg, gründeten 1877 Emil (1850–1922) und Joseph Baer (1852–1913), Söhne des Lehrers Samuel Baer, den Metallhandel „Samuel Baer und Söhne". Beide Söhne hatten ebenfalls eine Ausbildung bei „Aron Hirsch & Sohn" durchlaufen. Auch die beiden jüngeren Brüder, Gustav (1860, Halberstadt – 1937, Hamburg) und Max (1861 – Deportation am 22.11.1942 nach Theresienstadt) traten anfangs als Teilhaber bei „Samuel Baer und Söhne" ein. Gustav Baer verließ das Unternehmen und gründete in den 1890er Jahren in Hamburg einen eigenen Metallhandel. Alle drei Brüder waren sehr aktiv in der „Israelitischen Gemeinde" Halberstadt, u. a. als Repräsentanten im Vorstand. Emil Baer engagierte sich vor allem für die Bildung, d. h. für den Lernverein „Tifereth Jeschurun" und die Schule der Gemeinde, die „Hascharath Zwi". Joseph Baer lag am Herzen, den Unterricht der „Hascharath Zwi" auf einem hohen Niveau zu halten. Max Baer widmete sich den sozialen Aufgaben in der Gemeinde und war in den entsprechenden mildtätigen Stiftungen und Vereinen aktiv: „Israels Ehrenkranz" und die „Baer-Brautstiftung", ein Unterstützungsverein für jüdische Bräute. Vor allem Max Baer war die treibende Kraft bei der Errichtung des Altersheims „Newe Menuchoh" in der Wilhelmstraße.

In der Bakenstraße 28 war das Vorderhaus Wohnhaus und das Hinter-/Gartenhaus Metalllager mit einer Schmelze und Büro. Verbunden waren die Gebäude durch unterirdische Gänge. In einem 1882 errichteten oberirdischen Verbindungstrakt befand sich die Sukkah, die Laubhütte, der Familie.

Abb. 7a und b
Das Haus und die Hofgebäude Voigtei 6 in Halberstadt, 2024. Heute erinnert wenig an das ehemalige Unternehmen „H. J. Meyer & Söhne".

Abb. 8
Bakenstraße 28 in Halberstadt, ehemaliger Stammsitz des Metallhandelsbetriebs Samuel Baer und Söhne, 2024

Abb. 9
Das ehemalige Kantorhaus in der Bakenstraße 56/57 in Halberstadt, mit dem heutigen Café-Restaurant „Hirsch", 2024

Abb. 10
Hinter dem Kantorhaus erinnert das Landart-Objekt des Künstlers und Botanikers Olaf Wegewitz an die 1938 zerstörte Halberstädter Barocksynagoge, 2024

Das Gemeindeleben, in dem alle genannten Männer aktiv waren, hatte seit 1863 seine Prägung durch Rabbiner Benjamin Hirsch Auerbach erfahren. Auf Initiative von Joseph Hirsch hatte die jüdische Gemeinde ihn nach Halberstadt berufen. Menko Max Hirsch beschreibt in seinen Erinnerungen an seinen 1920 verstorbenen Vater Abraham Hirsch[10] die Persönlichkeit und das Selbstverständnis Benjamin Hirsch Auerbachs: „B. H. Auerbach war ein Mann mit einer abgeschlossenen humanistischen Bildung. Er war wohl der Erste, der seinen Doctorgrad an einer deutschen Universität (Marburg)[11] erwarb und dabei seine orthodoxe Einstellung und Lebensform in ihrer Totalität bewahrte. Als Ergebnis dieses Besitzes wurde die Bildung, die sich auf der Kenntnis der Griechischen & Lateinischen Literatur basierte, als eine fast notwendige Ergänzung einer talmudischen Bildung angesehen. Es war natürlich, daß man für seine Söhne eine Schule wählte, die jene Güter vermittelte. Dabei wurde die Hebräische Bildung keineswegs vernachlässigt. Zu kurz kamen dabei nur die Ruhepausen und die körperliche Ausbildung. Man versuchte diese in den Ferien zu geben. Inwiefern das gelang, weiß ich nicht. Aber eine tiefe Liebe zur Natur erzog man den Kindern an. Der nahe Harz mit seinen gewaltigen Wäldern und seinen malerischen Landschaften half, dieses Ziel zu erreichen."[12]

Die Bindung an die Natur kann als ein Paradigmenwechsel des jüdischen Selbstverständnisses verstanden werden, der in Halberstadt durch die im 19. Jahrhundert sich entwickelnde Neo-Orthodoxie[13] bewirkt wurde. Die neue Offenheit für die nicht-jüdische Umgebungsgesellschaft und das wachsende Interesse für ihre Kultur machten es möglich, sich der Natur zuzuwenden und ihr starke Gefühle entgegenzubringen. So wurden auch die Laubhütten anlässlich des Laubhüttenfestes in Halberstadt nicht mit irgendwelchen Zweigen bedeckt, sondern es war üblich, Zweige aus dem Harz zu verwenden. „Am Tage nach Jomkippur fuhr ein Wagen, vollbeladen mit Zweigen aus Ilsenburg vor, und alle Gemeindemitglieder [Fehlstelle] für das Dach der Sukka. Für die Kinder der Familie [Hirsch, d. V.] war es ein Hauptspass auf diesem Wagen durch die Straßen Halberstadts zu fahren. Die Gemeindemitglieder machten den Witz über diesen Brauch: ‚Wenn man am Abend des Jomkippurs ‚Jaale' [hebr. ‚Er/es möge hinaufsteigen', Beginn eines Gebets] sagt, gehorcht der Kutscher und steigt auf, um in die Berge zu fahren.'"[14]

Die enge Verbindung zur Natur, zum Harz beschreibt Menko Max Hirsch noch einmal in den Erinnerungen an seinen Vater Abraham: „Nach einer Krankheit von einem dreiviertel Jahr schlossen sich die Augen meines Vaters am 20. Juni 20[15] י״ב אב תר״פ zur ewigen sonnigen Stille von Bad Harzburg. Die Wälder, die er so geliebt hatte, schauten in sein Sterbezimmer. Fromme Riten begleiteten ihn nach Halberstadt."[16]

Der Harz war als touristisches Ziel seit dem Ende des 19. Jahrhunderts auch für jüdische Gäste attraktiv. Hier ist vor allem Bad Harzburg zu nennen, wo sich eine eigene, an jüdischen Touristen orientierte Infrastruktur entwickelte.

Es gab Hotels und Pensionen, die koschere Verpflegung und jüdische Gottesdienste anboten.[17] 1896 eröffnete das Hotel „Parkhaus", das koscher geführt wurde. Fünf Jahre später wurde im Garten des Hotels eine eigene Synagoge errichtet.[18] Da es in Bad Harzburg keine jüdische Gemeinde gab, lag die Kaschrut-Aufsicht bei der jüdischen Gemeinde Halberstadt. Der Schriftsteller Sammy Gronemann, der 1895 ein Jahr als Talmudschüler an der Halberstädter Klaus lernte, erzählt in seinen Lebenserinnerungen die Geschichte Wolf/Wilhelm Landes,[20] der im Auftrag des Halberstädter Gemeinderabbiners Benjamin Hirsch Auerbach im Bad Harzburger Hotel „Parkhaus" die Aufgabe der Kaschrut-Aufsicht innehatte. Lande, 1869 in Litauen geboren, lernte, wie Gronemann, an der Halberstädter Klaus. Da er mittellos war, war die Kaschrut-Aufsicht in Bad Harzburg eine willkommene Einnahmequelle. Gronemann erzählt ironisch, dass Lande mit dem Hotelbesitzer abgemacht hatte, für jeden Kiddusch, d. i. der Segen zu Schabbat am Freitagabend, eine Flasche Wein zu bekommen. Zum großen Vergnügen der jüdischen Gäste habe Lande aber mehrfach in der Woche Kiddusch gemacht und dementsprechend jedes Mal eine Flasche Wein erhalten.

Das Hotel „Ernst August" warb mit Anzeigen um jüdische Gäste, aber der Eigentümer Max Ohrenstein wies fett gedruckt darauf hin, dass das Haus „NICHT RITUELL" geführt werde. Darüber hinaus gab es mehrere Pensionen und Erholungsstätten für Kinder, die sich explizit an das jüdische Publikum wandten. Anzumerken ist, dass Bad Harzburg, als sich schon viele Erholungsorte bemühten, „judenfrei" zu werden, mit dem Slogan „Jüdische Gäste erwünscht" warb.

Abb. 11 und 12
Haus „Frohsinn" und Hotel „Ernst August" in Bad Harzburg

Abb. 13
Elisabeth Heynemann als Skiläuferin. Zeichnung von Walter Gemm

Da der Harz sehr nah war, wurden von Halberstadt aus natürlich Tagesausflüge dorthin gemacht. Die Damen der Gesellschaft verfügten früh über Automobile, manchmal auch einen eigenen Führerschein, oder es standen Chauffeure zur Verfügung, so dass problemlos attraktive Orte im Harz zu erreichen waren. Über solche Ausflüge berichtet der 1900 in Halberstadt geborene Siegfried Lasch in seinen in den 1960er Jahren in New York verfassten Lebenserinnerungen.[21] Siegfried Laschs Mutter Fanny, geb. Israel (1868–1936), gehörte zum Freundinnenkreis von Julie Hirsch, geb. Auerbach (1844–1916). Nach dem Tod ihres Mannes, des Kommerzienrats Benjamin Hirsch, im Jahr 1911 hatten ihr die Söhne Abraham und Emil Hirsch ein Auto geschenkt. Damit unternahm sie mit Freundinnen Spritztouren in den Harz. Allerdings, so zumindest Siegfried Lasch, fuhren die Damen nicht zum Wandern in den Harz. Sie spielten vielmehr in schöngelegenen Hotels oder Cafés Bridge, das gerade in Mode gekommen war, und tranken Kaffee.

1925 machte die 21-jährige Elisabeth Heynemann ihren Führerschein, und sie scheint dann auch tatsächlich mit dem Auto in den Harz gefahren zu sein, denn ihr „Ausweis zur Erlangung von Sport-Rückfahrkarten von Wernigerode [Halberstadt – durchgestrichen] nach Elend oder Schierke“, ausgestellt von dem Skiklub Halberstadt, weist keinen einzigen „Stempel der Fahrkartenausgabe“ auf. Mit ihren Freundinnen wanderte Elisabeth Heynemann im Sommer im Harz und fuhr im Winter Ski. Der mit ihr befreundete Halberstädter Maler Walter Gemm (1898–1973) fertigte für Elisabeth Heynemann ein Leporello an, in dem eine Zeichnung sie als Bücherwurm zeigt und eine andere als rasante Skiläuferin.

Auch mit der Eisenbahn war der Harz gut zu erreichen und die Bahn war daher ein beliebtes Reisemittel. Es gab u. a. eine direkte Bahnverbindung von Halberstadt nach Sorge, die Fahrt dauerte zwei Stunden. In Sorge gab es das Hotel „Sorgenfrei“, geführt von Familie Koppelmann. An Tagesausflüge dorthin und an lange Sommerferienwochen in Sorge erinnert sich Erna Robey (1912 – unbekannt) aus der Halberstädter Familie Bendix. Bei Bendix führten die Männer Klaviergeschäfte, und die Frauen hatten ein Netzwerk von Miederwarengeschäften aufgebaut. Erna Robey floh mit ihren Eltern und ihrer kleinen Tochter 1939 in die USA. Nach einem schweren Arbeitsleben belegte sie Kurse in Kreativem Schreiben und konnte einige Kurzgeschichten auch veröffentlichen. Der Harz ist in diesen Kurzgeschichten immer wieder Thema. In den Erinnerungen an die Aufenthalte in Sorge beschreibt Erna Robey sich in der Kurzgeschichte „Memories from a small mountain resort“ als Stadtkind, das modisch gekleidet ist, wohingegen die Kinder aus Sorge traditionelle, ländliche Kleidung tragen.

Abb. 14
Elisabeth Heynemann mit Freunden auf dem Brocken

„Sie sahen ganz anders aus als wir Stadtkinder. Die Mädchen trugen dunkle Baumwollkleider, und die Hemden und Hosen der Jungen waren selbst genäht. Ihre schwarzen Strümpfe und ihre Schuhe waren grob. Die Mädchen trugen ihre Haare in einfachen Zöpfen; meine Haare waren kurz geschnitten, und eine große schwarze Taftschleife krönte meinen Kopf."[22]
Eine weitere Kurzgeschichte „First-time skiing" aus dem Jahr 1985 beschreibt natürlich die ersten Versuche, Ski zu laufen, und sehr eindrucksvoll das Abenteuer eines Schneesturms auf dem Brocken, das glücklich mit Erbsensuppe beim Brockenwirt endet. „Drinnen starrten uns viele Gesichter an. ‚Woher kommt ihr?' ‚Wie habt ihr das Gasthaus gefunden?' ‚Wie habt ihr es hier hoch geschafft?' ‚Ihr habt Glück, dass ihr euch nicht in diesem Schneesturm verirrt habt!' Wir waren uns nicht bewusst gewesen, dass wir wirklich in Gefahr gewesen waren, und jetzt fühlten wir uns wie Helden. Wir setzten uns mit einem Teller heißer ‚Skisuppe', Spalterbsen mit Würstchenscheiben. Den Bauch voll warmer Suppe, langsam auftauend, geborgen und komfortabel, erzählten wir von unserem Abenteuer und lauschten den Erzählungen der anderen."[23]

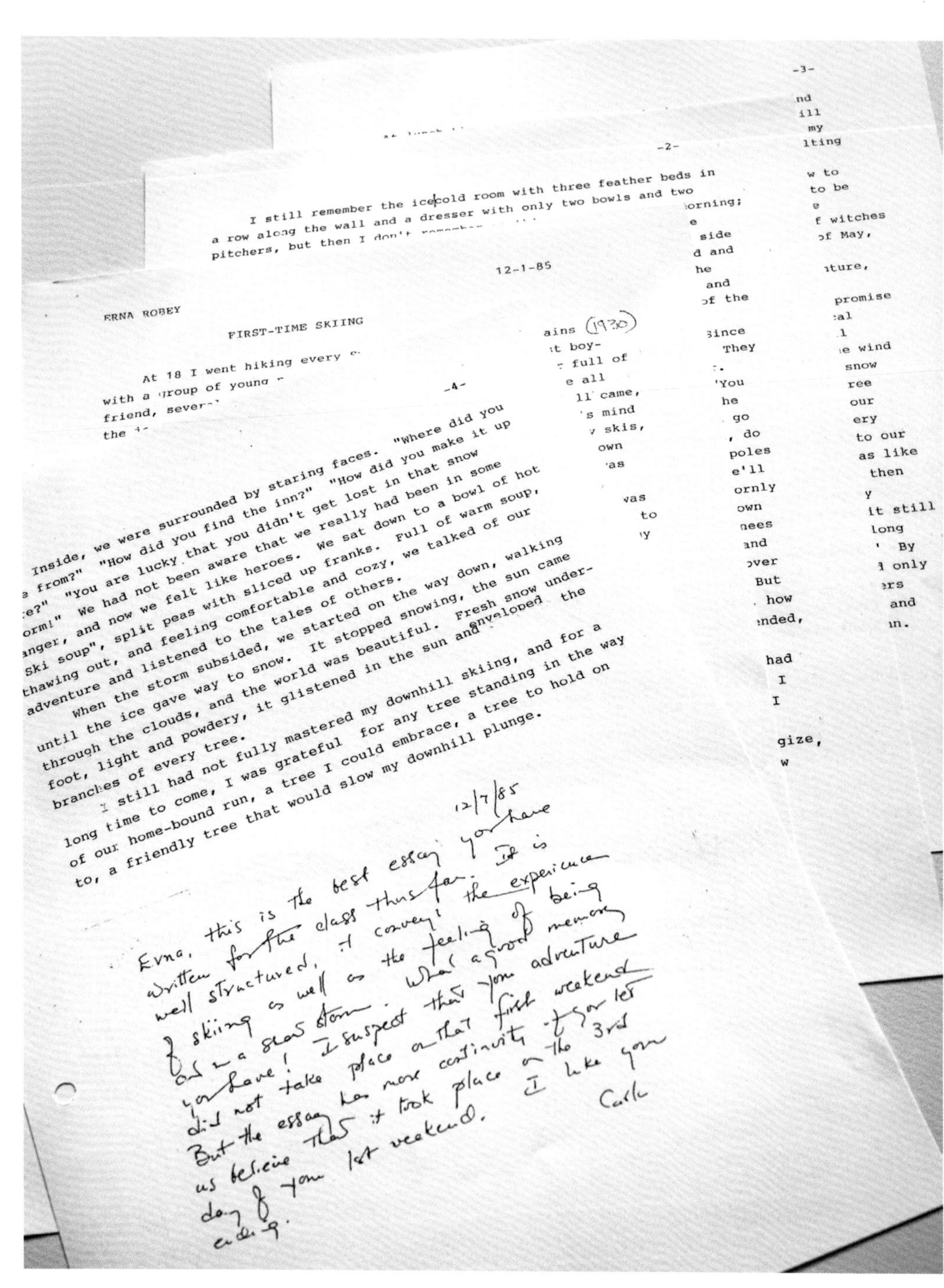

ERNA ROBEY 12-1-85

FIRST-TIME SKIING

At 18 I went hiking every ... with a group of young ... friend, sever... the ...

-2-

I still remember the icecold room with three feather beds in a row along the wall and a dresser with only two bowls and two pitchers, but then I don't ...

-4-

Inside, we were surrounded by staring faces. "Where did you ... from?" "How did you find the inn?" "How did you make it up ...e?" "You are lucky that you didn't get lost in that snow...orm!" We had not been aware that we really had been in some ...anger, and now we felt like heroes. We sat down to a bowl of hot "ski soup", split peas with sliced up franks. Full of warm soup, thawing out, and feeling comfortable and cozy, we talked of our adventure and listened to the tales of others.

When the storm subsided, we started on the way down, walking until the ice gave way to snow. It stopped snowing, the sun came through the clouds, and the world was beautiful. Fresh snow underfoot, light and powdery, it glistened in the sun and enveloped the branches of every tree.

I still had not fully mastered my downhill skiing, and for a long time to come, I was grateful for any tree standing in the way of our home-bound run, a tree I could embrace, a tree to hold on to, a friendly tree that would slow my downhill plunge.

12/7/85

Erna, this is the best essay you have written for the class thus far. It is well structured, it conveys the experience of skiing as well as the feeling of being in a snow storm. What a good memory and adventure you have! I suspect that your first weekend did not take place as that. But the essay has more continuity if you let us believe that it took place on the 3rd day of your 1st weekend. I like your ending.

Carla

Abb. 14

Erna Robey notierte 1985 ihre Erinnerungen an ihre erste Skifahrt

[S.1]

1. Dezember 1985
DAS ERSTE MAL SKIFAHREN (FIRST TIME SKIING)

Als ich 18 war, ging ich jeden Sonntag mit einer Gruppe junger Leute zum Wandern in den Harz (1930 [handschriftlich hinzugefügt]). Dort lernte ich Hein kennen, meinen ersten Freund, der einige Jahre älter war als ich. Es war ein Sommer voller Kameradschaft, wir wanderten im Rhythmus von Liedern, die wir alle kannten, ruhten uns im Gras aus und aßen unser Mittagessen. Aber als der Herbst kam und der erste dünne Schnee in den Bergen fiel, begann die Gruppe ans Skifahren zu denken. Ich hatte keine Skier, aber Hein sagte: „Wenn du dir Skier kaufst, bringe ich es dir bei." Ich stellte mir vor, wie ich gekonnt die Berge hinunterkurvte, während der Schnee um mich herum aufstob, und diese Vorstellung war aufregend.

Mit dem Geld, das ich gespart hatte, gingen wir zusammen einkaufen, und ich bekam ein Paar Skier angepasst. Um die richtige Größe zu haben, mussten die Skispitzen bei ausgestrecktem Arm gerade noch in die Höhle meiner Hand passen. Ich schaute auf meine neuen Skier, schwarz und glänzend, und sah mich schon in einer strahlend weißen Landschaft, die Bäume schneebeladen. Ein Anzug, warme Unterwäsche, Schuhe und Socken wurden gekauft, und ich war bereit. Mir wurde gezeigt, wie ich meine Skier tragen sollte. Nicht einfach irgendwie. Sie mussten auf der Schulter balanciert werden, mit der Spitze nach vorne, einen Arm darum geschlungen.

Als der Schnee tief genug war, machten Hein, sein Freund Leo und ich uns auf zu einem langen Skiwochenende. Wir nahmen den Regionalzug, der in jedem Dorf anhielt und dessen Glocke die Strecke entlang bimmelte. Wir fuhren in der vierten Klasse, die billigste und für unsere Bedürfnisse am besten geeignete Variante. Die Wagen der vierten Klasse waren groß und viereckig, mit einer schmalen Sitzbank an den Wänden, so dass die Mitte frei blieb für die Scheffel und Körbe der Bauern, die ihre Waren zum Markt brachten. Aber jetzt, im Winter, waren die Wagen voll mit Skifahrern, Schlittenfahrern und deren Ausrüstung.

In dem kleinen Bergdorf, das Hein ausgewählt hatte, fanden wir ein bescheidenes Gasthaus. Die gemütlich runde, schürzentragende Wirtin ließ uns die Wahl: „Ich habe nur ein Einzelzimmer", sagte sie, „und ein Zimmer mit zwei Betten. Aber ich habe auch ein Dreibettzimmer, und das ist billiger."

„Nehmen wir das Dreibettzimmer", sagte ich schnell. Trotz meiner 18 Jahre war ich noch nicht über das Küssen hinausgegangen und fühlte mich ziemlich sicher dabei, mit zwei Jungen im selben Zimmer zu schlafen. Außerdem sparte es Geld, und davon hatte ich nicht viel.

[S. 2]

Ich erinnere mich immer noch an das eiskalte Zimmer mit drei Federbetten in einer Reihe an der Wand entlang und einer Kommode mit nur zwei Schüsseln und zwei Krügen, aber danach erinnere ich mich an nichts mehr bis zum nächsten Morgen; weder wie wir uns ausgezogen haben noch wie wir ins Bett gekommen sind. Ich hatte mir das mittlere ausgesucht, weil ich mich am sichersten fühlte, einen schlafenden Jungen auf jeder Seite zu haben. Aber ich erinnerte mich an die eiskalten Schlafzimmer meiner Kindheit und tat, was ich damals getan hatte: Ich ließ meine Socken und Unterwäsche am Fußende des Bettes liegen, zog sie morgens unter die Decke und stieg fertig angezogen für die Kälte aus dem Bett. Ich goss etwas Wasser in eine der Waschschüsseln und wusch mir schnell Gesicht und Hände, mehr nicht.

Nach dem Frühstück, bevor wir losfuhren, wachste Hein meine Skier. Da sie neu waren, mussten sie gewachst werden, und das machte er hervorragend. Sie waren schneller als die der anderen, wie ich etwas später herausfand.

Als wir oben auf dem Übungshügel ankamen, sagte Hein: „Ohne die Stöcke lernst du viel besser, dich auszubalancieren", und nahm sie mir weg. Dann erklärte er mir, wie man bergab fährt: „Fahr einfach los und beuge deine Knie ein wenig, und wenn du wieder hoch willst, dann Schritt für Schritt, seitwärts." Damit verließ er mich, um sich mit Leo zum Skilanglauf zu treffen, meine Stöcke nahm er mit. „Wir sind zum Mittagessen zurück", war das letzte, was ich von ihm hörte. Ich stand verlassen auf dem Gipfel dieses sanften Hügels. Vorbei war die Vision, im stäubenden Schnee den Berg hinunter zu sausen. Doch dann fasste ich Mut, beugte meine Knie und gab mir einen kleinen Schubs. Ich kam ungefähr zehn Meter weit, bevor ich mich zwischen meinen Skiern sitzend wiederfand. Ich stand auf und fiel hin, wieder und wieder, wobei ich nach und nach etwas mehr Selbstvertrauen bekam. Aber wie man eine Wende macht, wie man einen Gegenstand oder eine Person umfährt, wie man gezielt anhält, das wusste ich nicht. Meine Abfahrten endeten immer damit, dass ich zwischen meinen Skiern saß und mit dem Hinterteil bremste.

Einmal, als ich meine Abfahrt begann, hatte eine Frau direkt vor mir die gleiche Idee. Meine gut gewachsten Skier waren viel schneller als ihre. Ich wusste, dass ich nicht um sie herumfahren konnte, ich wusste, dass ich sie umfahren würde. Ich wusste nicht, was ich tun sollte, und ließ mich für meine Bremsmethode in den Schnee fallen, wobei ich sie mit mir zu Fall brachte. Ich wollte mich schon entschuldigen, aber sie drehte sich zu mir um und sagte: „Entschuldigen Sie bitte, ich kann noch nicht Ski fahren."

[S. 3]

Um die Mittagszeit kamen meine beiden Freunde zurück, um mich abzuholen, und brachten mir meine Stöcke zurück. Ich glaube nicht, dass ich es auch nur einmal geschafft hatte, den Berg hinunterzufahren, ohne auf dem Hinterteil zwischen meinen Skiern sitzend zu enden. Eiszapfen hingen an meinem Hintern, tropften und schmolzen langsam, aber ich fühlte mich gut.

An diesem Nachmittag wurde mir gezeigt, wie man die Richtung ändert, wie man zum Stehen kommt; und am Ende dieser drei Tage konnte ich genug, dass mich die anderen mitnahmen, meist zur Spitze des Brocken, dem höchsten Berg des Harzes, dem Berg der Hexen, die auf ihren Besenstielen hierher kamen, um den ersten Mai zu feiern und um brennende Holzhaufen zu tanzen.

Skifahren gab mir immer ein Gefühl von Aufregung und Abenteuer, und einmal wurde dieses Gefühl Wirklichkeit.

Es war ein grauer Sonntagmorgen, kalt und windig, mit der Ankündigung von Schnee. Wie üblich begannen wir mit einer Fahrt mit der kleinen Regionalbahn und arbeiteten uns dann querfeldein bis zum gewundenen Pfad, der auf den Brocken führte. Wir waren guter Dinge, trotzten dem Wind und trainierten unsere Muskeln bei dem steilen Anstieg. Auf halber Höhe begann es zu schneien, und der Wind war stark und schneidend. Oberhalb der Baumgrenze war der Weg vereist, und wir mussten unsere Skier abnehmen und tragen. Der Wind drückte gegen sie und ließ uns um jeden Schritt kämpfen. Bald fiel der Schnee dicht und schwer und wirbelte uns ins Gesicht, so dass wir kaum einen halben Meter Sicht hatten. Es war, als würden wir in dichtem Nebel laufen. Wir scherzten und machten uns über die Situation lustig. Aber dann wurde mein Gesicht taub, und ich hatte Mühe, meine Augen zu öffnen und zu schließen.

Uns war inzwischen sehr kalt und wir wussten nicht, wie weit es noch bis zum Gasthaus auf dem Brocken war. Hein versicherte uns: „Solange wir klettern müssen, brauchen wir uns wirklich keine Sorgen zu machen." An dem Punkt hatte ich meinen Sinn für Abenteuer verloren. Mir war so kalt, dass ich nur noch an ein warmes Zimmer und warmes Essen denken konnte. Ich weiß nicht, wie es den anderen ging; wir hatten aufgehört zu scherzen. Endlich wurde der Weg eben, und aus dem Schneetreiben tauchte die Wand eines Hauses auf: das Gasthaus. Wir hatten es geschafft.

[S. 4]

Drinnen starrten uns viele Gesichter an. „Woher kommt ihr?" „Wie habt ihr das Gasthaus gefunden?" „Wie habt ihr es hier hoch geschafft?" „Ihr habt Glück, dass ihr euch nicht in diesem Schneesturm verirrt habt!" Wir waren uns nicht bewusst gewesen, dass wir wirklich in Gefahr gewesen waren, und jetzt fühlten wir uns wie Helden. Wir setzten uns mit einem Teller heißer „Skisuppe", Spalterbsen mit Würstchenscheiben. Den Bauch voll warmer Suppe, langsam auftauend, geborgen und komfortabel, erzählten wir von unserem Abenteuer und lauschten den Erzählungen der anderen.

Als der Sturm nachließ, machten wir uns auf den Weg nach unten und liefen, bis das Eis dem Schnee wich. Es hörte auf zu schneien, die Sonne kam durch die Wolken, und die Welt war wunderschön. Frischer Schnee unter den Füßen, leicht und pulvrig, glitzerte in der Sonne und umhüllte die Äste der Bäume.

Ich hatte die Skier immer noch nicht ganz im Griff, und noch lange Zeit war ich dankbar für jeden Baum, der sich unserer Heimfahrt in den Weg stellte, einen Baum, den ich umarmen konnte, einen Baum zum Festhalten, einen freundlichen Baum, der meine Talfahrt bremste.

Handschriftliche Beurteilung

7. Dezember 1985

*Erna, das ist der beste Aufsatz, den Sie bisher für den Kurs geschrieben haben. Er ist gut strukturiert und beschreibt sowohl das Experiment Skifahren als auch das Gefühl, in einem Schneesturm unterwegs zu sein. Was für ein gutes Erinnerungsvermögen Sie haben! Ich vermute, dass Ihr Abenteuer nicht an jenem ersten Wochenende stattgefunden hat. Aber der Aufsatz hat mehr Kontinuität *** lass uns annehmen, dass es am dritten Tag Ihres ersten Wochenendes stattgefunden hat. Ihr Ende gefällt mir.*

Carla

Ebenfalls mit dem Zug machte Familie Friedländer Ausflüge in den Harz. Vater Willy Friedländer arbeitete zeitweilig für das Unternehmen „Hirsch Kupfer- und Messingwerke AG". Sein Sohn Lawrence Fried (1923 – unbekannt), vormals Ludwig Friedländer, erinnert sich: „Meine Eltern nahmen mich manchmal mit zum Skifahren in den Harz. Natürlich keine Abfahrten, sondern nur Langlauf mit Bärenfallenbindungen und Skiern aus Hickory oder, noch schlimmer vielleicht, aus Esche mit Wachs. Die Skistöcke waren stabile Holzstöcke. Im Sommer wurde auch im Harz gewandert. Für die Hin- und Rückreise fuhren wir mit dem Zug in eine Stadt und von einer anderen Stadt zurück."[24]

Abb. 14 und 15
Ob jung oder alt – die Brocken-Begeisterung wurde in der jüdischen Halberstädter Bevölkerung von Generation zu Generation weitergegeben

Hermann Schwab (1876–1962) war seit 1906 bei „Aron Hirsch & Sohn" beschäftigt. Als das Unternehmen 1927 den Standort Halberstadt aufgab, machte Hermann Schwab seine Freizeitbeschäftigung zu seinem Hauptberuf. Seit frühester Jugend hatte er für renommierte Zeitungen vor allem Theaterrezensionen geschrieben und hatte daher gute Kontakte zu mehreren Verlagshäusern. Darauf basierend gründete Hermann Schwab 1928 den „Mitteldeutschen Nachrichtendienst", der Fotos und Berichte über die Harzregion lieferte. Zu seinen Kunden zählten bald die großen Verlagshäuser wie Mosse und Ullstein. Schwabs Nachrichtendienst war schnell auch international sehr erfolgreich bei „Reuter's" in London und der „Associated Press of America". Bekannt geworden war Hermann Schwab vor allem durch einen Artikel über die Explosion eines Raketenautos während einer Testfahrt bei Blankenburg.

Der Artikel „Zum Abschied des Bergtheaters" schildert eine Aufführung von Mendelssohns *Sommernachtstraum* als letzte der Saison. Hermann Schwab lässt hier das Bergtheater in Thale Teil der verzauberten Atmosphäre des Shakespear'schen Stückes werden.

Abb. 16
Statt im Harz in Hollywood. 1935 verfilmte Max Reinhardt den „Sommernachtstraum" im US-amerikanischen Exil

Zum Abschied des Bergtheaters

Thale, 11. August [1932]

Das Bergtheater am Hexentanzplatz droben hat uns am vergangenen Sontag Lebewohl gesagt; mit Shakespearces Worten, mit Mendelssohns Melodien, mit den lieblichen Liedern und dem unverwüstlich köstlichen Humor des „Sommernachtstraums" ist es davongezogen. Und weil es manchem Freude gemacht, so sei ihm ein freundlich Wort gesagt beim Schreiben. Man kann den „Sommern, das sich in stetem Wechselachtstraum" besser spielen, die Szenerie prächtiger, die Kostüme glänzender, die Tänze und Reigen zierlicher darstellen, aber schwerlich kann man einen Platz finden, der mehr – nicht zum Spielen – aber zum Leben des alten Lustspiels geeignet wäre als die Bühne des Bergtheaters. Ein paar hundert Schritte vom Hexentanzplatz hat in einem Talkessel, der auf einer Seite halbkreisförmig zum Gebirge aufsteigt, während die andere einen Ausblick ins weite, hügellose Land gewährt, Bänke aufgestellt, die sich amphitheatralisch bis zur Höhe des Plateaus erheben. Ein Kranz von jungen Eichen umrahmt sie, und hinter diesen stehen die Berge des Harzes und halten Wache. - -

Um sieben Uhr beginnt die Vorstellung, und der Zug der Theaterbesucher ist im vollsten Gange. Es ist ein buntes Bild, das sich in stetem Wechsel die Treppen zu den Plätzen hinabbewegt. Tyroler, deren Wiege an der Spree gestanden, mit mächtigen Bergstöcken, Rucksäcken und Lodenmänteln; Damen der Gesellschaft in hochgeschürzten Kleidern und mit Hüten, die man sonst nur bei wandernden Handwerksburschen findet; unendlich lange Engländerinnen, den ewigen Bädeker liebevoll mit sich führend, weiße Blusen, gelbe Schuhe, fliegende Locken und flatternde – Theaterzettel. Unter Kichern und Scherzen, behutsam aber schnell – je nach dem Temperament – geht der Abstieg von statten, und es ist, als ob sich diese Menschen alle recht herzlich freuten, einmal als Menschen ins Theater zu gehen; nicht als Herr Geheimrat oder Frau Doktor, sondern einfach als Mann oder Weib, gleichsam inkognito.

Die Bühne ist von Musikern belebt, die vom Gebirge heruntersteigen und unter das Zeltdach schlüpfen, das den Orchesterraum bedeckt. – Doch halt! Bühne sagte ich: ja, freundlicher Leser, ich will Dich ins Bergtheater führen, und eine eigentliche Bühne gibt es da nicht, wie Du wohl schon weißt. Ein mäßig großer Raum liegt vor uns; keine Dekoration, keine Kulissen, kein Vorhang, aber Wald, echter, rechter Wald und Felsgestein, große unbehauene Steine; sie bilden den Rahmen für den Platz, der die Bühne darstellen soll. Auf dem Platze selbst zwei Säulen, die Tür markierend, eingepflanzte Eichen, eine Laube aus den Blättern des Weins, und hier und da ein kleiner Steinhaufen; anspruchslos und ungekünstelt.

Aus der Tiefe klingen abgebrochene Violintöne herauf; die Strahlen der untergehenden Sonne huschen über die Szene und bleiben für Augenblicke an denselben Felsen haften, und die Schatten der Bäume werden länger; da schmettern die Trompeten, und die Ouvertüre beginnt... Es war still geworden im weiten Kreise, als die alten, lieben Melodien emporstiegen; nur der Wind zog leise durch die Kronen der Bäume, und wie Flüstern ging es von Stamm zu Stamm.

Ein Sommernachtstraum! Elfenreigen und Koboldkichern, Zaubersprüche und Wunderkräuter, Geisterspiel und Menschenschicksal, in tollen Bildern zieht's vorüber, umwoben vom sonnigen Glanze der Liebe; ihr sind sie untertan, Geister wie Menschen...

Während der Aufführung war die Dämmerung mählig von den Bergen herabgekommen und breitete ihren Schleier über die Bühne. Das Spiel nahm Lebensfarben an, die weißen Elfengewänder leuchteten in der Dunkelheit, und wieder zog der Wind durch die Zweige der Bäume, die ihre alten Häupter schüttelten. Erstaunt blickten sie auf das sie auf das sonderbare Tun der Menschen: sie glaubten sicher, die alten Geister der Berge seien wiedergekehrt, in den Wäldern des Harzes ihr nächtliches Spiel zu treiben. Als es dunkelt, werden hohe Säulen auf die Bühne gebracht, deren Kapitäle Pfannen tragen, die grellleuchtende Flammen zum Himmel auflodern lassen und magische Lichter über die Bühne werfen. Unter den Klängen des Hochzeitsmarsches kam der Brautzug auf gewundenen Wegen von der Höhe herab; Fackelträger flankierten ihn, deren Leuchten neugierig durch das Grün der Bäume lugten und gleich Irrlichtern auf – und niedergingen.

Hochzeitsfeier, Elfentänze, Schlußakkorde und – Ende. Die Bühne ist leer, die Fackeln beginnen zu erlöschen, und der Zug der Zuschauer setzt sich in Bewegung; langsam geht es die Treppen empor zur Höhe, und nach einem letzten Blick auf das schlummernde Land da unten, auf erleuchteten Waldwegen hinab ins Tal.

Der Abstieg geht schnell von statten; nach kurzer Wanderung treten die Bäume zurück, und plötzlich wird es hell, tageshell. Tausende von Glühlampen glitzern und flimmern in der Tiefe und schlängeln sich drüben an den Bergen empor, gleich Leuchtkäfern im Moose. Das ist Thale mit seinen Häusern und Villen und mit den Bergen, die es umgeben.

Langsam schreit ich weiter; Sternenglanz und Lichterschein, Windewehen und Blättersäuseln; ein Sommernachtstraum...

Ein obskures Ereignis aus dem Jahr 1932, das in der Presse Furore machte, schildert Hermann Schwab in seinen Memoiren, die er in London verfasste:
„Im Jahr 1931 ging das Gerücht um, dass ein Herr in London, Mr. Harry Price[25], beabsichtige, 1932 den Brocken, den höchsten Gipfel des Harzes, zu besuchen und auf ihm ein Experiment aus einem ‚Buch der Wunder' aus dem 15. Jahrhundert durchzuführen: die Verwandlung einer Ziege in einen Jungen. Der ganze Unsinn wurde von einer Menge mystischer Vorbereitungen und Geschäfte begleitet. Ich zog in London Erkundigungen ein. Mr. Price bestätigte das Gerücht und erklärte, er veranstalte das Schauspiel im Rahmen seines ‚Kampfes gegen den Aberglauben'. Mr. Price war der Besitzer der größten Bibliothek über Mystik und Okkultismus, sie befindet sich heute im Besitz der Londoner Universität.
Eines Abends im Januar 1932 kamen Anrufe aus den Berliner Büros der Daily Mail, des News Chronicle und von Reuter's mit der Frage, was auf dem Brocken los sei. Ich sagte ihnen, dass der Brocken im Moment tief in Schnee und Eis stecke und nichts passiert sei, aber in etwa sechs Monaten würde der Magier aus London erscheinen. So war es dann auch.
Zu gegebener Zeit kamen Mr. Price und sein Gefolge nach Deutschland. Ich begleitete sie zu einem Empfang in der Stadthalle von Halberstadt. Der große Augenblick kam an einem Samstagabend: Mama, Ady und ich kamen am Freitagnachmittag an, zusammen mit unseren Mahlzeiten für den Schabbat. Am Abend wurde geprobt. Aus einem Fenster des Brockenhotels leuchteten unsere Schabbat-Lichter friedlich auf den Mummenschanz vor unseren Augen. Ich bin mir sicher, dass der Brocken noch nie zuvor so erhellt worden war. Es war keine Magie aus dem 15. Jahrhundert, sondern unser Erbe von 4.000 Jahren. Die Vorführung fand am Samstagabend in Anwesenheit vieler Besucher statt, und einige schienen überrascht, dass der Ziegenbock ein Ziegenbock blieb. Um Mitternacht telefonierte ich nach Berlin, und die Nachricht erschien in London in den Sonntagszeitungen."[26]

In seinen Memoiren beschreibt Hermann Schwab auch Begegnungen mit Nationalsozialisten und nationalsozialistischen Haltungen. Er erkannte die Gefahr und emigrierte 1934 mit seiner Frau Dina und den Kindern zu seinem ältesten Sohn, der in London lebte. Rückblickend schreibt er: „Eine weitere Einweihung einer Eisenbahn war die Inbetriebnahme der Seilbahn von Harzburg zum Burgberg, der den Ostharz dominiert. Auf dem Gipfel des Burgbergs befand sich ein kleines Denkmal mit einer Inschrift, die die Worte Bismarcks im Reichstag von 1872 wiedergab: ‚Nach Canossa gehen wir nicht', geäußert in seinem Kampf gegen das ‚Zentrum' (die römisch-katholische Partei). Es war eine Anspielung auf den Bußgang des deutschen Kaisers Heinrich IV. zu Papst Gregor VII. im Jahre 1072. Leider wurde das schöne Harzburg in den dreißiger Jahren nicht zu einer Hochburg von Canossa, sondern der ‚Harzburger Front'."[27]
Der Harz emigrierte mit den Familien. Er blieb in Erinnerungen präsent und Darstellungen zierten bzw. schmücken noch die Wände der Wohnungen im Exil. Zu den Resten der Bestände von Menko Max Hirschs Bibliothek in New York gehörte eine Mappe mit Harzansichten.
Ernst Baer, der 1890 in Halberstadt geboren wurde, emigrierte in den 1930er Jahren mit seiner Familie nach Palästina. Dort baute er wieder einen Metallhandel auf. Aber 1968 kehrte er mit seiner Frau und dem 1943 in Palästina geborenen Sohn Hanania nach Bad Lauterberg im West-Harz zurück, um in Erwartung seines Todes der damals zur DDR gehörigen Heimatstadt Halberstadt nahe zu sein. Ernst Baer starb während dieses Aufenthalts in den geliebten Harzer Bergen.
Diese unvergängliche Sehnsucht nach der mythischen Anziehungskraft des Harzes klingt heute noch in den eindrücklichen Worten von Heine nach: „Auf die Berge will ich steigen, / Wo die dunkeln Tannen ragen, / Bäche rauschen, Vögel singen, / Und die stolzen Wolken jagen."[28]

Elke-Vera Kotowski

„Der Brocken ist ein Deutscher"

Heinrich Heines und David Kalischs satirischer Blick auf das deutsche Gemüt

Die literarischen Pfeile, die der junge Göttinger Student Heinrich Heine nach jener legendären Wanderung durch den Harz 1824 verschoss, trafen ins Schwarze. Sie trafen das konservative Bürgertum der Restauration und des Vormärzes. Es war jene Epoche des Biedermeier, die spätestens in der nachrevolutionären Zeit den Rückzug ins Private propagierte und die „gute alte Zeit" vor 1789 zurücksehnte. Mit der während der Französischen Revolution beschworenen Devise „Freiheit, Gleichheit, Brüderlichkeit" war in jenen Kreisen kein Blumentopf zu gewinnen. Es entwickelte sich eine (klein-)bürgerliche Kultur, die das häusliche Glück in den Vordergrund stellte, alles Politische war verpönt. Der Begriff „Gemütlichkeit" hielt Einzug in das deutsche Wohnzimmer, puppenstubengleich mit viel Plüsch und pedantischer Gediegenheit. Tugenden wie Fleiß, Ehrlichkeit, Treue, Pflichtgefühl, Bescheidenheit wurden zu allgemeinen Prinzipien erhoben und die Selbstgenügsamkeit galt als Maß aller Dinge. Der junge, sich gegen diese spießige Selbstgenügsamkeit aufbäumende Heine charakterisierte jenes Philistertum, für das nach seinem Dafürhalten selbst der Brocken Pate stand:

„Dieser Charakterzug ist ganz deutsch, sowohl in Hinsicht seiner Fehler, als auch seiner Vorzüge. Der Brocken ist ein Deutscher. Mit deutscher Gründlichkeit zeigt er uns, klar und deutlich, wie ein Riesenpanorama, die vielen hundert Städte, Städtchen und Dörfer, […] ringsum alle Berge, Wälder, Flüsse, Flächen, unendlich weit. Aber eben dadurch erscheint Alles wie eine scharfgezeichnete, rein illuminierte Spezialkarte, nirgends wird das Auge durch eigentlich schöne Landschaften erfreut; wie es denn immer geschieht, daß wir deutschen Compilatoren, wegen der ehrlichen Genauigkeit, womit wir Alles und Alles hingeben wollen, nie daran denken können, das Einzelne auf eine schöne Weise zu geben. Der Berg hat auch so etwas Deutschruhiges, Verständiges, Tolerantes; eben weil er die Dinge so weit und klar überschauen kann. Und wenn solch ein Berg seine Riesenaugen öffnet, mag er wohl noch etwas mehr sehen, als wir Zwerge, die wir mit unsern blöden Aeuglein

Abb. I Auf dem Brocken gibt es statistisch mehr als 300 Nebeltage im Jahr, 2020

auf ihm herum klettern. Viele wollen zwar behaupten, der Brocken sey sehr philiströse, […]. Aber das ist Irrthum. Durch seinen Kahlkopf, den er zuweilen mit einer weißen Nebelkappe bedeckt, giebt er sich zwar einen Anstrich von Philiströsität; aber wie bey manchen andern großen Deutschen, geschieht es aus purer Ironie. Es ist sogar notorisch, daß der Brocken seine burschikosen, phantastischen Zeiten hat, z. B. die erste Maynacht. Dann wirft er seine Nebelkappe jubelnd in die Lüfte, und wird, eben so gut wie wir Uebrigen, recht echtdeutsch romantisch verrückt."[1]

Äußerst ironisch gibt Heine hier eine Mentalitätsbeschreibung des Deutschen, der aus einer Zwergen-Perspektive mit begrenztem Horizont und subjektivem Sichtfeld („blöden Aeuglein") auf sich und seine Zeit schaut, unfähig zu reflektieren, in welch politisch brisanter Gemengelage er sich befindet und wie sich die nationale Zukunft gestalten mag. Das Zurück zum vorrevolutionären Zustand, die Restauration, verschließt jeglichen Blick über den Horizont hinaus. Aber Heine gibt die Hoffnung nicht auf und zieht durchaus die Möglichkeit in Betracht, dass das Volk doch noch erwacht und die „Nebelkappe jubelnd in die Lüfte" wirft. Schon in der *Harzreise* blitzt die bissige Kritik an Deutschland und der satirische Blick auf die Deutschen auf. Das andere Deutschland, das Heine ein Leben lang erträumte, ist jenes „große […], geheimnisvolle […], anonyme[…] Deutschland des deutschen Volkes, des schlafenden Souverainen, mit dessen Szepter und Krone die Meerkatzen spielen".[2]

Abb. 2
Die Zeitschrift „Jugend – Münchener illustrierte Wochenschrift für Kunst und Leben", die zwischen 1896 und 1940 erschien, widmet Heinrich Heine im Jahr 1906 eine Ausgabe anlässlich seines 50. Todestages. Dargestellt mit spitzer Feder, traktiert Heine den Preußischen König Friedrich Wilhelm II (1744–1797). Dieser erlies 1788 ein Zensuredikt, das für eine verschärfte Kontrolle des Pressewesens sorgte und bis 1848 in Kraft blieb. 100 Jahre nach dem Ende (6. August 1806) des Heiligen Römischen Reiches Deutscher Nation, für das auch Friedrich Wilhelm als Symbolfigur stand, verwies die Zeitschrift auf die rückwärtsgewandte Monarchie, gegen die schon Heine angeschrieben hatte und deren alte Zöpfe (symbolisch sowohl der des Königs als auch die des Militärs) endlich abgeschnitten gehörten.
Gestaltung des Titelblatts von Adolf Münzer.

Während Heinrich Heine eine wahre Meisterschaft des literarischen Witzes entwickelte, forcierte ein junger Mann, dem Heine ein großes Vorbild war, mit humoristischen Mitteln einen Demokratisierungsprozess von unten. Seine Meisterschaft lag im politischen Witz, den er sowohl als Bühnenautor als auch als Journalist unter das Volk brachte. 1848 gründete David Kalisch, so der Name jenes jungen Mannes, die Satire-Zeitschrift *Kladderadatsch*, ein Witzblatt mit bissigem Humor und zeitkritischem Blick.

Theodor Fontane resümierte im Alter über jenen Wechsel von der literarischen hin zu einer politischen Satire, der es mit unterschiedlichen Stilmitteln gelang, alle gesellschaftlichen Kreise für sich zu gewinnen.

„An die Stelle des Witzes von Angely, Beckmann, Glaßbrenner [...] trat der Heinrich Heinische Witz, der, gemeinschaftlich mit den Mephistopartien aus Goethes ‚Faust', alle Klassen, bis weit hinunter, zu durchdringen begann, bis abermals einige Jahre später der politische Witz den literarischen ablöste. Die mit 48 ins Leben tretenden Witzblätter (u. a. der ‚Kladderadatsch'), dazu die das Berliner Leben schildernden Stücke (David Kalisch voran) und schließlich das wohl oder übel immer mehr in Mode kommende, sich aller Tagesereignisse bemächtigende Coupletwesen schufen das, was wir das moderne Berlinertum nennen, ein eigentümliches Etwas, darin sich Übermut und Selbstironie, Charakter und Schwankendheit, Spottsucht und Gutmütigkeit, vor allem aber Kritik und Sentimentalität die Hand reichen [...]."[3]

David Kalisch war wie viele Berliner ein Zugezogener. Er wurde am 23. Februar 1820 in Breslau als Sohn eines jüdischen Kaufmanns geboren. Aufgrund des frühen Todes seines Vaters konnte der Sohn nicht die Schule beenden und musste mit 15 Jahren eine kaufmännische Lehre beginnen. Wie sein Biograf Max Ring in seinem *Erinnerungs-Blatt* 1875 über den späteren „Begründer der Berliner Posse" zu berichten weiß, musste „David [...] den Studien entsagen; womit er, wenn auch mit schwerem Herzen einverstanden war, da er unter dem Druck der Verhältnisse und aus Rücksicht auf seine bekümmerte Mutter mit Freuden jede ihm gebotene Gelegenheit ergriff, um ihre Last zu erleichtern und eine Existenz zu finden."[4]

Als Lehrling im „Bijouterie- und Möbelgeschäft" der Gebrüder Bauer, in deren Wohnhaus er in

Abb. 3
Der aus Breslau stammende David Kalisch (1820–1872), einer von vielen zugezogenen Berlinern

Breslau während der Ausbildung auch lebte, lernte er u. a. die spätere Schriftstellerin und Begründerin der Volksküchen Lina Morgenstern (1830–1909) kennen. Seine Aufgeschlossenheit und seine besondere Art auf Kunden zuzugehen führte dazu, dass er bereits nach anderthalb Jahren Lehrzeit die Leitung einer Filiale in Ratibor übertragen bekam. Schnell fand er auch dort Anschluss und zählte bald eine Reihe von Schauspielern, Künstlern und Literaten zu seinem Freundeskreis. Nachdem 1843 das Geschäft in Ratibor aufgegeben wurde, fiel es ihm schwer sich im Breslauer Geschäft erneut unterzuordnen. Nach einem Jahr entschloss sich Kalisch, seine Heimatstadt zu verlassen und nach Paris zu gehen, in der Hoffnung, dort frei und selbstbestimmt zu leben und schnell einen wirtschaftlichen Erfolg zu erzielen.

In jenen Jahren fanden sich zahlreiche deutsche Flüchtlinge in Paris, die – aufgrund politischer Repressionen im Heimatland – das Exil wählten. Dies galt auch für Heinrich Heine, dessen Werke mit Publikationsverbot belegt waren. Seine Eindrücke aus der damals nach London zweitgrößten Stadt der Welt vermittelte er seinem deutschsprachigen Publikum in Form von

Abb. 4
Paris im Jahr 1840. Blick auf die Île de la Cité und Pont-Neuf. Kolorierte Lithografie von Theodor Josef Hubert Hoffbauer (angefertigt zwischen 1875 und 1882).

Abb. 5
Eine Pariser Institution des Boulevardtheaters: Théâtre de la Gaîté. Nach einem Brand 1835 wurde auf dem Boulevard du Temple ein Neubau errichtet.

Zeitungsbeiträgen, die er für die *Allgemeine Zeitung* verfasste: „Frankreich sieht aus wie ein Garten, wo man alle schönsten Blumen gepflückt, um sie zu einem Strauße zu verbinden, und dieser Strauß heißt Paris."[5]

1844 erreichte auch David Kalisch Paris und schlug sich dort mit verschiedenen Gelegenheitsjobs, beispielsweise als Fabrikarbeiter und Fremdenführer, durch. Der erhoffte wirtschaftliche Erfolg blieb jedoch aus. Sein Biograf Max Ring weiß zu berichten, dass Kalisch in Paris auf Heine traf: „Als seine Noth auf das Höchste gestiegen war, wendete sich Kalisch an den berühmten Dichter Heinrich Heine, der seinen armen Collegen, obgleich er selbst in perpetuirlicher Geldverlegenheit sich befand, nach Kräften unterstützte; was Kalisch nie vergaß und mit der innigsten Anhänglichkeit und Dankbarkeit in späteren Jahren vergalt."[6] Es fehlen, bis auf die Aussagen von Ring, jedoch jegliche Belege, dass es in Paris zu einem Zusammentreffen zwischen Heine und Kalisch gekommen wäre.

Wie sich später zeigte, kam es in Paris jedoch zu einer Begegnung mit dem Schauspieler und späteren Theaterdirektor Franz Wallner, die für den weiteren Lebensweg von David Kalisch von Bedeutung sein sollte.

Nach knapp zwei Jahren in Paris kehrte Kalisch nach Deutschland zurück. Nach mehreren Zwischenstationen, u. a. in Leipzig, kam er am 2. Juli 1846 in Berlin an und fand dort schnell eine Anstellung in einer Spedition, in der er als Kassierer und aufgrund seiner Französischkenntnisse ebenfalls als Korrespondent tätig wurde. Es war ein ausschließlicher Broterwerb, Kalischs Herz schlug vielmehr für die Schriftstellerei. Die Pariser Zeit hatte dies nur zu sehr bestätigt. Die dortigen Theaterbesuche, insbesondere das Boulevardtheater, und das literarische Leben hatten ihn nachhaltig geprägt.

Institutionen wie das Pariser Théâtre de la Gaîté [Abb. 5] – das „Theater der Heiterkeit" – hatte es in dieser Form in Deutschland bislang nicht gegeben. Sein Boulevardtheater vereinte Elemente von Artistik, Gesang, Komödie und Pantomime und bot eine Zirkusatmosphäre, die das Publikum begeisterte. Kalisch übertrug jene Vaudevilles, Chansons und Couplets, Formen damaliger Schlager, die sowohl in Paris als auch in Wiener Volkstheatern en vogue waren, und unterlegte die Schlager-Melodien mit humoristischen Texten. 1847 feierte Kalisch denn auch seinen ersten Erfolg, als in Schöneberg, damals ein Berlin vorgelagertes Dorf, eine Theatergruppe Kalischs „Komische Szene mit Gesang" aufführte. Die Berliner Theaterwelt wurde auf den damals 27-jährigen Autor aufmerksam und noch im selben Jahr wurde Kalischs Posse *Einhunderttausend Thaler!* (ebenfalls nach einer französischen Vorlage) ein großer Erfolg. Die *Vossische Zeitung* urteilte: „Eine neue dreiaktige Posse mit Gesang von D. Kalisch hat sich bereits die Gunst des Publikums erworben, ehe noch die Kritik ihr nachfolgen konnte. [...] der neuen Posse [...] liegen im burlesken Gewande ernste Weltanschauungen zum Grunde, deren Wahrheit wir ebensowenig ableugnen können, als das Wünschenswerte ihrer Anerkennung [...] aus dem Leben gegriffene Charaktere [...] hier und dort grotesker, die Lachmuskeln bewältigender Unsinn, das sind die Vorzüge des neuen Stücks, welches uns auf Berliner Boden um so vertrautere Elemente erblicken läßt."[7]

Abb. 6
Erfolgreich wurde David Kalisch mit seinen Couplets. Nach Pariser Vorbild waren dies mehrstrophige, witzig-zweideutige, politische oder satirische Lieder mit markantem Refrain. Der Begriff Couplet stammt aus dem Französischen und bedeutet „Zeilenpaar". Es benennt den wiederkehrenden Refrain, der sich in der musikalischen Begleitung als Melodie einprägt.

Der Erfolg der Posse *Einhunderttausend Thaler!* bestärkte Kalisch, seiner eigentlichen Berufung zu folgen und seine ganze Zeit und Kraft der Autorenschaft zu widmen. Es entstanden in der Folge zahlreiche Possen, von denen einige am Königstädtischen Theater uraufgeführt wurden. Dieses nahe dem Alexanderplatz beheimatete Theater war das erste bürgerliche Theater Berlins. Es wurde 1824 mithilfe der Finanzierung von sieben Geschäftsleuten, u. a. den jüdischen Bankiers Joseph Mendelssohn und Jacob Herz Beer, unter der Leitung von Heinrich Levin Bethmann eröffnet. Während in den 1830er Jahren die Geschichten des „Eckenstehers Nante" von Friedrich Beckmann Bühnenerfolge feierte, spülten Ende der 1840er Jahre David Kalischs Possen das Berliner Publikum ins Theater.

Abb. 7
„Eckensteher" nannte man Personen, die auf der Straße ihre Dienste anboten, beispielsweise zur Beförderung von Waren und Reisegepäck. Der „Eckensteher Nante" stand als Synonym für den typischen Ur-Berliner und dessen Humor und besonderen Witz. Die Zeichnung von Theodor Hosemann aus dem Jahr 1833 stellt jenen „Berliner Eckensteher" dar.

Der Berliner „Eckensteher" sollte fortan auch ein Markenzeichen von David Kalisch werden. Bereits in seinen frühen Possen schimmerte immer – scharf an der Grenze der Zensur vorbei – Kalischs liberal-kritische Haltung durch.

Abb. 8
Eine Karikatur des Schweizer Malers Johannes Ruff (1813–1886) zeigt den Politiker und Dichter Gottfried Keller (1819–1890) im Jahr 1844 als Tambour der Züricher Freischärler (Bildmitte). Ruff selbst verewigt sich ebenso (rechts hinter Keller) und verweist auf die gemeinsame Teilnahme an den Freischarenzügen mit den Worten „Wie eine wohlorganisirte Freischaar ausziehen that" (Wie eine wohlorganisierte Freischaar auszog); aquarellierte Bleistiftzeichnung von 1845.

In einem Brief an den Kunst- und Literaturhistoriker Hermann Hettner verweist der Züricher Dichter Gottfried Keller auf das Berliner Königstädtische Theater und dessen Bühnenautor David Kalisch: „Inzwischen ist es immerhin schon ein bedeutendes Schauspiel, die Bevölkerung einer so pfiffigen Weltstadt, wie Berlin, vor der Bühne versammelt und dem mutwilligen Schauspieler, der ihr seine Anspielungen mit wehmütiger Laune vorsingt, eifrigst lauschen und zujubeln zu sehen. [...] Vorzüglich beim Vortrag der Couplets, welche die jeweilige Kritik der Tagesmisere, des politischen und moralischen Unfuges enthalten, exzellieren die Komiker. [...] Ich habe lebhaft mitgefühlt, wie in solchen Momenten das arme Volk und der an sich selbst verzweifelnde Philister Genugtuung findet für angetane Unbill, ja wie solche leichte Lufthiebe tiefer dringen und nachhaltiger zu wirken vermögen als manche Kammerrede. [...] Denn es ist eine Lüge, was die literarischen Schlafmützen behaupten, daß die Angelegenheiten des Tages keinen poetischen und bleibenden Wert hätten. In Berlin ist es der Dichter Kalisch, welcher das für jetzt Bestmögliche leistet. Seine Sachen werden auf dem Königstädtischen Theater gegeben [...]."[8]

In einer Polit-Farce mit dem Titel *Faust, der zu spät bekehrte Demokrat* (1853) heißt es in Anlehnung an die berühmten Zeilen Goethes:

„Habe nun, ach! Demokratie,
Wühlerei und Communismus
Und leider auch Diplomatie!
Studiert, sowie den Atheismus.
Da steh'ich nun, ich armer Tor,
Und bin noch viel dümmer als zuvor.
Heiße Wühler, heiße Republikaner gar,
Und ziehe schon nahe an fünf Jahr
Herauf, herab und quer und krumm
Die Demokraten an der Nase herum,
Und sehe, daß wir nichts machen können!"[9]

Hier zeigt sich jene Frustration und Desillusionierung, die auch David Kalisch nach der gescheiterten 1848er Revolution befiel. Abgesehen von seinen schriftstellerischen Produktionen ist wenig über seine unmittelbaren Aktivitäten während der Jahre 1848/49 bekannt. Der Germanist und Herausgeber von Kalischs Schriften, Manfred Nöbel, bemerkt dazu: „Inwieweit Kalisch an den revolutionären Auseinandersetzungen der preußischen Bourgeoisie mit dem Feudalabsolutismus beteiligt war und wie andere bürgerliche Schriftsteller den Elan der Revolution beflügelte, verschweigen die Quellen."[10] An anderer Stelle heißt es weniger ideologisch aber nicht minder polemisch: „Es darf angenommen werden, daß der zurückhaltende Autor weder auf einer Barrikade stand, noch ‚in den Zelten' die revolutionäre Stimmung schürte."[11]
Auch wenn von Nöbel nicht in Zweifel gezogen wird, dass Kalisch „weder auf einer Barrikade stand, noch ‚in den Zelten' die revolutionäre Stimmung schürte"[12], so nutzte dieser die vorübergehend gewährte Pressefreiheit, um im Mai 1848, unterstützt durch den Verleger Albert Hofmann, eine satirisch-politische Wochenzeitung, den *Kladderadatsch*, ins Leben zu rufen. Der Untertitel „Organ für und von Bummler" symbolisiert, ähnlich wie der „Eckensteher", den Mann von der Straße, einer aus dem Volk, der mit Witz, Situationskomik und einer Portion Selbstironie auf die Welt schaut. Der „Bummler" sollte als Pate verstanden wissen, an wen diese Zeitschrift gerichtet und von wem verfasst wurde.
Neben dem *Kladderadatsch* wurden allein in der kurzen Phase der revolutionären „Preßfreiheit" 269 Zeitungen unterschiedlichster Couleur gegründet. Darunter allein ein Dutzend satirische Blätter politischen Inhalts, so beispielsweise auch Adolph Glassbrenners [Abb. 9] *Freie Blätter*. Von jenen satirischen Zeitungen erschien allerdings der *Kladderadatsch*, trotz häufig drohenden Verbots, über den längsten Zeitraum (1848–1944), auch wenn die politische Ausrichtung im Verlauf der über 90 Jahre und unterschiedlichen Staatsformen von kritisch-liberal hin zu national(-sozialistisch) wechselte.

Abb. 9
Der Satiriker und Humorist Adolph Glassbrenner (1810–1876) ging als „Erfinder der quer-köpfig-verschmitzten Type, [...] Protokollant des biedermeierlichen Berlin, gar Vater des Berliner Witzes", so seine Biografin Ingrid Heinrich-Jost, in die Literaturgeschichte ein. Stich nach einer Fotografie, undatiert.

№ 1. Sonntag, den 7. Mai. 1848.

Kladderadatsch.

Wochenkalender.

Montag den 8. Mai.
Von 1187 Wählern geben 1473 den Herren **Thadden, Krausnick, Meding** und **Möllendorf** ihre Stimme für Frankfurt.

Dienstag den 9. Mai.
Man entdeckt auf dem Altar des Vaterlandes mehrere galvanoplastische Schmucksachen.

Mittwoch den 10. Mai.
Die Stumme von Portici wird **ohne** Dekorationen aufgeführt.

Wochenkalender.

Donnerstag den 11. Mai.
Demonstration der Berliner Säuglinge für **direkte** Mutterbrust gegen **indirekte** Lutschbeutelernährung.

Freitag den 12. Mai.
Wegen anhaltendem Regenwetter keine Weltgeschichte.

Sonnabend den 13. Mai.
Den Tag über ruhig. Gegen Abend erscheint plötzlich Kladderadatsch Nr. 2 mit der Biographie des Dr. Eilert. Große Aufregung!

Organ für und von Bummler.

Dieses Blatt erscheint täglich mit Ausnahme der Wochentage für den Preis von 1¼ Sgr. Es kann jeden Sonnabend von fünf Uhr ab aus sämmtlichen Buchhandlungen abgeholt werden, und wird dem richtigen Bürger, dem fleißigen Künstler, dem tapfern Krieger Sonntags früh, überall, bis in die tiefsten Kellerwohnungen hinab, colportirt werden.

Die Redaktion.

Berlin, am ersten Mai.

Im wunderschönen Monat Mai
Wo alle Blüthen sprangen: —
Da sind auch meiner Bummelei
Die Augen aufgegangen!

Die Zeit ist umgefallen! Der Geist hat der Form ein Bein gestellt! Der Zorn Jehovahs brauset durch die Weltgeschichte! Die Preußische Allgemeine, die Vossische, die Spenersche, — Gesellschafter, Figaro und Fremdenblatt haben zu erscheinen aufgehört — Urwahlen haben begonnen, — Fürsten sind gestürzt — Throne gefallen — Schlösser geschleift, — Weiber verheert — Länder gemißbraucht — Juden geschändet — Jungfrauen geplündert — Priester zerstört — Barrikaden verhöhnt — Kladderadatsch!

Wer dürfte hiernach die Farbe, — die Tendenz — den Charakter unseres Blattes in Zweifel ziehen. Der klare Ausdruck unseres Bewußtseins wird uns Männer wie

Junius, Julius, Curtius, Gervinus, Ruppius und Nebenius; — Löwisohn, Löwenfeld, Löwenberg, Löwenthal, Löwenheim, Löwenstein, Löwenherz, Ledrü-Rollin, D. A. Benda, Louis Blanc, von Bülow, Eylert und Lamartine, Thiele, Hecker, Eichhorn, Struve, Meding und Herwegh, Jacoby und Aegidi,

zu Mitarbeitern

gewinnen. Berliner! Räumt die Hindernisse weg, die dem Erscheinen dieses Journals im Wege stehen. — Entsendet Männer voll des ächten Berliner Geistes, die auf Kladderadatsch subscribiren!

Eure liebreiche Freundin, die Redaktion dieser Blätter, vereinigt ihre äußersten Bitten um baldiges Abonnement mit denen ihrer Mitarbeiter. —

Abb. 10
Erste Ausgabe des „Kladderadatsch" vom 7. Mai 1848. Der Untertitel „Organ für und von Bummler" symbolisiert, ähnlich wie der „Eckensteher", den Mann von der Straße, einer aus dem Volk, der mit Witz, Situationskomik und einer Portion Selbstironie auf die Welt schaut. Damit sollte deutlich werden, an wen diese Zeitschrift gerichtet ist und von wem sie verfasst wurde.

Abb. 11
In einer Karikatur von 1890 steht der „Bummler" für Bismarck Modell (aus: Bismarck-Album des Kladderadatsch. Mit dreihundert Zeichnungen von Wilhelm Scholz, Berlin 1890). Das Konterfei des Bummlers im Titelblatt des „Kladderadatsch" kehrt in jeder Ausgabe wieder.

Wie so häufig machte sich Kalisch den Berliner Jargon zunutze und prägte zuweilen auch Begriffe (wie beispielsweise „Krethi und Plethi" oder der „Kalauer"), die fortan in den allgemeinen Sprachgebrauch übergingen. So wählte er für sein „humoristisch-satyrisches Wochenblatt" den Titel „Kladderadatsch", ein Begriff, der lautmalerisch für das Krachen und Klirren steht, das zu hören ist, wenn etwas Hartes, Schweres zu Boden fällt und zerspringt.

Ob es dem griffigen Titel des *Kladderadatsch* geschuldet war, sei dahingestellt, aber bereits die erste Ausgabe hatte eine Auflage von 4000 Exemplaren. Das Interesse war so groß, dass die erste Nummer mehrfach nachgedruckt werden musste. Das hier abgebildete Titelblatt der ersten Ausgabe zeigt am rechten Bildrand den Hinweis auf die 5. Auflage [Abb. 10]. Vier Jahre nach Gründung des *Kladderadatsch* hatte sich die Auflage bereits verdreifacht (1852: 12 000 Exemplare) und im Todesjahr des Gründers, 1872, lag die Auflage bei 50 000 Exemplaren.

Während Kalisch die ersten Ausgaben noch allein herausgab und das Interesse und die Abonnements der Leser weiter stiegen, suchte er nach redaktioneller Unterstützung, die er u. a. in seinen Vettern Ernst Dohm (1819–1883) und Rudolf Löwenstein (1819–1891) fand. Auch der Zeichner Wilhelm Scholz (1824–1893), der dem *Kladderadatsch* seit der ersten Ausgabe das Gesicht des Bummlers verlieh [Abb. 11], wurde zur festen Größe des *Kladderadatsch* und trug zur Popularität und zum wachsenden Erfolg des „humoristisch-satyrischen Wochenblattes" bei. Die Figuren „Schultze und Müller" [Abb. 12], die aus seiner Zeichenfeder stammten, wurden mit den Worten, die David Kalisch ihnen in den Mund legte, eine feste Rubrik, meist auf Seite 3 der wöchentlichen Ausgabe. Sie verliehen dem *Kladderadatsch* jenes unverwechselbares Lokalkolorit, das die Leserschaft begeisterte.

Abb. 12
Die beiden Berliner Originale „Schultze und Müller" aus der Feder von Wilhelm Scholz

Zweite Auflage.

No 1. 1853.

Die Gartenlaube.

Familien-Blatt. — Verantwortlicher Redakteur Ferdinand Stolle.

Wöchentlich ein ganzer Bogen mit Illustrationen.

Durch alle Buchhandlungen und Postämter für 10 Ngr. vierteljährlich zu beziehen.

Abb. 13
Der Vorläufer der modernen Illustrierten: „Die Gartenlaube". Hier der Kopf der Mantelseite der ersten Ausgabe aus dem Jahr 1853.

Das damals erste deutsche Massenblatt *Die Gartenlaube* [Abb. 13], ein Vorläufer moderner Illustrierter, berichtete 1863 über die vier „Gelehrten des Kladderadatsch". Darin heißt es: „Sie bilden eine besondere Trias, zu der der geistvolle Maler Scholz und der Besitzer des eben so einträglichen als allgemein verbreiteten Witzblattes, der Verlagsbuchhändler Herr Hofmann, treten."[13] Der Verfasser des umfangreichen Artikels, der ungenannt bleibt, ist voll des Lobes. Über David Kalisch urteilt er: „Der lustige, übermütige, aber stets den Nagel auf den Kopf treffende Geselle fand in Berlin die freudigste Aufnahme, sein Ruf verbreitete sich mit jedem Tage, und mit ihm wuchs die Zahl der Abonnenten, wenn auch damals noch in bescheidenem Maße. Die kühne Sprache, der schneidende Witz und die Bekämpfung der nur zu allgemein verbreiteten Phrasen erregten ein ungewöhnliches Aufsehen und verschafften dem Blatte zahllose Leser und Freunde."[14]

Über Kalischs Vetter Ernst Dohm weiß die *Gartenlaube* zu berichten, dass an dessen Seite „jetzt als Redacteur der geistvolle *Ernst Dohm* [trat], welcher mit seltenem Takt seitdem das Witzblatt leitete und ihm seinen Charakter und feste Haltung gab. Dohm selbst war ursprünglich zum Theologen bestimmt und studirte in Halle; verließ jedoch die kirchliche Laufbahn und arbeitete längere Zeit an dem von Professor Gubitz herausgegebenen ‚Gesellschafter' und anderen Zeitschriften, für die er Feuilletonartikel und Theaterkritiken schrieb. Er besitzt eine classische Bildung, gediegene Kenntnisse, besonders der neueren Sprachen, vor Allem aber jenen schon gerühmten Takt und eine bewunderungswürdige Feinheit des Urtheils. Diesen Eigenschaften verdankt der *Kladderadatsch* seine geistige Ueberlegenheit, indem der einsichtsvolle Redacteur dafür Sorge trägt, daß die aufgenommenen Artikel nie trivial werden und selbst den Geschmack des Gebildeten befriedigen. Sein großes Wissen und seine Belesenheit bekundet er in der Anwendung von jenen Citaten aus bekannten Schriftstellern, welche meist in wunderbarer Weise das Schwarze treffen; seine eigentliche Domaine ist nicht der sogenannte höhere Blödsinn, sondern der feinere Witz, den er auch in der Form auf das Sauberste und Schärfste zuzuschleifen versteht." Und auch Rudolf Löwenstein, ebenfalls ein angeheirateter Verwandter von Kalisch, wird in dem „Illustrirten Familienblatt" gebührend bedacht: „Wie Dohm den Geist und den Takt, so vertritt *Rudolph Löwenstein* das Gemüth, die eigentliche Poesie des Kladderadatsch. Auch er studirte ursprünglich in Breslau Philologie und war zum Pädagogen bestimmt. Frühzeitig entwickelte er sein poetisches Talent und schon auf der Universität machte er sich als junger, begabter Lyriker bekannt. Später veröffentlichte er jene reizenden ‚Kinderlieder', die sowohl durch ihren eigenen Zauber wie durch die köstlichen Compositionen des Musikdirectors *Taubert* sich einer großen Beliebtheit erfreuen. Die Ereignisse des Jahres 1848 verwandelten den sanften Lyriker in einen energischen Politiker; statt naiver Kinderlieder schrieb jetzt Löwenstein geharnischte Leitartikel für ein von ihm redigirtes Volksblatt. Nebenbei betheiligte er sich an dem damals emportauchenden Kladderadatsch, dessen Redaction er in den schwierigsten Zeiten nicht ohne persönliche Gefahr während des Exils in Freienwalde und Leipzig leitete. Hauptsächlich ist ihm der poetische Theil zugefallen, jene sinnigen oder schalkhaften Gedichte, die besonders den Frauen gefallen und sich durch ihre meisterhafte Formvollendung und dichterische Empfindung auszeichnen, obgleich ihm auch der scharfe Witz nicht fehlt. Auch Löwenstein besitzt ein seltenes gesellschaftliches Talent; er ist ein Meister im Improvisiren von geistreichen Trinksprüchen und Toasten, ein allezeit fertiger Gelegenheitsdichter im Goethe'schen Sinne und in dieser Beziehung ein echter Sohn seiner schlesischen Heimath, welche bekanntlich die vorzüglichsten Gelegenheitsdichter, Männer wie Schall, Geisheim etc. hervorgebracht hat. Eine Zeit lang durfte Löwenstein in Berlin bei keiner öffentlichen Gelegenheit, bei keinem Feste, selbst bei keiner größeren Privatgesellschaft fehlen, die er durch seinen liebenswürdigen Humor und seine heitere Laune zu beleben wußte. In letzter Zeit hat er sich jedoch zurückgezogen, um mehr sich selbst und seiner heranwachsenden Familie zu leben. Er ist ein ausgezeichneter Familienvater geworden und durch die Bande der Familie mit dem Besitzer des Kladderadatsch nur noch enger verbunden, da er dessen Schwägerin geheirathet hat."[15]

Abb. 14
Die „Gelehrten des Kladderadatsch". David Kalisch, Rudolf Löwenstein, Wilhelm Scholz und Ernst Dohm (im Uhrzeigersinn)

Nicht zu vergessen ist der vierte im Bunde der „Gelehrten", Wilhelm Scholz, für den die *Gartenlaube* ebenso überschwängliche Worte findet: „Ein Hauptreiz des Kladderadatsch besteht aber in seinen witzigen Illustrationen und geistreichen Carricaturen, welche von dem Maler *Scholz* herrühren. Derselbe ist ein geborener Berliner, der Sohn eines tüchtigen Beamten und von seinem Vater für dieselbe Laufbahn bestimmt. Erst nach langen Kämpfen gestattete

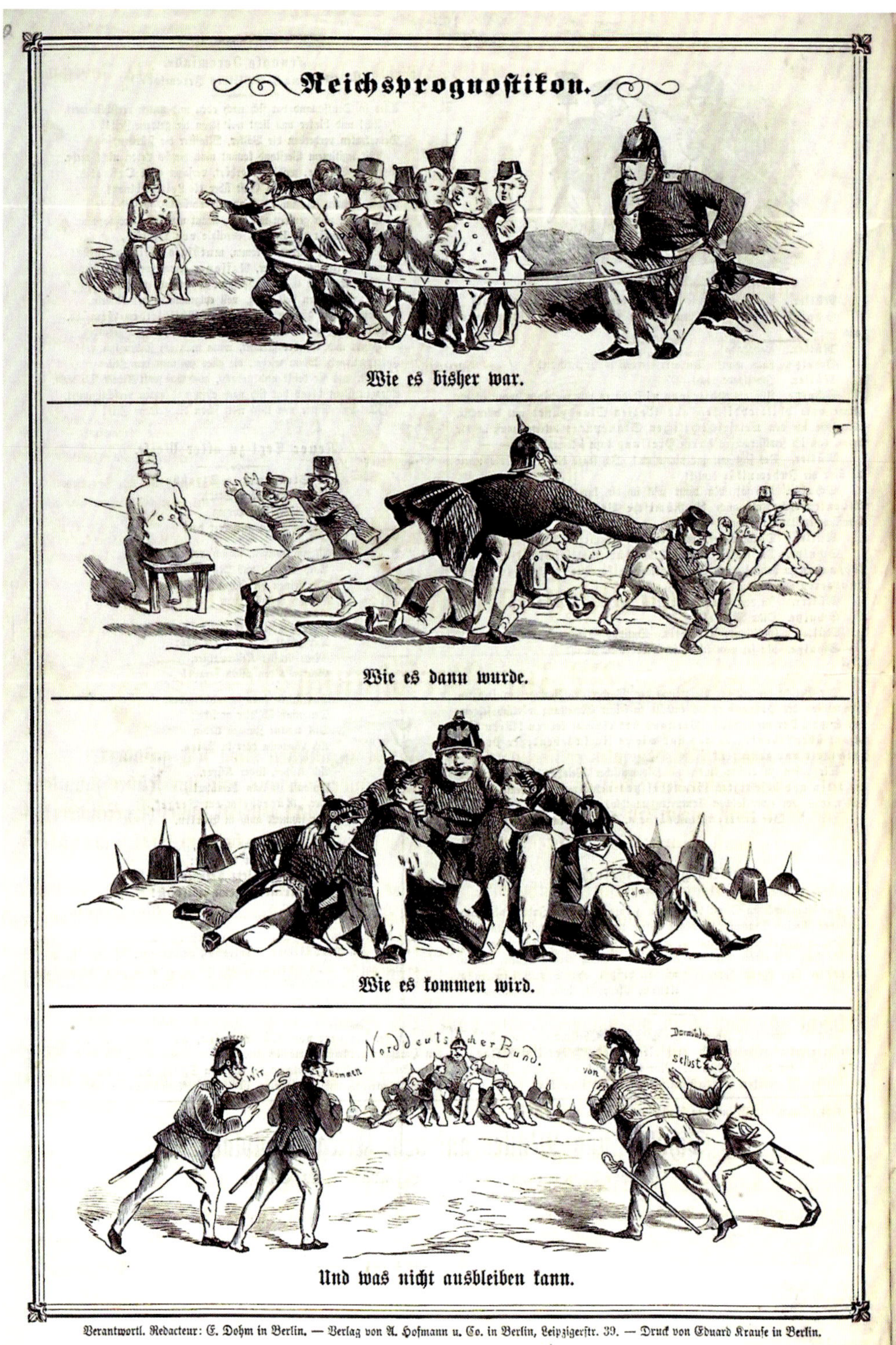

Abb. 15

„Reichsprognostikon. Wie es früher war – Wie es dann wurde. – Wie es kommen wird. – Und was nicht ausbleiben kann." Wilhelm Scholz setzt sich in dieser Karikatur mit den Vor- bzw. Anzeichen (Prognostika/Prognostikon) aufgrund der schwierigen politischen Konstellationen des Jahres 1866 auseinander.[17] *Abgedruckt im „Kladderadatsch" vom 9. September 1866.*

ihm dieser, seiner Neigung zu folgen und Maler zu werden. Er war Schüler eines wegen seiner frommen Richtung bekannten Meisters, unter dessen Leitung Scholz mit Heiligenbildern debutirte. Bald aber wandte sich sein Pinsel minder frommen Stoffen zu, indem er der ihm angeborenen Neigung für die komischen Seiten des menschlichen Lebens folgte. Schon als Mitglied des ‚Rütli' überraschte Scholz durch seine humoristischen Zeichnungen und seine unwiderstehliche Laune. Er ist in der That ein geborener Humorist, und schon die bloße Erscheinung des langen, stets heiteren Scholz genügt, um die fröhlichste Stimmung zu erwecken. Unerschöpflich in lustigen Einfällen und überraschenden Wendungen besitzt er einen trockenen Humor, ein komisches Darstellungstalent, wie es nur wenig Schauspieler aufweisen können. Man muß Scholz bei dem Berliner Künstlerfest seine eigenen Carricaturen erklären hören, oder ihn in den ausgelassenen Festspielen und Partien bald als Tyrann, bald als schmachtende Dame sehen, wo sich der finsterste Hypochondrist des Lachens nicht erwehren kann. Der lange Scholz als Vater und der kleine Kalisch als sein Kind bilden zusammen eine komische Gruppe, die jedem Zuschauer unvergeßlich bleiben wird. – Mit ihm wetteifert noch *Hofmann*, der glückliche Besit-

Abb. 16
Der Buchhändler, Theaterleiter und Verleger des „Kladderadatsch", Heinrich Albert Hofmann (1818–1880)

Abb. 17 und 18
Der Wiener Schauspieler, Theaterintendant und Schriftsteller Franz Wallner (1810–1876), leitete ab 1855 das „kleine" Königstädtische Theater in der Berliner Blumenstraße 9, umgangssprachlich als die „grüne Neune" bekannt und schließlich nach ihm benannt: Wallner's Theater, hier eine Innenaufnahme aus den 1860er Jahren

zer des *Kladderadatsch*, der ebenfalls ein seltenes komisches Darstellungstalent entwickelt und im Vortrage kleiner witziger Begebenheiten seines Gleichen sucht. Unter andern Verhältnissen wäre er vielleicht ein ausgezeichneter Komiker, ein bedeutender Schauspieler geworden. Jedenfalls zieht er es jedoch vor, Eigenthümer des Kladderadatsch zu sein, der ihm ein fürstliches Einkommen sichert. Er kann nicht nur lachen, sondern er versteht auch die Kunst, Andere zum Lachen zu bringen und sich und die Welt zu amüsiren."[16]

Neben der Herausgabe des *Kladderadatsch* schrieb Kalisch auch weiterhin Possen für die Bühne. Als der Wiener Schauspieler, Theaterintendant und Schriftsteller Franz Wallner (1810–1876), ein Freund aus Pariser Tagen, 1855 nach Berlin übersiedelte, übernahm dieser das „kleine" Königstädtische Theater (Concordia-Theater) in der Stralauer Vorstadt (Blumenstraße 9) und ließ es als Wallner's Theater [Abb. 17] ausbauen. Dort kamen alsbald David Kalischs Possen auf die Bühne und das Theater sowie David Kalisch erfreuten sich großer Popularität.

6 Neue Allotria.

1. Die Stadt.

Die großen Städte bekömmt man satt,
Dieweil das Gehirn sie erregen.
Wie fühlt sich der Geist in der kleinen Stadt
So schön beruhigt dagegen.

Die Gassen liegen so traulich-leer
Vor dem weltstadtmüden Wandrer,
Hier schreitet ein wackrer Bürger einher
Und ganz dahinten ein andrer.

Die Gänse watscheln am Gossenstein,
Es funkeln lustig und blitzen
Im freundlichen Morgensonnenschein
Die Wassertümpel und Pfützen.

Neue Allotria. 7

Am Marktplatz, an dem wir vorübergehn,
Vergnügen sich einige Schweine,
Eine Art von Droschke läßt sich sehn
Und rumpelt über die Steine.

Noch friedlicher findet der Abend die Stadt,
Man hört nur den Wächter blasen
Und — wenn man sehr feine Ohren hat —
Wie das Gras wächst in den Straßen.

O Stadt der trauten Gemütlichkeit,
Der Einfachheit und Stille,
Du mutest in dieser lärmenden Zeit
Mich an wie eine Idylle.

Hier kann man träumen ungestört
Von der Weltlust Toben und Tosen,
Man wird von keiner Zerstreuung bethört
Und schont dabei seine Hosen.

Uns lockt keine Oper und kein Ballett
Und keine Posse von Kalisch,
Man legt sich pünktlich um neun Uhr zu Bett
Und wird zusehends moralisch.

Abb. 19
David Kalisch fand mit seinen Possen in so manchem Werk Erwähnung. So auch in Georg Böttichers Schrift „Neue Allotria". Bei dem Autor handelt es sich um den Vater von Joachim Ringelnatz, der in seinem Gedicht „Die Stadt" den mittlerweile weithin bekannten David Kalisch nicht unerwähnt lässt. Da heißt es in der letzten Strophe über das Kleinstadtleben:

Uns lockt keine Oper und kein Ballett
Und keine Posse von Kalisch,
Man legt sich pünktlich um neun Uhr zu Bett
Und wird zusehends moralisch.

„Schultze und Müller", jene Berliner Originale, etwas keck, etwas großkotzig, zuweilen etwas duckmäuserisch, die seit Beginn des *Kladderadatsch* eine feste Größe einnahmen, erfreuten sich einer ungebrochenen Beliebtheit innerhalb der Leserschaft. Dies motivierte David Kalisch, ihnen noch mehr Raum für ihre dialogischen Reflexionen zu geben und auf satirische Ausflüge zu schicken, beispielsweise auf die Leipziger Messe, an den Rhein und sogar nach Paris. 1853 widmete Kalisch ihnen zudem eine eigenständige Publikation „Schultze und Müller im Harz", denn wie der eine Protagonist zum anderen bemerkt: „Ich muß andre Luft schnappen, – ich muß mir wo rum treiben, wo Atmosphäre ist! Wo Bergeslüfte un Waldesdüfte!" Selbstverständlich steuerte Wilhelm Scholz 30 Illustrationen bei, die die beiden Berliner auf Reisen in so manch heikler wie amüsanter Situation darstellten. Der Leser sollte sich selbst einen Reim darauf machen, wo sich die Ausflügler gerade befanden, denn die Zeichnungen standen für sich und wurden ohne Bildunterschriften und Erläuterungen dem Text von Kalisch zur Seite gestellt.

Wie eingangs zitiert, rühmte Theodor Fontane die Bedeutung, die Heine als Autor des literarischen Witzes einnahm. Aber er erkannte eben auch das Verdienst David Kalischs als Wegbereiter des politischen Witzes. Der Harz bildete für beide Autoren, Heine wie Kalisch, eine Projektionsfläche für bissigen Humor und messerscharfe Satire. Die Harzreise wurde für beide ein Schlüssel für ihren Erfolg und der dritte im Bunde war und blieb der Brocken.

Abb. 20
Das war gerade noch mal gut gegangen! Nach seinem Absturz in der Nähe des Hexentanzplatzes wurde Müller von seinem Mitreisenden Schultze und einem Bergführer gerettet. Aber damit auch dieses Ereignis für die Nachwelt sichtbar blieb, verewigte sich der Gerettete noch kurzerhand in der Felswand.

Uwe Lagatz

Einführung zu: Wilhelm Ferdinand Müller: Meine Streifereyen in den Harz und in einige seiner umliegenden Gegenden, Erstes und Zweytes Bändchen, Weimar 1800/1801

Wer eigentlich war Wilhelm Ferdinand Müller? Eine gezielte Recherche führt schnell zu der Erkenntnis, dass der angebliche Doktor der Philosophie tatsächlich Kaspar Friedrich Gottschalck (1772–1854) hieß. Der gehörte in der ersten Hälfte des 19. Jahrhunderts zu den produktivsten Autoren im Bannkreis des Brockens. Gäste aus dem In- und Ausland schätzten vor allem sein 1806 erstmals erschienenes *Taschenbuch für Reisende in den Harz*. Sie nutzten es als unentbehrlichen Helfer zur Vorbereitung ihrer Gebirgstouren ebenso wie als Führer vor Ort und Erinnerungsstück. Gründlich recherchiert und bis 1843 in insgesamt vier Nachauflagen immer wieder aktualisiert, enthielt das handliche Büchlein einfach alles, was ein Harzreisender damals wissen musste. Folglich bediente sich auch Heinrich Heine des Gottschalcks, ja er zitierte ihn sogar in der *Harzreise*.

Aus Sondershausen stammend, hatte Friedrich Gottschalck ab Herbst 1790 für drei Jahre in Göttingen Jura studiert, um anschließend in den Dienst des in Ballenstedt im Harz residierenden Fürstenhauses Anhalt-Bernburg zu treten. Eingangs als Archivar beschäftigt, brachte es der tatkräftige Beamte hier bis zum Hofrat. 1836 ersuchte er um seinen Abschied. Dann zog es ihn nach Dresden, wo er bis zum Lebensende blieb.

Es ist erstaunlich, welch breites publizistisches Schaffen Gottschalck neben der Berufstätigkeit entfaltete. Reiseberichte gehören ebenso zu seinem Gesamtwerk wie Reisehandbücher, Märchen- und Sagensammlungen sowie die umfassenden und vielbeachteten Forschungen zu Ritterorden, Burgen und Schlössern. Selbst ein *Genealogisches Taschenbuch* gab Friedrich Gottschalck in 18 Jahrgängen heraus. Die Leser schätzten diese Veröffentlichungen allesamt. Besonders galt das für die vielen frühen Touristen, die im Harz beziehungsweise in Sachsen unterwegs waren und sich der von ihm für das nördlichste deutsche Mittelgebirge sowie später für Dresden und dessen Umgebung erarbeiteten Reiseführer bedienten.

Spätestens in der Göttinger Studienzeit muss Gottschalck das Wandern für sich entdeckt haben. Gleichzeitig schien es ihm Freude zu bereiten, die gewonnenen Eindrücke einem größeren Publikum zu offenbaren. So gab er 1797 ein kleines Bändchen in Druck, in dem er über Ausflüge berichtete, die ihn fünf Jahre zuvor in die Umgebung Göttingens geführt hatten. Wenige Jahre später folgten die hier in Auszügen wiedergegebenen *Streifereyen in den Harz*.

Im ersten Moment mag es verwundern, dass Friedrich Gottschalck sich bei der Veröffentlichung seiner *Streifereyen* eines Pseudonyms bediente. Der aufmerksame Blick in deren zwei Bände offeriert jedoch bald den Hintergrund. Die Verheimlichung der eigenen Urheberschaft mag eine Vorsichtsmaßnahme in politisch unruhigen Zeiten gewesen sein. Gottschalck schrieb nämlich nicht nur sehr ausführlich sowie kundig über die Natur, Kultur und Historie der Harz-Landschaft. Er lieferte seinen Leserinnen und Lesern zugleich ein zuweilen äußerst kritisches Zeitbild. Er benannte offen gesellschaftliche Missstände, übte heftig, aber nicht undifferenziert Kritik am Adel, spottete unverhohlen über bestimmte bürgerliche Verhaltensweisen und hielt so den Harzern und manch einem ihrer Gäste den berühmten Spiegel vor. Dabei bediente er sich klarer, mitunter sehr spöttischer Worte, so dass man seinen Text glatt für ein Werk aus der Feder Heines halten könnte.

Meine
Streifereyen
in den Harz
und
in einige
seiner umliegenden Gegenden
von
Wilhelm Ferdinand Müller,
Doktor der Philosophie.

Erstes Bändchen.

Mit einem Kupfer.

Weimar,
gedruckt und verlegt bey den Gebrüdern Gädicke.
1800.

Abb. I
Titelblatt des ersten Bandes der „Streifereyen in den Harz"

Die von Friedrich Gottschalck geschilderte Route hatte ihren Ausgangspunkt im Badeort Lauchstädt. Von dort führte sie über verschiedene Etappen an den Harzrand bei Quedlinburg. Wichtige Stationen auf dem folgenden Weg zum Brocken bildeten die Roßtrappe bei Thale, Blankenburg mit der Ruine Regenstein und Wernigerode. Vom höchsten Harzgipfel abwärts ging es schließlich durch den Oberharz über St. Andreasberg, Clausthal und Zellerfeld, Goslar, die Ruine der Harzburg und durch das Okertal bis hin nach Osterode. Dabei ist nicht sicher, ob Gottschalck die Harzexkursion tatsächlich einmal wie beschrieben durchgeführt hatte, oder ob seine Reisebild als Resultat von Recherchen und Eindrücken zu betrachten ist, die er im Kontext verschiedener Unternehmungen sammelte.

Friedrich Gottschalcks *Streifereyen in den Harz und in einige seiner umliegenden Gegenden* erschienen in zwei Bänden in den Jahren 1800 und 1801. Sie umfassen insgesamt weit mehr als 400 Druckseiten. Für diese Veröffentlichung wurde der Text hauptsächlich um die Passagen gekürzt, die landeskundlichen Inhalts sind. Die darin enthaltenen Informationen zum Harz verarbeitete Gottschalck später in der Regel in geraffter und aktualisierter Form in seinem *Taschenbuch für Reisende in den Harz*.

Mit Blick auf die Authentizität wurde bei der Transkription die ursprüngliche Rechtschreibung und Zeichensetzung beibehalten. Nur offensichtliche Fehler sind korrigiert worden. Die Fußnoten blieben zumeist ausgespart.

Meine

Streifereyen

in den Harz

und

in einige

seiner umliegenden Gegenden

von

Wilhelm Ferdinand Müller,

Doktor der Philosophie

Erstes Bändchen.

Mit einem Kupfer.

Weimar,

gedruckt und verlegt bei den Gebrüdern Gädicke.

1800

In den Stunden der Rückerinnerung meiner Wanderung über den Harz, und in einige der Gegenden, welche sich an seinen Füßen hinstrecken, entstanden diese Blätter. Von ihrer mehrfachen Unvollkommenheit bin ich selbst nicht unüberzeugt; allein, es sollen auch nur Bruchstücke, Fragmente seyn. Vollkommene, jeden Gegenstand erschöpfende Beschreibungen der Orte zu liefern, durch die ich kam, das wollte ich nicht, theils, weil ich sonst die Grenzen einer Reisebeschreibung überschritten haben würde, theils fühlte ich mich schon durch andere dieses Geschäfts überhoben. Ich hob nur Ansichten solcher Gegenstände heraus, welche meinem Gefühle am nächsten lagen. Vermißt daher Jemand etwas Bemerkenswerthes, und sieht er unbedeutendere Sachen vorgetragen, so schreibe er es allein meinem, mit dem seinigen nicht übereinstimmenden Gefühle zu.

Daß ich die Dinge, von welchen ich rede, gerade so, und nicht anders darstelle, möchte manchem anstößig seyn; allein, jede Sache in der Welt hat zwey Seiten, jeder betrachtet die Gegenstände um sich her aus einem andern Gesichtspunkte, und ich habe auch meinen eignen, den ich gerade nicht für den einzig richtigen angenommen wissen will.

Wem diese oder jene Aeußerung ein Aergerniß seyn sollte, dem muß ich entgegnen, daß ich nicht alles loben konnte, was ich sah, und daß ich da nicht schweigen wollte, wo Tadel nöthig war. Heucheln mochte ich auch nicht, also mußte die Wahrheit da Platz greifen, wo man sie vielleicht ungern erblicken wird. Iacta est alea!

Göppingen am 15. Jul. 1799.

W. F. Müller

Müde des Anblicks der zahllosen Erbärmlichkeiten des mich umgebenden Tands und Schimmers; müde der langweiligen Freuden, der faden, geistlosen Beschäftigungen, welche man Vergnügungen nennt, wovon ich während meines Aufenthalts im Lauchstedter Bade ein Theilnehmer seyn mußte; und übergesättigt von allen den Lustparthien, wonach man sich hier drängt, und womit ein Tag wie der andere verschleudert wird, sprang ich von meinem Sitze auf, den ich unter einem der schattigsten Kastanienbäume lange Zeit behauptet hatte, fest entschlossen, einen Ort zu verlassen, wo man sich unmöglich lange gefallen kann, und wo nur ein siecher Körper, von der Hoffnung zu genesen gestärkt, länger als eine Woche mit Vergnügen verweilen mag.

Langsam schritt ich die große Allee auf und ab, um mit mir selbst einig zu werden, wohin ich nun meinen Wanderstab setzen wollte. In mich vertieft, und mit meinem Reiseplane beschäftigt, hörte ich nicht den Trompetenstoß, der ins Schauspiel rief, und sah nicht die an mich vorüberstreichende, dahin eilende Menge. Plötzlich hielt mich einer meiner Bekannten mit den Worten an: „Mon dieu, Freundchen, was fehlt Ihnen? Sie sehen und hören ja nicht. Sie sind hipochondrisch, histerisch, Sie müßen reisen, sich Bewegung machen."

Das will ich auch.

„Wohin woll'n Sie reisen, vielleicht nach Hamburg?"

Nein, dahin nicht.

„Mais, cher ami, man ißt da sehr gut."

Das weiß ich, und deshalb mag ich nicht hin, denn der Magen leidet nur zu sehr dabey, wenn man kein geborner Hamburger ist.

„Nun, wo wollen Sie sonst hin?"

Ich, – (ich wußte es warlich selbst noch nicht)
ich – vielleicht auf den Harz.

„Auf den Harz, o fi donc, da ist's zu kalt, die populaçe zu grob, nein da mag ich nicht mit."

Und dort hüpfte der halbe Franzmann hin.

Es ist ein so wahres als altes Sprichwort, daß nichts in der Welt so schlecht ist, es ist doch zu Etwas gut. So z. B. dieser Mensch, der mich hier verließ. Es war ein Junkerchen von einem benachbarten Hofe, das dem gewöhnlichen Gepräge seiner Kollegen nichts nachgab, ein Mitglied der großen Innung der Tagediebe und Taugenichtse, in die zu gelangen es keines Meisterstücks, und keiner Muth- und Wanderjahre bedarf, und deren Ausbreitung keine Regierung Grenzen zu setzen braucht, denn sie nehmen sich die Arbeit nicht, da keiner derselben welche hat. Sie hüpfen in der Welt umher, werden nicht bemerkt, verprassen anderer Leute Geld und Gottes edle Zeit, hüpfen wieder hinaus, und werden nicht vermißt. Bey Erblickung eines solchen Menschen der Form nach, habe ich mich oft schon gefragt: wozu dient so ein Geschöpf? – und wenn mir hier mein Verstand keinen Ausweg zu schaffen vermochte, so tröstete ich mich immer damit, daß es ja so viele Dinge noch auf dieser Erde gäbe, deren Existenz uns unnütz scheine, es aber doch nicht sey, und wobey der weise Schöpfer tief liegenden Absichten gehabt haben müsse. Jetzt entdeckte ich mit einemmal, daß diese Gattung von Menschen doch auch von Nutzen seyn könne. Ich wurde nemlich durch seine Fragen veranlaßt, ihm den Harz zum Ziel meiner Reise anzugeben; und ob dies gleich nur von meiner Seite geschah, den Menschen früher los zu werden, so gewann die Sache doch bald ein ernstlicheres Ansehn bey mir selbst. Ich kannte diese gebirgige Gegend, diese kleine Schweiz nur aus Beschreibungen, aber dennoch war ich sehr für sie gewonnen, und längst war es mein Wunsch, sie zu durchirren. Ich entschloß mich daher hurtig dazu, und habe nie diesen raschen Entschluss zu bereuen Gelegenheit gehabt, vielmehr sehr oft jenem Junker im Stillen gedankt, wenn mich eine schöne Gegend entzückte, daß er die erste Veranlassung zu dieser Reise war. Mein Bündel war bald geschnürt, und ich verließ an einem heitern Morgen, wo noch der größte Theil Lauchstedts von den Schwärmereyen der vorigen Nacht die matten Glieder ausstreckte, diesen Ort.
[…]

Abb. 2
Quedlinburg, Schloss und Stiftskirche St. Servatii vom Müntzenberg aus gesehen, 2020

Quedlinburg.

Quedlinburg liegt zwey Stunden von Hoym. Es präsentirt sich in der Ferne überaus gut. Eine Menge Kirch- und Stadtmauerthürme (ich zählte ihrer 17) und das sehr hoch liegende Schloß, dessen vieleckige Form man von weiten [sic] nicht gewahr wird, machen, daß man ihr, bevor man ihre Eingeweide gesehen, einen viel höhern Rang in der Reihe großer Städte anzuweisen Willens ist, als wenn man sie erst näher kennen gelernt hat. Enge, krumme, schlecht gepflasterte Straßen, in welche hohe, alte Gebäude kaum des Tages Licht fallen lassen, findet man überall, die Neustadt ausgenommen. Hierzu gesellt sich ein widriger, ekeler, die Luft verpestender Geruch, welcher mit dem Eintritte in das Thor anfängt und die Folge der vielen Brandteweinbrennereyen ist, daß man in Wahrheit genöthigt wird, sich die Nase zuzuhalten. Der Quedlinburger Brandteweinsbrenner, welcher in dieser Atmosphäre geboren und erzogen wurde, empfindet freylich nichts widriges, indem er diese von Spülleichs-Ausdünstungen schwangere Luft einathmet, im Gegentheil mag ihm wohl der Genuß derselben eine Art von Wohlbehagen einflößen; aber für einen, an reine Luft gewöhnten Menschen ist es unerträglich, und mir war es daher kaum möglich, ohne mir mit einem Tuche den Geruch zu benehmen, bis zum Gasthofe zu gelangen. Wer dieses etwas übertrieben finden möchte, wird mir gewiß glauben, wenn ich ihm sage, daß gerade die Hitze an diesem Tage sehr groß war, die Luft gleich heißen Wellen langsam hin und her wogte, und daher die stinkenden, faulenden Dünste noch dicht zwischen den Häusern ruhten, und von keinem Winde fortgeführt wurden.

Dies waren also die ersten Annehmlichkeiten, welche mir beim Eintritte in dieses Stift zu Theil wurden, und die eben nicht so geeignet waren, daß ich eine gute Meynung davon hätte erhalten können. Wir werden sehen, ob das Ganze harmonirt.

Quedlinburg liegt am Fuße der Unterharz-Gebirge, drey Stunden von Halberstadt. Die Bode fließt durch und theilt es in die Alt- und Neu-Stadt, welche mit den Vorstädten zusammen elf Thore haben. Die Zahl der sämmtlichen Wohngebäude beläuft sich auf 1560, und die der Einwohner über eilftausend [sic]. Ihre Hauptnahrung ist Brandteweinbrennerey, Viehzucht, Ackerbau überhaupt, und besonders Gartengemüse-Bau. Gegenwärtig sind ungefähr 30 Brandteweinsblasen noch gangbar, ehedem gewiß noch einmal so viele, wo noch nicht so häufig in der umliegenden Gegend gebrannt wurde, wie jezt [sic]. Das hiesige Gemüse ist von vorzüglicher Güte, und wird in die ganze umliegende Gegend, besonders aber in die kältern Harzgegenden verkauft. Der Boden ist sehr ergiebig, und wo er es nicht ist, haben die Einwohner Dünger genug, ihn zu einer reichen Ernte zu zwingen.

Im Ganzen genommen, herrscht viel Wohlhabenheit unter den Bürgern, welches auch ihr Aeußeres zeigt, indem es meistens korpulente, vollwangige, schwammige Körper sind, die sich auf ihre Schwiene, Oßen und Brannewiensblasen nicht wenig zu gute thun. Ihr Denken und Empfinden reduzirt sich stets auf ihr Metier. Dieses zu beobachten, hatte ich gleich in der ersten Stunde meiner Ankunft Gelegenheit. Ich stand am Fenster im Gasthofe, und neben mir zwey jener wohlbeleibten Bürger, als ein mittelmäßiger Staatswagen vorüber fuhr. Auf meine Frage, wer das sey? antwortete einer: „der Geheimerath Arnstedt." Dieses gab Gelegenheit, einiges über denselben zu sprechen, welches Gespräch der dickste der beyden endlich damit schloß, daß er ausrief: „ach, was well den där, där hät je nich einmol en Schwien!" Ich konnte nicht umhin, ihn herzlich anzulachen, welches er für Beyfall seiner Aeußerung aufnahm, und hinzusetzte: „S'es wohr, sei konnens glaube."

Das andere Geschlecht ist meistens fein gebildet; ich sah sehr viel regelmäßige, hübsche Gesichter, und besonders unter der Bürgerklasse. Luxus herrscht durchgehends bey ihnen.

Geselligkeit und Harmonie sind in Quedlinburg eben nicht zu hause. Es haben sich zwar mehrere Zirkel unter den Vornehmern der Stadt gebildet, in die zu gelangen es aber schwer hält, wenn man keine Bekanntschaften hat. Man kann diese Zirkel so angeben: 1) der adliche; dieser besteht aus den wenigen armen Edelleuten, welche hier wohnen, und wovon der größte Theil pensionirte Officiere sind. 2) Der bürgerliche, der die Kaufleute und karakterisirten Personen in sich faßt. 3) Der der Brandteweinbrenner, welcher der zahlreichste ist. Dieses drey Abschnitte bemerkt man sichtlich, und die Grenzlinien zwischen denselben werden streng beobachtet. Oeffentliche Belustigungsorte giebt es gar nicht, denn die in den Gasthöfen befindlichen Billarde kann ich nicht hierher rechnen.

Die jezige Aebtissin des Stifts Quedlinburg ist die Schwester des vorigen Königs von Schweden. Sie ist schon ziemlich bey Jahren, aber ein redender Beleg zu dem Sprüchworte: Alter schützt vor Thorheit nicht. Nicht immer hält sie sich hier auf, sondern nur von zwey zu zwey Jahren, wozu sie die Statuten des Stifts nöthigen sollen. Ihre Einkünfte betragen jährlich an 30000 Thaler. Ungeachtet sie nun außerdem noch als Prinzessin von Schweden eine ansehnliche Appanage genießt; so reicht das doch nicht zu, denn ihr Hofstaat ist nicht klein, und ihre Lebensart, besonders in Rücksicht der Tafel, eben nicht eingeschränkt. In ihrem Gefolge, das meist aus Schweden besteht, befinden sich, außer dem weiblichen Personale, immer sechs bis acht Grafen oder Edelleute, gewöhnlich schöne, wohlgebaute Männer. Man muss gestehen, dass die Frau Aebtissin bey dieser Auswahl viel Geschmack zeigt; schade ist es daher, daß sie selbst nicht der Knopf auf diese schöne Sammlung ist.
[...]

Wenn sie in Quedlinburg gegenwärtig ist, residirt sie auf dem Schlosse. Ihre dermalige Abwesenheit machte es mir möglich, dasselbe zu besehen. Es liegt auf einem hohen Felsen im Westendorfe, einer Vorstadt Quedlinburgs, und ist kein reguläres Gebäude, sondern ein zusammengeflicktes Gemengsel von kleinern und größern Häusern, welche die verschiedenen Bewohnerinnen desselben in eben so verschiedenen Geschmacks-Arten hinzu fügten, nachdem es ihre Bequemlichkeit oder Laune verlangten. Die Kirche allein ist regulär gebaut, und es scheinen daher alle übrige Gebäude und Gebäudchen, welche sie umgeben, nur Anhänge von ihr zu seyn. Daß bey solchen Umständen das Innere des Schlößchens nicht minder eckig und winkellig seyn kann, ist natürliche Folge. Bald geht man einige Stufen hinauf, bald hinab; hier sind die Zimmer überaus hoch, dort so niedrig, daß ein großer Mensch darin anstößt; hier sind große Fenster, dort kleine u.s.f.
[...]

Die eigentlichen Wohnzimmer der Aebtissin stoßen an dieses Audienzzimmer. Sie sind, wie gesagt, klein, und im Grunde für eine königliche Prinzessin zu schlecht. Ihre Mängel hat indessen die Besitzerin durch ein prachtvolles Ameublement, durch eine üppige Verschwendung zu bergen gewußt. Man übersieht die Kleinheit des Raums, das Niedrige und Winkellige der Zimmerchen, und weilt mit unwillkührlichem Blicke auf den, mit einer schwelgerischen Ueppigkeit überall angebrachten Ottomannen, Sofa's und Kanapee's, und wird nur durch die Heiligkeit der Person, welche hier residirt, von dem sich unwillkührlich herbeydrängenden Gedanken abgehalten, daß alle diese Faulbetten zu romantischen Zwecken, zum Ableiter süßer Ohnmachten, zum Genuß, hier stehen. So ungefähr, dachte ich, als ich mich auf dem überaus schönen, spiegelglatten Fußboden herum dreht, so ungefähr muss es im Serail des Großsultans aussehen, und wünschte in dem Augenblicke die Frau Aebtissin mit ihrem zahlreichen, weiblichen Gefolge herein, um das Bild vollkommen zu erblicken, um sie für die Cirkassierinnen dieses Harems halten zu können.

Die mürrische Miene des Laquais, der mir all diese Schönheiten zerlegte, und genau angab, was davon aus Schweden hierher gebracht worden sey, und den ich, zur Vollendung meines Bildes, für den Obersten der Verschnittenen hielt, machte, daß ich früher, als ich eigentlich Willens war, ging.

Dies waren die einzigen guten Zimmer des ganzen Schlosses; alle übrige sind altfränkisch gebaut und verziert. In dem Zimmer, wo das Konventikel des Stifts gehalten zu werden pflegt, sah ich Heinrich I Bild in Lebensgröße. Der Mann hatte da eine schöne, erhabene Miene, die ich jedoch nicht für authentisch halten will, in dem das Bild vor einigen Jahren erst aufgefrischt wurde, wobey doch gewiß die Aehnlichkeit gelitten haben muß. Man zeigte mir hierauf das Wohn- und Audienzzimmer der ersten Aebtissin dieses Stifts, welche man der Seltenheit wegen unverändert läßt. Nicht auffallender möchte wohl der Wechsel des Geschmacks in Verzierung der Zimmer seyn, als wenn man eine Vergleichung zwischen diesen und den Zimmern der jetzigen Aebtissin anstellt. Statt der großen Spiegelscheiben, kleine runde Teller-Scheiben; statt des getäfelten Fußbodens, ein kalter Gypsguß; statt der wollüstigen Ottomannen und Ruhebetten, hölzerne Bänke an den Wänden, wo freylich das Fleisch und Blut mehr gegeiselt wurde; statt der schwedischen Thürstücke, erbauliche Verslein und Sprüche aus der Bibel, an den Fensterrahmen herum zierlich angebracht; statt der großen doppelten Flügelthüren, kleine im altdeutschen Geschmacke, durch die eine Dame unserer Modewelt nur gebückt durchgehen kann, und so weiter. Selbst die Bettstelle zeigt man noch vor, deren sich die Bewohnerin dieser Kajüte bedient haben soll.

Die Aussicht aus jedem Fenster des Schlosses ist sehr angenehm und weit. Besonders ist es die nach den Harzgebirgen hin, deren Kette man bis nach Werningerode hinaus verfolgen kann. Selbst der Blick auf die Stadt, deren Häuser so dicht zusammengedrängt liegen, ist interessant.

Die Stiftskirche ist sehr geräumig und hell. Eben als ich hinein trat, plärrten einige Knaben die Hora gegen die leeren Bänke, welches täglich zweymal geschehen muß. O! über die unnützen, zwecklosen Gebräuche, deren Form wohl noch die alte, deren Zweck aber jezt ganz umsonst ist, und nicht ihrer ursprünglichen Stiftung mehr entspricht, rief ich aus, und drehte mich wieder hinaus, um nun das für mich wichtigste und merkwürdigste auf diesem Schlosse, Heinrich I Grab, zu sehen. Eine fromme Empfindung durchlief mich, als ich in den Münster der Kirche trat, in welchem die Gebeine dieses großen, dieses seltenen Mannes, neben seiner Gattin Mathilde, ruhen. Mit Ehrfurcht nahte ich mich der simpeln Steinplatte, welche sie deckt, und lange weilte mein starrer Blick auf diesem Orte, wo nach langen Kämpfen und Ringen Heinrich verweste. Eine heilige Stille, ein heiliges Dunkel herrschte um mich her, lagerte sich auf allen Gräbern der Erblaßten, welche hier schlummerten, und nichts unterbrach das Schauerliche dieses Orts, noch die Reihe von Bildern der Vorwelt, welche mir vorschwebten. Es war mir, als öffnete sich das Grab, als entstiege der Kaiser der finstern Gruft, als sähe ich ihn in feinem Talar, mit der Krone geschmückt, mit seinem Blick voll Edelmuth auf mich herabsehen, als umwehte mich der Hauch seiner Lippen, die er zu öffnen schien, – da bebten meine Glieder, da sträubte sich mein Haar, da starrte mein Blut, – ich wankte, – that einen Schritt zurück, und – weg war das Fantom, das ich nun nochmals zurück wünschte.

„Was ist Ihnen?" fragte mein Führer, der mich glücklicherweise bis jezt in meinen Träumereyen nicht gestört hatte.

„Nichts, gar nicht," entgegnete ich, „ich bin nur etwas ermattet," – und sezte mich auf Heinrichs Grab nieder. Die Platte ist ursprünglich von Marmor, aber durch die Länge der Zeit so zersprungen und verdorben, und durch eine unweise Besorgniß mit Kalk wieder zusammen gefügt worden, daß man wenig noch von dem Marmor sieht.

Sie ruht auf vier hölzernen, eine viertel Elle hohen Füßen, deren Aechtheit ich bezweifeln muß, und deren Bestimmung ich nicht absehe. Rings um dies Grab her, erblickt man noch viele Gräber, mehrentheils von Aebtissinnen aus den frühesten Zeiten, auf deren Steinplatten man meist die Inschriften noch deutlich lesen kann.

Ich verließ diesen merkwürdigen Ort nicht ohne Rührung, aber auch nicht, ohne den Wunsch lebhaft zu fühlen, daß man ihn mehr ehren, und das Grab dieses deutschen Kaisers mehr als ein Heiligthum betrachten möchte, als geschieht; denn das Gewölbe, worin es sich befindet, diente leider! zu einer Art von Polterkammer.

Von dieser Stelle, welche für mich wahre Heiligthümer enthielt, wurde ich in die sogenannte Zitter oder Sytere, ein kleines, niedriges Kreutzgewölbe in der Stiftskirche geführt, wo eine ganze Menge rarer Sachen als Heiligthümer aufbewahrt werden. Mit einer Miene voll der größten Wichtigkeit öffnete der Aufseher derselben die Thür des Gewölbes, [...] und nahm ein Stück nach dem anderen heraus, mir es zu zeigen. Ich lasse sie hier folgen, wie ich sie sah.

1) Ein Stück von dem Roste des heiligen Laurentius.

2) Ein Stück von den Windeln Christi; war sehr schmutzig und roch übel.

3) Den Finger des Apostels Johannes, womit er auf Christum gewiesen; in der That ein nettes Fingerchen.

4) Ein kristallnes Fläschchen mit Milch, von der Mutter Maria, welche, ungeachtet der Länge der Zeit, noch nicht geronnen und zu Käse geworden war.

5) Verschiedene Knochen von der heiligen Korona, welche ein derbes Grasmensch gewesen seyn muß.

6) Ein Stück Holz vom Kreuze Christi. Von diesem habe ich schon mehrern Orten Stücke gesehen, und muß gestehen, daß dies Kreuz von ungeheurer Größe gewesen seyn muß, wenn diese Ueberbleibsel alle ächt seyn sollen. Das hiesige soll indessen auch die Eigenschaft haben, Zahnschmerzen zu heilen, so wie die übrigen.

7) Etwas Erde vom Berg Golgatha. Dieser will ich die Aechtheit nicht absprechen, denn der Berg war groß.

8) Ein Haarzopf der Maria Magdalena, womit sie Christum die Füße getrocknet hat.

9) Ein Theil des Rohres, womit man Christum schlug.

Doch, genug des Tands. Ich breche hier ab, denn wollte ich all die Knochen und Gebeine, welche heilig seyn sollen, und mir gezeigt wurden, hier aufführen, so würde es meinem Herrn Verleger das Honorar für einen ganzen Bogen noch kosten, und verbürgen könnte ich es doch nicht, ob sie nicht sämmtlich vom ersten besten Hochgericht hierher genommen wurden.

Alle diese verehrenswerthen Knochen, und respektive Windeln und Haare sind indessen sehr alt, und von den Kaisern Heinrich I, Otto dem Großen, dem zweyten und dritten hierher geschenkt worden, welches ihnen allenfalls noch einigen Werth zu geben vermöchte.

Abb. 3
Bergkristallgefäß zur Aufbewahrung von Reliquien, Domschatz Quedlinburg

Abb. 4
Heinrichskamm, ein aus Elfenbein gearbeiteter Schmuckkamm, Domschatz Quedlinburg

Von reellerem Werthe, und einer größern historischen Wichtigkeit, als diese Possen, waren mir aber folgende Sachen:

1) Ein goldener Bischofsstab, den Kaiser Otto III im Jahre 999 seiner Schwester, der Aebtissin Mechthilde, aus Italien nach Quedlinburg schickte; ein Stück von außerordentlichem Werthe, woran eine Menge des gediegensten Goldes verschwendet ist. Er ist 2 ¼ Elle lang, oben mit einem langen Haken versehen, und wurde sonst bey jeder Investitur einer Aebtissin gebraucht.

2) Zwey elfenbeinerne, mit Gold und Silber beschlagene, inwendig damit ausgefütterte, und mit den seltensten edlen Steinen ausgezierte Kästchen, welche Otto der Große und Heinrich I mit Reliquien hierher schenkten.

3) Drey Plenarien oder Meßbücher auf Pergament geschrieben, und prächtig eingebunden, ebenfalls ein Geschenk dieser Kaiser.

4) Ein Kamm Heinrich I, mit einem goldenen Griffe und guten Steinen versehen.

Zum Beschluss alles dessen, was ich auf diesem Schlosse gesehen hatte, bat ich noch, mir das Grab der bekannten Gräfin von Königsmark zu öffnen, welche vor ungefähr hundert Jahren Pröbstin von Quedlinburg wurde, nachdem der liebelnde Churfürst, Friedrich August von Sachsen, das schuldlose Weib entehrt, und seiner unersättlichen Begierde aufgeopfert hatte; allein, man versagte mir diesen Anblick, aus welcher Ursache? kann ich nicht sagen. Vielleicht, daß es die jetzige Aebtissin, als Landsmännin der Königsmark, nicht gern will. Nach dem, was man mir davon sagte, sollen durch die gute Einbalsamierung des Körpers, die Gesichtszüge dieser sonst so hoch gepriesenen Schönheit, und vorzüglich die schöne Nase, noch ziemlich sichtbar seyn.

Das Rathhaus der Altstadt in Quedlinburg steht am Markte, von welcher Seite es sich am besten präsentirt. In der unbedeutenden Bibliothek, welche sich darin befindet, sah ich einen Menschenkopf und zwey Hände des rechten Arms, woran die Daumen fehlten, welches noch Glieder der Verschwornen seyn sollen, die im Jahre 942 Kaiser Otto den Großen in Quedlinburg ermorden wollten, aber entdeckt und hingerichtet wurden. Es sind diese Reliquien wahrscheinlich gebacken worden, um sie länger aufbewahren zu können. Ferner zeigte man mir eine Streitaxt, ein Paar Sporen, und noch andere Sachen, welche einem Grafen Albrecht von Reinstein gehört hatten. Auf dem Boden des Rathhauses sah ich auch den Käfig, in welchem die Quedlinburger eben diesen Grafen ein Jahrlang eingesperrt hielten. Ich werde hernach mit mehrerm von dieser Gräuelthat reden, und hier nur die Beschaffenheit desselben angeben. Es ist dieser Kasten meist viereckig, nemlich sieben Fuß hoch, acht Fuß breit, und neun Fuß lang, von sehr starken eichenen Bohlen verfertigt, welche durch viele eiserne Bänder zusammen gehalten werden. Vorn ist eine kleine Thür, wo ein Menschen hineinkriechen, und welche mit zwey starken eisernen Quer-Riegeln verschlossen werden kann. An der Hinterseite sind einige kleine Löcher, wo wahrscheinlich die Speise hineingereicht wurde, und inwendig in einem Winkel ist auch ein Abtritt angebracht. Aus diesem Kerker zu entkommen, war ohne Instrumente eine pure Unmöglichkeit, und schrecklich muß des armen Albrechts Zustand gewesen seyn, da er nicht besser logirt war, als in jedem gewöhnlichen Schweinekofen. Ich muß gestehen, daß mich eine Art Entsetzen packte, daß mein Blut sich empörte, als ich dies Gefängnis betrachtete, und mir die Lage Albrechts, sein Bitten, sein Flehen, die Thränen seiner Lieben, das Jauchzen des Volkes, das rachgierige Schreyen und Jubeln des wilden Haufens vergegenwärtigte, welchen diesen Ort erfüllt haben mag, als man ihn hinein brachte. Unwillig kehrte ich mich von diesem Orte weg, den unmöglich ein Quedlinburger betreten kann, ohne die Rathgeber jener Bestrafung zu verwünschen, ohne mit gerechtem Unwillen über diesen aus der Geschichte seiner Stadt unvertilgbaren Schandfleck, über dieses sprechende Bild der Barbarey und Roheit jenes Zeitalters erfüllt zu werden.

Einer der angenehmsten Spaziergänge um Quedlinburg, oder besser gesagt, der einzige öffentliche und angelegte Spaziergang ist der Brühl. Er besteht aus acht, in der Form eines Sternes zusammenlaufenden Alleen von hohen Linden und Buschholz, das mit sich schlängelnden, finstern Gängen durchschnitten ist. Im Frühjahre besonders ist er wegen der vielen Nachtigallen, welche darin nisten, ein sehr angenehmer Aufenthalt.
[…]

Quedlinburg, das einst so blühende, von Kaisern und Fürsten geehrte Quedlinburg, von wo aus Heinrich der Erste, Otto der Erste und der Dritte, Heinrich der Fünfte Deutschland regierten, das im Hanseatischen Bunde sein Haupt so hoch empor heben, und Kaisern und Fürsten sich zu widersetzen wagen durfte, ist jezt bey weitem nicht mehr das, was es war, spielt nicht mehr die Rolle, in welcher wir es in den Zeiten der fränkischen, sächsischen und hohenstaufenschen Kaiser erblicken, wird so leicht nicht wieder solche glänzende Feste, solche prachtvolle Feierlichkeiten in seinen Mauern sehen, wie in jenen Zeiten gar nicht selten waren, und möchte wohl nie wieder in so vielfache Kriege verwickelt werden dürfen, an welchen es sonst Theil nahm.
[…]

Das Gebiet der Stadt Quedlinburg ist zwey Meilen lang, und drittehalb breit. Nur ein einziges Dorf, das schöne große Dittfurt, liegt darin. Mehrere Dörfer, beträchtliche Güter, und größere Herrschaften, welche es sonst durch die Freygebigkeit der Kaiser besaß, sind ihm nach und nach theils genommen, theils in Kriegszeiten zerstört worden.
Auf den vielen beträchtlichen Anhöhen dieses Gebietes sieht man noch an zehn bis zwölf alte Warten und Thürme, die Ueberbleibsel aus dem elften Jahrhunderte, wo der unruhige Kaiser Heinrich IV den Einfall hatte, auf jedem ansehnlichen Hügel und Berge in Sachsen eine Festung anzulegen, um die gegen ihn erbitterten Sachsen dadurch in Respect zu erhalten.
[…]

Die Roßtrappe.

Von Quedlinburg führte mich mein Reiseplan nach der Roßtrappe. Es war freylich nicht der nächste Weg nach Blankenburg; allein diese schöne, ja ich glaube sagen zu dürfen, diese schönste Parthie der ganzen Harzgebirge, belohnt jede Aufopferung reichlich.

Der Fußsteig zur Roßtrappe erhebt sich von der am Eingange des Roßtrappenthals gelegenen Weißblechhütte hin und wieder etwas steil; man wandelt ihn indessen doch gern, da er stets unter den dichtesten Wölbungen von Buchen und anderm Laubholze fortläuft. Nicht eher kommt man wieder ins Freye, bis man sich auf der äußersten Spitze, der gleichsam aus den Seitenwänden des Thales sich herausdrängenden Felsenwand befindet, wo die bekannte Vertiefung in eine nakte Felsenplatte zu finden ist, welche dem Orte den Namen gab. Doch übersteht man dies unbedeutende Spiel der Natur sehr bald, wenn man einen Blick zu beyden Seiten in die Untiefen wirft, in welchen die Bode über eine unsägliche Menge von hinabgestürzten Felsstücken hinweg tobt. Für schwindelnde Personen ist diese Stelle sehr gefahrvoll, denn auf beyden Seiten läuft der Berg fast perpendikulär hinab, und nur hier und da drängt sich aus den Ritzen der Klippen ein Busch hervor, der das Hinabsehen in etwas hemmt.

Die Felsen rings umher haben hier das Eigenthümliche, daß sie zackig in die Höhe laufen, und nicht, wie es sonst der Karakter der Harzgebirge ist, abgeründet sind. Daher entdeckt in selbigen ein mit Einbildungskraft erfülltes Auge sehr leicht bald ein verfallenes Schloß, oder Menschengestalten, oder Thurmspitzen und dergleichen. Sie laufen alle in einer Höhe

Abb. 5
Die Rosstrappe, kolorierte Aquatinta-Radierung, nach 1803

von sechs bis achthundert Fuß steil herab, so daß es gewiß nur mit der größten Lebensgefahr Jemand wagen würde, an ihnen hinab, oder hinauf zu klimmen. Das Gesträuch, welches an diesen Wänden empor kommt, wächst so lange ungestört fort, bis ein harter Winter einfällt, die Bode zufriert, und man dann auf dem Eise hinfährt und es abhaut. Kommt aber eine Haunung in diese Gegend, so lassen sich die Holzhauer, wie die Gemsenjäger an den schweizerischen Gebirgen, an Stricken hinab, hauen die Bäume auf diese gefahrvolle Art ab, zerstückeln sie, und stürzen das Holz dann in die Bode, die es bey hohem Wasserstande mit fort nimmt. Für diese Arbeit erhält der Mann täglich zwölf Groschen. Vor einigen Jahren hatte einer sein Leben durch zu große Kühnheit eingebüßt, außerdem soll man selten ähnliche Beyspiele haben. Unterhalb der oben erwähnten Weißblechhütte wird das so hervor geflößte Holz von einem quer durch das Flußbette laufenden Wehr aufgehalten, und hier zieht man es heraus, und maltert es zum Verkauf auf. Daß bey dieser Manier manches Stück Holz verloren geht, welches der Schwere wegen untersinkt, oder zwischen den Felsstücken hängen bleibt, ist gewiß, wovon man sich auch leicht überzeugen kann, wenn man durch das helle Wasser auf den Grund sieht; indessen ist es doch nur der einzige Weg, das Holz heraus zu bekommen.

Wer das Roßtrapp- oder Boden-Thal nur von oben sah, hat seine pittoresken Schönheiten nur zur Hälfte genossen. Um sie ganz empfunden zu haben, muß man auch im Thale selbst an den Ufern der Bode hin gegangen seyn. Der Weg dahin, als ich von dem Roßtrappenfelsen wieder herabgestiegen war, lief anfangs auf Wiesen und Rasenpfaden, zwischen Buschwerk, am rechten Ufer der Bode fort, und ich konnte mit Muße an den steilen Granitwänden hinauf sehen. Doch bald war ich genöthigt, auf den Pfad zu blicken, denn mit jedem Schritte wird er schlüpfriger und unsicherer. Bald mußte ich über herabgestürzte Felsen wegrutschen; bald mit Hülfe eines Astes mich über Tiefen hinweg schwingen, oder auf

Händen und Füßen mein Fortkommen suchen. Für alle diese Mühseligkeiten, für jede Beschwerde wurde ich aber auf das herrlichste belohnt, als ich jezt dem Fuße des Roßtrappenfelsens gegenüber stand, und die ungeheuren Felsenmassen vor und über mir erblickte. Zackig und grausend starren sie empor, und geben das Rauschen der Bode, welche über die in ihrem Bette liegenden Granitblöcke stets hinbraußt, doppelt zurück. Dieser Fels scheint nur ein Stück, ober aus mächtig großen Platten zusammen gefügt zu seyn. Er läuft ganz gerade herab, und nicht einmal ein Büschchen kann hier wurzeln.

Ich ging jezt weiter. Das Thal, oder besser gesagt, die Schluft engte sich immer mehr, der Weg wurde mit jedem Tritte mühsamer, und endlich schwand er ganz. Auf beyden Seiten laufen nemlich die Felsen gerade herab, bilden so gleichsam ein Thor, aus welchem sich das Wasser drängt, und rufen dem erstaunten Wanderer entgegen, daß es weiter nicht erlaubt sey, in dieses Heiligthum der Natur einzudringen.
Unwillig spähte mein Auge nach einem Orte, wo ich mir hätte weiter helfen können; allein, umsonst. Ich ruhte auf einem Felsstück, ganz hingenommen von der Erhabenheit, von dem Majestätischen dieses furchterweckenden Thales, und staunte stumm und betäubt dieses Wunderwerk der Natur an. Umgeben von starrenden Bergen, umrauscht vom tobenden Wasser, abgeschieden von jedem lebenden Wesen, blickte mein Auge in dieser Einöde umher.
[...]

Schon wollte ich den Rückweg antreten, als der Gedanke nochmals in mir rege ward, einen neuen Versuch zu wagen, um durch das vorhin erwähnte Thor zu kommen, und weiter in das Thal einzudringen; allein es war umsonst, jeder Versuch vergebens, und ich sah endlich, daß ich nur dann meinen Zweck erreichen würde, wenn ich durch das Wasser ginge. Hierzu entschloß ich mich. Ich watete glücklich an der Felsenwand hinweg, ungeachtet der vielfachen Hinderniße, mit welchen ich zu kämpfen hatte, indem das Wasser mir stets über den Schultern zusammenschlug, sein schneller Lauf mich um-

Abb. 6
Im Bodetal, 2020

zureißen drohte, und das Tragen meiner Kleidungsstücke auf dem Kopfe, mir nur eine Hand zum Festhalten übrig ließ. Mit einem freudigen und zugleich ängstlichen Herzklopfen arbeitete ich mich an den Felsen des Thores hin, erreichte eine flache Uferstelle, wo ich mich wieder ankleidete, und dann ging ich zwischen dem Gesträuch weiter. Immer höherer Wände starrten mir entgegen, immer brausender ward der Fluß, immer näher rückten die Berge zusammen. Oft war ein Strauch mein Retter, oft ein gewagter Sprung; allein, das Verlangen, den Fall der Bode in der Nähe zu sehen, besiegte jedes Hinderniß, jede Gefahr, und – ich erreichte meinen Zweck. Zwar konnte ich ihm nicht ganz nahe kommen, da der Weg zu gefährlich wurde, und ich mehr nicht wagen wollte, als ich bereits gethan hatte; allein, ich war doch nur noch ungefähr vierzig bis funfzig Schritte davon entfernt, und daher im Stande, ihn sehr deutlich zu beobachten.
[…]

Ich habe schon vorhin gesagt, daß nur, wenn äußerst strenge Kälte einfällt, die Bode hier zufriert, indem sie durch die Berge geschützt ist. Solche Winter waren seit dreyßig Jahren nur drey, nemlich 1766, 1784 und 1794. Sie wird dann von vielen Fremden befahren, welches besonders im Winter 1784, nach der Aussage der Wirthe, im Dorfe Thale und auf der Blechhütte, der Fall gewesen seyn soll, die sich dabey bald wieder ein solches Jahr wünschten, wodurch Etwas zu verdienen gewesen wäre.
[…]

Blankenburg.

Blankenburg, die Hauptstadt des dem Herzoge von Braunschweig gehörigen Fürstenthums gleiches Namens, liegt am Harze, oder besser gesagt, vor dem Harze, zwey Meilen von Quedlinburg. Sie zieht sich in einem Halbzirkel um und an dem hohen Berge herum, auf welchem das Schloß liegt, hat Mauern und drey Thore, und enthält ungefähr 344 Häuser. Außerhalb der Mauern befinden sich noch an funfzig Häuser, und in allen diesen zusammen genommen; eine

Abb. 7
Blankenburg im Unterharz, kolorierte Umrissradierung, nach 1800

Summe von 2600 Seelen. Was von den Mauern umgeben ist, steht unter der Gerichtsbarkeit des Amtes Blankenburg, was außer denselben liegt, unter dem Magistrate.
Blankenburg ist sehr alten Ursprungs, und war lange Zeit schon vor Karl dem Großen, ein von Heiden bewohnter Ort, hatte auch bereits im zehnten Jahrhunderte eine Ringmauer, und in dieser zwey und vierzig Thürme, deren Höhe sich indessen jezt nicht mehr über die der Mauer versteigt. Theils verlor sie solche in der Belagerung Kaiser Friedrich des Rothbarts, welcher ihr wegen Heinrich dem Löwen 1182 tapfer zusetzte; größtentheils aber im dreyßigjährigen Kriege, wo sie gewaltig mitgenommen, und besonders durch Feuersbrünste sehr ruinirt wurde. Nach der Zeit erholte sie sich indessen wieder, und besonders da, wo der Herzog Ludwig Rudolph, und die verwittwete Herzogin Christine Luise hier von 1690 bis 1747 residirten, und gegenwärtig ist es ein blühendes, nahrhaftes Städtchen. Denn ob sie gleich auch im siebenjährigen Kriege nicht von Brandschatzungen befreyt blieb, so hatte doch dieses weiter keinen bleibenden Eindruck auf ihren Wohlstand.

Sie nährt sich jezt vom Ackerbaue, Viehzucht, Brauwesen und zwey großen Jahrmärkten. Brandtwein wird gar nicht gebrannt, indem das Wasser nicht tauglich dazu seyn soll, die Nähe von Quedlinburg auch den Absatz desselben verhindern, oder wenigstens schwächen würde. Außerdem wird durch die sich hier befindenden Collegia der Regierung und Cammer, und durch den Aufenthalt mehrerer Privatpersonen, welche von eignen Mitteln leben, eine nahmhafte Summe Geldes in Umlauf gesetzt, die nicht wenig zur Nahrung der Stadt beyträgt, und wozu gegenwärtig noch eine beträchtliche Summe von den Franzosen kommt, welchen der Herzog hier ein Asyl anwieß. Dieser thut überhaupt mehr als andere Landesherren, bemittelte Ausländer herbey zu ziehen. Wer in Blankenburg privatisiren, und sich niederlassen will, erhält von ihm, wenn er darum nachsucht, Holz zur Feuerung unentgeltlich.

Die Stadt ist nicht vorzüglich gebaut, doch auch nicht ganz unregelmäßig. Die Zahl der bessern Gebäude ist freylich gering. Unter sie gehört das Rathhaus, der Cammerhof, oder das Gebäude, wo das Cammer-Collegium seine Sitzungen hält, die Katharinenkirche, einige Privatgebäude am Markte, und das sogenannte Gartenhaus vorm Lühner-Thore. Da alle Straßen am Berge weg, oder an ihm hinauf laufen; so ist das Pflaster stets reinlich, und kann auch, mittelst des fast durch jede Straße fließenden Wassers, sehr leicht so erhalten werden. Abends sind sie mit 150 Laternen erleuchtet, wozu die Stadt die Kosten giebt. Wenn auch diese Zahl in gar keinem Verhältniße mit der Größe des Orts steht; so sieht man doch den guten Willen, nur sollte man das Glas reinlicher erhalten als es ist.

Im Rathhause, welches am Markte steht, befindet sich das Regierungscollegium. An der einen Seite desselben entdeckte ich fünf eingemauerte steinerne Kugeln, welche zum Andenken der Belagerung der Stadt unter Wallenstein 1625, hier angebracht seyn sollen. Drey andere Gebäude am Markte sind deshalb mit Schiefer gedeckt, weil einst die gräfliche Familie hier wohnte, als das Schloß abgebrannt war.

Obgleich die umliegenden Gegenden von Blankenburg überall die herrlichsten Spaziergänge darbieten, und die Natur mit reicher Fülle für ihre Freunde gesorgt hat; so wird doch vorzüglich nur ein Ort vor dem Tränkethore, der Thie genannt, zur allgemeinen Promenade genutzt. Dies ist ein großer, ebener Rasenplatz mit Linden-Alleen bepflanzt, unter deren dichtem und hohem Laubdache eine stets erquickende Kühle herrscht. Hier wandelt alles, um zu sehen und gesehen zu werden, und hier steht auch das Schützenhaus, worin sehr oft sogenannte Pickenick's von den Vornehmern der Stadt veranstaltet werden.

Die Blankenburger sind sehr brave und gesellige Menschen. Sie lieben Gesellschaften in einem hohen Grade, und können sie auch, wegen der großen Anzahl von Honoratioren, welche theils als Diener, theils als Privati hier wohnen, haben. Ich hatte mehrmals Gelegenheit in ihren Zirkeln zu seyn, und muß zur Ehre Blankenburgs gestehen, daß ich wenig Städte dieser Größe habe kennen lernen, wo der Ton so gut, so fein, so angenehm, und doch dabey so ganz ohne allen Zwang, und höfische Ziererreyen und Armseligkeiten gewesen wäre. Ueberall herrscht eine gefällige Ungebundenheit, eine Vertraulichkeit gegen einander, die jedoch nie die Grenzen der

Sittlichkeit, auch nicht mit einem Ausdrucke überspringt, eine Höflichkeit gegen Fremde, eine Feinheit und Abgeschliffenheit der Sitten, die gefallen muß. Nur bemerkte ich zu meinem Misvergnügen, daß man auch hier das Kartenspiel sehr liebt, und sehr hoch spielt.

Die Lebhaftigkeit der Blankenburger Gesellschaften wird jezt besonders durch den Schwarm von Emigranten vermehrt, welcher sich hier aufhält, und theils das Gefolge Ludwig XVIII ausmacht, theils privatisirt. Die den Franzosen eingeimpfte Feinheit im Betragen bahnte allen sehr bald den Weg in die ersten Gesellschaften; und, da man sie in derselben ausdauernd fand, so erwarben sie sich leicht die Liebe der Blankenburger. Eine natürliche Folge dieser Verschmelzung war die, daß ihre Sprache allgemeiner wurde, besonders, da sich wenige auf die Erlernung der teutschen legten. In Gesellschaften hörte ich mehr französisch als teutsch reden, auch wenn kein Franzmann gegenwärtig war. Jeder bejahrte Mann war durch die Umstände genöthigt, sein bischen Französisch, das ihm vielleicht in der Jugend mit Mühe eingeprägt war, wieder aus dem staubigen Winkel seines Gedächtnisses hervor zu kramen, und fortzusetzen, und Damen, von denen man es nicht erwarten konnte, welche schon längst über die Jahre der Koketterie ein Viertelssäculum hinaus waren, plapperten eben so geläufig ihre Worte hin, wie die jungen, aufblühenden Knospen.
[...]

Das Schloß in Blankenburg liegt sehr hoch. Vom Markte aus, der schon ziemlich erhaben ist, führen 112 Stufen hinauf, und dann geht es noch eine lange Strecke in einer Lindenalle bergan, so daß man sich ganz müde und matt steigt. Als ich oben war, kam ein alter Invalide, mit welchen sowohl das Schloß- als auch die Stadtthore besetzt sind, auf mich zu, und fragte französisch: „Ob ich das Schloß besehen wolle?" Ich bejahte es, und fragte ihn zugleich, ob er auch ein Emigrant sey? „Nein," antwortete er teutsch; „aber ich habe im siebenjährigen Kriege das Französische wohl lernen müssen, denn ich bin ein halbes Jahr als Staatsgefangener in Frankreich gewesen." Ungeachtet der Miene von Wichtigkeit, welche er sich hierbey gab, indem er sich aus einem gemeinen in einen Staatsgefangenen umwandelte, hielt er es doch nicht unter seiner Würde, sein Haupt zu entblößen, und mir den Hut zur Darreichung einer kleinen Gabe vorzuhalten. Mit blitzenden Augen empfing er die Kleinigkeit, welche ich ihm hinreichte, und lief noch zur Dankbarkeit zum Kastellan des Schlosses, um mich anzumelden. Nach einigen Minuten kehrte er zurück mit den Worten: „Sie liegen noch im Bette (nämlich der Herr Kastellan), werden aber sogleich erscheinen."

Während dieser seine Toilette ordnete, trat ich in den Schloßhof. Dieser bildet, von den vier Flügeln des Schlosses umgeben, ein kleines Viereck, das mit hohem Grase überwachsen ist. Es war überall still, öde und traurig; nur das in zwey eiserne Tröge laufende Wasser, und hin und wieder eine Schwalbe, die hier ungestört unterm Dache ihre einsame Wohnung angeheftet hatte, unterbrach die schauerliche Ruhe, die hier herrschte.

Ich mußte ziemlich lange auf meinen Cicerone warten, und schon wollte ich voll Unwillen selbst zu ihm hin, als die sonderbare Figur erschien, die es allein schon verdient, daß man den sauren Weg heraufsteigt. Klein, dick und plump geformt, mit schwappelnden, auf die Schultern hängenden Backen, kleinen, naseweisen Augen, in dicke Pelzstiefeln und einen schmutzigen, modernden Schlafrock gehüllt, kam der ehemalige herzogliche Kammerhusar auf mich zu, und machte mir gleich eine detaillirte Erzählung von seinen gichtischen Zufällen, in welcher ich ihn aber bald unterbrach, und um Oeffnung des Schlosses bat. Dies that er endlich, indem er mich folgen hieß, und sagte: „Wenn Sie nun was wissen wollen, so fragen Sie mich."

Ich brachte drey volle Stunden zu, ehe ich die 275 Zimmer, Kammern und Säle durchgehen konnte, welche das Schloß, nach der Aussage meines Führers, enthalten soll. Ich habe sie nicht gezählt, kann daher diese Angabe nicht verbürgen; aber so viel ist gewiß, daß ihre Zahl groß ist. Alle sind sie noch im ältesten Style dekorirt und möblirt. Die darin vorhandenen Gemälde besagen, wenige ausgenommen, nicht viel; die bessern wurden nach Salzthalen geschafft. Der kleine Kastellan bemüht sich indessen nicht wenig, allen einen höhern Werth beyzulegen, als sie haben, und die Preise derselben multipliziren sich mit einer solchen Fertigkeit in seinem Munde, die Namen eines Mengs, Rubens, van Dyk, Raphaels und anderer sind ihm so geläufig, die entscheidendsten Beurtheilungen strömen so unaufhaltsam von seinen Lippen, daß er einem Ungelehrten in der Kunst als ein wirklicher Kenner erscheinen muß. Diese beyspiellose Unverschämtheit im Lügen geht bey ihm so weit, daß er selbst Personen, welche über solche Gegenstände zu urtheilen fähig sind, nicht zum Worte kommen läßt, und mit impertinenter Frechheit seine Meynung zu behaupten sucht. In der That, nur von Beireis in Helmstädt hörte ich einst noch größere Lügen für Wahrheit ausgeben; sonst ist mir noch kein Mensch vorgekommen, der über den blankenburger Kastellan den Preis errungen hätte.

Außer jenen bessern Gemälden findet man hier weniges, was eine Erwähnung verdiente; doch darf ich nicht ein elfenbeinernes Kruzifix übergehen, welches in der Schloßkirche auf dem Altar steht, und überaus sauber und schön gearbeitet ist.

Ueber der Kirche befinden sich noch in einem Zimmer die leeren Repositorien, worin eine ansehnliche Bibliothek aufgestellt war. Sie bestand einst aus fünfzehntausend Bänden, wurde aber vor einigen vierzig Jahren mit der wolfenbüttelschen vereinigt, und nichts als dies Gerippe blieb stehen, so wie über der Eingangsthür das Wort mit goldnen Buchstaben „Bibliothec."

Der Schloßbrunnen, welcher ehedem im Gange war, jezt aber verbaut ist, verdient auch noch einer Erwähnung. Er ist in den Fels gehauen, vier und dreyßig Lachter tief, und durchaus mit Mauerwerk eingefaßt. Zum Wasserspiegel desselben kann man mittelst 145 Stufen gelangen, welche inwendig an der Seite hinablaufen. Er soll zur Zeit, als man ihn grub, drey und zwanzig tausend Speciesthaler gekostet haben. Um so mehr ist es daher zu bedauern, daß, als 1713 das Brunnenhaus abbrannte, man Zimmer über ihm anlegte, und ihn so zu jedem Gebrauche, wo nicht ganz untauglich, doch wenigstens sehr beschwerlich machte.

Die von jeder Seite des Schlosses verschiedenen Aussichten auf die Stadt und die umliegende Gegend sind überaus schön und reizend, die Fläche, welche man übersieht, groß. Halberstadt, Quedlinburg, die Thürme von Magdeburg, eine Menge von Dörfern und kleinern Städten, die Veste Regenstein im Vordergrunde, die hohen, pittoresken Felsen der Teufelsmauer, weite Ebenen, Berge und Thäler, alles dies bildet eine der schönsten Landschaften, der nichts als ein Fluß zur Vollkommenheit fehlt. Man sieht sich nicht müde an den mannichfachen und reizenden Kompositionen der Natur, an den mit so voller Hand hier verschwendeten Schönheiten derselben. Mit inniger Theilnahme weilte mein Auge auf diesem Gemälde voll Lebens, voll Freude, Arbeitsamkeit und Ueberflusses, und ungern nur verließ ich diesen schönen Standpunkt. Und diese angenehme Wohnung, dieses mit so reizvollen Gefilden umgebene Schloß bewohnt niemand, als jener äsopisch geformte Kastellan! – Selbst der Herzog, wenn er hierher kommt, welches äußerst selten geschieht, hält sich dann auch nur wenige Tage auf, obgleich das blankenburger Schloß das vorzüglichste unter allen seinen Schlössern ist.

Der unterm Schlosse gelegene Garten besagt wenig. Seit der Regierung des französischen Geschmacks in den Gärten, wo man zwischen Tannen-, Aepfel- und Birn-Evantaillen wandelte, ist nichts darin geändert; man stößt daher noch auf gedrechselte Hecken und grüne Wände, welche von steinernen Figuren belebt werden.

Die Luisenburg, oder das Luisenhaus, ein kleines, in achteckiger Form gebautes Häuschen, liegt, vom Schlosse eine Viertelstunde entfernt, höher im Walde hinauf. Die Aussicht von da müßte noch weit ausgebreiteter seyn, als die vom Schlosse, wenn nicht die ringsumher stehenden Bäume es ganz verhinderten, mehr als man zwischen den Zweigen hindurch erblickt, zu sehen. Da niemand dafür Sorge trägt, diese Hindernisse wegzuräumen; so wird der Zweck seiner Erbauung endlich ganz wegfallen, welches in der That zu bedauern ist.

[...]

Abb. 8
Der Regenstein bei Blankenburg, Sepiaaquarell, nach 1814

Die Veste Regenstein.

An einem schönen Morgen besuchte ich die Ruinen der Vestung Regenstein, welche Blankenburg gegenüber, auf der nördlichen Spitze der Felsen der sogenannten Teufelsmauer liegt. Der einzige Weg, auf welchem sie erstiegen werden kann, läuft immer schräg zwischen Gebüsch hinauf, sonst sind alle Zugänge durch die perpendikulär herablaufenden Felsen, oder durch natürliche Vormauern abgeschnitten. Daher es gar keine unpassende Idee war, diesen Klumpen zu einer Vestung einzurichten, besonders da sie ganz isolirt im flachen Felde lag, und von keinem Berge umher beschossen werden konnte. Ehe man die oberste Fläche erreicht, kommt man durch zwey gewölbte Thore, die aber größtentheils abgebrochen worden sind, um die schönen Quadersteine, aus welchen sie bestehen, noch zu nutzen. Von den Vestungswerken und Gebäuden selbst steht wenig noch, außer was in den Felsen eingebauen ist. Da entdeckt man noch viele Gemächer, Keller und kleine Behältnisse, ja sogar die Stellen, wo die Betten gestanden haben mögen, und welche in die Seitenwände der Gemächer eingehauen sind. Was aber zur Ergänzung der auf diese Weise gefertigten Wohnungen noch hinzugebaut war, davon ist nichts mehr zu sehen, das zerstörte Gewalt und Zeit. Der Brunnen, welcher sich oben befindet, ist noch sehr tief, ungeachtet er mit Vorsatz an 30 Fuß tief verschüttet wurde, und noch stets durch die vielen hineingeworfenen Steine immer mehr damit angefüllt wird. Ich hatte, um seine gegenwärtige Tiefe auszumessen, sechszig Ellen Bindfaden mitgenommen; allein sie reichten nicht zu. Wasser ist gar nicht mehr darin.

Ein treffliches, aber für eine mit Schwindel behaftete Person gefährliches Plätzchen ist auf der äußersten Spitze des Felsens der sogenannte Generalssitz. Dies ist eine ganz runde, in eine Sandsteinmasse, welche noch einige Fuß über den Felsen hinausspringt, und so gleichsam in der Luft schwebt, eingehauene Bank, wo in vorigen Zeiten der Kommandant seinen Sitz gehabt haben soll, um die Gegend besser beobachten zu können, daher auch der Name. Von dieser Stelle kann man den ganz senkrecht ablaufenden Felsen genau beobachten, an welchem auch der kühnste Gems es umsonst wagen würde heraufzuklimmen.
[…]

In Gesellschaft einiger würdigen Männer, welche ich während meines Aufenthaltes in Blankenburg kennen lernte, fuhr ich eines Morgens nach der Baumanns- und Bielshöhle, welche nur zwey gute Stunden von Blankenburg entfernt sind. Der Weg dahin läuft immer durch Waldungen, und verliert nicht eher seine Eintönigkeit, bis man in das Rübelander- oder Boden-Thal hinabfährt.

Beyde Höhlen befinden sich in den Bergen, welche das Dorf Rübeland einschließen, und zwischen welchen die Bode hinfließt. Die ältere Baumannshöhle besuchten wir zuerst. Sie liegt dem Flüßchen zur Linken, und man muß erst den Berg ganz hinauf steigen, um zu ihrem Eingange zu gelangen.

Hier war schon unser Führer mit den schmutzigen Bergmannskitteln, welche er uns umhieng, jedem eine Lampe gab, und dann, nach einer in poetischer Prosa gehaltenen Anrede, den Gang mit uns eröffnete. Ich kam nur bis in die vierte Höhle; das Gefahrvolle der Bahn hielt mich zurück weiter zu gehen, doch sah ich schon in diesen das Wunderbare dieses Naturspiels, das schreckenvolle Innere dieses unterirdischen Gewölbes hinlänglich. Mit Angst erfüllt blickte mein Auge an den mächtigen über mir ineinander gefügten Felsmassen hinauf, und der Gedanke: wenn diese jezt über dich zusammenstürzten! peitschte mein Blut doppelt durch alle Adern. Ich übersah mit ängstlichem, flüchtigem Blicke, die durch das stets herabtröpfelnde Wasser entstandenen Figuren, welche im Grunde die Aufmerksamkeit nicht verdienen, die man ihnen gewöhnlich widmet, und ungeachtet der Führer mir stets Muth zusprach, und versicherte, daß schon Herzöge, Fürsten und Grafen unbeschädigt alle Höhlen durchgangen wären; so glaubte ich doch, daß mich dies nicht sicher stellen könnte, und kroch mehr als ich ging, durch diese Kammern des Todes zurück, und, o wie froh war ich, Gottes heitern Himmel wieder über mir zu sehen!

> Ja, schöner mahlte sich im goldnen
> Abendschimmer
> Des Thales Lieblichkeit, der Tannen
> dunkles Grün,
> Der Felsen braunes Roth, durchwebt
> mit Sternen-Glimmer,
> Und alles rief mir zu:
> Natur, wie schön bist du!

Doppelt reizend schien mir das Thal zu meinen Füßen, durch welches sich die Bode windet, und doppelt erquickte mich die reine ätherische Luft und der narkotische Geruch, welcher den Tannenwäldern entstieg. Arbeit und Betriebsamkeit verbreiteten Leben zwischen den Hütten und schwarz beräucherten Wohnungen. Das Pochen der Eisenhämmer, das Schnattern der Mühlen, welches von den hohen Bergen zurück gegeben wird, erfüllt das Thal mit Munterkeit. Glückliches Völkchen, das diesen Winkel der Erde bewohnt, das entfernt vom Tand der Welt, unbekannt mit ihrem Flitter, ruhig und in Abgeschiedenheit seine Tage froh verarbeitet, wie seyd ihr neidenswerth! Ihr kennt keine Bedürfnisse, als die der Natur, ihr fühlt Zufriedenheit, wenn diese gestillt sind, eure Begriffe umgiebt ein enger Wirkungskreis, in ihm fühlt ihr euch glücklich. Wenn ihr am Abend eines mühvollen Tages die matten Glieder auf's harte Lager streckt, dann wälzen sich nicht finstre Wolken vor euch hin, dann drückt euch der Gott des Schlummers die Augen zu, dann scheucht kein folterndes Gewissen die Ruhe von euch hinweg. Wenn ihr am frühen Morgen die Lagerstätte verlaßt, und mit dem jungen Tage die Arbeit wieder beginnt, dann fühlt ihr neugestärkt die markvollen Glieder, die kein schleichendes Gift zernagt.
[...]

So schwärmte ich mit meinen Gedanken umher beim Anblick dieses schönen Thales und seiner Bewohner, als meine Begleiter, welche sich tiefer hinab in die übrigen Höhlen hatten führen lassen, zurück kamen.

Wir gingen nun zu dem Führer der Bielshöhle. Dieser, welche sie zuerst entdeckte, und sie für Reisende fahrbar machte, hat zur Erkenntlichkeit seines Forschungsgeistes von der Blankenburger Cammer ein privilegium exclusivum darüber erhalten. Er allein kann Fremde einführen, und darf sie für unangemeldete Gäste verschlossen halten. Ueber der Thür seines Hauses hat er eine Tafel ausgesteckt, wie man in vielen Städten das Bierzeichen ausgehängt sieht, worauf er jeden einladet, seine Höhle zu beaugenscheinigen. Wie häufig dieses geschieht, beweisen die von dem industriösen Herrn Schröder in Werningerode in Druck gegebenen Bücher, in welche sich jeder Fremde einschreibt, und womit dieser Aufseher der Höhle einen Commissionshandel treibt.

Nachdem wir auch hier wieder unsere Kleider hatten wechseln müssen, ging es am rechten Berg-Ufer der Bode hinauf. Der Eingang der Bielshöhle ist bey weitem nicht so schön, wie der der Baumannshöhle; denn kein so hohes natürliches Felsengewölbe umgiebt diesen, so wie jenen.

Ich war anfangs gar nicht Willens, mich von neuem unter die Erde zu begeben, und zum zweytenmale jene schaudernden Scenen beym schwachen Schimmer einiger Lampen mir zeigen zu lassen; allein, das Zureden meiner Gefährten, und, ich gestehe es offenherzig, die Eitelkeit, sagen zu können, daß auch ich die Bielshöhle befahren hätte, siegten über meine Furcht. Ich stieg hinab, schwankte eine Leiter hinauf, die andere doppelt tief hinunter, und durchkroch fünf oder sechs Höhlen-Abtheilungen; aber dann war meine Neugierde gesättigt, ich kehrte den mühsamen, schlüpfrigen Pfad zurück, der zwar nicht gefährlicher, aber weit beschwerlicher als der in der Baumannshöhle ist. Man muß größtentheils mit gekrümmtem Rücken die Reise machen, welches für einen geschmeidigen Hofmann wohl eine gewohnte Sache seyn mag, aber nicht für einen Reichsstädter. Uebrigens sieht man auch hier einige durch den Zufall gebildete Figuren, worauf der Führer besonders aufmerksam macht, und zur Erklärung derselben vielen Wortkram verschwendet, auch es nicht an Anekdoten dabey fehlen läßt.

Beyde Höhlen haben schon so viele Beschreiber gefunden, daß ich es für ein undankbares Unternehmen halten muß, tiefer in die Geschichte derselben einzudringen, und mehr, als ich davon gesagt habe, noch mitzutheilen, da ich doch nichts Neues würde liefern können.
[…]

Unser Rückweg nach Blankenburg war angenehmer, als der Herweg. Wir fuhren nemlich im Thale hinab an der Bode entlang. Bey jeder Biegung des Weges stellen sich die angenehmsten Parthien dar. Die schönsten Tannen bedecken auf beyden Seiten die hohen, kahlen Berge, und ihre Wipfel durchschwirrt ein immerwährendes sanftes Säuseln der Luft. Helle Waldbäche rieseln, ober stürzen sich hinab in das bald enge, bald weitere Bette der Bode, und Mühlen aller Art vermehren durch ihr schnatterndes Geräusch das Leben in diesem Thale, welches leicht dem so gepriesenen Plauischen Grunde bey Dresden den Rang ablaufen möchte.

Bey der Marmormühle wendet sich der Weg links aus dem Thale, und über Hüttenrode kamen wir nach Blankenburg zurück. Diese Mühle, welche dem Herzog von Braunschweig auch zugehört, und auf seine Kosten betrieben wird, verarbeitet den Marmor zu allerley Gefäßen, Denkmalen und andern Dingen, welcher über ihr am Berge, in mächtigen Platten, gebrochen wird. Er ist weiß und schwarz, oder weiß und

Abb. 9a
Die Baumannshöhle bei Rübeland, Kupferstich um 1800

Abb. 9b
Der alte Eingang zur Baumannshöhle bei Rübeland, 2024

Abb. 10 a und b
Kloster Michaelstein, Torhaus mit Relief vom Erzengel Michael

roth gemischt, und nimmt eine sehr gute Politur an. Obgleich steter Absatz der gefertigten Waaren da ist, auch in Blankenburg sich eine Niederlage davon befindet; so ist doch nicht viel Segen bey diesem Unternehmen, ja manches Jahr wird sogar stark dabey zugesetzt. Indessen läßt man es sich nicht eingehen, da eine nahmhafte Zahl Menschen davon ihren Unterhalt genießt.

Ich verließ Blankenburg nach einem achttägigen Aufenthalte daselbst, und durfte mir mit Ueberzeugung zurufen, daß ich hier sehr angenehme Stunden verbracht hatte, deren Rückerinnerung mir stets frohe Empfindungen einflößen wird, und für deren Verschaffung ich den guten Blankenburgern immerfort dankbar bleiben werde. In keinem Städtchen der Größe, (Offenbach allenfalls ausgenommen), habe ich je wieder so mannichfaltige Annehmlichkeiten, in Rücksicht des Umgangs, des geselligen Tons, der schönen Gegend, und der gütigen Aufnahme, vereint gefunden, als hier, und um so mehr verdienen daher diese Eigenschaften ein ihnen gebührendes Lob. Keine besondern Veranlassungen, kein Privat-Rücksichten leiten hier meine Feder; nein! es ist wahre, reine Ueberzeugung, welche aus mir spricht, und welche mir auch jeder zugestehen wird, der sich länger in Blankenburg aufhielt, und es von mehrern Seiten kennen lernte.

Vor dem Tränkethore, aus welchem ich ging, sah ich einen kleinen Wasserbehälter, über dem ein großer hölzerner Vogelbauer oder Käfig schwebte, welcher in das Wasser gesenkt werden kann, und worein man Verbrecher steckt, um sie einigemal, nach der Größe ihres begangenen Uebels, untertauchen zu können; zur Ehre der Stadt schien aber diese Badeanstalt seit langer Zeit schon nicht gebraucht zu seyn. Etwas weiter hin stößt man auf ein Stück Mauer, das in der Mitte des Feldes ganz frey steht, und noch ein Rest der ehemaligen Stadtmauer ist, woraus sich mit Wahrscheinlichkeit schließen läßt, daß die Stadt sonst von größerem Umfange war, als jezt.

Der Weg von Blankenburg nach Wernigerode, auf das ich jezt zusteuerte, führt eigentlich nicht nach dem Kloster Michaelstein; da aber der Umweg so wenig beträgt, den ich zu nehmen hatte, um es zu sehen, so ging ich ihn. Dies sonstige, dem Erzengel Michael und allen übrigen Engeln geweihte Kloster, macht in Rücksicht seiner Lage, eine Ausnahme von vielen andern Klöstern. Gewöhnlich suchten sich die feisten Diener Gottes die schönsten Gegenden der Erde aus, und bauten sich dann auf Hügeln und Bergen an, um auch jede Art des Lebensgenußes sich zu verschaffen, um nicht bey dem üppigen Ueberfluße, in dem sie schwelgten, die Freuden einer weiten, lachenden Aussicht entbehren zu müssen; dies ist aber bey Michaelstein nicht der Fall. Tief in dem Walde verborgen, in einer öden und traurigen Gegend, von sumpfigten Vertiefungen umgeben, liegt es, unbemerkt von dem vorüberziehenden Wanderer, ungesehen von den fernen Bergen. Nicht reizt, um länger als im

Durchgehen, die alten Klostermauern zu besichtigen, und nur durch die hier angelegte Oekonomie erhält der Ort einiges Leben, so wie auch durch eine übergroße Anzahl Kinder, welche vor den wenigen Kolonisten-Häusern ihr Wesen trieben, und das Gepräge der erbarmenswerthesten Armuth trugen. Ich eilte vorüber, und war nach einigen Stunden in der Gräflich-Stolberg-Werningerödischen Residenz Werningerode.

Werningerode.

Ungeachtet der drückenden Hitze des Tages wehte mich doch eine kalte Zugluft an, als ich gegen Abend um die Ecke des Waldes herumbog, Werningerode vor mir liegen, und im Hintergrunde des Brockens nackten Scheitel, über alle ihn umgebenden Gebirge, deutlich herausgestreckt sah. Die Nähe dieses Berges, und die vielen tiefen Thäler erzeugen jene auffallende Abwechselung der Luft, die für einen Landbewohner, der auf einen heißen Tag auch einen warmen Abend verlangt, auffallend und empfindlich ist. Hier weiß man dies nicht anders, und richtet daher seine Kleidung darnach ein. Wer sich diesem Zwange nicht unterwirft, ist steten Erkältungen ausgesetzt.

Man wies mich in einen Gasthof in der Vorstadt Nöschenrode, als den besten des Orts, und wirklich fand ich meine Erwartung mehr als erfüllt. So wohl das Aeußere als Innere desselben entsprach allem was ich wünschen konnte; dafür war es aber auch ein Hochgräflicher Gasthof, der administrirt wird. Dies geschieht indessen nicht, um desto mehr dabey zu gewinnen, denn manches Jahr wird noch zugesetzt; sondern allein aus der sehr löblichen Absicht, daß Fremde ein gutes Wirthshaus finden sollen.

Mein erster Gang des andern Tages war auf das Schloß. Dies liegt auf einem hohen Berge über der Stadt, dessen Gipfel zu ersteigen man eine gute Viertelstunde bedarf. Es ist schlecht gebaut, ein zusammengeflickter und gestickter Klumpen. Da ist keine Façade, keine Fronte zu sehen, nichts als Winkel, Vorsprünge, hölzerne Aufsätze auf steinernen Unterlagen, kleine und große Fenster, kein in die Augen springender Eingang, ein kleiner Schloßhof, kurz nichts von Bedeutung und Interesse. Ob die innere Einrichtung besser ist, weiß ich nicht, da mir der Zutritt versagt wurde. Ich hatte daher diesen sauren Weg ziemlich umsonst gemacht, und

Abb. 11
Ansicht der Stadt und des Schlosses Wernigerode, kolorierte Umrissradierung von Friedrich Wilhelm Rothe, um 1810

Abb. 12
Schloss und Stadt Wernigerode vom Agnesberg aus gesehen, im Hintergrund der Brocken, 2020

nur die Aussicht vom Schlosse herab entschädigte mich einigermaßen. Zwar herrscht nicht die Mannichfaltigkeit darin, wie in der auf dem Blankenburger Schlosse; allein eine Parthie nach dem Dorfe Friedrichsthal zu, dessen viele neue Dächer zwischen dem dunkeln Grün so lieblich hervor blicken, und sich in einer langen Reihe in das Thal hinauf ziehen, die vielen Mühlen, welche diese Reihe fortsetzen, und der Brocken endlich, der stolz im Hintergrunde herüber blickt, ist schön. Der Schloßgarten liegt an und unter dem Schloßberge. Der Haupteingang in selbigen, ein großer Platz mit hohen Kastanien besetzt, überrascht sehr angenehm. Unter ihrem dichten Laubdache kann man beym heftigsten Sonnenschein im Kühlen umherwandeln, und das heilige schauerliche Dunkel, welches da immer herrscht, machte mir das Ganze zu einem irgend einer Gottheit geweihten, heiligen Haine. Ungern verließ ich ihn, um mich nun näher in dem weitschichtigen Garten zu besehen.

Da es zur Mode unseres Decenniums gehört, daß jeder, der ein Gärtchen oder einen Garten hat, auch eine sogenannte engländische Parthie darin anlegt, oder sein Stückchen Wiese mit schlängelnden Gängen durchschneidet, und mit Bäumen und Sträuchen ausländischer Himmelsstriche, mit Tempeln, Altären und dergleichen, besetzt, und gewöhnlich überladet; so vermuthete ich auch gleich hier diese Anglomanie, und irrte mich nicht. Er ist ganz in diesem beliebten Geschmacke zugestutzt, doch paaren sich die Parthien des Luxus sehr glücklich mit denen des Nutzens, man findet überall Spuren einer regelmäßigen Dekoration, und vermißt mit Vergnügen jede Ueberladung. Wenn ich mich aber auf der einen Seite durch den Anblick dieses Gartens sehr unterhalten fühlte; so erregte dagegen eine desto unangenehmere Empfindung folgende, hin und wieder an Bäume geheftete, gedruckte Nachricht: „In diesem Garten darf weder Blatt, noch Reiß, noch Blume abgepflückt, nicht außer den Wegen gegangen, und kein Taback geraucht werden."
[…]

Der Graf von Stollberg-Werningerode ist ein wohlgebildeter, schön gewachsener Mann, der mit einem festen Character und gutem Herzen, einen solchen Grad der Artigkeit und Gefälligkeit verbindet, den man selten bey Menschen

seines Standes antreffen wird. Jedermann, er sey von Adel oder nicht, der nur einigermaßen auf Gelehrsamkeit, auf Künste und Wissenschaften überhaupt, Anspruch machen kann, ist ihm willkommen, und findet einen Platz an seiner Tafel. Diese Popularität muß natürlich gefallen, und er besitzt wirklich nicht nur die Liebe seiner Unterthanen, sondern auch die Achtung eines Jeden, der ihn kennen lernt.
[...]

Was man selten unter den Großen dieser Erde findet, eine Ehe aus Neigung und Liebe geschlossen, trifft man hier beym Grafen von Werningerode an. Sein industriöser Vater hatte ihm bereits eine durch hohe Konnexionen und baare Mitgift glänzende Parthie auserkohren, als seine jetzige Gattin, eine geborene Gräfin von Stolberg Stolberg, zu einem Besuche nach Werningerode kam. Er, für körperliche Vollkommenheit und Güte des Herzens empfänglicher, als für konventionellen Zwang; sah, liebte sie, und wurde wieder geliebt. Ungeachtet der väterlichen Vorstellungen gab er ihr seine Hand, sie blieb sogleich da, ohne ihm das Mindeste mitzubringen, als was seine Liebe erweckt hatte. Ihre Ehe segnete der Himmel desto reichlicher. Sieben Kinder leben ihm noch, und mehrere sind gestorben. Unter seiner Familie herrscht ein liebenswürdiger, häuslicher Ton, der um so mehr anzieht, da man ihn so selten unter dieser Klasse von Menschen auffindet. Der Erbgraf ist nicht von dem gewöhnlichen Schlage der Erbherrn, das heißt, wild, brausend, verschwenderisch, lüderlich, wie zum Beyspiel, sein sauberer Herr Vetter in Stolberg, sondern ein stiller, solider Mann. Die größte Unterhaltung gewährt ihm die Landwirthschaft.
[...]

Die Stadt Werningerode enthält, mit Inbegriff der Vorstadt Nöschenrode, und dreyßig Feuerstellen, welche um das Schloß herum stehen, und von den Hofofficianten bewohnt werden, ungefähr achtehalb hundert Häuser, worin gegen sechs tausend Menschen leben mögen, deren Hauptnahrungszweige Brauerey und Branntweinbrennerey sind. Sie ist ziemlich schlecht gebaut, und enthält noch viele Häuser, die der Herr von Racknitz zu Mustern brauchen könnte, wenn er den Geschmack der Bauart des dreyzehnten und vierzehnten Jahrhunderts darstellen wollte. Die Straßen sind eng, krumm, und werden meistentheils in der Mitte von einem schmalen Wasser durchflossen. In dieses ergießen sich von beyden Seiten aus vielen Häusern stinkende Abzüge, welche nicht den angenehmsten Geruch umher verbreiten. In der Stadt befinden sich vier Kirchen, die gräfliche Regierung, das Consistorium, ein preußisches Acciseamt, und ein Posthaus.
[...]

Der Wege von Werningerode nach dem Brocken sind zwey. Der bequemere und kürzere geht über Haßerode, Friedrichsthal und Schierke; der unbequemere und längere über Ilsenburg und durch das Ilse-Thal. Ich wählte den letzern, vorzüglich um das schöne Ilse-Thal zu sehen, das mir außerdem entgangen seyn würde.

Ich verließ Werningerode an einem schönen, heitern Morgen, und versprach mir daher einen genügenden Abend auf dem Brocken. Wäre ich mehr mit der steten Veränderung des Wetters in dieser Gegend bekannt gewesen, so würde ich mich von dem wolkenreinen Horizont weniger haben täuschen lassen, wie ich leider! erfuhr.

Abb. 13
Rathaus von Wernigerode, 2020

Der Weg nach Ilsenburg führt immer am Fuße der Berge hin, über Altenrode und Drübeck, zwey Dörfer, wovon das letzte sehr ansehnlich ist, und ein Stift enthält, worin eine Aebtissin, und vier Conventualinnen sind, welche der Graf von Werningerode ernennt. Es zieht auch die Einkünfte davon, und jene Glieder des Stifts erhalten nur etwas Gewisses.

Ilsenburg, ein schöner, großer Marktflecken, liegt zwey Stunden von Werningerode entfernt, am Ausgange des Ilsethals. Die Ilse durchfließt ihn. Ehedem residirten hier die Grafen, deren Schloß noch auf einer Anhöhe steht. Durch das hier befindliche große Hüttenwerk, und durch die vielen von der Ilse in Umlauf gesetzten Mühlen aller Art, entspringt der größte Theil der Nahrung für die Einwohner.

So wie man aus dem Orte heraus ist, fängt das Ilse-Thal an. Mehrere Mühlen geht man vorüber, welche die stets zur Seite rauschende, forellenreiche Ilse treibt. Auf beyden Seiten ziehen sich hohe Berge hin, mit Laub- und Nadel-Holz bewachsen, und bald sieht man die große erhabene Felsenparthie vor sich, welche unter dem Namen des Ilsensteins bekannt ist. Dies ist eine sechshundert Fuß hohe Felsenwand, die sich auf der linken Seite des Berges heraus drängt, und über das Thal hinneigt. Wahrscheinlich hieng sie einst mit dem gegenüber bestehenden kleinern Felsen zusammen, wenigstens lassen es ihre ähnlichen Formen vermuthen, und wurde nur durch irgend eine gewaltsame Revolution auseinander gesprengt. Lange stand ich vor diesem wunderbaren und großen Bau der Natur, und sann über seine Entstehung nach; allein, wer vermag die Geschichte solcher Erzeugniße zu ergründen, wer die einstmaligen Revolutionen, welche diese Gebirge erlitten, zu berechnen! Vermuthungen und Wahrscheinlichkeiten allein bleiben uns übrig;
[...]

Der Weg wird mit jedem Schritte rauher, und beginnt mühselig zu werden, wenn man am Fuße des Gebbersberges steht, woran der Weg steil hinan läuft. Läge doch deine Höhe erst zu meinen Füßen, rief ich seufzend aus, indem ich den schmalen, fast perpendikulären Pfad mit den Augen verfolgte, ober käme jezt ein wohlthätiger Berggeist, und trüge mich auf deine Spitze, wie wollte ich ihm danken! Allein, nichts erschien, als – ein erquickender Trunk Wasser aus der klaren Ilse, den mir mein Führer reichte, und nun gings frisch hinan.

Abb. 14
Aussicht vom Drahtteich zum Brocken (Ausschnitt), kolorierte Umrissradierung von Christian August Günther, um 1790

Abb. 15
Der Ilsenstein, kolorierte Umrissradierung von Christian Eberlein, nach 1803

Ich hatte mir den Pfad beschwerlich vorgestellt, allein, er übertraf jede meiner Erwartungen und meine Kraft. Noch nie bin ich einen so steilen Berg gestiegen, noch nie floß mir der Schweiß so von der Stirn als hier. Langsam schlich ich immer höher hinauf, und errang endlich nach einer sauren halben Stunde seinen Scheitel. Bebend vor Ermattung, erschöpft an allen Gliedern, sank ich da am Fuße einer Tanne nieder. Das Herz schlug mir hoch auf, das Blut tobte in meinen Adern, eine brennende Hitze umfloß mein Gesicht. Kein Lüftchen fächelte mir Kühlung, kein Quell sprudelte mir zu meiner Erquickung. Alles um mich her lag erschlafft darnieder, und welkte einer völligen Dorrung entgegen. Eine Stille, ein Geist der Einöde herrschte auf den Bergen und in den Thälern, so weit mein Auge die Gegend bestreichen konnte, die furchtbar war. Kein Vogel sang, kein anderes Geschöpf ließ sich hören, nur ein Schwarm muthwilliger Fliegen und Mücken umsummte mich, und wollte seine Stachel in meinem kochenden Blute baden. Ich war sanft eingeschlummert, als mein Führer mich beym Arm ergriff, mir einen Strauß verkrüppelter Erdbeeren reichte, den er mühsam aufgesucht hatte, und mich erinnerte, daß es Zeit sey weiter zu gehen. Ich griff gierig nach den blaßrothen Beeren, und labte meine Zunge mit dem sauren Safte der halbreifen Frucht, und nun wanderten wir weiter.

Der Weg stieg unaufhörlich, doch mäßig, und führte wieder auf die Fahrstraße, welche mit vielen Kosten von den umherliegenden, mit jedem Schritte sich mehrenden Granitblöcken, erbaut ist. Die Ilse, die ich im Thale verließ, erschien hier wieder. Sie rauschte über Klippen und Felsenstücken den Berg hinab, mir ein erquickendes Geräusch. Ich streckte mich an ihre Seite, schöpfte krystallhelles Wasser aus ihrem steinigten Bette, und schlürfte neues Leben ein.

Nach und nach wurde der Weg abwechselnder. Helle Waldbäche schlichen mit sanftem Murmeln auf allen Seiten vorüber, wälzten ihre kleine Wellen über den Schmelz bunter Kiesel, küßten freundlich jeden Grashalm, den sie auf ihrer Wanderschaft antrafen, und irrten so, durch tausend krumme Wendungen, mit freywilligem Spiele, ins wilde Thal hinab. Dampfende Meiler traf ich auf den unwirthlichsten Stellen, von schwarzen, halbnackten Köhlerjungen bewacht, welche springend auf mich zueilten, und bis ich mich lößte, den Weg freundlich sperrten. Hin

Abb. 16
Das erste Brockenwirtshaus auf der Heinrichshöhe, kolorierte Umrissradierung von Johann Friedrich Klusemann, 1799

und wieder drängte sich ein Reh durch dicke Tannengesträuch, und eilte über einen freyen Platz hinüber in noch dichteres Holz; auch Lerchen sangen hier über mir, eine Erscheinung, die ich nie erwartet hätte, aber eine einsame Schwalbe durchflatterte die Luft.

Da, wo ich den Fahrweg von neuem verließ, fieng ein nasser, sumpfiger Fußsteig an, der mit alten, morschen Bretter-Stückchen gepflastert ist. Ich schwankte über diesen nachgebenden Damm hin, nicht ohne Gefahr, bis über die Knöchel zu versinken, wenn ich fehl trat. Bis hierher blieb mir noch immer die Hoffnung, daß ich eine heitere Aussicht auf dem Brocken genießen würde, denn die leichten Wölkchen, welche am Horizonte schwammen, schienen mir nicht von Bedeutung; allein ich erwachte fürchterlich aus meiner lieblichen Phantasie. Denn ehe ich mich versah, befand ich mich in einen dichten Nebel eingehüllt, der mich durchnäßte, und keine zehn Schritte weit zu sehen verstattete. Weg war der heitere Himmel, der noch vor wenigen Minuten über mir schwebte, weg war die warme Luft des Tages! Kalte Winde wehten mich an, und wandelten meinen Schweiß in Frost. Ich griff nach meinem Ueberrocke, um mich einzuhüllen, ich schritt rascher vorwärts, um eine Erkältung zu verhindern. Je höher ich stieg, desto mehr spürte ich die Annäherung zum Brocken. Es wurde immer kühler, unfreundlicher, windiger und herbstlicher.

[...]

Der Brocken.

Da war ich denn auf dem Gipfel des Berges, der mir so oft schon in weiter Ferne entgegen nickte, den zu ersteigen ich Jahre lang umsonst bemüht war, den ich mit solcher Sehnsucht und so vieler Anstrengung erklimmte, und der gleich beym ersten Eintritte so unsanft bewillkommete. Gesiegt hatte ich über alle Hinderniße, gekämpft gegen jede Beschwerde; voll von Erwartungen, was mein Auge nun bald erblicken würde, achtete ich nicht der mühsamen Bahn, des vier Stunden langen Steigens, und, als ich nun zu genießen hofft, übergoß ein dichter Nebelschleyer alles um mich her, und – ich sah nichts! Unwillig trat ich in die Stube, warf mich in einen Winkel hinter dem warmen Ofen, zürnte mit mir selbst, und wußte nicht, warum? zürnte mit der Natur, zürnte mit allen um mich her, die doch mein Schicksal mit mir theilten. Doch bald kehrte die Vernunft zurück. Ich lächelte selbst über meine Thorheit, und sprang mit dem Entschlusse auf, auch so lange auf dem Brocken zu bleiben, bis mir der Himmel günstig seyn, und ich ihm die Erfüllung meines Wunsches abgetrotzt haben würde.

Ich fand viele Gesellschaft in der kleinen Stube, denn jezt erst bemerkte ich sie. An sechszehn Personen saßen um den Tisch her, und harrten, gleich mir, auf bessere Zeiten. Wir erzählten uns bald unsere gehabten Unfälle, wir näherten uns mehr und mehr, wir wurden endlich so bekannt mit einander, als lebten wir schon Jahre lang zusammen. Ich habe diese schnelle Annäherung in den folgenden Tagen stets zu bemerken Gelegenheit gehabt, wozu der ähnliche Zweck der Zusammenkunft, oft, gleiche erlittene Unfälle, auch der enge Raum, in dem man eingezwängt ist, die Hände bieten, und sie befördern. Ein Theil durchsah das sogenannte Brockenbuch, und fügte mit unter seine Bemerkungen hinzu; ein Anderer vertrieb sich die Zeit mit Kartenspielen; ein Dritter zechte bey eine Powle Punsch; ein Vierter erzählte seine gemachte Harzreise, und mehrere Frauenzimmer belagerten den Ofen, und trockneten die nassen Kleider. Im Hintergrunde saß eine Parthie in einem Abschlage oder Alkoven, und verzehrten die mitgebrachten Viktualien, wo sie mir immer wie die Priester im Allerheiligsten des Salomonschen Tempels erschinen; und ich, ich ging bald zu dieser bald zu jener Gruppe, und schäkerte und scherzte mit. Das Abendbrod sammelte alle an dem langen Tisch. Die Unterhaltung wurde allgemeiner und lebhafter, Wein und Musik, denn auch daran fehlte es nicht, würzte die Kost, und der Abend verstrich. Um unser trauliches Häuschen tobte der Sturm, und rauschte der Regen nieder; uns schützte ein warmer Ofen und ein gutes Obdach.

Schon machten wir Anstalt, ein Ruheplätzchen zu suchen, denn zehn Uhr war bereits vorüber, als ganz unerwartet noch funfzehn neue Pilger erschienen. Mit schrecklichen Exklamationen traten sie zur Thür herein, verfluchten und verwünschten ihren unwissenden Führer, der sie irre geleitet und von Elbingerode herauf acht Stunde lang durch die unwegsamsten Thäler gebracht hatte. Mit übertriebenen Schilderungen beschrieben sie ihre Bahn, mahlten mit den schrecklichsten Farben ihre Reise in der dunklen Nacht, auf der sie die heftigsten Regengüße begleiteten, warfen ihre triefenden Kleider, nicht ganz sanft, hinter den Ofen, und scharmuzirten in der engen Stube auf und ab. Es waren Studenten, ich vergab ihnen daher ihr Betragen; aber unangenehm war es mir und allen denen, die schon lange hier waren, daß unser Zirkel auf eine solche Art gestört wurde. Zwar verließ uns ein Theil derselben bald wieder, und ging in das gräfliche Häuschen, welches diesem zur Seite steht, da der Raum des Wirthshäuschens für vierzig Personen, woraus nun unsere ganze Gesellschaft bestand, nicht hinreichte; allein einige der Unholde blieben doch zurück, und bemühten sich die ganze Nacht hindurch, Niemanden schlafen zu lassen. Ich verließ daher um Mitternacht die Stube, stieg auf den Boden des Hauses, hüllte mich in einen Mantel, und kroch in einen Haufen Heu. Sanft schlief ich hier bis an den hellen Morgen, und hörte nichts von dem Heulen des Windes, der das Dach abzudecken stets drohte, bis man mich früh Morgens weckte.

Noch umzog der dichte Nebel unser Häuschen, es regnete fort bis gegen Mittag. Da theilte sich erst dieser dichte Teppich, und zog sich höher hinan. Gegen Abend wurde es ganz heiter, und nun enthüllte sich meinem forschenden, ungeduldigen Blicke eine unbeschreibliche Aussicht. Ich eilte auf den großen Brocken, die Sonne niedersinken zu sehen. Kaum daß ich den höchsten Gipfel erreicht hatte, als die westnordliche Seite des Horizontes mir wie ein feuriges Meer entgegen schien, in dessen Mitte die große Scheibe schwamm. Schwache Strahlen warf sie noch auf die höhern Bergspitzen des Harzes und die östlichen Gegenden des Landes, und lieh ihnen ein purpurfarbenes Kolorit. Doch nicht lange genoß ich diesen schönen Anblick, sie sank hinab, um andere Regionen zu verklären, und ich rief ihr mit Kosegarten nach:

Sonne du sinkst!
Sink in Frieden!
Schlummere in Ruhe!
Erwach in Entzückungen Sonne!

Ich saß auf einem Felsstücke, sah die Spuren ihres Weges mehr und mehr verlöschen und bald ganz verschwinden. Lau und gegen meine Erwartung milde war die Luft. Ruhe und ungestörte Stille herrschte um mich her. Düsteres Dunkel zog sich in den unter mir liegenden Thälern hin. Immer matter und schwächer wurde das Tageslicht; immer mehr flossen die entfernten, und bald auch die nähern Gegenstände in einander; immer sichtlicher senkten sich die Schatten der Nacht herab. Kein lebendes Wesen unterbrach mit einem Laute das Schauerliche, das Oede dieser Berge, kein Lüftchen säuselte in meinen Locken, nichts störte meine Schwärmereyen, in die ich versunken, mich an meinen Sitz wie angefesselt fühlte, als plötzlich ein Schuß und starkes Geschrey mich aufschreckte. Ich sprang auf, und blickte furchtsam um mich her. Ein kalter Schweiß überlief mich, ich wußte selbst nicht warum, und wem wäre es in meiner Lage nicht eben so gegangen! Ein zweyter Schuß und abermaliges Schreyen ließ mich antworten. Ich rief nach der Gegend, wo ich den Blitz des Schußes gesehen, und man rief wieder. Wir näherten uns, und – ich erkannte den Wirth aus dem Brockenhause nebst noch einigen, welche aus Besorgniß, daß ich mich verirrt haben möchte, mir nachgegangen waren. Ich dankte allen herzlich für ihre Fürsorge, indem ich nun erst die Gefahr, in die ich mich durch meine Verspätung begeben hatte, einsah, da es mir gewiß nicht gelungen seyn würde, den Rückweg allein zu finden, und kehrte zurück. Ein allgemeines Freudengeschrey empfieng mich bey unserer Ankunft in dem Hause; man machte mir Vorwürfe über meine Verwegenheit, und wünschte mir zugleich Glück über den guten Ausgang der Gefahr, in welcher ich geschwebt hatte. Der Wirth erzählte bey dieser Gelegenheit mehrere ähnliche Vorfälle, die er schon hier erlebt hatte. Vor einigen Jahren, sagte er, habe man auch in einem unbesuchten, engen Thale ein Menschengerippe gefunden. Wahrscheinlich habe sich dieser Unglückliche auch verirrt, und sey von einem Felsen hinabgestürzt. Ein schrecklicher Tod!

Mehrere unserer Gesellschaft waren wieder abgereist, kaum die Hälfte derselben blieb da. Wir erhielten daher für diese Nacht ein Lager auf Stroh. Indessen dieses bereitet wurde, ging ich vor die Thür. Da schwebte der Mond über mir am wolkenleeren Himmel, umgeben von tausend kleinen Welten, und beleuchtete die großen, weiten Ebenen und Gebirge um mich her. Ach! es war ein schöner, ein erhabener Anblick, eine so ausgebreitete Fläche mit ihren rastlosen Bewohnern in tiefen Schlummer versenkt zu sehen, und hoch hob meine Seele der stärkende Gedanke, der sich mir hier aufdrängte, daß über alles dieses ein Gott mit ewig dauernder Liebe walte, daß er auch über mich wache, über mich, einen Punkt, in diesem weiten All!

Am andern Morgen weckte uns der Wirth mit der angenehmen Nachricht, daß der Horizont ganz heiter sey, und die Sonne gut aufgehen werde. Rasch sprangen wir von unserm Lager auf, warfen unsere Oberröcke über, und nun ging es fort auf den großen Brocken. Es war drey Uhr vorüber, als wir seine Spitze erreicht hatten. Ich trennte mich bald von meiner Gesellschaft, suchte mir ein einsames Plätzchen, und setzte mich da allein nieder, um ungestört meinen Empfindungen nachhängen zu können. Die Luft war frisch doch nicht kalt, der Horizont, besonders in Osten, ganz wolkenfrey. Alles schlummerte noch rings um in der Natur; der Morgen dämmerte nur erst; leichte Nebelwölkchen flossen noch in den Thälern hin; aber bald begann es zu tagen. Der Saum des östlichen Horizontes röthete sich mehr und mehr, und endlich entbrannte er ganz. Doch, – wo nähme ich Farben her, dies Bild zu vollenden! und liehe ich sie der Natur selbst ab, es bliebe leblos. Sie trat hervor in ihrer Majestät, sie stieg, und jezt flammte ihr großer Zirkel mir entgegen. – O Schöpfer dieses ewigglühenden Lichts, o Gott! wie groß bist du!

Eine Fülle von Empfindungen drängte sich in mir zusammen, ich sank nieder, und betete, umlächelt von den rosigen Wangen des Morgens, zu meinem Gotte auf.

Lächle über diese scheinbare Schwärmerey, wer es kann, halte die Schilderung meiner Empfindungen für bloße Fiktion, wer da will; ich weiß es, daß ich noch nie wärmer zum Wesen aller Wesen betete, als hier auf dieser Stelle, daß sich noch nie eine solche Fülle heiliger und wohlthuender Empfindungen in meinem Innersten zusammen häuften, als beym Anblicke der aufgehenden Sonne auf dem Brocken, und daß ich nirgends noch das Bedürfniß lebhafter empfand, diesen Gefühlen durch Worte Luft zu machen, als hier. Niemand kann Gefühle der Art berechnen, der nicht selbst Zeuge solcher Auftritte war, der für sie keinen Sinn mehr hat, oder dessen Fiebern zu dicht gewebt sind, um für sie reizbar zu seyn. – O Natur! – wer dich nicht als den sprechendsten Beweis eines Gottes anerkennt, wer deine heiligsten Momente mit Gähnen anblicken kann, der verdient nicht Mensch zu seyn. –

Dort stand sie, von blauem Duft umflossen, und rief den weiten Erdkreis zur neuen Thätigkeit auf. Mit jedem Augenblicke floh das matte Dunkel der Thäler mehr, und nun trat ein Theil

Abb. 17
Teufelskanzel und Hexenaltar, die größte Klippenformation auf dem Brocken, 2020

der großen Landschaft nach dem andern deutlicher vor meinen Blick. Städte und Dörfer hob das Licht sichtlicher heraus, die blassen Unterscheidungszeichen der Gegenstände sah man immer genauer; es war ein lieblicher Anblick, diese langsame Entfaltung des bunten Teppichs, das Regsame und Thätige in der Natur beobachten zu können. Voll Freude übersah ich dieses Gemälde, und wurde nicht müde im Anschauen desselben. Aber ach! – ein feindseliger Dämon raubte mir diesen Genuß, denn ehe ich es gewahrte, umhüllten mich dichte Wolken. Alles verschwand vor meinen Augen, selbst die Sonnenstrahlen waren nicht stark genug, durch dieses Wassergewebe zu dringen, und ich stand jezt, wie auf einer Insel im Meere. Nichts sah ich, als den dürren Boden zu meinen Füßen, und auch diesen nur auf zehn Schritte weit. Umsonst suchte ich meine Begleiter, umsonst rief ich ihre Namen nach allen Gegenden aus, der Schall erstickte in dem Dufte. Ich wollte nach dem Wirthshause zurückkehren; allein kein Weg war sichtbar, weniger noch das Haus. Ich irrte auf der Fläche des Berges hin und her, fand das Wolkenhäuschen, aber leer, fand die auf der höchsten Spitze errichtete Stange, aber Niemand, der mich hätte zurecht weisen können. Was war hier mehr nöthig, als Geduld! Ich kehrte nach dem Wolkenhäuschen zurück, um mich gegen die Nässe, welche sich an mich anhing, und gegen die mit einemmale entstandenen heftigen und kalten Winde zu schützen, und da mein Schicksal abzuwarten. Hier harrte ich nun wohl eine gute Stunde auf Aenderung des Wetter, aber umsonst. Ein neuer Versuch, den ich zur Auffindung des Weges machte, mislang ebenfalls; ich mußte in meine Klause zurück, denn es regnete nun heftig. In der That, meine Lage war nicht die angenehmste. Durchnäßt, von Lebensmitteln entfernt, vom Wind durchkältet, ohne Hoffnung so bald aus meiner Gefangenschaft erlöst zu werden, fühlte ich sehr das Unbehagliche derselben. Zwar gewährte es mir einige Unterhaltung, wie der Sturm die Wolken wie mächtige Lawinen den Berg hinab wälzte, oder sie gleich Seifenblasen vor mir herumkreiselte; ich sehnte

Abb. 18
Blick vom Brocken in Richtung Ilsenburg, 2020

mich aber dennoch aus dieser Lage, wo einige Elemente chaotisch durch einander wirbelten, zurück in das warme Brockenstübchen. Indessen half mir mein Wünschen nichts. Verdrüßlich drehte ich mich zwischen den vier Wänden meines Kerkers herum, gähnte die vielen Namen an, welche der Muthwille, oder vielleicht auch ähnliche Langeweile erzeugt hatten, und die mit Mühe in das harte Holz eingegraben sind, als ich auf einem Sparren über mir etwas, einem Buche ähnliches erblickte. Was für eine Entdeckung hätte mir jezt willkommener seyn können! Ich sprang darnach in die Höhe, erhaschte es glücklich, und sah in meinen Händen die ersten vier Bogen des – Noth- und Hülfsbüchleins v. Becker. Der Titel paßte recht gut für mich. In Noth war ich, und Hülfe brauchte ich; aber erstere konnten diese wenigen Blätter nicht heben, und letztere nicht verschaffen. Beydes mögen sie Herrn Becker eher geleistet haben; denn auf dem Titel stand mit rother Schrift, „Neueste Auflage," welches wohl die Zwölfte seyn kann. In dessen setzte ich mich doch damit nieder, und las so weit ich konnte. Wahrscheinlich lag es aber an mir selbst, und an meiner misgelaunten Stimmung, daß die Mildheimsche Geschichte mir kein Interesse ablocken wollte, – denn Herr Becker hat gewiß alles mögliche gethan, – genug, ich warf die Bogen – der Herr Rath verzeihe es mir – unwillig in den Winkel, und sah mich nach dem Wetter um. Allein dies war noch das vorige. Sollte es denn aber gar nicht möglich seyn den Rückweg zu finden! – So rief ich mir selbst zu, indem ich unter den stärksten Regengüßen aus dem Häuschen trat, und meine Nachforschungen wiederholte. Gerade aber, als tappte ich im Wasser hin und her, so durchnäßt war ich nach fünf Minuten. Ich konnte nicht weiter, ich mußte zurück fliehen. Jezt riß wirklich der Faden meiner Geduld, und ich war nahe dran, meine Idee, auf den Brocken zu reisen, zu verwünschen; doch nur wenige Augenblicke war ich unwillig. …
[…]

Doch rettete mich endlich mein guter Genius, der mich auf dieser ganzen Reise schon oft von kleinen Unfällen befreyt hatte, auch dieses mal. Ich hörte nemlich nach einem dreystündigen Aufenthalte in dem Wolkenhäuschen, den Klang der Schellen von einer Heerde. Harmonischer klang mir noch nie ein Ton in meinen Ohren, und belebte mich mit solchem Entzücken als dieses Glockenspiel. Ich sprang zur Thür hinaus, forschte nach, und – ein Schäfer war mein Befreyer. Für ein kleines Geschenk löste er die Riegel meines Gefängnisses, brachte mich auf den Weg, und glücklich, doch ganz durchnäßt, langte ich im warmen Stübchen an.

Da ich gewiß nicht der erste gewesen bin, [...] der sich auf diese Art in nicht geringe Verlegenheit gesetzt sah, und auch nicht der letzte seyn werde; so wäre es allerdings zu wünschen, daß man auf irgend eine Art einen Wegweiser für Unkundige auf der Höhe des Brockens anbrächte. Dies könnte nun entweder durch Pfähle geschehen, welche man von zehn zu zehn Schritten von der Spitze des Brockens bis dahin, wo man nicht mehr irren kann, aufrichtete, oder durch eine aufgethürmte Reihe von Steinen, der man folgen könnte, und woran doch hier kein Mangel ist. Der Graf von Werningerode, dem jeder Reisende ohnedies schon für die vorgerichtete Bequemlichkeit auf diesem unwirthlichen Gebirge seinen Dank zollt, könnte durch einen solchen unmöglich kostspieligen Wegweiser seine Verdienste um den Brocken noch mehr erhöhen, und des wärmsten Beyfalles gewiß seyn.

Da sich gegen Mittag der Horizont ganz entwölkte, und die entferntesten Gegenstände sehr deutlich hervor traten, so erstieg ich den Brocken zum drittenmale, um mich nun einzig mit der Aussicht zu beschäftigen. Der Weg von dem Wirthshause dahin scheint beym ersten Anblicke kürzer zu seyn, als er wirklich ist. Diese optische Täuschung entsteht dadurch, daß man über ein kleines Thal hinweg sieht, durch welches der Weg läuft und ihn verlängert. In diesem wurde ehedem Torf gestochen, daher auch das Sumpfigte und Schwammige des Bodens, über welchen, des bessern Fortkommens wegen Bretterstücken gelegt sind. Ehe diese Torfstechereyen angelegt wurden, war auf dieser Stelle der sogenannte Hexenteich, welcher aber nachdem verschwand. Zur Rechten bemerkt man noch die Grundmauern von den zum Trocknen des Torfs erbauten Schuppen, welche aber, als man die Stecherey eingehen ließ, weggerissen wurden. Nicht der Mangel an Torf hinderte seine weitere Förderung, denn er liegt noch in Menge zu Tage, sondern der geringe Nutzen desselben. Er kam durch den Transport so hoch zu stehen wie die Holzkohlen, ob er gleich nur bis zu den nahgelegenen Eisenhüttenwerken in Schierke gefahren wurde.

Die oberste Fläche des Brockens beträgt nach Schröders Berechnung eine halbe Stunde im Umkreise. Auf der höchsten Stelle derselben ist ein Haufe von Steinen zusammen getragen, in welchem eine Stange, zur Bezeichnung, daß dies der höchste Punkt sey, aufgerichtet ist. Diese Stelle verdiente nun wohl eine bessere Säule als die gegenwärtige, welche dem Muthwillen manches Reisenden so leicht ausgesetzt ist. Ein Obelisk, oder eine egyptische Pyramide müßte hier keinen übeln Effekt machen.

Die Brockenspitze liegt ungefähr sechstausend rheinländische Fuß über der Meeresfläche erhaben. Sie wird von vielen für die höchste Bergspitze Deutschlands gehalten, aber dies ist nicht der Fall; der Fichtelberg, der höchste Punkt des sächsischen Erzgebirges bey Oberwiesenthal, ist um zweyhundert und neun Pariser Fuß höher. Uebrigens ist er noch zweytausend Fuß niedriger als die Schneekuppe im Riesengebirge, und 11067 Fuß niedriger als der Montblanc, und würde also viermal auf sich selbst gethürmt, noch um sechshundert Fuß vom Montblanc an Höhe übertroffen werden. Mehrere angestellte Höhenmessungen des Brockens über Werningerode, Ilsenburg, Schierke, Göttingen, Nordhausen und andren Orten, finden sich in Friesleben's Werke, welche aber bey ein und demselben Orte, wenn sie von verschiedenen Personen angestellt waren, fast stets anders lauten.

Ich übergehe alle übrige Merkwürdigkeiten auf der Brockenhöhe, als da sind: der Hexenbrunnen, der Hexenaltar, die Teufelskanzel, das Schneeloch und dergleichen, mit Stillschweigen. Ueber sie alle ist schon so mancherley und so ausführlich geschrieben worden, daß ich nur nachschreiben könnten;
[...]

Diese [Aussicht, n. L.] ist ungemein groß und mannichfaltig. Freylich übersah ich nicht, wie Brydone einst auf dem Aetna, einige Meere, ganze Königreiche mit ihren See-Häven, Städten, Inseln und einen Zirkel von einigen tausend Meilen, aber immer doch eine sehr beträchtliche Fläche. Man übersieht das ganze Fürstenthum Halberstadt, die Abtey Quedlinburg, einen Theil des Herzogthums Magdeburg, der Mark Brandenburg, des Fürstenthums Anhalt, der Grafschaften Mansfeld und Stolberg, des Fürstenthums Schwarzburg, des Gebiets der Stadt Erfurt, der Fürstenthümer Gotha und Weimar, des Eichsfeldes, der Hessischen Herrschaften, der Grafschaft Hohnstein, des Fürstenthums Calenberg, des Herzogthums Braunschweig, und die ganze Kette der Harzgebirge. Der Umfang dieser Aussicht ist von Silberschlag zu siebenzehn deutschen Meilen angegeben, folglich übersähe man ein Segment der Erdkugel, dessen Durchmesser fünf und dreißig deutsche Meilen betrüge.

Ohne das Auge bewaffnen zu müssen, erkennt man sehr deutlich die Städte Magdeburg, Quedlinburg, Halberstadt, Derenburg, Zellerfeld, Clausthal und Werningerode; und mittelst Fernrohrs noch Helmstedt, Wolfenbüttel, Braunschweig, Brandenburg, und in dieser Gegend, so wie bey Magdeburg die Elbe, Bernburg, Zerbst, den Petersberg bey Halle, das Schloß Friedenstein in Gotha, Erfurt, den Inselsberg, den Poßenthurm bey Sondershausen, die Gleichen bey Gotha, die Festung Deister bey Pyrmont, den Meißner im Hessischen, und eine Menge kleinerer Städte und Dörfer. Das Ganze gleicht einer großen Landcharte, die zu den Füßen des Brockens ausgebreitet liegt, und welche ganz genau zu überblicken und durchzugehen Tage erfordert.

Mir fehlte zum vollkommenen Genuße aller Genüße auf dem Brocken nichts, als die Ansicht eines Gewitters. Um dieses zu ertrotzen, hielt ich mich noch einen Tag länger oben auf, als ich anfangs Willens war; allein ich erreichte meinen Zweck doch nicht. Es thürmten sich zwar Gewitter-schwangere Wolken mehrmals auf; allein sie zogen ruhig vorüber. Dies Schauspielt, welches die Alten als ein Wunder von Athos und Olympus erzählten, soll übrigens eins der vorzüglichsten und erhabensten seyn, wie ich vorher schon von mehrern gehört hatte, und welches mir besonders der Wirth des Brockenhauses versicherte, der oft schon die schwärzesten Wolken, von Blitzen durchschnitten, unter sich und über sich den heitersten Himmel sah.

Dieser Wirth, Reiche heißt er, ist ein guter gefälliger Mann, der seine Gäste, so viel er vermag, zu unterhalten und gut zu beköstigen sucht, und sich seine Lebensmittel eben nicht zu theuer bezahlen läßt, wozu er doch die beste Gelegenheit hätte, und auch in Hinsicht der mühsamen Herbeyschaffung derselben mehr berechtigt wäre, als der Wirth des Wörlitzer Gasthauses, welcher der Fremden Beutel besser in Contribution zu setzen weiß. Seine Vorrathskammer ist stets mit Bedürfnissen aller Art gefüllt, und selbst ein lüsterner Gaumen findet in ihr Befriedigung. Im Maymonat jedes Jahres zieht er mit seiner Familie von Ilsenburg herauf, und im October erst wieder zurück. So lange er oben ist, erhält er vom Grafen von Werningerode wöchentlich einen Thaler, welches gewiß ein Beweis ist, wie sehr derselbe wünscht, daß der Mann noch mehr in den Stand gesetzt werde, seine Gäste gut bewirthen zu können, denn nöthig ist diese Unterstützung im Grunde nicht, da es keinen Tag an Fremden mangelt, und der Mann sein gutes Auskommen dabey hat. Die Werningerödische Cammer muß übrigens, ich kann nicht umhin, dies zu ihrer Ehre zu bemerken, ein von den Cammern anderer kleinen Herren verschiedenes System befolgen, und nicht die Plus-Macherey zu ihrem Hauptgegenstande machen, sonst würde das Brockenhäuschen gewiß eine jährliche Pacht einbringen müssen, um die herrschaftlichen Revenüen zu vermehren.

Das Brockenhäuschen, nebst dem ihm zur Seite stehenden, welches sich der Graf von Werningerode zu seinem Abtritt erbaut hat, aber auch im Nothfall Fremden eingeräumt wird, können zwar eine ziemliche Anzahl Menschen fassen; allein oft sind sie beide noch zu klein. Es wäre daher sehr zu wünschen, daß eine Erweiterung derselben geschähe, wozu auch Hoffnung da seyn soll. Indessen wird Jedermann gewiß jetzt schon mit allen vorhandenen Vorrichtungen zufrieden seyn; und findet man gleich nicht jede Art von Bequemlichkeit hier, welches auch gar nicht zu verlangen ist, so wird man dennoch dem Erbauer desselben im Stillen danken.
[...]

Ich war nun drey ganze Tage auf dem Brocken gewesen, hatte den Berg so lieb gewonnen, war überall schon so eingewohnt, gefiel mir selbst so gut, wenn ich Abends vor der Thüre hingestreckt

Abb. 19
Der Brockengipfel in unserer Zeit, 2020

in die weite Gottes-Welt hinabblickte, und um mich her die feisten Kühe meines Wirthes weiden sah, oder eine der Hennen kakernd ihre eben empfangene Frucht verrieth, daß ich schon Willens war, noch einen Tag zuzugeben. Allein ein Schwarm wilder Buben, welche am Abend des dritten Tages den steilen Berg herauf gesprengt kamen, und ihre keuchenden Pferde mit schon blutigen Sporen vorwärts trieben, wenn sie unter der Last erligen wollten, änderte meinen Vorsatz, denn ihre Gesellschaft stand mir nicht an. Es waren Grafen, Baronen und dergleichen, teutsche und französische, mit Bändern, Stiftszeichen und ungültigen Ludwigskreuzen behangen.

„Quel diable de vue!" rief der eine aus, indem er vom Pferde sprang, diesem die Zügel über den Hals warf und es laufen ließ, „ne peut on pas voir ici la ville?" nemlich Paris.

„Du bist nicht klug, rief ihm ein anderer auf gut teutsch zu, wo willst du hier Paris sehen können!"
[...]

Der ganze Abend wurde von diesen Menschen mit den elendesten Gesprächen über ihre Ahnen und Wappen zugebracht. Man hört von nicht, als von Armes parlantes, von Stiftsfähigkeit, von Mesalliancen, und dergleichen reden, und jeder expectorirte sich auf die erbärmlichste Weise über diese wichtigen Gegenstände. Anfangs wendeten sie sich zuweilen mit einem Worte an mich; als der Wirth aber zufällig meinen Namen nannte, und sie hörten daß ich ein roturier sey, empfieng ich keinen freundlichen Blick mehr von ihnen, womit mir übrigens sehr gedient war. Wohl euch, dachte ich, wenn ihr im Selbstgefühle eures Namen-Adels, eures ererbten Wörtchens Von euch glücklich wähnt; wohl euch, wenn ihr glaubt, daß dieser Geburts-Zufall euch über andere ehrliche Menschen hinweg zu heben vermag, die eurer Blicke nicht würdig sind! – und straks packte ich meine Siebensachen ein, legte mich auf mein Lager, ohne ein Ludwigskreuz oder Verdienstordenszeichen mit zur Ruhe zu nehmen, schlief süß bis an den frühen Morgen, und verließ den Brocken, indem der Wirth die schnarchenden Ludwigsritter und Stiftsherrn zum Anschauen des Sonnenuntergangs wecken wollte.

„Que le diable t'emporte toi et ton foleil!" schrie ihm einer entgegen, und wälzte sich auf die andere Seite. Und als der Wirth dies nicht verstand, rief er: „Fort, fort, mag nits sehen."

„In Gottes Namen, brummte dieser für sich, mir ist's recht, wenn ihr schlafen wollt". Dabey reichte er mir die Hand und sagte: „Nun, leben „Sie wohl, kommen Sie bald wieder, wenn es Ihnen bey mir gefallen hat, und reisen Sie glücklich."

„Und nun lebe wohl, Vater Brocken! rief ich aus, Du bist mir lieb geworden."

Noch einen Blick warf ich in die Tiefen, noch einmal schwelgte mein Auge im Anschauen der großen Flächen, und mühte sich doppelt, diese Bilder meiner Seele selbst einzuprägen, noch einmal überließ ich mich allen den Gefühlen des ersten Eindruckes, und dann drehte ich mich schnell hinweg. – Es war mir so bange, je mehr ich mich von dem Häuschen entfernte, das mich so treulich geborgen hatte; es war mir so beklommen ums Herz, indem ich weiter voranschritt, als müßte ich mich von einem biedern Freunde trennen. Der Gedanke, daß ich wahrscheinlich nie wieder diese Höhe je ersteigen würde, erfüllte mich mit Trübsinn. Ich eilte den Berg hinab, und erst, als mich wieder dichter Tannenwald umgab, als jede Aussicht in die Ferne meinen Blicken entrißen war, mäßigte ich meine Schritte, und folgte meinem Führer schweigend nach.

Ende des ersten Bändchens.

Abb. 20
Wolkenspiel am Brocken, 2020

Meine Streifereyen in den Harz und in einige seiner umliegenden Gegenden von Wilhelm Ferdinand Müller, Doktor der Philosophie

Zweytes Bändchen

Weimar,
gedruckt und verlegt bei den Gebrüdern Gädicke.
1801

Von frühester Kindheit an war es meine Empfindungsart, daß mich der Abschied von meinen Lieben, von meinen Freunden tief erschütterte, und mir melancholische Stunden bereitete. In diesen verwünschte ich dann die Verhältnisse des Menschen, die Unmöglichkeit immer da seyn zu können, wo uns die Bande der Liebe und Freundschaft sanft umschlingen, und haderte mit dem Himmel, daß er mich nicht ungestört und ungetrübt die Freuden des Lebens schmecken ließ. So entsinne ich mich noch recht lebhaft, wenn ich an hohen Festtagen, oder in der Ferienzeit in meinem Geburtsorte gewesen war, hier im Zirkel meiner Verwandten und Freunde frohe Tage verlebt hatte, und dann nach Verfluß dieser damals für mich goldenen Tage auf die zwey Meilen davon gelegene Schule zurückkehren mußte, daß ich beim Abschiede bittere Thränen weinte, zehnmal diesen oder jenen Jugendfreund von neuem umarmte, und schluchzend in den Transportwagen stieg, als ginge es zur See, oder in eine menschenleere Wüste Arabiens. Zwar schwächten vielfache Wiederholungen des Abschiedes dies schmerzhafte Gefühl, und verminderten nach und nach seine Stärke; allein, noch immer ist mir eine Unbehaglichkeit nach einer Trennung von geliebten Gegenständen zurück geblieben, und ich fühle mich jetzt, wenn gleich nicht erschüttert, doch verstimmt darnach.

Der Brocken war mir lieb geworden; ich empfand, so thöricht und unbegreiflich dies auch manchem scheinen möchte, eine Anhänglichkeit, eine Zuneigung zu diesem Berge, mithin wurde mir auch der Abschied von ihm schwer, und erzeugte jene Unbehaglichkeit, jenen Mißmuth, der mich verstimmte. Diese üble Laune war anhaltender, da Niemand sie zerstörte, da äußere Gegenstände meine Aufmerksamkeit nicht reizten, indem der Weg stets durch dichte Waldung lief, und mein Wegweiser die glückliche Gabe der Unterhaltung nicht besaß, sondern nur antwortete wenn ich fragte, wozu ich doch gar nicht aufgelegt war. Wir schlenderten also hinter einander her, und jeder hing seinen Grillen nach. War eine Pfeife ausgedampft, so wurde eine neue gefüllt, und dies war dann der einzige Moment, wo wir unsere Gesichter gegen einander kehrten, um uns Feuer mitzutheilen.
[...]

Unmöglich konnte ich es nun länger dulden, daß mein eintöniger Begleiter ferner noch so stumm vor mir hertrabte; denn in fröhlichen Stimmungen sehe ich auch gern heitere Gesichter um mich versammelt. Ich versuchte es daher mit verschiedenen Fragen ihn gesprächig zu machen; allein es fruchtete nichts, bis ich einen Gegenstand ergriff, der im Durchschnitt jedem Menschen der interessanteste ist, und fast jeder Zunge eine Art von Geläufigkeit giebt, nämlich: sein liebes Ich. Ueberdies kannte ich den Mann selbst noch gar nicht weiter, da mir ihn der Wirth auf dem Brocken zum Wegweiser mitgegeben hatte, daß es mir also nicht gleichgültig seyn konnte, mit was für einem Menschen ich eigentlich ging.

„Höre, Alter! so knüpfte ich unser Gespräch an, was bist du für ein Landsmann?"

„Ich? – ein Hesse."

„Ein Hesse," wiederholte ich langsam, und ärgerte mich.
[...]

„Bist du noch im Hessischen?"
„Nein!" erwiederte der arme Mann und blickte mich furchtsam an.

„Schön; wir bleiben beysammen."

Der Beutel wurde eingesteckt und wir gingen weiter.

„Sag' mir aber, warum hast du dein Vaterland verlassen?" fragte ich weiter.

„Ich mußte ja."

„Wie so?"

„Ach!" seufzte er, und seine Stimme wurde weinerlich, das war ein schrecklicher Tag, als ich mein Vaterland verließ! Nie will ich ihn vergessen!"

„Nun, so erzähle doch."

Nach einigen Minuten, in welchen er sich zu fassen suchte, hub er an: „Es mögen ungefähr einige und zwanzig Jahre seyn, als unser verstorbener Landgraf Friedrich, Gott habe ihn selig,
viele, viele Menschen weit wegschickte, ich glau
be nach Amerika. Die mehresten mußten mit Ge
walt mit. Was sie dort machen sollten, weiß ic
nicht. Unser einer bekümmert sich nicht so ge
nau darum, Sie werden's wohl besser wissen un
in Büchern gelesen haben, denn im Schauspie
stand's auch. Aus allen Dörfern wurden die jun
gen Leutchen weggenommen und bey Nacht un
Nebel fortgeschleppt. Manche Wirthschaft gin
da zu Grunde, manche Familie gerieth da an de
Bettelstab, und des Klagens und Wimmerns wa
kein Ende. Ich diente damals in Cassel bey einer
Herrn von der Regierung. Es war ein guter, liebe
Herr, ihm bin ich viel schuldig, da er mich von me
nem Untergange rettete. Hans, sagte er einst, d
bist ein hübscher, gutgewachsener Mensch, un
man möchte dich vielleicht auch zum Soldate
wegnehmen, sey daher auf deiner Huth; so un
gern ich dich misse, so rathe ich dir doch selbst
mache, daß du von hier wegkommst, denn d
bist keinen Augenblick sicher. So sagte er, un
dabey drehte er sich nach dem Fenster, denn di
Thränen kamen ihm in die Augen. Ich wurde auc
weichherzig, weinte bitterlich, befolgte indeß se
nen Rath und ging noch an demselben Tage au
Cassel.

Kaum war ich in meiner Heimath, einem Dorf
im Schmalkaldischen, als ich hörte, daß auch hie
stark geworben würde, und daß schon viele jung
Bauern ausgetreten wären. Ich glaubte indesser
daß es nicht so gefährlich seyn könnte, und blie
da. Mehrere Monate vergingen, und wir hörte
gar nichts von Werbungen. Viele junge Bursche
wurden dadurch treuherzig gemacht und kehrte
zurück. Allein, dies war es, worauf man gewarte
hatte. In einer stürmischen, schrecklichen Herbst
nacht wurde unser Dorf überfallen, und alles wur
de ausgehoben, was nur einigermaßen tauglic
war. Ungeachtet der Stille, mit welcher man da
ganze Geschäft betrieb, blieb es doch nicht lan
ge verschwiegen. Heulend und schreyend liefe
Weiber, Schwestern, Mütter und Kinder durch di
Straßen und verkündigten laut, was da vorgehe
Ich erinnere mich noch lebhaft, wie mein gute
alter Vater in meine Schlafkammer trat, mich au
dem Bette riß, mir einige Thaler gab und sagte
Hans, mach', eile, daß du fortkommst, sie sin
nicht mehr weit von unserm Gehöfte; wie ic
ihm da um den Hals fiel, bitterlich weinte, mic
schnell anzog und zur Hinterthür hinaus eilte. Wi
ein gehetztes Reh lief ich durch die Felder hin, bi

mich ein dichtes Wäldchen deckte. Hier sank ich ermattet nieder. Aus der Luft goß der Regen in Strömen auf mich herab, und der Sturm riß um mich her Zacken und Bäume nieder. Allein die Furcht ließ mich nicht lange ruhen, ich eilte bald weiter, bis ich ein Weimarsches Dorf erreicht hatte."

„Glauben Sie es mir, lieber Herr," fuhr er dort, „ich wäre gewiß nicht entflohen, ich hätte mich gewiß selbst gestellt, wenn mein Vaterland in Noth gewesen wäre, wenn es die Vertheidigung desselben gegolten hätte; aber so, da alle diese Ausgehobenen in ein fernes Land, in einen andern Welttheil geschickt wurden, und da gegen ein Volk streiten sollten, das ihnen nie etwas gethan hatte, so hielt ich es für Pflicht, auf mein eigenes Bestes zu denken und floh daher. Seit jener Zeit habe ich mich viele Jahre in der Welt herum getrieben, bin bald da, bald dort gewesen, bis ich endlich in Schierke unterm Brocken ein festes Plätzchen fand, wo ich nun seit zehn Jahren wohne, und mich und die Meinigen von meiner Hände Arbeit kümmerlich nähre. Mein Vater ist indessen gestorben, ich habe ihn nie wieder gesehen."

Hier fing er an bitterlich zu weinen.

„In mein Vaterland bin ich auch nie wieder gekommen, denn ich fürchtete immer noch Strafe; und nun möchte es wohl schwerlich je geschehen, da ich Frau und Kinder habe, und dort vielleicht noch kärglicher Brod für mich wächst als hier. Ich muß es daher vergessen, daß es ein Land giebt, das ich mein Vaterland nennen kann."

Mit Schluchzen endete er seine Erzählung, und ich hatte meine ganze Beredsamkeit nöthig, ihn wieder zu beruhigen und zu überreden, daß seine Auswanderung, und seine Schicksale, Bestimmung der Vorsehung gewesen waren, welche es gewiß am besten wisse, was ihm gut sey. Er gab mir hierin recht, und fügte hinzu, daß ihn dies einzig und allein noch tröste.

Unter diesen Gesprächen war uns die Zeit verstrichen, und wir kamen nach Oderbrück, einem einzeln liegenden Forst-Wirthshause, ehe wir's gewahrten.

Mein Durst nöthigte mich einzukehren. Ich forderte zu trinken; allein es war nichts als Wasser zu haben. Wenn man durstig ist und nichts besseres hat, so schmeckt auch dies gut. Ich trank viel, da es sich durch einen guten Geschmack und krystallhelle Reinheit empfahl.

„Mein Herr," redete mich der Wirth an, „Sie müssen es mir nicht übel nehmen, daß ich Ihnen keinen bessern Trunk vorsetzen kann; aber in diesem Sommer geht es mir sehr oft so. Es ist gar zu viel Reisen nach dem Brocken, und wenn man auch denkt, man hat was in'n Keller, so ist's schon bald wieder heraus getrunken. Dafür will ich Sie aber auf den Mittag mit etwas tractiren, das Sie doch wohl noch nicht gegessen haben."
[...]

Jetzt näherte er sich mir mit einer Miene, die man gewöhnlich zu machen pflegt, wenn man einem Dritten etwas entdecken will, wodurch man ihn in die größte Verwunderung zu versetzen gedenkt, und raunte mir halb laut ins Ohr: „mit einer Rumford'schen Suppe."

Ich lachte ihn herzlich an.

„Ja ja, gewiß, mit einer Rumford'schen Suppe. Meine Frau hat sie bereits am Feuer und rührt daran. Sie hat das Recept dazu im Frankfurter Staats-Ristretto gelesen. Ich hoffe, sie soll recht gut gerathen; denn meine Frau versteht sich darauf, sie kann Loost's niedersächsisches Kochbuch bald auswendig kochen."

„Ich danke ihm, lieber Freund! ich esse nicht gern Suppe, am wenigsten solchen Rumford'schen Brey; überdies kann ich mich nicht lange aufhalten, ich muß noch weiter."
[...]

Der Oderteich.

Ich trat aus dem Walde, und der schöne Oderteich lag zu meiner Rechten, zur Linken ein tiefes Thal. Es ist dies ein wirklich überraschender Anblick; denn auf einer solchen Höhe ahnet Niemand einen Teich der Größe, den man füglich einen kleinen See nennen kann. Zu bedauern ist es nur, daß man ihn nicht ganz und mit Einem Blicke zu übersehen im Stande ist; denn er zieht sich um eine Waldecke herum, und verbirgt sich so dem Auge größtentheils. Seine Ufer begrenzen die schönsten Tannen, deren Abbild in der reinen Fluth zurück fällt.

Keine Welle plätscherte am selbigen Gestade, keine Woge trübte den klaren Wasserspiegel; ruhig schlummerte er in seiner schönen Einfassung, und mein Auge glitt mit Wohlbehagen auf der Silberfläche hin und zurück.
[...]

Der Oderteich ist in der That einer der betrachtenswerthesten Gegenstände auf dem Oberharze, eine der nützlichsten Unternehmungen für die umliegenden Bewohner, und ein Meisterstück seines Erbauers. Dem Andreasbergschen Bergbau verdankt er seine Existenz. Um diesem nämlich die stets nöthigen Wasser auch bey der trockensten Witterung zu verschaffen, erbaute man ihn, und zwar auf die Art, daß man quer durch das Thal, in welchem die Oder floß, und wo es am engsten war, einen Damm zog, und hinter demselben dies Wasser auffing. Dieser Damm besteht aus mächtigen, mit eisernen Klammern verbundenen Granitblöcken, zwischen welche man Granitsand und Moos stopfte, da Erde und Rasen in der ganzen Gegend umher nicht zu finden waren. So, Felsstück auf Felsstück gethürmt, wurde das Thal zugebaut, und einer der festesten und zugleich merkwürdigsten Dämme errichtet, den wohl keine, selbst nicht die ungestümste Wasserfluth, je niederstürzen möchte. Seine Höhe beträgt neun, seine Länge funfzig Lachter*. Unten hat er zwölf, oben neun Lachter im Durchmesser. Im Jahre 1719 wurde er zu bauen angefangen, 1722 geendigt, und kostete 12000 Thaler.

[* Ein Lachter ist eine Länge von drey Ellen.]

Der Teich ist 73 Lachter breit, 800 lang, neune tief, und enthält eine Oberfläche von 85 Braunschweigischen Morgen. Die größten Tannen sollen noch in ihm stehen, und die Wipfel derselben den Fischern (denn es giebt schöne Forel-

Abb. 21
Der Rehberger Graben, kolorierter Kupferstich von Johann Christian Eberlein, um 1800

len darin) noch jetzt hinderlich seyn. Bey diesem großen Umfange wird man es daher auch nicht unglaublich finden, daß der Teich, wenn er ganz angefüllt ist, ein volles halbes Jahr hindurch die nöthigen Wasser liefert, und wenn auch in der Zeit kein Tropfen hinzu liefe. Dies wird indessen nie der Fall werden, da er hinreichenden Zufluß hat, und es sich nicht denken läßt, daß auf dem Harze, und besonders in dieser Gegend, auch nur vier Wochen ohne Regen verstreichen könnten. Die Oder aber nicht allein liefert ihm das Wasser, denn im höchsten Sommer versiegen oft ihre Quellen, sondern auch einige Quellen, die sich im Grunde desselben befinden; andere kleine Bäche, welche sich entweder von selbst in ihn ergießen, oder durch Kunst hinein geleitet worden sind, nicht gerechnet. Ueber den Damm läuft eine frequente Harzstraße von Andreasberg und Clausthal nach dem Unterharz und Thüringen. Auf beiden Seiten ist er daher mit Barrieren vorsehen, um gefahrlos darüber paßiren zu können.

Der Weg vom Oderteich nach Andreasberg geht für Fuhrwerk über den Rehberg weg, für Fußgänger und Reiter aber weit angenehmer, doch eine Stunde länger, über den Rehberger Graben, den man auch, wenn man die Erlaubniß dazu erhält, und ruhige Pferde hat, fahren kann. Dieser Rehberger Graben ist ebenfalls einer der merkwürdigsten Baue des Harzes. Er leitet nämlich das Wasser aus dem Oderteich auf einem Wege von zwey Stunden, stets an der Seite des Rehberges nach Andreasberg hin. In den Jahren 1692 bis 1703 wurde er gemacht, und kostete 48469 Mariengulden*. Größtentheils ist er mit Schreitholz bedeckt, damit nichts hinein fallen, ihn verunreinigen, und er auch im Winter nicht vom Schneegestöber verstopft werden kann; da aber, wo er unbedeckt ist, sieht man das reinste Wasser auf einem braunen Granitgrunde hinfließen, in welchem der auf dem ganzen Harze heimische Fisch, die Forelle, sich ebenfalls befindet. Ihm zur linken Seite läuft bis zu seinem Ende ein sehr angenehmer Weg hin. Man glaubt in einer englischen Gartenanlage zu seyn, so eben und reinlich ist er stets. Auf der rechten Seite läuft der Berg oft ganz flach, oft ganz steil fort; auf der linken senkt sich der Blick in ein tiefes Thal hinab, dessen jähe Abschüßigkeit nur durch dichte Tannenwaldungen versteckt wird, welche auch den Weg überschatten. Das Schwirren der Luft in den hohen Tannenwipfeln, das Murmeln kleiner Quellen, welche sich von dem Berge herab in den Graben ergießen, das Rauschen der Oder im tiefen Thale, das Gemisch von sanften und wilden Parthien, alles das macht diesen Weg zu einem der reizendsten, den ich auf meiner ganzen Harzwanderung ging. Hier war ich geschützt gegen die heftige Hitze, welche die Luft erfüllte, hier sammelten sich meine Kräfte auf dem ebnen Pfade, wo kein Steinchen zu finden war, hier schöpfte ich Erquickung aus dem krystallnen Wasser des Grabens. Es war mir so wohl, so leicht, der Weg glitt unter meinen Füßen so schnell dahin, daß er sich früher endigte, als ich es wünschte. Das Wasser schlich zu einem Stollen hinein in den Berg, den ich zu ersteigen hatte. Seine unbedeutende Höhe schien mir beschwerlich, da ich einen so ebnen Weg verlassen mußte; allein die Aussicht, welche ich auf seinem Gipfel auf Andreasberg herab hatte, entschädigte mich.

[*Ein Mar. Gulden ist 13 Gr. 6 Pfen.]

St. Andreasberg.

Wenn ich an einen Ort komme, der noch fremd ist, so halte ich es gewöhnlich so, daß ich gleich nach meiner Ankunft einen Berg erklimme, oder, wenn es deren nicht giebt, einen Thurm ersteige, um aus der Höhe hinab die Lage des Orts und seine Umgebung beobachten zu können. [...]

Bey Andreasberg hatte ich dies nicht nöthig, da ich mich gleich beym ersten Erblicken desselben auf einem Berge befand. Ich sah indessen bald, daß es von dem mir gegenüber liegenden Berge, auf welchem das Glockenhäuschen stand, noch besser zu übersehen seyn würde, ging daher durch einen Theil der Stadt auf dem Bergrücken fort, dahin, und betrog mich nicht. Andreasberg lag da ganz ausgebreitet vor mir, ich sah in seine innersten Falten.

Er zieht sich von einem hohen Berge hinab in ein enges tiefes Thal, und wird gleichsam durch seine Farbe in zwey Theile getheilt; denn die größte Hälfte davon brannte im Jahre 1796 ab, die kleinere, die untere, blieb stehen. Jene ist aus ihrem Aschenhaufen neu und verjüngt wieder hervor gegangen. Die Häuser sind fast alle mit Ziegeln, oder wenigstens mit neuen Schindeln gedeckt, daher denn alles so neu, so nett, so glänzend und reinlich aussieht, daß man ihren Anblick angenehm finden muß. Diese dagegen sieht desto finsterer und veralteter aus. Eine aschgraue ins Schwarze übergehende Farbe überzieht die morschen Hütten, welche dicht in einander geschoben, und wie über einander her geworfen, in der Tiefe zu modern scheinen. Ich fand daher die Idee, welche sich mir hier aufdrängte, gar nicht unpassend, wenn ich einen mit verjüngter Schaale hervorgegangenen Krebs in Andreasberg erblickte, der die alte Hülle im Thale liegen ließ.

Allein, so lachend auch der obere Theil aussieht, so ist dies doch nur glänzendes Elend. Im Innern dieser aufgeputzten Häuser herrscht Armuth und Mangel. Die mehresten sind nur schöne Gerippe, denn sie sind nicht ausgebaut. Ihre Besitzer, durch den Brand verarmt, können es nicht erschwingen, sie ganz wieder herzustellen, und was davon fertig ist, das kämpft mit einem neuen verzehrenden Uebel, mit dem Schwamm. In den mehresten dieser wie Pilze aufgeschossenen, von frischem Holze errichteten Wohnungen wüthet dieser Krebsschaden, richtet eine nach der andern von neuem zu Grunde, und senkt die armen Andreasberger in immer tiefere Armuth hinab.

Andreasberg, die zweyte unter den sieben Bergstädten des Harzes, liegt zwey Meilen vom Brocken entfernt, ist offen, ohne Thore und Mauern wie alle Bergstädte, enthält gegen 400 Häuser und etwas über 1800 Einwohner. Ihren Namen hat sie von dem Berge, auf den sie zum Theil liegt, und von der zuerst aufgenommenen und noch jetzt gangbaren Grube, welche St. Andreas-Kreutz heißt. Die im sechszehnten Jahrhunderte aufgenommenen Silberbergwerke waren die erste Veranlassung zu ihrer Erbauung, welche man in das Jahr 1521 setzt. Da nämlich die ersten Gruben sehr ergiebig waren, so fanden sich bald viele Leute, welche überall einschlugen, sich dabey anbauten, und von den Grafen von Hohnstein und Lauterberg, als Herren von Andreasberg, das in ihrem zur Grafschaft Lauterberg oder Scharzfeld gehörigen Harzantheile lag, auf alle Art unterstützt wurden. Als dies gräfliche Geschlecht 1593 ausstarb, fiel Lauter-

Abb. 22
Andreasberg am Harz, kolorierte Umrissradierung, um 1810

berg und auch Andreasberg, als eröffnetes Lehn, an die Herzöge von Braunschweig-Lüneburg, Grubenhagenscher Linie zurück. Der Bergbau war damals im blühendsten Zustande. Ueber 330 Zechen waren hier, und die Ausbeute an Silber sehr beträchtlich. Allein die veränderte Herrschaft, welche ihn weniger begünstigte, die auf dem ganzen Harze grassirende Pest, welche so sehr lange wüthete, und der dreyßigjährige Krieg, brachten ihn nach und nach zum gänzlichen Sinken, und den guten Zustand der Stadt zugleich mit. Im Jahr 1625 stand er gänzlich still. Die Arbeiter flohen weg, theils dem Tode, theils den Kriegsdrangsalen zu entgehen, die Häuser standen leer, ganze Straßen waren entvölkert. Mehrere wurden niedergerissen, da der Geld- und Menschen-Mangel immer größer wurde, Niemand die Häuser kaufen wollte, und daher für 3 ½ Thaler, für drey Thaler, für acht Gulden hingegeben wurden. Erst nach dem Ende des dreyßigjährigen Krieges, ums Jahr 1655, fing der Bau wieder an, hob sich mehr und mehr, und jetzt ist er sehr beträchtlich. Hierzu hat sehr vieles die Anlegung des Oderteichs beygetragen, welcher ihn gegen allen Wassermangel sichert. Mehr als nöthig ist liefert dieser, dennoch aber nützt man es so lange und so viel als möglich. Man kann zwar überhaupt sagen, daß auf dem ganzen Harze mit jedem Wassertropfen sparsam umgegangen, und er gebraucht werde, so lange es sich nur einigermaßen thun lassen will; allein in Andreasberg ist dies besonders der Fall. Das Wasser des Rehberger Grabens wird hier so lange und so vielfach genutzt, muß Maschine auf Maschine, Rad auf Rad treiben, wird in Schächte geleitet und wieder heraus geführt, versieht alle Straßen der Stadt mit Röhrwasser, daß man dem Erfinder dieser sparsamen Einrichtung in Wahrheit seine Bewunderung nicht versagen kann. Der ganze Fall des Wassers vom Oderteich bis zur letzten Mühle beträgt nur 145 Lachter, auf welcher Reise es aber nahe an hundert Räder in Bewegung setzen soll.

In Andreasberg ist ein Unterbergamt oder eine Deputation des Bergamtes in Clausthal. Es besteht aus einem Bergsekretair, einem Bergschreiber, einem Bergmeister, zwey Einfahrern und zwey Geschwornen, welche zwar alle in Andreasberg wohnen, aber auch zugleich im Clausthaler Bergamte Sitz und Stimme haben.
[…]

Wer nicht Bergmann, aber wenigstens Freund der Bergbau- und Hüttenkunde ist, der wird sich in Andreasberg schlecht unterhalten fühlen; denn außer den mineralogischen Merkwürdigkeiten giebt es auch gar nichts, was eine Besichtigung verdiente. Es bleibt dies Städtchen daher nur für den, der Geschäfte hier hat, ein nicht trauriger Ort. An Gesellschaften mangelt es ganz, da außer den Predigern, den Aerzten, und den obersten Bergbedienten, gar keine sogenannten Honoratioren weiter hier sind, und ein honetter öffentlicher Versammlungsort mangelt.

Unter der Mittelklasse des weiblichen Geschlechts findet man noch eine äußerst widrige Tracht. Lange gelbe, blau- oder grün tafftne Contouchen, Zuckerhutförmig geordnetes Haar, worauf ein kleines mit Blumen aller Art übersäetes Häubchen sitzt, halbe Ellen lange Manchetten am Ellbogen, und ein kleines Handmüffchen dazu, machen den Staat der Weiber, und besonders der Schichtmeistersweiber aus. Das beste Gesicht bekommt unter dieser Bekleidung ein albernes, marionettenmäßiges Ansehen, besonders wenn man die dummstolze Miene eines solchen Weibes dazu nimmt, die sich nicht wenig einbildet, da ihr Mann meistentheils aus einem gemeinen Bedienten des Berghauptmanns zu diesem Posten gelangt ist. Die Mädchen dieser Klasse haben kürzere Contouchen, welche sie aber nicht weniger verunstalten, und ihre Reize ganz verdrücken. Es muß in der That ein beträchtlicher Grad von Endzündbarkeit dazu gehören, wenn man von einer solchen Contouche entbrennen soll, besonders in einem so kalten Klima, als das Andreasbergische ist.

Da ich einmal auf das Klima komme, so muß ich doch einer Gewohnheit gedenken, die hier, so in allen Harzstädten, üblich ist. Man heitzt nämlich das ganze Jahr hindurch ein, selbst im höchsten Sommer, und sollte es auch nur des Morgens seyn. Scheint nun der Tag gut zu werden, so öffnet man die Fenster bis gegen Abend, wo abermals etwas eingelegt wird, es müßte denn ein recht warmer Abend seyn. Solche giebt es aber äußerst selten; denn im Durchschnitt ist es nach Sonnenuntergang immer kalt, ober wenigstens auffallend kühl, und wenn es auch ein heißer Tag war. Man ist daher mit einer erwärmten Stube sehr zufrieden, und gewöhnt sich bald daran. Der Bewohner einer holzarmen Gegend,

Abb. 23
Landschaft im Oberharz, 2023

welcher sich glücklich schätzt, nur den Winter hindurch seine Stube erheitzen zu können, wird über diese Holzverschwendung gewiß schreyen; allein, dies ist es hier nicht, denn die Natur sorgte schon durch Ueberfluß an Holze dafür, daß auch bey dieser steten Consumtion so leicht kein Mangel eintreten kann. Sparöfen und Sparheerde machen daher hier ihr Glück nicht; denn wozu sparen, da es nicht nöthig ist, da ja Jeder nur in den Wald zu schicken und sein Holz holen zu lassen braucht, ohne für das Holz selbst etwas zu bezahlen. Ob aber nicht bey der ungeheuren Consumtion des Holzes durch Grubenbau, Verkohlungen und Verkauf desselben ins Ausland, nach und nach Mangel daran herbey geführt werden könne, das überlasse ich Sachverständigen zur Beurtheilung. Meinen geringen Einsichten nach und den Beobachtungen, die ich auf meiner Reise hierüber anstellen konnte, zufolge, muß er ganz unvermeidlich eintreten; denn die Consumtion steht mit dem Wachsthum des Holzes durchaus in keinem Verhältnisse, und unsere Nachkommen werden es leider! nur zu spät einsehen, daß man jetzt die Rechnung ohne den Wirth gemacht hat. Wie man mir sagte, so soll auch eine Commission von Hannover nach dem Harze kommen, und den Bestand der Forsten untersuchen, und ausmitteln, ob man ferner noch so wirthschaften könne, wie bisher, oder ob Einschränkungen getroffen werden müssen. Hoffentlich wird diese höchst nöthige Untersuchung vorgenommen werden, und ich will mich herzlich freuen, wenn ich einmal höre, daß noch keine Gefahr da ist; allein ich fürchte nur zu sehr das Gegentheil.

Wenn man in Andreasberg auf jedem Dache eine bis in den Hofraum herabreichende Leiter liegen sieht, welche jeder Eigenthümer des Hauses da immer haben muß, um bey entstehender Feuersgefahr sogleich auf das Dach gelangen zu können; so sollte man glauben, daß kein ausgebrochenes Feuer leicht um sich greifen könne. Allein, das neueste Beyspiel hat das Gegentheil bewiesen. Es war nämlich am 6ten Oktober 1796, wo Andreasberg meist ganz abbrannte. Der Tag war stürmisch, regnerisch und herbstlich, Niemand ahndete ein Gewitter. Plötzlich geschah des Mittags um ein Uhr ein heftiger Donnerschlag, der Blitz zündete, und die Stadt brannte. Der starke Wind fachte die Flamme heftig an, sie fraß um sich, sie wüthete schreck-

lich und unaufhaltsam. Unerwartet brach sie an mehrern Stellen zugleich aus, daher Viele, welche andern zu Hülfe geeilt waren, welche sich ganz sicher glaubten, plötzlich auch ihre Wohnungen im Rauch aufwirbeln sagen. Keine menschlichen Kräfte waren im Stande, die Gluth zu dämpfen; und wie hätte dies auch geschehen können, da sich drey Umstände vereinigten, welche zu einer Feuersbrunst nicht günstiger hätten zusammen gefunden werden können, starker Wind, in Holz gehüllte, damit gedeckte Häuser und – sehr mittelmäßige Löschungsanstalten. Was brennt da nicht ab! Um neun Uhr des Abends lagen 249 Häuser in der Asche, waren fünf Kinder und zwey erwachsene Personen umgekommen, und fünfhundert Familien in die traurigste bejammernswertheste Lage versetzt. Aller Habseligkeiten beraubt, theils durch die Flamme, theils durch wirkliche Raubsucht, welche mit jener an Wuth wetteiferte; ohne Obdach, ohne Geld, den Winter vor der Thür – wo nimmt man da den Muth zum Leben her!
[...]

Andreasberg steht nun wieder auf der alten Stelle. Seine Straßen laufen zum Theil eben so entsetzlich steil wie ehedem in die Höhe, und eine Regelmäßigkeit derselben sucht man vergebens. Bey einer solchen Lauheit gegen eine gefällige Form der Städte, werden wir freylich die schnörkeligen Straßen unserer Voreltern noch viele Jahrhunderte hindurch wieder aufleben sehen.

Andreasberg ist mit sehr vielen Gruben umgeben, deren jede ihre Huthhäuser, ihre Kauen und ihre Kunstgebäude um sich hat. Große Hügel herausgeförderten, grauen Gesteins thürmen sich neben ihnen auf, und werden sie endlich ganz verbergen. Alles scheint aufgewühlt, alles durch Minen gesprengt zu seyn. Einen ganz besondern Abstand machen diese grau-schwarzen Berge mit den schönen grünen Wiesen um sie her. Das fetteste Gras wallt darauf hin, das fruchtbarste Futter entwächst hier dem Boden. Dagegen sieht man sich umsonst nach Getraidefeldern um. Weder dies, noch Gartenland ist zu finden; denn alles ist Berg und Hügel umher, und die strenge Witterung verbietet, Mühe darauf zu verwenden. Grubenbau und Viehzucht sind die Hauptnahrungszweige der Einwohner. Die hiesigen Gruben sind unstreitig die reichhaltigsten an Silber auf dem ganzen Harze, indem Arsenikalsilber und Rothgiltig-Erz einzig und allein hier brechen, welche vierzig bis achtzig Prozent halten. Diese reichhaltigen Erze werden hier stets unerwartet, ohne vorherige Bergmännische Anzeigen davon zu haben, auf den gewöhnlichen Gängen in Nestern, wie der Bergmann es nennt, das heißt in großen Haufen beysammen, gefunden. Daher ist es oft der Fall, daß eine Grube, die Schulden halber dem Einstellen nahe war, sich in wenigen Wochen frey baut, da sie sehr häufig in Zeit von acht Tagen für 24000 Thlr. Silber liefert. Die Geschichte der Grube Neufang und Samson bewahrheitet dieses. So wurde zum Beyspiel im Jahre 1722 auf der letztern ein überaus reicher Anbruch von rothgiltigem reichem Kobolt und gediegenem Silbererz gefunden, von welchem in zwey Quartalen nicht nur eine ansehnliche Schuld abgetragen, sondern auch noch über hundert tausend Gülden zur Casse gezahlt wurden, und die Kuxe dadurch auf 1400 Thlr. im Preise stiegen.
[...]

Der Rehberger Graben und der Oderteich hatten mir zu gut gefallen, als daß ich sie nicht nochmals hätte besuchen sollen. Ich ließ daher den geraden Weg nach Clausthal unberührt, und schlug den über den Rehberger Graben dahin führenden, freylich etwas längern, ein. Was schon mehrere Schriftsteller über den Harz äußerten: daß nämlich die Schönheiten des Rehberger Grabens, wenn man ihm entgegen geht, weit sichtlicher, die Felsenparthien weit pittoresker seyen, muß auch ich als richtig unterschreiben. Alle Bilder dieses erhabenen Weges haben, von dieser Seite betrachtet, ein weit größeres Interesse, erregen einen noch höhern Grad der Bewunderung und des Anstaunens. Es ist dies gleichsam der Avers derselben, daher ich auch jedem, der Freund solcher Schönheiten ist, anrathe, wenn er den Weg nicht hin und her machen kann, ihn, wo möglich heraufwärts zu nehmen.
[...]

Auf dem ganzen Wege, vom Oderteich bis nach Clausthal, der immerfort durch Tannenwald geht, fand ich nur Eine von Menschen bewohnte Stelle. Diese war das sogenannte Dammhaus, ein Wirthshaus, das dem Sperbesheyer Damm gegenüber liegt, und wohin die Clausthaler öftere Schlittenfahrten veranstalten. Durch diese wenige Abwechselung erhält dieser Weg eine ermüdende Eintönigkeit, und verursacht Langeweile. Es haben zwar Tannenwaldungen für den, der sie nicht gewohnt ist, anfangs viel Anziehendes. Ich konnte mich wenigstens nicht satt sehen an den himmelan strebenden, schlanken und majestätischen Bäumen; allein, dieser Reiz verliert sich gar bald, wenn man mehrere Tage lang nichts als die ewig dunkelgrünen Nadeln, nichts als Liniengerechte Stämme, und gar keinen andern Baum sieht, und die Sehnsucht nach einem Laubholzwalde tritt an seine Stelle. Anziehender aber noch ist ein Gemisch von Laub und Nadelholz, wie man es auf den Vorharzischen Gebirgen antrifft, wo der Tanne schlanker Wuchs, ihr melancholisches Grün, eine gute Wirkung zwischen den sanftern Farben vielfacher Laubbäume erzeugt.

Das Bemerkenswertheste auf dem ganzen Wege nach Clausthal war mir der Sperbeshayer Damm. Es ist dies eine zweyte große und kostspielige Wasserleitung, welche zum Behuf der Clausthalschen Grubenkünste, besonders des Burgstedter Zugs, 1732 angelegt wurde. Mehrere Bäche und Quellen sind in ihn geleitet, die er theils durch Berge hindurch, theils über Thäler hinweg, mittelst aufgeführter Dämme, auf einem schlangenförmigen Wege von elf Stunden bis nach Clausthal führt. Seine Anlage soll 34233 Thlr. gekostet haben. Ungefähr eine Stunde lang ging ich neben ihm weg, dann verlor er sich wieder vor mir.

So wie ich den Wald ganz verlassen hatte, lag Clausthal mit Zellerfeld in seiner ganzen Länge, von den schönsten Wiesen umgeben, vor mir ausgestreckt. Es war trübe und regnerisch. Die Wolken hatten sich tief herabgesenkt, sie hüllten schon die Gipfel der Berge in ihren dichten Schleyer ein, und während ich so saß, und die Gegend umher besah, öffneten sich plötzlich die Schleußen des Himmels, und der Regen goß in heftigen Strömen auf mich herab. Das nächste Obdach, unter welches ich mich flüchtete, war ein Grubenhaus. Die Bergleute saßen darin eben an ihrer Mittagstafel, wo trocknes, schwarzes Brod und ein Krug weißen Bieres servirt wurden. Mit Selbstzufriedenheit und Wohlbehagen verzehrte jeder das Seine, und so wie dies geschehen, und die Sanduhr, welche jeder im Busen bey sich führt, besehen war, wurden die Grubenlichter wieder angezündet, und hinabgefahren.

„Will här met?" fragte mich der letzte, als ich neben der Grube stand, und einen nach dem andern von der Erde verschlingen sah. Ich dankte ihm. Er stieg hinunter, und der Schimmer seines Lichtes verlor sich, gleich dem der übrigen, in der Tiefe. Ein finstrer Abgrund gähnte mich an, eine Stille, wie die Grabesstille, stieg herauf, um mich her war kein Mensch mehr, da kurz zuvor erst noch das ganze Haus angefüllt war; mich ergriff ein banger Schauder, ich eilte hinaus durch den dichten Regen, fort nach Clausthal.

Clausthal und Zellerfeld.

Clausthal, die erste unter den sieben Harzbergstädten, oder, wenn man will, die Hauptstadt des Harzes, denn keine der übrigen erreicht ihre Größe, liegt im Fürstenthum Grubenhagen, 1955 Fuß über die Meeresfläche erhaben, und 1749 Pariser Fuß niedriger als die Brockenspitze.

Sie enthält nahe an 900 Feuerstellen, die öffentlichen Gebäude mit eingerechnet, und 8000 Einwohner. Keine Thore verschließen ihre Eingänge, keine Mauer umgiebt sie; überall steht sie offen, wie dies der Charakter aller Bergstädte ist, da die Bergleute zu jeder Tageszeit müssen ungehindert ein- und ausgehen können.

Sie dehnt sich sehr in die Länge auf zwey Hügeln hin, hat mehrere Seitenstraßen, welche wie Arme von der Hauptstraße ausschießen, und ist mittel mäßig, jedoch ziemlich überall gepflastert. Wegen der Abhängigkeit der mehresten Straßen ist das Pflaster stets sehr reinlich; denn der geringste Regen, woran es hier gar nicht mangelt, leckt den Schmutz gleich weg.

Ihre Hauptstraße ist eine gute halbe Stunde lang, wenn man nämlich ihren Anfang oben beym Schießhause, und das Ende an der Grenze vor Zellerfeld annimmt. Mit einem Blicke läßt sie sich aber nicht übersehen, da sie theils zweymal Bergauf und Bergab läuft, theils auch die Häuser selbst nicht in gerader Linie stehen.

Die Häuser sind nie anders als nur einmal übersetzt, und größtentheils auf rußische Weise gebaut, nämlich: statt des sonst gewöhnlichen Mauerwerks sind die Fächer mit über einandergelegtem Holz aufgefüllt, mit Moos verstopft,

Abb. 24
Clausthal und Zellerfeld, kolorierte Umrissradierung von Heinrich Martin Grape, um 1830

und von außen dann mit Brettern oder Schindeln, vom Dache bis an die Erde herab, bekleidet. Dieses Gewand hat man fast allen Häusern, selbst den Kirchen, umgeworfen, und nur wenige sind unbedeckt geblieben. Durch diese Vermummung erhalten sie alle das Ansehn von breternen Kasten, worein man Löcher geschnitten, und sie mit Fenstern ausgesetzt hat. Welchen unangenehmen, widrigen Eindruck der Anblick eines solchen Menge aschgrauer Holzmassen macht, empfindet gewiß jeder, der nicht von Jugend auf daran gewöhnt ist. Die Härzer hingegen suchen eine Art von Schönheit darin, ihren Wohnungen dies Kleid zu geben, und finden nicht so bebreterte weniger hübsch. Ländlich, sittlich. – Mir hat diese Zierde nie behagen können; auch fand ich eben nicht so Vortheile mit dieser Bauart verknüpft. Es ist zwar nicht zu leugnen, daß Regen und Wind weniger beschädigen können, und solche Häuser dadurch etwas mehr gegen die eindringende Kälte gesichert und wärmer sind, als nackte; allein, den Uebelstand für das Auge abgerechnet, so ist es doch gewiß sehr gefahrvoll und ängstlich, in einem Hause zu wohnen, das rings herum mit so leicht entzündbarem Tannenholze umgeben ist, wo man gar keine Rettung erwarten darf, wenn die Flamme erst Wurzel gefaßt hat.

Beyspiele davon sind in Menge vorhanden. In keinem Striche Landes der Größe hat die Flamme wohl schrecklicher gewüthet, als auf dem Harze. Jeder Brand legte gleich mehrere hundert Häuser in die Asche. Clausthal liefert besonders häufige Belege hierzu. Im Jahre 1631 brannten vier und vierzig, im J. 1634 in sechs Stunden hundert und sechs und sechzig, im J. 1639 binnen drey Stunden drey und funfzig, im J. 1724, vierhundert Wohnhäuser, und dreyhundert Nebengebäude, im J. 1737, hundert und zwey und neunzig Häuser ab. Goslar, Andreasberg, Zellerfeld, Haßelfelde und mehrere Städte des Harzes sind alle einige mal fast ganz verzehrt, und ihre Bewohner dadurch in das drückendste Elend versetzt worden; aber dennoch, bey allen diesen schrecklichen Beyspielen, wo es Niemand ableugnen kann, daß die Art zu bauen den Feuersbrünsten den größten Vorschub leistete, läßt man doch nicht davon ab, baut immer wieder

nach der alten Weise auf. Zwar hat die Polizey untersagt, die Häuser fernerhin mit Schindeln, sondern befohlen, sie mit Thonziegeln zu bedecken; sie hat verordnet, daß auf jedem Dache eine Löschungsleiter liegen soll, und daß nicht mehr als zwey Häuser an einander stoßen sollen; allein, dadurch wird noch nicht viel gewonnen seyn, besonders wenn das erste Gebot – du sollst nicht mit Schindeln decken, – so schlecht bis bisher befolgt wird.
[...]

Die oberste und wichtigste Stelle in Clausthal, so wie überhaupt im ganzen Hannöverischen Harzantheile, ist die des Berghauptmanns. Von ihm hängt fast alles ab, er dirigirt das Ganze, und man kann ihn daher mit Recht und im vollen Wortverstande, den Fürsten des Hannöverischen Harzes nennen. Zwar müssen alle seine Vorschläge, Anordnungen und Entwürfe von einiger Wichtigkeit, vorher erst von der Cammer in Hannover, unter welcher er steht, genehmigt werden; wenn er aber Verstand und Klugheit genug besitzt, sokann er diese gängeln und zügeln wie er will, da er ja gleichsam ihr Sehrohr ist, und es ja nur auf ihn ankommt, getrübte oder gefärbte Gläser einzuschieben. Gewisse Stellen aber kann er vergeben und wieder nehmen, Menschen absetzen und anstellen. Was Wunder also, daß es in Clausthal gerade so zugeht, wie an einem kleinen Hofe! daß dem Herrn Berghauptmann eben so die Cour gemacht, geschmeichelt, daß sich eben so vor ihm gebückt, gekrochen, um seine Gunst gebuhlt, seinen Neigungen gefröhnt wird, und Schmeichler, Speichellecker und Ohrenbläser sich eben auch so um seinen Stuhl winden, wie alles dies dort um die Throne geschieht! So wie da die Schritte und Handlungen der Diener genau beobachtet, die minder guten durch konvexe, die guten durch konkave Gläser beurtheilt werden; so wie da die geringste Kleinigkeit oder Eigenheit den Grad der Gnade oder Ungnade bestimmen, überall besoldete Spione herum schleichen, die häuslichen Verhältnisse, das Thun und Lassen derselben, jede unschuldige Aeußerung des Unbefangenen zu sehen und zu hören, und im verkehrten Lichte wieder anzubringen; gerade so geht es in Clausthal auch, jedoch noch jetzt, als ehedem.
[...]

Den geselligen Ton in Clausthal kann ich eben nicht rühmen. Spiel und Wein, diese meist unlautern Behelfe des Vergnügens, sind darin stets an der Tagesordnung. Wo diese, besonders der letztere, nicht Leben verbreiten, da herrscht die eintönigste Unterhaltung. Zwar hört man wohl hin und wieder von Berg- und Hüttenmännischen Gegenständen reden; aber doch auch wenig, weil jeder fürchtet, die Meinung des andern zu beleidigen, oder mit der seinigen bey der hohen Behörde anzustoßen. Von wissenschaftlichen Dingen anderer Art wird gar nicht gesprochen, und eine geistreiche Cultur sucht man durchaus vergebens. Und wie kann dies auch anders seyn, da man Personen, welche sich über wissenschaftliche, gelehrte Sachen unterhalten wollen, nicht leiden mag, sie verächtlich behandelt, besonders wenn sie nicht in die etwas abgeschmackten Späschen mit einstimmen, und weder am Spiel noch am Trinken Theil nehmen mögen. Ein Mann von wissenschaftlicher Kultur wird daher gewiß sein Glück in den Clausthaler Zirkeln nicht machen, wenn er nicht die Kunst versteht, seine Geistesüberlegenheit so wenig als möglich hervor blicken zu lassen, und alles zu meiden, was den Clausthaler an seine Geistesarmuth erinnern, und unangenehme Gefühle in ihm erzeugen könnte.

Woher diese wenige geistige Kultur kommen mag? welches die Hauptursachen ihrer Unterdrückung seyn mögen? – das wage ich nicht zu entscheiden, sondern überlasse es dem längern Beobachter. Zu leugnen ist es übrigens nicht, daß im Harzer überhaupt viel Geist oder Anlage steckt, und viel aus ihm gemacht werden kann, wenn er unter gute Hände geräth. Daß dies aber so wenig geschieht, ist mir ein Räthsel, das, wie gesagt, nur ein längerer Beobachter wird lösen können.
[...]

Sollte vielleicht das rauhe Klima, die eintönigen, schmucklosen Gegenden daran schuld seyn? Unter einem heitern und milden Himmelsstriche gedeihen Pflanzen der Art freilich besser, und der Geist keimt weit freyer auf, als in einem rauhen, fast immer bewölkten. Der menschliche Verstand gleicht gewiß in vieler Hinsicht einer zarten Staude, die bey den besten Kräften emporzustreben, dennoch verkrüppelt, wenn Kälte und ewige Nordwinde ihr Mark verderben, ihre Keime zerstören.

Gleichen Einfluß hat aber auch das Klima auf die körperliche Bildung des Menschen, wovon man sich in Clausthal fast überzeugt fühlen muß. Nicht ein einziges schönes weibliches Gesicht habe ich auffinden können, ob ich gleich mehrere Tage in Clausthal war, und besondere Aufmerksamkeit darauf verwendete. Lauter verbildete, nichts sagende, ja mit unter häßliche Physiognomieen blicken einen an. Die rauhe Luft hat sie blaß erhalten, hat sie im Entfalten zerdrückt und gestört, wobey die Lebensart, die Beschäftigung, vorzüglich das viele und schwere Tragen und Steigen in den Gebirgen thätig mitwirkte. Selbst in den höhern Ständen sucht man umsonst eine feine körperliche Bildung. Ich hatte Gelegenheit, so ziemlich alle Damen der Stadt nach und nach zu sehen; allein – sie mögen es mir verzeihen, wenn ich die Wahrheit sagen muß´– ich fand keine einzige schöne Figur darunter. Nur eine Knospe erblickte ich, die schüchtern die aufblühenden Reize in sich selbst noch verbarg, aber doch so viel ahnen ließ, daß sie einst, wenn sich erst das Inkarnat ihrer Wangen, die blendende Fülle des steigenden Busens mehr entfalten würde, wie die Königin der Blumen, die Rose, über alles um sie her mit liebevoller Huld, mit unwiderstehlichem Blick hervorragen werde. – O dreymal Glücklicher, du Unbekannter, der du einst diese Knospe pflücken – brechen wirst!!!

Etwas, worüber ein Fremder lächeln muß, wenn er in Clausthal in Gesellschaften ist, sind die fürs weibliche Geschlecht ganz unpassenden Titulaturen der Männer. Wer es nicht fühlen will, wie abgeschmackt wir Teutsche in diesem Stücke handeln, wie lächerlich es ist, den Weibern die Charactere und Prädikate der Männer, weiblich geendigt, beyzulegen, der gehe nur in eine Reichsstadt, oder in eine Gegend, wo viele Bergbedienten wohnen. In ersterer kann er schon närrische Titel hören, als: Frau Senator-Servirn, Frau Achtmännin, Frau Quatuorvirn, Frau Syndikußen, Frau Worthalterin und so fort; in letzterer aber noch lächerlichere, als: Frau Bergdrostin, Frau Vicezehendnerin, Frau Zehendgegenschreiberin, Frau Eisenhüttenreiterin, Frau Vicehüttenreiterin, Frau Puchverwalterin, Frau Geschworne, Frau Einfahrerin, Frau Bergprobirerin, Frau Berggegenprobirerin, Frau Knappschaftsschreiberin u.s.w. Wer vermag bey diesen Titeln sich des Lachens zu enthalten! – Ich würde wenigstens verlegen werden, und erröthen müssen, wenn ich zu einem Frauenzimmer sagen sollte: Frau Einfahrerin, Frau Gegenprobirerin. Und wer könnte wohl bey einem Gespräche, wie folgendes – das ich zwar hier fingire, welches aber doch sehr leicht geführt werden kann, und gewiß schon oft geführt worden ist – gleichgültig bleiben? wer nicht laut lachen müssen? –

A. Ergebene Dienerin, Frau Zehndgegenschreiberin, befinden Sie sich noch wohl?

B. Ihnen zu dienen, Frau Eisenhüttenreiterin, recht wohl.

A. Waren Sie gestern nicht bey der Frau Bergprobirerin?

B: Aufzuwarten, ja. Ich war mit der Frau Geschwornen und der Frau Obersteigerin bey der Frau Bergprobirerin, von wo wir dann Abends zur Frau Knappschaftsschreiberin gingen.

A. Hätte ich das gewußt, so wäre ich auch mit der Frau Vicezehendnerin, welche bey mir war, zur Frau Knappschaftsschreiberin gekommen, denn bey der Frau Püchverwalterin hatten wir viel Langeweile.

B. Wollen Sie morgen mit zur Frau Vicehüttenreiterin gehen, so lasse ich es noch der Frau Bergprobirerin sagen? u.s.w.

Mit dem Worte „Madame" wären alle diese Weitläufigkeiten gehoben, und ein Fremder der Verlegenheit entrissen, in die ihn das Aussprechen dieser kauderwälschen, gleich mosaischer Arbeit, aus so verschiedenartigen bergmännischen Geschäften, zusammengesetzten Titel versetzt; allein, das nimmt man in Clausthal so gut übel, als wenn ich in Dresden der Frau Vice-Cammer-Credit-Commissions-Buchhalterin, oder der Frau Ober-Zoll- und Geleits-Gegenschreiberin ihre zehn bis vierzehn langen Sylben Titulaturen – zu den Aussprechung die Lunge eine ganz beträchtliche Luftportion nöthig hat – nicht zukommen lassen wollte; überhaupt sind die Clausthaler Damen äußerst titelsüchtig, weit mehr noch als die Bernburger, und als es ihre Männer sind, und können es nicht begreifen, wie es möglich ist, daß eine Dame von Stande mit der simplen Bezeichnung „Madame" zufrieden seyn kann.
[...]

Abb. 25
Die Marktkirche zum Heiligen Geist in Clausthal ist im Stil des Barock ganz aus Eichen- und Fichtenholz erbaut, 2024

So wie in Andreasberg, findet man auch hier nur solche Merkwürdigkeiten und bemerkenswerthe Gegenstände, welche auf den Berg- und Hütten-Bau Bezug haben, oder aus ihm hervorgehen. Wer diese Wissenschaften zum Vergnügen oder als Brodstudium treibt, wird sattsame Gelegenheit hier und in der umliegenden Gegend finden, seine Wißbegierde zu befriedigen. Man darf indessen von alle dem nichts besehen, und wird auch nirgends zugelassen, wenn man nicht einen schriftlichen Erlaubnißschein vom Viceberghauptmann vorzeigen kann, der jedoch sehr leicht ertheilt wird. Mir war die Münze der interessanteste Gegenstand.

Die Clausthaler Münze ist die einzige im Churfürstenthum Hannover. Alles auf dem Harze erzeugte Blicksilber kommt hierher, und wird nach dem achtzehn Gulden-Fuße ausgeprägt. Gewöhnlich werden nur feine Gulden gemünzt, und zwar in jeder Woche für acht bis neuntehalb tausend Thaler. Aber auch andere Münzsorten, desgleichen auch das im Rammelsberge gewonnene Gold, dieses jedoch nur unterm Dukatenstempel, und ungefähr sechs bis achthundert Stück jährlich, werden geprägt. Zum Münzmeister wird gewöhnlich ein invalider Diener genommen, und sein Gehalt als eine Pension angesehen; denn große Arbeit und Mühe ist mit diesem Posten nicht verknüpft, da diese Münze nichts als eine Maschiene ist, keine Spekulation dabey statt findet, das einmal geordnete Geschäft mechanisch fortgetrieben wird, und dies Mechanische leicht zu erlernen ist.
[…]

An dem geräumigen Marktplatze liegt auch die Hauptkirche. Sie ist ganz von Holz erbaut, mit Bley und Schiefer gedeckt, und nebst ihren zwey kleinen Thürmen grau angestrichen. Inwendig ist nichts von Bedeutung zu finden. Der Generalsuperintendent des Fürstenthums Grubenhagen ist erster Prediger bey derselben. Der jetzige heißt Luther.
[…]

Die zweyte Kirche in Clausthal ist die Gottesackerkirche, die durch einen Ueberzug von Schiefer ein trauriges Ansehn erhält.

Am Markte steht auch noch das Rathhaus, ein ganz ansehnliches Gebäude, welches zugleich die Wachstube für die dreyßig Stück Invaliden enthält, die hier liegen, und mancherley bewachen müssen.

Alle Sonnabende ist in Clausthal ein großer Wochenmarkt. Außer den vielen Getraidehändlern und Gemüseverkäufern, welche sich aus der ganzen umliegenen Gegend, tief aus dem Lande herauf, auf demselben einfinden, kommen auch alle Bergleute oder deren Weiber an diesem Tage hierher, holen ihre Wochenlöhnung ab, und versorgen sich dann wieder mit den ihnen für die nächste Woche nöthigen Lebensmitteln. Dies veranlaßt einen solchen Zusammenfluß von Menschen, daß man diesen Wochenmarkt eher für einen Jahrmarkt halten kann, und bewirkt einen Geldumsatz, den man, nicht zu hoch, auf zehntausend Thaler anschlagen darf; denn, der größte Theil des Geldes, welcher ausgelohnt wird, wird gleich wieder ausgegeben, oder doch bey den Aufwechslern des Cassengeldes wieder umgesetzt.

Clausthal ist ringsumher von den schönsten Wiesen, so wie man sie nur im Hollsteinischen findet, umgeben. Getraidefelder sieht man dagegen gar nicht. Mehrere Versuche, Roggen zu bauen, sind gemacht worden; allein, sie fielen, des rauhen Klima's wegen, nie gut aus. Wäre dies aber auch nicht der Fall gewesen, so würde man dennoch den Ackerbau nicht zu befördern suchen, indem er bald zu viele Anhänger finden, und der Bergbau darunter leiden würde. Bey der sehr guten Beschaffenheit der Wiesen, die jährlich meist zweymal gedüngt werden, ist natürlich die Rindviehzucht in sehr gutem Zustande. Das oberharzische Rindvieh übertrifft auch das benachbarte an Größe und Schönheit. Eine rechte gute Harzkuh giebt gewöhnlich achtzehn bis zwanzig Maaß Milch. Mein Wirth, der in meiner Gegenwart eine Kuh etwas theuer bezahlte, weil er die Versicherung erhielt, daß sie vier und zwanzig Maaß täglich liefere, war sehr unzufrieden, als er nur achtzehn erhielt. Die Milch ist überaus schmackhaft und fett, Butter und Käse bey weitem vorzüglicher, als im platten Lande, und der Handel, welcher mit den Harzkäsen getrieben wird, nicht unbeträchtlich.

Die Wiesen des Oberharzes überhaupt, und besonders die um Clausthal herum, werden meist alle zweymal gemäht, einige sogar dreymal. Dies thut aber nie ein Clausthaler selbst, so viele Mühe man sich auch gegeben hat, es dahin zu bringen, sondern aus dem an dreyßig Meilen weit entfernten Vogtlande, kommen jährlich eine Anzahl Mäher hierher, und verrichten diese Arbeit. Sie halten sich dann gewöhnlich acht und mehrere Wochen lang hier auf, so daß, wenn sie mit der ersten Schur der Wiesen fertig sind, sie gleich mit der zweyten wieder anfangen können. Man hat berechnet, daß diese Leute jedesmal an dreytausend Thaler hierbey verdienen, und mit fortnehmen, welche der faule Clausthaler lieber zahlt, und der Stadt entziehen läßt, als daß er sie selbst verdiente.

Der gewöhnliche auswärtige Vergnügungsort der Clausthaler, ist Bösenshof, ein gut eingerichtetes Gasthaus eine kleine halbe Stunde von der Stadt, in einem engen Thale. Mehr Vorzüge hat jedoch das Zechenhaus bey der Grube, Dorothea, welches ebenfalls besucht wird. Dort ist der Blick durch die umliegenden Berge ganz eingeschränkt, hier hat man hingegen eine angenehme Ansicht von Clausthal und Zellerfeld, und von allen den Gruben und Zechenhäusern des Burgstädter Zugs, welche zusammen einem kleinen Dorfe ähneln. Die Geschäftigkeit, die Thätigkeit und das Leben, welches hier immer ist, das stete Hin- und Herschieben der viertelstundenlangen Kunstgestänge, alles das läßt mich dies Zechenhaus vor Bösenshof weit vorziehen.

Zellerfeld hängt mit Clausthal dicht zusammen, daher beyde Städte ein Ganzes auszumachen scheinen. Zellerfeld enthält sechshundert Feuerstellen und viertausend Einwohner, ist etwas städtischer und regelmäßiger gebaut als Clausthal, aber ebenfalls rings herum uneingeschlossen. Nicht die Hälfte der Häuser ist mit Brettern oder Schindeln bekleidet, sondern die meisten aus Fachwerk erbaut, aber ebenfalls nicht höher. Die Straßen sind meist alle gerade, und in der Mitte mit Linden bepflanzt, die zu einer beträchtlichen Höhe angewachsen sind. Die Wohnung des Viceberghauptmanns, das Zehend-Gebäude, und die St. Salvatorskirche sind hier die besten Häuser. Letztere ist solide und gut eingerichtet, von Stein erbaut und mit Kupfer gedeckt. [...]

Das Klima zu Clausthal und Zellerfeld ist fast das rauheste, das unfreundlichste auf dem ganzen Harze. Gewöhnlich fängt der Winter im November an strenger zu werden, und dauert oft noch über den May hinaus. Der Herbst besteht nur in einigen Tagen des Septembers. Vom Frühlinge weiß man hier wenig, da der Winter meist unmittelbar in den Sommer übergeht. Nachtigallen kennt man nur dem Namen nach; überhaupt, alles das Entzückende der ersten Tage der wieder auflebenden Natur, alle die Freuden, welche dem Landbewohner der Frühling darbietet, sind hier fremd. Nur wenige Wochen im Jahre findet man einen heitern Himmel, eine milde, warme Luft. Gewöhnlich wechselt die Witterung sehr oft, in einem Tage bisweilen dreymal, und den größten Theil des Jahres hindurch ist es trübe, regnerisch, nebelig und kühl. [...]

Nicht allein aber diese Rauheit des Klima's würde mich, wenn die Wahl in meiner Gewalt stände, bestimmen, weder Clausthal noch Zellerfeld zu meinem festen Wohnort zu erkiesen, sondern vorzüglich die wenigen Reize, welche die Natur hier ausstreute, die schmucklose Gegend, der gar zu beschränkte Gesichtskreis. Denn es bleibt doch nun einmal ausgemacht, daß zur Glückseligkeit des menschlichen Lebens auch der Genuß einer schönen Gegend, eines milden Himmelsstrichs gehört, und daß dieser so unläugbar zur Erweiterung und Verschönerung unserer Empfindungen beyträgt. Man sehe aber die Gegend um Clausthal an, und nenne mir eine schöne, eine herzerhebende Stelle! Ueberall Wiesen und schlichte Berge, überall dunkler Tannenwald, der den Saum des Horizonts abschneidet. Nirgend einen Blick in die Ferne, ins Weite, ringsumher prallt er von gebirgigen Mauern zurück, und weilt allenfalls an der Brockenspitze etwas länger. Wie bald fühlt sich da das Auge gesättigt, wie bald des steten Einerley's überdrüßig! Hier giebt es keine schöne Mainacht, wo mich das Flöten der Nachtigall in sanftere Empfindungen wiegte, wo nach der Schwüle des Tages erquickende Kühle mich stärkte; hier weht kein Blumenduft mich an; hier prangt kein Baum im blühenden Gewande; hier zirpt keine Grasemücke im Felde voller Aehren. Rauh und kalt pfeifft der nie ruhende Wind über die Berge hin, wenn die Sonne dem Horizont entschwand. Aus allen Hütten wirbelt der Rauch empor, um hier ein warmes Klima zu erkünsteln. Hinter dem Ofen allein ist dann gut seyn.
[...]

Die wenigen Spaziergänge um Clausthal sind nur für den Harzer angenehm, weil einige derselben Landgegenden ähneln; aber gar keinen Genuß von Dauer gewährend sie dem Nicht-Harzer. Einer der lebhaftesten davon ist der nach der Silberhütte, wo man in einem langen Thale an vielen Pochwerken weggeht.
[...]

Die vielen Pochwerke, wenn ich nicht irre, waren es eilfe, mit ihren verschiedenen Nebengebäuden und Künsten, liegen an einem Bache, der sie in Bewegung setzt, in geringen Zwischenräumen von einander entfernt. Das Ganze erhält daher das Ansehn eines weitläufig erbauten Dorfes. Bey jedem findet man eine Menge Knaben, oder, wie sie hier heißen, Puchjungen, welche saure und viele Arbeit verrichten müssen. Hierdurch wird der mehresten Wachsthum gestört, sie bleiben klein. Man hält sie für zwölf und vierzehnjährige, und sie sind achtzehn bis zwanzig Jahre alt. Ihr Verdienst ist dabey sehr gering; denn über zwölf gute Groschen die Woche bringt es keiner. Ihre Kost ist diesem Lohne und ihrer schweren Arbeit kaum angemessen. Ich trat in eins der Werke, und fand hier um einen großen Tiegel glühender Kohlen einen Kreis geschlossen. Jeder saß, und verzehrte sein trocknes Stück schwarzes Brod. Einige, die sich vielleicht etwas erübrigt hatten, bestrichen es mit dünnem Rübensaft, einige mit fließendem Käse. Andere, welche sich ein solches leckeres Mahl nicht geben konnten, hielten es über die Kohlen, ließen es braun rösten, und verzehrten es so mit dem größten Wohlbehagen. Noch andere, die schon das ihrige aufgezehrt hatten, oder sich gar nichts zu geben vermochten, lehnten mit neidischen Blicken an der Wand, und gierten nach der Rinde des Nachbars, oder suchten durch Rauchen ihren Hunger zu stillen.

Dem ungeachtet sind diese Knaben, bey all der täglich schlechten Kost, bey der steten schweren Arbeit und dem wenigen Verdienste, lustig und

Abb. 26
Die Silberhütte bei Andreasberg, kolorierte Umrissradierung, Anfang 19. Jahrhundert

muthwillig. Von Jugend auf daran gewöhnt, und unbekannt mit einem bessern Leben, fühlen sie nicht das drückende Joch, und sie tragen willig die Bürde des Standes, zu welchem sie auferzogen werden, zu welchem sie von Mutterleibe an bestimmt sind. Mit Ungestüm fallen sie aber jeden Fremden an, und fordern von dem „Herrn Vetter" – so nennen sie jeden – eine Gabe. Wer dann sehen will, was ein Pfennig vermag, der werfe ihn unter sie, und alle stürzen darüber her. Unter Schlagen, Schimpfen, Raufen und Zetergeschrey kämpfen sie darum, bis er in den Händen eines derselben verschwindet. Erfolgt aber nicht mehr, giebt man ihnen nicht wenigstens einen Mariengroschen, so schimpfen sie, und rufen: „Herr Vetter, er hat Stroh in der Tasche", ja oft werfen sie sogar zur Dankbarkeit hinter dem Geber mit Koth her. Am besten thut man, ihnen gar nichts zu geben, so laufen sie zwar eine Strecke lang mit, werden es aber am Ende überdrüßig, und kehren um. Wenn sie ihre Feyerstunden haben, so wird gewöhnlich ein Hazardspiel gespielt. Dies ist ganz eigener Art. Sie werfen nemlich einen Pfennig in die Höhe, und wetten nun, auf welche Seite er fallen werde. Wer da nun glücklich im Rathen ist, kann viel gewinnen, da das Spiel immer so geschwind entschieden ist. Diese Jungen haben nur des Sonnabends sechs Stunden Unterricht im Lesen, Schreiben, Rechnen und dergleichen, übrigens die ganze Woche frey; denn ihre Arbeit ist von der Beschaffenheit, daß sie stets dabey seyn müssen. Wie viel aber in dem Kopfe eines solchen Knabens hängen bleiben mag, wenn er alle Woche nur einmal, und zwar sechs Stunden lang hinter einander weg, mit Dingen angefüllt wird, die ihm meist weniger schmecken, als seine Handarbeit, läßt sich leicht berechnen; daher auch ihre Roheit, ihre Ungeschliffenheit, welche mit den Jahren eher zu- als abnimmt.

Die Pochwerke gehen bis an die Silberhütte hin. Je näher ich dieser kam, desto mehr erfüllte ein dichter, arsenikalischer Dampf, welcher der festesten Brust ein Aufhusten abzwingt, das Thal. Ich glaubte, Sodom und Gomorra brenne vor mir, so eine Masse schwefeliger Dünste umgab mich. Die Berge färbten sich mit jedem Schritte dunkeler, denn das Gras wuchs sparsamer, krüppeliger, kärglicher, und endlich lag die nackte Erde da. Kein Baum, kein Strauch, kein Halm grünte mehr, kein Vogel weilte hier, der Wurm floh erschrocken zurück, todt und abgestorben war alles rings umher. Die Natur schien entseelt der Verwesung entgegen zu welken; ihr Regen, ihr Streben schien hier zu stocken, es schien in ein gänzliches Erstarren übergegangen zu seyn. Jedes lebende Wesen floh diese tödtende Atmosphäre, deren giftiger Hauch alles erstarren, alles im Keime schon hinwelken ließ; nur der Mensch hatte sich seine Wohnung errichtet, er allein opferte seine Gesundheit dem Erwerbe auf; er war es, dessen Industrie diesen weiten Raum verödete, und der Natur jedes fröhliche Lächeln entriß.

Wenn man einen blindgebornen Menschen hierher brächte, ihm hier das Licht seiner Augen wieder gäbe, und an einem trüben Herbsttage ihm dann dieses Thal zeigte; so würde er gewiß nicht ausrufen: o wunderschön ist Gottes Erde! – Nein, er würde sagen: Dies ist sie nicht die holde, liebe Natur, die ich zu erblicken hoffte, so mahlte man mir nie ihr Bild! Dies ist ein Chaos von Luft, Erde und Wasser, das noch im Werden ist, das erst belebt werden muß: es sind nur die rohen Substanzen, woraus jenes lachende Gemälde gebildet werden kann. Nein, dies ist meines Gottes Natur nicht.

Sie war es, Freund, würde ich ihm entgegnen. Einst lächelte sie auch im Sonnenglanze, einst entsproßen diesem todten Boden Bäume, Blumen, Früchte, einst weideten auf diesen Hügeln muntere Heerden; aber – sie sind verdorrt, jene Bäume, verwelkt, jene Blumen, entflohn, die muntern Heerden, vor dem Dampfe, vor den giftschwangern Rauchwolken entflohn, in den du athmest, und die auch dich zu tödten vermögen, wenn sie sich Jahre lang umgäben.

Wer ein Bild des menschlichen Elends erblicken, wer es sehen will, was der Mensch für Geld zu thun, zu wagen im Stande ist, für welchen Preis ihm Gesundheit und Leben feil sind; der komme hierher und sehe, sehe, wie die Menschen gleichen Gespenstern umherschleichen, wie sie gelähmt, abgebleicht, entmarkt, mit hohlen Augen und krumm gezerrten Gebeinen vor den glühenden Oefen stehn, um sich für ihr sieches Leben, das mit jedem Tage an Qualen zunimmt, einigen Unterhalt zu verschaffen. Warlich, es gehört viel Entsagung, oder eine gänzliche Unwissenheit mit den Folgen dieses Handwerks dazu, wenn man sich ihm widmen wollte! Denn die blühende Gesundheit ist hier nach einem Jahre untergraben, der markvolleste Mann zum Schwächling herabgesunken, und gelähmt. Krankheiten aller Art sind sein Loos. Die gewöhnlichste ist die Bleykolik oder Hüttenkatze, welche von den schrecklichsten Schmerzen begleitet wird. Bey dem steten Umgange mit Bley, entweder beym Reduciren desselben vom Kupfer, oder beym Scheiden des Silbers vom Bley, schleichen sich, ohne daß es gehindert werden kann, viele Theilchen davon in den Körper, welche bald geschwinder, bald langsamer, bald mehr, bald weniger, nachdem die Beschaffenheit des Körpers ist, ein krampfhaftes Zusammenschnüren der Brust und der Gedärme, ein Zittern der Glieder, Verstopfungen in den Eingeweiden, Gicht, krummgezogene und steife Gelenke erzeugen. Vierzehntage lange Verstopfungen sind da nichts ungewöhnliches; eine gänzliche Abzehrung, so daß der Körper einem, mit einer Pergamenthaut überzogenen Knochengerippe gleicht, nichts seltenes. Und dennoch, bey allen diesen schrecklichen Aussichten, finden sich immer Leute genug zu dieser Arbeit bereit. Jeder glaubt freilich, er können schon widerstehen, ihm werde es nicht schaden, und dabey wird doch jeder, der dabey ausdauert, ein neues Opfer. O, wie wenig achtet doch der Mensch sein höchstes Gut, die Gesundheit!

Ich besah diese Silberhütte, welche die größte auf dem ganzen Ober- und Unterharze ist und eilf Oefen im Gange erhält, nur flüchtig; denn der Bley- und Schwefeldampf war meiner ungewohnten Brust zu empfindlich, als daß ich hier hätte lange verweilen können. Mich glücklich preisend, daß mich das Schicksal nicht zum Arbeiter in diesen Kammern des Todes bestimmt hatte, eilte ich aus der stinkenden Atmosphäre, und verfolgte das Thal weiter, worin die Innerst fließt.

Der Himmel trübe und finsterer. Ich durfe jeden Augenblick den Ausbruch des Regens erwarten, hätte es nicht ein heftiger Wind verhindert. Nach einer guten Stunde kam ich einen sehr hohen Berg hinab in ein enges Thal, worin ich das Städtchen Grund liegen sah.

Es giebt wohl nicht leicht einen versteckteren Ort auf dem Harze, als dies Grund ist. Die hundert und funfzig Häuser, woraus es besteht, sind wie hinabgesenkt in die tiefe Schlucht. Hohe Berge klemmen es zusammen, und verschließen jede

Abb. 27
Das Innere der Schmelzhütte auf der Clausthaler Silberhütte, Stahlstich von Albert Schule, um 1865/70

Aussicht, als die nach dem kleinen Horizont, der sich darüber hinzieht, und der Plafond dieses Kerkers ist. Tiefer athmete ich hier, enger war mir die Brust; ängstlich eilte mein Blick umher, einen Ausweg zu erspähen; allein umsonst. Mit Ungeduld durchlief ich den engen Zirkel, und kehrte voll Sehnsucht zurück. Gefalle eine solche beschränkte Gegend, wem sie wolle, mir gefällt sie nicht. Ein Kerker, sey er auch von Goldstäben geflochten, mit Rosen überdeckt, – bleibt doch immer ein Kerker! Grund ist gleichsam von Bergen eingekerkert, und wer hier wohnen muß, der sey von mir beklagt; denn ich würde es wenigstens für eine Strafe ansehen, hier mein Leben beschließen zu müssen.
[…]

Der tiefe Georg-Stollen ist eine der wichtigsten neuern Unternehmungen beym Harz-Bergbau, nicht nur in Ansehung seines Nutzens, seines Baues, sondern auch in Ansehung der Kosten, welche er verursacht hat. Seine Hauptabsicht geht dahin, den Clausthal'schen Gruben das unnütze, schädliche, die Förderungen des Erzes hindernde Quellwasser, das sich darin anhäuft, abzuführen, und zwar auf einem der tiefsten Punkte am Fuße der Gebirge. Bey den immer tiefer werdenden Gruben, und bey dem öftern Mangel an Aufschlagewasser, war nemlich nicht möglich, daß sich in den Gruben anhäufende Wasser durch Künste allein fortzuschaffen, daher es theils deswegen, theils um Kosten zu ersparen, theils die Gruben nicht stehen lassen zu müssen, nothwendig wurde, einen tiefen Stollen anzulegen. Hierzu kamen im Jahre 1774 zwey Punkte in Vorschlag, einer unweit Osterode, und der andere bey Grund. Man wählte darunter den letztern, wegen der mehrern Kostenersparniß, ungeachtet man beym erstern eine größere Tiefe erlangt haben würde. Am 26ten Jul. 1777 machte man den Anfang damit bey dem Städtchen Grund, wo das Mundloch, oder der Eintritt in diesen unterirdischen Gang zum Andenken der Unternehmnung, mit einem steinernen Portal verziert wurde, an welchem folgenden Inschrift zu lesen ist:

TIEFER GEORG-STOLLEN;
den 26ten Jul. 1777 angefangen.

[…]

Seit dieser Zeit nun ist an diesem Werke unausgesetzt, Tag und Nacht, gearbeitet worden, und noch ist es nicht geendet. Man hoffte indessen, als ich da war, wenigstens in einem Jahre damit zu Ende zu kommen.
[…]

Abb. 28
Der Hübichenstein bei Grund, kolorierter Kupferstich von Georg Melchior Kraus, 1785

Es regnete noch, als ich aus dem Georgstollen wieder zurück kam, und ich mußte mich abermals in das Rathhaus flüchten. Nach einer guten Stunde erst theilten sich die Wolken, wo ich denn noch zu dem bekannten, eine Viertelstunde von Grund gelegenen Felsen, Hübichenstein ging.

Diese, nicht nur für den Naturforscher, sondern auch für den bloßen Freund der Natur, merkwürdigste Steinmasse, die ein natürlicher Obelisk genannte werden könnte, ist hundert und zwanzig Fuß hoch. Sie ragt in runder Form über alle sie umgebende Bäume hervor, und gleicht von fern der Ruine eines alten Schloßes. Sie ruht auf einem rund um abfallenden und bemoosten Felshügel, der ihr eine dauerhafte Unterlage ist. Von der Südseite erblickt man sie am besten, und von der Nordseite ersteigt man sie am leichtesten. Doch ist es nur möglich, den einen etwas kleinern Pfeiler derselben, sie besteht nemlich aus zweyen, zu erklimmen, den zweyten betraten nur Wagehälse, denen ihr Leben nichts galt. Von der Aussicht, welche man gegen Mittag in die Gegend von Osterode hin haben soll, sah ich nichts, da noch ein trüber Schleyer die Ferne bedeckte. [...]

Von Grund kehrte ich, von einem fortdauernden feinen Staubregen begleitet, nach Clausthal zurück.

Goslar.

Von Clausthal machte ich einen Ausflug nach Goslar, welches vier Stunden davon entfernt ist. Der Weg führt beständig durch Tannenholz dahin, und senkt sich, je näher man der Reichsstadt rückt, sehr jähe über nacktes Geklipp hinab. Des Fahrens, Reitens und Gehens war kein Ende. Wer nicht wußte, daß in Clausthal gerade Wochenmarkt und in Goslar das jährlich ansehnliche Scheibenschießen war, hätte glauben müssen, zwischen zwey Städten erster Größe zu seyn; denn so viele Menschen, besonders Weiber mit Victualien belastet, den Berg herauf stiegen, so viele gingen zu jenem Feste hinab. Das Eintönige und Schwermüthige dieser Straße verlor sich durch diese Abwechselung, und die stets sich ändernde Scene glich vorüberziehenden Gebilden im Schattenspielkasten.
[…]

Goslar war gerade in sein jährliches Feyerkleid gehüllt; seine glänzende Periode, die des Freyschießens, begann, als ich es sah. Es dauert dieses Fest, welches außerordentlich viele Fremde aus der ganzen umliegenden Gegend herbey lockt, eine volle Woche lang. Für die Bürger der Stadt ist es ein wirkliches Fest; denn was das Jahr verdient und gespart wurde, das geht in diesen acht Tagen rein wieder drauf. Alles jubelt, springt, zecht, tanzt und feyert siebenmal vier und zwanzig Stunden lang, vergißt im Taumel des Vergnügens Geschäfte, Arbeit und Handthierung, lebt flott und thut sich gütlich; aber die bösen Folgen kommen nach, Schulden und Mangel erhalten das Andenken an diese Tage noch lange neu, und mancher Handwerker hat sich kaum herausgearbeitet, wenn diese Epoche wieder eintritt. Zwar hat ein großer Theil der Einwohner während dieser Zeit ansehnlichen Gewinn und Verdienst; allein der größere verschuldet dabey und ruinirt sich. So sehr ich für alle Volksfeste bin, so bin ich doch überzeugt, daß dies Vergnügen zu theuer erkauft wird, daß es mit dem daraus entspringenden Nachtheile in keinem Verhältnisse steht, und daß eine Abkürzung desselben in vieler Rücksicht vortheilhaft seyn würde.
[…]

Der Schießplatz ist vor dem Vitus-Thore, auf einer großen, ebenen, schon ins Hildesheimische gehörigen Wiese. Die Menge von bretternen Häuserchen oder Zelten, welche hier in Straßenform erbaut sind; das Gewühle der Menschen, wovon dieser seine Waare, jener seine Künste feil bietet, ein dritter in das Marionettenheater einladet, ein vierter seine Leyer für sechs Pfennige anstimmen will; das Schießen, die vielfache Musik, der Tanz der Bauern, das Jauchzen und Schreyen der Jugend, welche sich mit kleinen Feuerwerkskünsten unterhält, alles das bildet ein munteres, abwechselndes Gemählde, welches unterhält, oder zu stillen Beobachtungen hinlänglichen Stoff darbietet. An jedem Nachmittage dieser Woche ist der ganze Platz mit Menschen übersäet, und vorzüglich bey günstiger Witterung. Jeder sucht seine Unterhaltung so gut als er kann, entweder in einem geselligen, freundschaftlichen Zirkel, bey der Musik, oder in der Bouteille, und wenn der Abend herbey kommt, zieht alles in die Stadt zurück auf das Worthgildenhaus am Markte, wo bis in die sinkende Nacht getanzt wird.
[…]

Abb. 29
Das Breite Tor in Goslar, 2024

Abb. 30
Goslar, Aquarell, Christian Andreas Besemann zugeschrieben, um 1794

Goslar, eine kaiserliche freye Reichsstadt, ist eine der ältesten Städte Deutschlands, und von ihrem Ursprunge an gleich reichsunmittelbar gewesen. Ihr Daseyn verdankt sie dem Kaiser Heinrich dem Ersten.
[...]

Goslar liegt auf der mitternächtlichen Seite des Harzes, vier Meilen von Wolfenbüttel und sechs von Hildesheim entfernt. Von drey Seiten ist die Stadt mit Bergen umgeben, welche sich amphitheatralisch um sie herziehen, von der vierten ist sie uneingeschlossen; eine weite Ebene dehnt sich vor ihr hin. In jenen Zeiten, wo Pulver und Bley noch nicht gekannt wurden, war sie eine vollständige Festung. Sie hatte Wälle, Graben, feste Thore und hohe Mauern, daher sie auch im Jahre 1180 eine förmliche Belagerung von Heinrich dem Löwen aushalten konnte. Als aber im vierzehnten Jahrhunderte die Erfindung des Pulvers und der Schießgewehre der Art zu kriegen eine ganz neue Wendung gab, so wurden alle diese Befestigungswerke nach und nach immer unnützer, und jezt sind sie daher meist ganz demolirt. Die vielen Thürme, welche auf den Mauern standen, deren Anzahl sich noch im vorigen Jahrhunderte auf hundert und zwey und achtzig belief, sind theils ganz abgebrochen, theils zu andern Zwecken eingerichtet. Der Graben ist zugeschüttet, der Wall abgegraben und in Gärten verwandelt. Alles dies aber hat viel dazu beygetragen, der Stadt ein besseres Ansehn zu verschaffen, und besonders gereicht ihr die Anlegung der Gärten nicht nur zum Nutzen, sondern ist ihr auch die freundlichste und mannigfachste Einfassung. Das äußere Kleid der Stadt ist überhaupt besser, als die innere Bauart derselben, und ich habe bey einem wiederholten Ueberblick von Goslar, und zwar von mehrern Standpuncten aus, ganz und gar nicht das melancholische, Invaliden-Uniform ähnliche Ansehn finden können, welches mehrere Reisende gefunden haben wollen. Viele Häuser sind mit Schindeln gedeckt, welches freilich nicht so heiter aussieht, als Ziegeldächer; allein fast eben so viele sind mit Ziegeln belegt, wodurch eine Mischung von abstechenden Farben entsteht, die keineswegs widrig ist. Man muß freilich nicht unmittelbar vom Andreasberge hierher kommen, wo alles noch neu ist, noch glänzt.

Goslar hat gegenwärtig 1200 Häuser, worinnen 5000 Seelen leben, und vier Thore, die noch alle aus den grauesten Zeiten herrühren, und verwahrt sind. Die Straßen sind alle nicht gerade, sie laufen krumm und schief durch einander, wie

sich dies auch in einer solchen alten Stadt nicht anders erwarten läßt. Das Pflaster ist schlechter, als ich es irgendwo gefunden habe. Wer mit einem Wagen, der nicht in Stahlfedern hängt, rasch darüber hinfährt, riskirt, sich etwas im Leibe zu sprengen, so arg und kräftig wird man zusammengestaucht, da es so unegal ist. In der Mitte der mehresten Straßen fließt, in der Breite einer Wagenspur, stets Wasser, welches zwar bey Feuersgefahr von Nutzen seyn kann, außerdem aber den größten Uebelstand verursacht. Im Winter wird dadurch die Straße mit Eis belegt, und im Sommer muß man, um von einer Seite auf die andere zu kommen, auf zwey im Wasser stehenden Steine, Springsteine genannt, treten, von denen ein ungewohnter Fuß sehr leicht abgleiten und ins Wasser treten kann. Die Goslarienser sind diese Einrichtung gewohnt; sie laufen mit einer solchen Schnelle darüber hin, wie der Schornsteinfeger über den First des höchsten Hauses. In Sachsen findet man diese Einrichtung noch in vielen kleinen Städten.
[...]

Unter die historisch und ihrer Bestimmung halber bemerkenswerthen Gebäude, gehören die Worth, das Rathhaus, der Dom, die Ueberbleibsel des sonstigen kaiserlichen Palasts und einige Kirchen.

Die Worth, oder das Worthgildenhaus, steht am Markte. Es ist ein massives, sehr geräumiges, altes Gebäude, welche vor Zeiten die Wohnung der deutschen Kaiser gewesen seyn soll. An der Vorderseite stehn zwischen den Fenstern acht in Lebensgröße aus Stein geformte und geharnischte Kaiser, mit den Reichsinsignien in den Händen. Gegenwärtig ist es theils Gasthof, theils gebrauchen es die Gilden zu ihren Versammlungen, und bisweilen tanzt auch die schöne Welt darin.

Das Rathhaus steht am Markte, und ist ebenfalls ein altes, massives Gebäude. In diesem versammelt sich ein hochedler Rath, mit allem, was dem anhängig ist, und vom Staatsruder einen Span in der Hand hat. Auch das Archiv befindet sich darin, welches in der größten Unordnung seyn soll. Einigemal schon hat der Magistrat jungen Juristen 200 rthlr. für die Uebernehmung der Ordnung desselben geboten; allein Niemand will sich zu dieser mühevollen Arbeit für eine solche Kleinigkeit verstehen.
[...]

Das bey weitem merkwürdigste Gebäude Goslars, ist der Dom, oder das kaiserliche freye Eremtstift des heiligen Simons und Judä. Er liegt am südlichen Ende der Stadt, ist aber kein großes, prächtig-gothisches Gebäude, wie man sonst gewohnt ist, Domkirchen erbaut zu finden, sondern eine kleine, unbedeutende Kirche, die man leichter für eine Dorf, für eine Hospitalkirche, als für einen Dom zu halten geneigt ist. In Vergleichung mit den prachtvollen Domen in Wien, Prag, Meißen, Naumburg, Magdeburg und Merseburg, verdient er kaum diesen Namen; allein sein hohes Alter erwirbt ihm alle Ehrfurcht.
[...]

Im Innern des Doms werden mancherley merkwürdige Sachen aufbewahrt, welche gewiß kein Freund des Alterthums und der Geschichte unbesehen lassen wird. Gleich beym Eintritt erblickt man rechts an der Wand einen sogenannten großen Christophel von ungeheurer Größe abgebildet. Er geht mit Fischen in der Tasche durch das Wasser, und trägt das Christuskindlein, das

Abb. 31
Von der zur Kaiserpfalz Goslar gehörenden Stiftskirche St. Simon und Judas aus dem Jahr 1051 blieb nur das nördliche Eingangsportal mit der um 1200 errichteten Nordvorhalle erhalten. 1820 wurde der sogenannte Dom an Steinmetze versteigert und abgetragen. Foto von 2024.

mit der Weltkugel in der Hand auf seiner Schulter hockt, durch. Wer der Verfasser dieses all Fresco-Gemäldes seyn mag, weiß ich nicht; allein es verräth keinen Ungeschickten in der Kunst. Die Zeichnung war sehr richtig, die Farben, ungeachtet ihres Alters, noch sehr lebhaft.

Weiter hin sieht man die schöne Mathilde, Heinrich III. Tochter, aus Holz geformt, in einem Sarge liegen, deren Liebesgeschichte mit dem Teufel ihr die Nase kostete, welche auch diesem Stücke Holz mangelt. [...]

Auch das Loch ließ ich mir zeigen, durch welches der Teufel bey dem 1063 in dieser Kirche zwischen dem Bischof von Hildesheim und dem Abt zu Fulda, Rangstreitigkeiten wegen, vorgefallenen Gemetzel, die Worte gebrüllt haben soll: – „diesen Tag habe ich blutig gemacht" – , und welches trotz aller Mühe nicht wieder hat zugemauert werden können, bis – bis der Herzog Anton Ulrich von Braunschweig eine Bibel als Stein mit einsetzen ließ; da hatte der Spuk gleich ein Ende. [...]

Beym Altar wird ein Sitz gezeigt, dessen sich die Kaiser bedienten, wenn sie dem Gottesdienste beywohnten. Er ist in der Mauer angebracht, hinten mit einer meßingenen Lehne versehen und mit Steinplatten eingefaßt, auf denen sich verschiedene, halberhabene, mitunter lächerliche Figuren zeigen, welche mit von der Harzburg hierher gebracht worden seyn sollen. Wenn es wirklich je der Sitz eines Kaisers gewesen ist, so war sein Standpunct gut gewählt; denn rechts ist der Altar, links die Kanzel, und das ganze Schiff der Kirche vorn. Um doch auch einmal auf dem Stuhle gesessen zu haben, auf welchem so mancher allerdurchlauchtigste, grosmächtigste und unüberwindlichste Hintere gesessen hatte, ließ ich mich auf selbigem nieder; allein, meinem Gefühle nach, saß es sich gar nicht kaiserlich darauf, und wenn nicht noch ein Polster darin gelegen hat, so ist es gewiß auch dem unüberwindlichsten Kaiser nicht möglich gewesen, im December hier lange auszuhalten, sondern sich von der Kälte überwunden zu fühlen.

Gleich diesem Stuhle zur Linken hängt ein gekreuzigter Christus, dessen hinsterbender Blick überaus gut dargestellt ist. Je länger man das sich gleichsam immer tiefer neigende Haupt betrachtet, desto mehr entdeckt man den wahrheitsvollen Ausdruck des Schmerzes, das langsame, qualvolle Absterben in allen Zügen. Wenn man aber das Haupt dieser Figur bewundern muß, so vermag man desto weniger Aufmerksamkeit den übrigen Gliedern derselben zu widmen, da die ungeschickte Hand des Stümpers nicht daran zu verkennen ist, und man daher nichts anderes glauben kann; als daß mehrere Künstler daran gearbeitet haben, oder daß das Haupt nur durch Zufall so gut gelang.

Unter allen Seltenheiten des Goslar'schen Doms war mir der metallene Opferaltar, des von den alten Deutschen verehrten Gottes Krodo, das interessanteste Stück. Vorausgesetzt, daß er ächt ist, woran freilich viele, wiewohl gewiß mit Unrecht, zweifeln, so ist er unstreitig eins der merkwürdigsten Alterthumsstücke, die auf uns gekommen sind. Seine Form glaube ich nicht deutlicher angeben zu können, als wenn ich ihn mit einem Kasten vergleiche, welcher ein längliches Viereck von drey Fuß zwey Zoll Länge, zwey und einem halben Fuß Breite, und zwey Fuß sechs Zoll Höhe bildet, das inwendig leer ist, mit runden Löchern durchbrochene Seitenwände hat, und statt der Füße, von vier kleinen menschlichen Figuren getragen wird, welche halbkniende, mit beyden Händen den Kasten über dem Kopfe unterstützende Druiden, vorstellen. Oben darauf liegt eine Marmorplatte, in welche ein Kreuz eingehauen ist, welches das Zeichen seyn soll, daß der Altar bey der Einführung des Christenthums zum christlichen Gebrauche eingeführt wurde. Es stand dieser Altar auf der Harzburg, von welchem ich bey der Beschreibung dieses Schloßes mehr sagen werde. Jezt steht er einige Schritte vom Altar des hohen Chors entfernt. Daß dies merkwürdige Stück bis jezt keinen solchen hohen und dreusten Liebhaber gefunden hat, der es sich als einen Beytrag zu seiner Kunstkammer, oder Antikenkabinet ausgebeten, ist wirklich zu bewundern.
[...]

Nicht weit vom Dom stehen noch die Reste der ehemaligen kaiserlichen Burg, ein langes, schlechtes Gebäude, das zu seiner Zeit als Stallung gedient haben mag, jezt aber in ein Kornmagazin umgeschaffen ist. Von der Burg selbst sieht man nicht die geringste Spur. Sie brannte 1288 ab, und wurde nicht wieder aufgebaut.

Abb. 32
Die Kaiserpfalz mit den Reiterstandbildern der Kaiser Barbarossa und Wilhelm I., 2024

Unter den sich in Goslar befindenden fünf Pfarrkirchen, ist die Marktkirche die erste und vorzüglichste. Sie liegt unfern des Marktes, hat einen hohen Thurm, und ist überall mit Bley gedeckt. Von diesem Thurm kann man die ganze Stadt sehr gut übersehen, da er fast in der Mitte der Stadt steht. Die Kirche selbst ist in der Form eines Kreuzes gebaut. Das Schiff derselben hat auf jeder Seite niedrige, gewölbte Nebengänge, welche sie etwas düster machen. Ihr Bau begann im Jahre 1521, wo man ihr einen weit größern Umfang zu geben willens war; allein nach zwey Jahren veränderte die Reformation diesen ersten Plan, und sie erhielt ihre gegenwärtige Größe. [...]

Die zweyte, oder St. Stephanskirche, wurde nach dem Brande von 1728 neu aufgebaut, welcher Bau damals 18000 thlr. kostete; eine Summe, die sich jezt gewiß dreymal so hoch belaufen würde.
[...]

Auf dem Markte in Goslar steht ein großes, ehernes, doppeltes Becken, welches durch Röhren stets mit Wasser angefüllt ist. Wenn Feuer in der Stadt entsteht, so wird einigemal daran geschlagen, welches einen solchen starken Ton von sich geben soll, daß man es eine halbe Stunde weit hören kann. Niemand weiß, seit wie lange dies Becken hier steht, weil es wahrscheinlich aus dem grauesten Alterthume herrührt; der gemeine Mann glaubt daher, daß es der Teufel einst zur Nachtzeit hierher gesetzt habe, wodurch denn freylich alle historische Nachforschungen unnöthig gemacht sind. Ueberhaupt schreibt man auf dem Harze dem Teufel gar vielerley zu. Was für Menschenhände und menschliche Kräfte zu viel schien; was man sich nicht sogleich enträthseln konnte, das mußte der Teufel gethan haben; und da es diesem nun einmal aufgebürdet ist, so läßt es die Nachwelt dabey.

Unter den Thürmen auf der Stadtmauer ist einer derselben, der dicke Zwinger genannt, in ein öffentliches Haus umgeschaffen, und heißt nun das Bürgerhaus. Drey große Säle sind darin über einander angelegt, und aus den ehemaligen engen Schießscharten, durch Erweiterung und Hinwegräumung der neunzehn Fuß dicken Mauer, große, breite Fenster gemacht worden. Einer der Säle ist zu Redouten bestimmt; allein sehr selten, und jetzt fast gar nicht mehr, kommt diese Art Vergnügung zu Stande. Die sonstige Brustwehre und die Stadtgräben, welche an diesen Thurm stoßen, sind jetzt planirt und zu Spaziergängen eingerichtet. Die ganze Anlage ist nicht übel gelungen, wenn man bedenkt, was der Ort und der Thurm vorher waren, und nun sind.
[...]

Unter die vorzüglichen Merkwürdigkeiten außerhalb Goslar gehört unstreitig der Rammelsberg. Dieser metallschwangere, seit Jahrhunderten durchwühlte Koloß, liegt eine Viertelstunde von der Stadt gegen Südwesten hin. Sein Ansehn ist finster und ehrwürdig, seine Oberfläche, den Gipfel ausgenommen, ganz nackt. Er flößt Ehrfurcht ein, wenn man der Zeit gedenkt, seit welcher er schon die Gold- und Nahrungsquelle so vieler Menschen war; und diese Ehrfurcht steigt, wenn man der Wahrscheinlichkeit, daß er noch mehrere vor uns liegende Jahrhunderte lang mit seinen Schätzen die umliegenden Bewohner ernähren wird, Glauben beymessen darf, und es auch mit ziemlicher Gewißheit kann.

Die Entdeckung der Rammelsbergschen Bergwerke fällt in die Regierungszeit Kaiser Otto's des Großen, welcher im Jahre 974 starb. Die Fabel, welche man von der zufälligen Entdeckung derselben erzählt, ist bekannt.
[...]

Die Rathsgruben mit eingeschlossen, werden gegenwärtig eilf Gruben im Rammelsberge bebaut, in welchen eine solche große Menge Holz steckt, daß das Sprüchwort entstand: im Rammelsberg ist mehr Holz, als in allen Häusern Goslars.

Man wird nicht leicht auf einem so kleinen Distrikte, als die Rammelsberger Bergwerke einnehmen, ja man wird fast nirgends in einem Berge der Größe eine solche vielartige Ergiebigkeit finden, als hier. Gold, Silber, Kupfer, Bley, Schwefel, grüner und weißer Vitriol, Zink, alles das liefert der Rammelsberg. Alle Erze werden auf herrschaftliche Kosten in den an der Oker und Grane gelegenen Hüttenwerken verschmolzen. Das jährliche Ausbringen des Rammelsberges schätzt man jetzt auf zehn bis zwölf Mark Gold und viertausend Mark Silber, den reinen Ueberschuß von allen Produkten aber auf vierzig bis funfzig tausend Thaler.
[...]

Von zwey Bergleuten begleitet, stieg ich in das Innere des Rammelsberges, oder, um mich des bergmännischen Ausdrucks zu bedienen, befuhr ich den Rammelsberg. Ich durchkroch und durchging mit ihnen die vielen sich durchkreuzenden Gänge und Stollen, besah und ließ mir erzählen, hörte unterirdische Wasser noch tiefer hinab brausen und Räder in Bewegung setzen, erstaunte ob der Werke menschlicher Kraft und ausdauernden Fleißes, und der Fülle des Reichthums an Erzen. Ich ehrte die Betriebsamkeit, die rege Thätigkeit der vielen Menschen, welche hier Tag und Nacht beschäftigt sind, und fühlte einen leisen Vorwurf bey mir selbst, wenn ich mich mit ihnen in Vergleich brachte.

Abb. 33
Die Klause und der Rammelsberg bei Goslar, Stahlstich nach einer Zeichnung von Ludwig Richter, um 1838

Nachdem wir eine gute Stunde lang in die Kreutz und in die Queer gegangen waren, und ich schon glaubte, alles besehen zu haben, lenkten meine Führer mit einemmale wieder um. Ich folgte. Die kühle Luft, und der nicht angenehme Windzug, welcher die mehresten Stollen durchstreicht, ward warm, und wärmer, je weiter wir kamen, und wandelte sich endlich in Hitze um, als wir eine große Weitung erreicht hatten. Ich athmete dicke, schwere Luft ein, welche einen heftigen Schweiß aus meinen ermatteten Gliedern preßte. In der Ferne erblickte ich beym Scheine düsterer Lampen Arbeiter beschäftigt; allein ich erkannte noch nichts deutlich, bis meine Begleiter jenen zuriefen, eine Art hölzerner Fackeln anzuzünden. So wie dies geschah, ward alles erhellt und deutlich. Die Fackeln loderten, von ganz nackten Menschen gehalten; eine große weite Höhle von einzelnen Felsen-Pfeilern unterstützt, gähnte mich an, und dehnte sich ins Dunkle hin. Ich stand sprachlos vor diesem Bilde, das im Nu mir vorgezaubert war, und wie durch eine genommene Verabredung schwieg alles um mich her. Mit übereinander geschlagenen Armen hatte ich so fünf Minuten lang diese theatralische Dekoration angeblickt, und fing eben an, vielleicht durch eine Vermischung Milton'scher mit alten mythologischen Ideen, mir so den Eingang in das Schattenreich, von Pluto's Dienern erleuchtet, zu denken, als die abgebrannten Fackeln plötzlich erloschen, das Ganze wie ein Phantom verschwand, und unsere Grubenlichter durch ihr spärliches Licht mich kaum bemerken ließen, daß ich noch auf meiner ersten Stelle stand.

Ich kam bald von meinen Träumereyen zurück, als ich den Arbeitern näher trat, sah, wie ihnen der Schweiß vom nackten Körper herab floß, den ihnen die glühende Atmosphäre und die saure Arbeit auspreßte, sah, wie sie sich diesen mit hölzernen Messern vom Rücken strichen, sah, wie sie keuchend und mühsam ihr Gefördertes fortkarrten. O ihr! die ihr im Ueberfluß schwelgt, die ihr für einen augenblicklichen fürstlichen Spaß Summen verschwenden könnt; ihr, für die das Geld so wenig Werth hat, wenn es zu euern Vergnügungen, zur Befriedigung eurer Leidenschaften angewendet werden soll, tretet hierher und seht, welchen Schweiß, welche Anstrengung, welche menschlichen Kräfte dazu erfordert werden, ein Metall der Erde zu entwühlen, mit dem ihr so leichtsinnig spielt, mit dem ihr tändelt, und welches ihr mißbraucht. Tretet näher, und seht, wie sich diese Menschen in unterirdischen Klüften und Höhlen, von keinem Sonnenstrahl erquickt, von keinem kühlen Lüftchen gestärkt, abarbeiten, quälen müssen, um ihrem Leben eine kärgliche Existenz zu fristen; seht, wie sie bey magerer Kost dennoch zufrieden sind, bey ihrer sauren Arbeit doch nicht mit dem Schicksal hadern, das ihnen diesen Platz anwies, und ihr werdet anfangen, weiser mit dem Haus zu halten, was euch der Zufall gab, ihr werdet duldsamer, liebevoller gegen die Menschheit werden, und euern Reichthum zur Minderung des Elendes so mancher eurer Brüder benutzen lernen.

Der hohe Grad von Wärme, welcher diese unterirdische Grotte stets erfüllt, entsteht dadurch, daß alle Erze, wegen ihrer zu großen Härte und Festigkeit, durch Feuer gewonnen werden müssen. Denn mit dem Bohrer und Pulver ist nichts auszurichten, und brächen auf einem Bohrloche von dreyßig Zollen zwey Bergleute gewiß drey bis vier Tage zu. Man lehnt daher, wenn die überstehende Erzmasse entblößt ist, senkrecht stehende Holzscheite in der Gestalt eines Scheiterhaufens dagegen, und zündet sie an. Dies Feuersetzen, wie es genannt wird, geschieht gewöhnlich des Mittags um zwölf Uhr, und wenn dann die Arbeiter nach acht Stunden wieder hinkommen, so sind die Erze in Lagen von zwey bis drey Fuß mürbe geworden, haben sich losgeblättert, und lassen sich dann sehr leicht mit dem Schlägel abtreiben. Diese durchaus nothwendige Verfahrensart frißt jährlich gegen zwey tausend Malter Holz weg.

Es war mir nicht möglich, länger als eine Viertelstunde in dieser übernatürlich warmen Atmosphäre auszudauern; denn der heftige Schweiß hatte mich so abgemattet, daß ich einer Betäubung nahe war, und erst, als ich mich durch Ruhe an einem kühlern Ort erholt hatte, war ich vermögend, die vielen Fahrten zurück zu steigen. Ehe ich aber meine Begleiter entließ, bat ich sie, mir noch die Höhlen zu zeigen, worinnen (wie v. Heß in seinen Durchflügen sagt) ganze Familien wohnen sollen; allein sie wußten von keinen. Ich fragte deshalb weiter nach, und erfuhr, daß dies nie der Fall gewesen sey, und v. Heß hier eine völlige Unwahrheit mitgetheilt habe.

Die Ruinen der Harzburg.

Von Goslar ging ich über das Dorf Oker nach den Ruinen des Schloßes Harzburg, welches ungefähr zwey gute Stunden davon entfernt liegt. Theils meine Liebe zu den Ruinen alter Vesten und Burgen, theils die historische Bedeutsamkeit der Harzburg, lockten mich dahin, und ließen mich diesen Seitensprung, oder besser, Zurücksprung, wenn ich das a quo meiner Reise vor Augen habe, thun. Ich hatte oft von den schönen Ruinen dieses Schloßes gehört, hatte mir schon ein Bild davon entworfen, sie mir so und so gedacht, und verdoppelte daher meine Schritte, um ein Stück Walders zurückzulegen, das mich in die Ferne zu sehen hinderte; allein, ich sah weiter nichts, als mit hohen Waldungen bewachsene Berge, nirgends eine Ruine, nicht einmal eine alte Warte. Da ich mich nun durchaus nicht von der Idee, eine schöne Ruine zu erblicken, losreißen konnte, und auch nicht wollte; denn ich hätte ja meine ganze mir geträumte Freude aufgeben müssen, so verfiel ich natürlich auf den Gedanken, gar nicht auf dem rechten Wege zu seyn, und glaubte mich mit jedem Schritte davon immer mehr zu überzeugen. So von der Ungewißheit hin und hergezogen, stand ich am Ausgange des Waldes, und blickte suchend umher. Vor mir zog sich ein freundliches Dorf tief ins Land hinein, links lag eine große freye Fläche, rechts hohe Harzgebirge, aber nirgends ein Gegenstand, der einem verfallenen Schloße ähnlich gewesen wäre, nirgends ein Mensch, der mich zurecht gewiesen hätte. – Hm, was kann's helfen, dachte ich, du mußt in das Dorf gehn und fragen.

Ich war kaum einige hundert Schritte gegangen, als ich aus einem Hohlwege heraus eine Frau kommen sah, welche, keuchend unter der Last ihres bepackten Korbes, auf mich zuwankte. Die Harzweiber sind groß, das hatte ich schon einigemal erfahren; ich redete diese daher so höflich und freundlich als möglich, an, um desto gewisser Antwort zu erhalten.

„Liebes Weibchen, sagte ich, ist denn dies der rechte Weg nach der Harzburg?"

Ich glaubte es recht gut gemacht, und ihrer Eitelkeit, die sie doch natürlich als weibliches Wesen besitzen mußte, geschmeichelt zu haben. Ich dachte mir dies um so mehr, da sie dem Anscheine nach vielleicht niemals so genannt worden war; denn ihr aufgedunsenes, breites Gesicht, ihre gedrückte, plumpe Figur, und – ein Kropf, der in der Gestalt eines unförmigen Beutels auf die Brust herab hing, und bey der kleinsten Bewegung seine eckele Fettigkeit in großen Falten oder Fleischwürsten zeigte, machte sie eine Poißarde, oder jener Lappländerin, welche Kandide nicht lieb haben wollte, vollkommen ähnlich. Allein, ich hatte mich dieses mal geirrt. Sie glaubte, ich wollte ihrer Häßlichkeit spotten, deren sie sich bewußt zu seyn schien, und gab mir daher mit einem Blicke, der ihr Gesicht zum grämlichsten, häßlichsten Zerrbilde machte, was ich je sah, und ohne still zu stehen, zur Antwort: – „dat wert sei wol beter wisse." –

Ich ging ihr nach, ich bat recht dringend, mir Auskunft zu geben, ich versicherte hoch und theuer, ich wisse den Weg nicht; aber nein, sie blieb dabey, daß ich sie foppen wolle, und watschelte fort. Ich wurde heftig, ärgerlich, ich setzte ihr etwas hart zu, mich zurecht zu weisen; was that sie da? – Nein, dafür kann ich keine Worte finden, für das Gemälde ist mein Pinsel zu schwach, oder zu gut. Ich bedecke es mit der Sittsamkeit Gewande, und sage nur noch meinen Lesern, daß ich jetzt von der Grobheit eines Harzweibes Beweise, entsetzliche Beweise erhalten hatte. Zehn Weiber hätten mir nun begegnen können, ich hätte gewiß keine wieder angeredet, und wären sie noch so freundlich gewesen.

Kämpfend mit mir selbst, jenen Anblick aus meinem Gedächtniße zu verwischen, schritt ich auf das Dorf zu. Beym ersten Hause fragte ich einen Knaben, wo die Harzburg läge.

„Da oben im Holze, erwiederte er."
„Ich sehe ja nichts."
„Die Bäume sind so groß."
„Führe mich hin."
„Ich kann nicht."

Als ob man sich das Wort gegeben hätte, mich foppen zu wollen, so kurz, so unbestimmt wurde ich sowohl hier, als auch von allen übrigen, die ich auch nachher noch fragte, abgefertigt, bis endlich ein recht hübsches Mädchen, dem ich mein Missgeschick erzählte, sich meiner erbarm-

Abb. 34
Aussicht zum Brocken vom Burgberg bei Harzburg, kolorierte Lithografie von Eduard Lütke, um 1830/40

te, und mir sagte, daß ich nur in das Dorf, welches an dieses stoße, gehen solle, wo ich gewiß gleich einen Führer erhalten würde. Sie benahm mir zugleich meine mir geträumte Idee von den schönen Ruinen der Harzburg, indem sie mir den hohen Berg zeigte, auf welchem sie lägen, und mir sagte, daß es nicht der Mühe werth sey, den sauren Weg da hinauf zu machen, da sehr wenig noch von dem alten Schloße zu sehen wäre.

Ich ließ mich aber hierdurch nicht zurückhalten, sondern ging auf das Dorf zu, welches Harzburg hieß. Ohne große Mühe erhielt ich gleich einen Cicerone, der mich auf einem von hohen Buchen beschatteten Wege sehr bald auf den Gipfel des Berges brachte.

Das Mädchen hatte recht. Ich sah nur wenige Reste der so merkwürdigen Harzburg. Hin und wieder ein Stück Mauer, welches vom Gesträuch verborgen, kaum heraus zu finden war, und ein halbverschütteter Brunnen, das war alles, was ich mit meinen eifrigen Nachforschungen entdecken konnte. Da war keine Spur eines Thurmes, einer Kirche, oder des prachtvollen Doms, der einst hier stand, zu finden. Hoher Buchenwald war aus der Asche dieses Schloßes hervor gesproßt, überschirmte jetzt die wenigen Reste, und schützte sie noch durch ein dichtes Laubdach gegen die zerstörenden Elemente. Nur ein einziger Platz war unbewachsen, dessen sich, wie mein Führer sagte, die Jugend aus den nahen Dörfern zum Versammlungsort und zum Tanz öfters bediente. Wer weiß, vielleicht ist es derselbe, wo einst vor Krodo's Bilde seine Verehrer sich beugten, wo sie ihm ihre Erstlinge opferten, und wo jetzt ihre Nachkommen dem Bachus und der Venus opfern.

Die Aussicht vom Berge hinab ist sehr angenehm. Die Dörfer, Harzburg, Büntheim und Schleibecke ziehen sich vom Fuße des Berges aus, tief ins Land hinein, und bilden, da sie ziemlich an einander hängen, eine lange Reihe bunter Häuser, welche von schönen Wiesen umgeben werden. Die Radau schlängelt sich meandrisch auf diesen grünen Teppichen hin, und liefert den an ihren beiden Ufern stets geschäftigen Bleicherinnen das reinste Wasser zum Netzen. Rings umher blicken viele Dörfer hervor, und vorzüglich mehrere Hildesheimische Klöster, die sich durch schöne Gebäude und hohe Thurmspitzen auszeichnen, und das Gepräge ihres Wohlstandes auch dem fernen Auge gleich darstellen. Diese Aussicht entschädigte mich noch einigermaaßen für meinen sauren Weg; wer sie aber nicht genießen will, dem rathe ich, der Ruinen wegen, diesen hohen Berg gar nicht zu erklimmen, denn die Mühe wird nicht hinreichend belohnt.

Das Schloß Harzburg, diese historisch-merkwürdige Veste, hat vielerley Herren, und sonderbare Schicksale gehabt. Sie wurde zu drey verschiedenen Malen aufgebaut, und eben so wieder niedergerißen, öfter noch belagert. Sie war Götzentempel, Festung, Raubschloß, und endlich Wallfahrtsort.
[...]

Nachdem ich mich eine Stunde lang auf der Harzburg aufgehalten hatte, ging ich wieder nach dem Dorfe Oker, und besah das dasige Messingwerk, wo in vier Oefen Messing cementirt, und zwischen Granitplatten zu Stückmessing gegossen, auch vierundzwanzig Sorten Messingdraht verfertigt werden. Das Werk gehört den beyden braunschweigischen Häusern gemeinschaftlich, und wirft jährlich gegen 4000 Rthlr. reinen Ueberschuß ab. Es liegt am Ende des Ortes, und am Eingange in das Okerthal, durch das ich nun zurück nach Clausthal ging.

Dieses Okerthal, welches von dem durch dasselbe fließenden Gewässer, der Oker, den Namen hat, ist beyweitem noch nicht so bekannt, als es seinen wilden, romantischen Schönheiten halber zu seyn verdiente. Es kommt dies vielleicht daher, weil es den mehresten Harzreisenden zu sehr aus den sich gewöhnlich vorgezeichneten Marschrouten liegt, weil in Schriften noch zu wenig davon gesprochen worden ist, und es auch nur zu Fuß, und zwar nicht ohne alle Gefahr besucht werden kann; allein jedem, der die Natur in ihren rohen Formen gern erblickt, jedem Freunde wilder felsiger Gegenden würde ich rathen, es nicht vorüber zu gehen. Er wird den sauern, mühevollen Pfad, den er an den Felsenwänden hinwegsteigen muß, gewiß gern steigen, er wird die angewendeten Kräfte, die es ihn kostet, gewiß reichlich belohnt finden. Das Okerthal wetteifert in jeder Hinsicht mit allen übrigen Thälern des Harzes, und ich bin noch zweifelhaft, ob ich ihm nicht selbst den Vorzug vor dem so schönen Budenthale geben soll. Eben so wie dort die Bude, braust auch hier über ungeheure Klippen, die Oker hin, bildet bald Wasserfälle, bald ruhige Ebenen, wird bald in einen engen Raum eingezwängt, oder breitet sich zu einer seichten Fläche aus, daß man bequem hindurch gehen kann. Eben so wie dort, sind hier die Ufer schroffe, sehr hohe, größtentheils mit Tannen bewachsene Berge, oder nackte, felsige Klippen, die oft in sonderbaren Formen auf einander geschichtet liegen, und bey jedem heftigen Windstoße den Gedanken des Herabstürzens erzeugen. Rauh und beschwerlich ist der Weg durchaus. Oft steigt er hoch an den Bergen hinauf, um eben so tief dann wieder herab zu führen, leitet den Wanderer bald über einen schmalen Steg an das jenseitige Ufer, bald windet er sich dicht am Rande des Wassers hin, und verlangt alle Vorsicht, um nicht in das klippenreiche Bette der Oker zu sinken.

Ich hätte keine günstigere Stunde zur Besichtigung des Okerthals wählen können, als die, in welcher mich der Zufall hineinführte. Schon auf der Harzburg bemerkte ich am westlichen Ende des Horizonts dicke Wolken, welche ein Gewitter anzudeuten schienen, und kaum hatte ich die Hälfte des Thales zurückgelegt, als die Sonne verschwand, der Himmel sich verfinsterte, und ferner Donner sich hören ließ. Je näher das Wetter rückte, desto dunkler wurde es in dem Thale. Leuchtende Blitze fuhren über mir hin, und der Donner rollte entsetzlich zwischen diesen Bergen nach. Der Schall brach sich so oft, das Echo wiederholte ihn so vielfach, daß endlich, als die Schläge schneller folgten, in diesem Zwinger ein immerwährender Donner rollte. Auf den Gipfeln der Berge trieb ein heftiger Sturm die Wipfel der schlanken Tannen hin und her, und neben mir bewegte sich kaum ein Ast. Lange hörte und sah ich diesem Schauspiele zu, [...].

Da wo der Weg am Berge hinan und aus dem Thale führte, weidete eine zahlreiche Heerde feister Harzkühe, deren harmonisches Glockengeläute meinen vom Brausen des Wassers, vom Toben des nun verhallten Donners, betäubten Gehörsnerven sehr wohlthätig war. Fern von mir saßen am Fuße einer Tanne zwey Hirten, und bließen auf ihren Schalmeyen sich selbst das Lied ihrer Zufriedenheit vor. Wie lieblich tönte der Schall zu mir her; wie versetzte er mich in schwärmerisch träumendes Gefühl! Waren diese

Abb. 35
Die Studentenklippe im Okertal, Sepiaaquarell, nach 1814

Menschen wirklich so froh, so glücklich, wie es ihr Gesang anzudeuten schien, oder täuschte mich der sanfte ruhige Ton ihrer Instrumente, der äußere Schein ihrer Lage? – O nein, ich will es nicht glauben, ich will mich überzeugt halten, daß sie wirklich froh waren. Wozu untersuchen, wozu grübeln, und sich das Mögliche denken, wo Unwissenheit glücklich macht! Könnte man sich sein ganzes Leben hindurch über so mancherley Dinge in dieser wohlthätigen Unwissenheit erhalten, dürfte man manche Gegenstände nur immer in der Ferne erblicken, wie vielen unangenehmen Entdeckungen wiche man dann aus, wie viel lieblicher erschiene dann das Leben, das, genau genommen, doch sehr wenige, und nur für eine kleine Anzahl Menschen, mehrere Reize hat. Ihr waret gewiß Glückliche eures Standes, ihr Hirten. Eure Niedrigkeit, eure Beschäftigung, eure Lebensart, eure Unwissenheit und Unbekanntschaft mit den Bedürfnissen, mit den Verhältnissen der großen Welt, lassen euch schon größere Ansprüche darauf machen. Ja, gewiß, in den niedern Hütten allein sind noch glückliche Menschen zu finden, in ihnen muß man die Zufriedenheit suchen; denn je höher man auf der Leiter der Stände hinauf steigt, desto kleiner wird ihre Zahl, und oft, sehr oft steht auf der obersten Stufe der Unglücklichste. Drum, neidet nicht der Großen Loos, ihr minder begüterten; es ist blendend, schimmernd, aber warlich eures Neides nicht werth. Laßt ihnen den Glanz, die Pracht, den Reichthum, die Ehre; sie erkaufen sie theuer, sie erkaufen sie mit dem Entbehren des edelsten Theils der Lebensfreuden, den uns der niedere Stand umsonst darreicht.

Ich hatte einen hohen Berg erstiegen und ging nun auf seiner Oberfläche hin. Ueber viele niedere sah ich hinweg, in deren Waldungen die Wurmtrockniß entsetzlichen Schaden angerichtet hatte. Ueberall entdeckte ich große entblößte, ganz niedergehauene Striche. Traurige Aussichten für unsere Nachkommen!

Der Weg senkte sich wieder, und ich gelangte in das Schulenberger Thal nach der Schulenberger Silberhütte, welche am weißen Wasser liegt. Auf diesem Bache, der nicht weit von hier in die Oker fließt, flößt man das Holz, welches aus diesen tiefen Thälern, und von den hohen Bergen, auf der Axe nicht würde fortgeschafft werden können, bis nach Braunschweig.

Hinter der Silberhütte, die so wie die Clausthaler, auch alles umher mit ihren giftigen Dämpfen erstickt hat, lag das Dörfchen Schulenberg. Bis dahin hatte sich mein Führer mir verdungen, er kehrte zurück, und ich mußte mich nun nach einem andern umsehen, der mich biß Clausthal geleitete. Allein, es hielt schwer, einen zu erhalten, überall wurde ich mit der Entschuldigung abgewiesen, daß es schon zu spät sey. So ging ich von Haus zu Haus, und stand jezt am letzten. Ein junges freundliches Mädchen sprang mir hier entgegen, und fragte nach meinem Begehren. Ich sagte es ihr. Rasch lief sie in den Hof, kam dann mit ihrer Mutter zurück, und nachdem diese mich mit prüfendem Auge angesehen hatte, meinte sie: ihr Mann sey nicht zu Haus, allein ihre Tochter könne mich ja wohl nach Clausthal bringen.

Ich muß aufrichtig gestehen, daß mich dies Anerbieten in eine Art von Verlegenheit, von Unruhe versetzte. Ein junges blühendes Mädchen, frisch und roth, von Gesundheit strotzend, mit liebevollen, dunkeln und großen Augen, woraus die reinste Schuldlosigkeit blickte, sollte mich leiten, an einem so milden Sommerabend, durch waldige, einsame Gegenden leiten, mich in dessen Haar zwar schon manches silberfarbige schimmerte, in dessen Busen aber immer noch ein für Schönheit und Jugend empfängliches Herz klopfte! – Das schien mir gewagt, gefährlich zu seyn, nein, das durfte ich nicht zulassen. „Ich kann es nicht zugeben, Mütterchen! ich kann es nicht verlangen, daß ihre Tochter einen so weiten Weg (es waren nur zwey Stunden), noch gehen soll, von dem sie erst tief in der Nacht wird zurückkehren können. Wie leicht wäre es möglich, daß ihr auf dem Heimwege ein Unfall zustieße, woran ich dann schuld wäre. Nein, nein, lasse sie ihre Tochter hier, ich will den Weg schon allein zu finden suchen."

„Ei was," antwortet sie mir in ihrer Harzsprache, „das Mädel ist groß genug, (ja wohl, war sie das!) sie hat den Weg schon oft bey Nacht gemacht, und wenn es ihr zu spät wird, so kann sie ja oben bey ihrer Base bleiben. Das Geld kann sie noch verdienen, und Sie finden sich auch gar nicht allein hin. Geh Lore, zieh dich flugs an."

Das Mädchen sprang bey diesen Worten in die Stube, und ich – ich ließ es geschehen, rieb mir die Stirn, und setzte mich vor der Hausthüre nieder, ihre Rückkehr – abzuwarten.

Abb. 36
Harzer Frauen, Ausschnitt aus einer dem Ilsestein gewidmeten gouachierten Umrissradierung, um 1800

Da saß ich, mit dem Kopfe auf den Stock gestützt, und sammelte mein bischen Philosophie, um mich zu dem Gange zu stählen, bey welchem mich der kategorische Imperativ nicht verlassen durfte. Nächstdem stellte ich Betrachtungen über einige Worte im Vaterunser an, blickte dann in den offenen blauen Himmel, und glaubte nun dem Schicksale die Vollendung des Uebrigen überlassen zu müssen.

Bald stand, mit einem Körbchen auf dem Rücken, das holde Kind, nett und reinlich gekleidet, vor mir. Die Eil, mit der sie sich angeputzt, hatte ihre Wangen hochroth gefärbt, ihr Auge noch funkelnder gemacht.

„Nun, mein Herr, woll'n wir gehen?"

Ich antwortete nicht. Meinem Herzen, das sich nicht rein genug fühlte, war vor der Entschleierung dieses Abends bange. Ich sah sie schweigend an.

„Nun," rief sie etwas ungeduldig.
Ich antwortete noch nicht, schüchtern trat sie zurück, und sagte ganz leise zu der Mutter: „ich gehe nicht mit dem Herrn."

„Warum nicht?" rief diese etwas erzürnt.

„I Mutter, seht ihrs denn nicht, der Herr ist ja nicht wohl, er starrt uns ja so an."

„O nein, mein Kind," sprach ich, stand auf und faßte sie bey der Hand, „mir ist recht wohl, komm, laß uns gehen."

Ihr Gesicht erheiterte sich wieder, sie lächelte mich an, rief ihrer Mutter ein „Gott behüte euch" zu, und wir gingen.

Ich war anfangs mit mir selbst beschäftigt, und folgte daher schweigend der holden Führerin nach. Sie sah sich oft nach mir um, und, als ich immer noch nicht reden wollte, trat sie aus dem Wege, und mich vor sich vorübergehen, um dann in einiger Entfernung mir zu folgen,

„Fürchtest du dich vor mir, gutes Kind?" redete ich sie an.

Mit schüchternen Blicken antwortete sie: „ich weiß nicht, was ich von Ihnen denken soll, bald sind sie freundlich, bald wieder traurig."

„Fürchte dich nicht, ich thue dir nichts."

„Ists wahr?"

„Gewiß."

„Kann man ihnen auch trauen?"

„Warum nicht?"

„Ja die Mutter hat mir immer gesagt, man muß sich vor den Mannleuten aus der Stadt gar sehr hüten, die wären immer gefährlich. Sie hat mich drum auch nicht nach Hannover ziehen lassen, wohin ich mich vermiethen wollte, weil die Mannleute da gar schlimm seyn sollen. Meine Schwester ist zwar schon da; allein, die will sie auch wieder nach Haus haben. Die Mutter sagt immer, besser einen Groschen in Ehren, als einen Thaler in Unehren."

O, gutes unschuldiges Mädchen, wer könnte sich vergiften, wer könnte den reinen Glanz deiner tugendhaften Seele nur mit einem strafbaren Gedanken erblinden lassen! – Nein, ich ehre dich, ich ehre die Tugend, die Unschuld auch in der niedrigsten Hütte, in der schlechtesten Kleidung.

Ich nahm sie bey der Hand, blickte ihr in das große blaue Auge und – ich konnte es mir nicht versagen, – küßte sie.

„Das war nicht artig," sagte sie ganz empfindlich. „Jetzt können sie mir nicht verdenken, wenn ich ihnen immer folge, um sie stets im Auge zu haben." Und bey diesem Worte schob sie mich vor sich her.

Die Zeit verstrich mir bey den umständlichen Erzählungen meines Lorchen's vom Innern ihres Hauswesens, von ihren Verwandten, Bekannten, Putz, und dergleichen für sie sehr wichtigen Gegenständen mehr. Der Abend dämmerte heran, und beym Mondenschein gelangten wir nach Clausthal, ohne – ohne daß ich mich es noch einmal unterstanden hätte, sie zu küssen. Ein feiner Harzgulden lohnte ihre Mühe, und wir schieden mit einem Händedruck aus einander.

Am andern Morgen verließ ich Clausthal wieder, und ging über Lerbach nach Osterode, welcher letztere Ort vier Stunden von Clausthal entfernt liegt. Es war dies zwar nicht der geradeste Weg dahin; allein, er ist angenehmer, unterhaltender. Die Frachtstraße ist eine Stunde näher. Man nennt sie gewöhnlich eine Chaussee, was sie eigentlich wohl nicht ist; allein, ein guter Weg bleibt sie immer, besonders für eine Harzstraße.

Lerbach, oder wie es dort genannt wird, Lerbke, ist ein Flecken, der in einem sehr engen, mit hohen Bergen einfgeaßten Thale liegt. Er besteht, dieses schmalen Raumes wegen, nur aus einer Straße, die aber eine Stunde lang ist, und sich so hin und her dreht und schlängelt, wie sich das Thal krümmt und wendet. Zwischen den beyden Reihen Häusern, welche übrigens nicht regelmäßig an einander gereihet sind, fließt der Lerbach. Die Einwohner bilden gleichsam ein eigenes Völkchen, das sich durch Natur, Physiognomie, durch eine sehr schwerfällige Sprache, durch schlechtes Gehör und große Kröpfe auszeichnet. Sie verheirathen sich immer unter sich selbst, sind arm und abergläubisch. Die Männer ernähren sich vom Holzhauen, Holzsägen, Kohlenbrennen, Vogelfangen, Arbeiten bey den Eisengruben, und kommen nur des Sonntags zu ihren Weibern zurück. Diese spinnen für die Fabriken in Osterode, treiben Viehzucht, und einen nicht unbeträchtlichen Handel mit Waldbeeren aller Art, nach den sie umgebenden Städten. Sie haben allesammt Kröpfe, welche oft zu einer unförmlichen Größe angewachsen sind.

Wenn Gellert sagt: daß Gewohnheit den Fehler schön mache, den man von Jugend auf gesehn habe; so trifft dies gewiß in Lerbach ein, denn hält niemand den Kropf für ein häsliches Halsgeschmeide.

Man giebt diese widrigen Auswüchse theils den vielen Tragen bergauf, theils dem Genusse des basigen Wassers schuld, wovon selbst Auswärtige, die es lange trinken, Kröpfe bekommen. Das männliche Geschlecht ist damit weniger behaftet, da sie im Ganzen genommen, nur einige Wochen im Jahre einheimisch sind.

Dicht hinter den Häusern steigen sogleich die hohen Berge hinan, an deren jähen Flächen sich dennoch die schönste Viehweide befindet, und auch kleine Gemüsegärten angelegt sind. Man kann keinen angenehmern Anblick haben, als die Berge zu beyden Seiten mit Weibern und Kindern bedeckt zu sehen, um das fette Grummt einzuerndten, wie ich es sah. Mit einer, für den Landbewohner unbegreiflichen Behendigkeit, laufen sie an den Höhen herunter, hinauf und daran weg; und unbekümmert, läßt die Mutter die zwey- bis dreyjährigen Kinder hier nackend, und ohne eine andere Bekleidung, als ein kleines Hemd, spielen. Zieht der Wind queer über das Thal hinweg, so ist eine drückende Hitze darin, hat er aber die Richtung desselben, so ist es unangenehm kühle.

In Lerbach giebt es keine Taube, auch keinen Spatz, da keine Getreidefelder da sind. Auch der Pferde zählt man kaum viere.

Ehedem wohnte der Prediger von Lerbach in der Kirche. Das Gebäude enthielt nemlich parterre seine Wohnung, im ersten Stock die Kirche, und unterm Dache das Heumagazin desselben. Jezt ist ihm aber ein eignes Haus gebaut worden. Die Kirche ist übrigens recht gut und hell.

In Lerbach ist auch ein hoher Ofen, wo die Osterröder Eisenerze verschmolzen werden.

Unter die Merkwürdigkeiten Lerbachs gehören vorzüglich ein paar daselbst geborne Kakerlaken. Der Ruf derselben war auch mir zu Ohren gekommen, und ich war nicht so bald in Lerbach angekommen, als ich mich auch zu ihnen bringen ließ.

Gleich beym Eintritte in die Hütte, welche sie bewohnten, kam mir die Mutter derselben mit der Frage entgegen: – „Sie wollen gewiß meine Kinder sehen?" und ohne meine Antworte abzuwarten, rief sie sie auch herbey. Der Knabe, zehn Jahre alt, kam gesprungen, das Mädchen, sechszehn Jahre alt, ließ sich erst suchen. Beyde hatten eine äußerst feine, aber leichenähnliche weiß Haut, völlig weiße Haare, und rothe Augen, mit denen sie stets blinzten, und sie nicht ganz aufzuschlagen vermochten. Der Junge antwortete auf alle Fragen sehr rasch, das Mädchen aber langsam und schüchtern. Die Mutter war eine gewöhnliche derbe Harzfrau mit einem tüchtigen Kropfe versehen, breitschulterig und stark. Sie erzählte, daß ihr Mann, der nicht

Abb. 37
Das Rathaus von Osterode, 2024

gegenwärtig war, ebenfalls ein robuster, gesunder Mensch sey, und sie beyde nicht begreifen könnten, wie sie zu diesen Kindern gekommen, da ihre übrigen alle gewöhnlich gestaltet, und nur diese beyden ausgeartet wären. Sie schien übrigens gar nicht so unzufrieden mit diesen Geschenken des Himmels zu seyn, zeigte vielmehr große Liebe zu ihnen, wahrscheinlich, weil sie ihr ein Kapital waren, das gute Zinsen trug, indem jeder Durchreisende, der sich die Naturspiele vorstellen läßt, ihr einige Groschen dafür reicht. Es bleibt dies übrigens bey uns eine seltene Erscheinung.

Osterode.

Von Lerbach ging ich nach Osterode, welches eine gute Stunde davon entfernt ist.

Man schien eben, als ich eintrat, im Begriffe zu seyn, diese alte Stadt von neuem aufzulegen; denn, wo ich hinsah, da wurden neue Häuser gebaut, oder alte mit neuen Titelblättern versehen. Ganz vorzüglich zeichnete sich unter der lezten Klasse das Rathhaus aus. Dieses trug am obern Theile noch ganz das alte gothische Kleid, indessen man den untern mit einem neuen Säulengange, ich glaube in korinthischer Ordnung, aufgestutzt hatte, der die Propyläen für Gemüse- und Obstverkäuferinnen, oder für diejenigen, welche mit Eines Edlen Magistrats Brandteweinschenksdepartement, das in den Kellern des Hauses seine Seßionen hält, zu thun haben, bildete.

Osterode liegt schon außerhalb der Harzgebirge, am westlichen Ende derselben, in einem angenehmen Thale an der Söse. Zum Unterschiede von andern Orten gleichen Namens, nennt man es Osterode am Harz. Mit Inbegriff der sogenannten Vorstädte hat es über 700 Häuser, und gegen 3800 Einwohner. Einige Straßen in der Neustadt abgerechnet, ist es sehr winklich und schlecht gebaut, hat enge, in den Vorstädten sehr schmutzige Straßen, wenig moderne Häuser, aber einen ziemlich großen Marktplatz.
Das sogenannte Schloß war vormals die Residenz der Herzöge von Braunschweig Lüneburg, Grubenhagenscher Linie, und jezt ist es das Amtshaus. Es liegt etwas hoch, ist aber von unbedeu-

tendem Ansehen. Für ein älteres Schloß, oder Wohnsitz ehemaliger Herrn von Osterode, hält man die vorm Harzthore der Stadt befindliche Ruine, die aus einem alten Thurme besteht. Zu Bonifaz Zeiten soll an dieser Stelle die Göttinn Ostera verehrt worden seyn, welcher Volkssage jedoch die Beweise noch zur Zeit gänzlich mangeln.

Das schönste Gebäude der ganzen Stadt ist unstreitig das an der Söse gelegene Kornmagazin. Es ist massiv, 240 Fuß lang, 45 tief, und drei Stockwerke hoch. Ueber dem Eingange liest man die Worte: – Utilîtati Herciniae exstructum hoc aedificium 1722; welcher Zweck auch ganz erreicht wird. Es mag gewiß auf und am ganzen Harze nicht leicht eine wohlthätigere Anstalt gefunden werden, als dieses Kornmagazin ist. Sein Daseyn verdankt es dem Berghauptmann von dem Busche, welcher überhaupt viele Spuren seiner Sorgfalt für das Wohl des Harzes zurückgelassen hat. Auf seinen Vorschlag wurde das Haus in den Jahren von 1718 bis 1722 erbaut, und kostete 26000 Thlr., welche Summe der König, die Gewerken, die Osteröder Rathskämmerey und die Bergbauaccisekaße hergaben.

Die Bestimmung dieses Kornmagazins ist, die Berg- und Hüttenleute des hannöverschen und Communionharzes in theuren Zeiten mit dem nöthigen Getraide für einen billigen Preis zu versorgen. Alle Beweibte erhalten monatlich zwey Scheffel, die Unbeweibten, so wie auch die Invaliden und Witwen, einen Scheffel. Zwar kann dieses Quantum nicht auf vier Wochen hinreichen; allein, es unterstützt die Leute doch in Etwas. Für den Scheffel bezahlen sie an denjenigen Rechnungsführer, von dem sie ihre Löhnung erhalten, und der ihnen einen Zettel an den Magazinverwalter giebt, gegen welchen sie das Getraide empfangen, sechszehn gute Groschen hannöverisches Kassengeld, der Marktspreiß mag seyn, welcher er auch wolle. Sie sind indessen nicht gezwungen, ihren Bedarf hier zu nehmen, sondern können ihn holen, wo sie wollen, dagegen wird aber auch das Magazin nicht eher geöffnet, als bis der Scheffel auf den Kornmärkten mehr als sechszehn gute Groschen kostet.

Die bey demselben angestellten Bedienten sind ein Magazinverwalter und ein Kornmesser, welche aus der Magazinkasse besoldet werden. Das mehreste Getraide, welches hier aufgeschüttet wird, kommt aus Sachsen und aus der Grafschaft Hohenstein, auch von der Reichsstadt Nordhausen. Auf die Abwechselung der theuren und wohlfeilen Jahre, und auf die Verwaltung selbst kommt es fast ganz an, ob das Magazin Vortheil oder Schaden hat. Gewöhnlicher ist der Schaden, da die ganze Anstalt keine Spekulation auf Gewinn, sondern auf die Beförderung des Wohl der Berg- und Hüttenleute des Harzes ist.
[...]
Diesen Verlust trägt die Kommunion-Herrschaft, mit zwey Drittel, die Gruben und Hütten mit einem Drittel. Durch untergemischte Gerste wird auch der Schade etwas gemindert.

Die innere Einrichtung dieses Magazins ist sehr gut und zweckmäßig. Es enthält sieben Böden über einander, von denen das Getraide vermittelst in den Boden befindlicher Oeffnungen von einem bis auf den andern, und so bis auf untersten herab geschüttet werden kann. Ueberall sind nahe am Fußboden, Fenster mit Drathgittern versehen, angebracht, welche, da sie gegen einander über sind, einen steten Luftzug verursachen, und dadurch das Aufkommen des Kornwurms verhindern. Auch die außerordentliche Reinlichkeit, welche überall herrscht, und das tägliche Umstechen des Getraides, läßt dieses Insekt nicht aufkommen, das hier freilich auch bedeutenden Schaden anrichten könnte.

Das ganze Magazin kann 72000 Nordhäuser Scheffel Getraide fassen, welche jedoch nie auf einmal darin sind. Die jährliche Consumtion beträgt ungefähr 56000 Scheffel. Unter-Magazine, von denen das Getraide dann hierher geschafft wird, sind in Herzberg, Katelnburg und noch an einigen andern Orten.

Osterode lebt von der Brauerey, vom Ackerbaue, und besonders von den darin befindlichen zwey Baumwollen- und einer Wollen-Manufaktur, welche Kamelotte, Laßring, Flanell, Tamis, Challons und Golgas, von allen Sorten jährlich ungefähr 18000 Stück, verfertigen, und einen starken Geldumsatz verursachen.
Des Verkehrs ist genug auf den Straßen, wozu die von hier nach Northeim und Göttingen laufende Chaussee viel beyträgt. Wenn Militär hier liegt, das gewöhnlich zwey Compagnien stark ist, so ist er noch größer. Seit 1792 ist aber keins wieder hier gewesen.

Abb. 38
Zwischen Northeim und Osterode, 2024

Osterode steht übrigens bei mir in keinem guten Andenken, und die Erinnerung an meinen Aufenthalt daselbst wird stets unangenehme Empfindungen bey mir aufregen. Nicht etwa, als ob der Ort selbst, oder seine Einwohner, oder die Behandlung der Fremden, die Lebensart daselbst, hieran schuld wären, – o nein, ich halte im Gegentheile die Osteröder für einen ehrlichen, guten Menschenschlag, die es von sich geben, wie es ihnen ums Herz ist; sondern – das Straßenpflaster ists, was diesen Mismuth bey mir veranlaßt hat.

Wie, – das Straßenpflaster?

Ja, ja!

Dem Herrn Beamten, oder der Magistratsperson, welcher das Departement des Straßenpflasters obliegt, habe ich diese unangenehmen Empfindungen, einige schmerzvolle Tage, und Osterode hat ihm den Nachtheil zu verdanken, daß ich seiner ungern gedenke, und jedermann warnen muß, sehr vorsichtig daselbst zu gehen, wenn ihm ein nicht ein gleiches Schicksal treffen soll, wie mir zu Theil wurde.

Ich ging nemlich am zweyten Tage nach meiner Ankunft in Osterode des Abends bey einem sanften Regen, nach dem Gasthofe vor dem Neustädter Thore zurück, und kam in eine enge, sehr schlecht gepflasterte Straße, wo ich von den runden, glattgewordenen Kieseln immer abgleitete. Ungeachtet ich nun möglichst vorsichtig ging, so hatte ich doch das Unglück, von einem etwas größern Kiesel in ein kleines daneben befindliches Loch zu gleiten, hinzufallen, und mich stark zu beschädigen. Nur mit Hülfe eines mir begegnenden Knabens war ich im Stande zum Gasthofe hinzuhinken, wo ich dann leider! sechs lange unangenehme Tage liegen oder wenigstens ruhen mußte, bis meine Herstellung bewirkt war.

Man urtheile nun selbst, ob ich gern an Osterode denken kann! –

Ende des zweyten Bändchens.

Uwe Lagatz

Einführung zu: Adolph Glassbrenner: Meine Reise nach dem Harz, in: Aus den Papieren eines Hingerichteten, hg. v. Adolph Glassbrenner, Leipzig 1834

Ungünstiger hätte eine Harztour in der ersten Hälfte des 19. Jahrhunderts kaum beginnen können. Statt von Berlin aus mit der Kutsche unmittelbar bis an den Rand des Gebirges zu fahren, verließen sich Adolph Glassbrenner (1810–1876) und sein Begleiter bereits kurz hinter Magdeburg auf die eigenen Füße. Das war ein großer Fehler, wie sich bald herausstellte. Vom Bördestädtchen Egeln marschierten sie rund 30 Kilometer bis nach Halberstadt durch eine eintönige Landschaft, die mit dem Harz so gar nichts zu tun hatte, um nach einem Kurzaufenthalt in der alten Bischofsstadt noch einmal rund 20 Kilometer in Richtung Wernigerode weiterzuziehen. „Müde, matt und lahm kamen wir Abends acht Uhr dort an", berichtete Glassbrenner später.
Dabei hätten sie eigentlich, so der Berliner, eine „Erholungsreise mache[n]" wollen. Doch daraus sollte auch im weiteren Verlauf ihres Harzabenteuers nichts werden. Schuld daran sei, meinte der junge Schriftsteller im Nachhinein, allein Friedrich Gottschalck (1772–1854) gewesen. Der hätte nämlich den Tipp gegeben, das Gebirge unbedingt per pedes zu durchstreifen. Tatsächlich stammte dieser Ratschlag vom Verfasser des ersten modernen Harzreiseführers. Gottschalck hatte jedoch davon gesprochen, dass man in den Bergen am besten wandern solle, aber nicht bereits auf dem Weg dorthin.

Als Adolph Glassbrenner die Harzreise im Sommer 1832 antrat, befand er sich in guter Gesellschaft. Der frühe Tourismus hatte sich im nördlichsten Mittelgebirge schon seit längerem etabliert. Auswärtige zogen – allein oder in Gruppen – zumeist zu Fuß durch die abwechslungsreiche Landschaft, in der es so viel zu entdecken gab. Sie stiegen auf Berge hinauf und in Höhlen hinab, genossen die Natur, besichtigten bedeutende Montanbetriebe genauso wie steinerne Zeugen der Vergangenheit. Und natürlich kamen sie auf den Brocken, den wettergegerbten höchsten und mythenschweren Gipfel der Region.
Glassbrenner erreichte den Berg mit seinem Freund von Wernigerode aus. Wie die meisten übernachteten beide im Gasthaus direkt auf dessen Plateau. Hier muss den phantasiebegabten Schläfer nach eigenem Bekunden ein ziemlich skurriler Walpurgis-Traum heimgesucht haben. Nach dem Muster anderer Brockenbesucher, die ihre Reiseimpressionen vor ihm künstlerisch verarbeitet hatten, baute auch Adolph Glassbrenner diese Utopie gekonnt in den eigenen Text ein. Deren Deutung steht allerdings bis heute wie die differenzierte literaturwissenschaftliche Untersuchung seiner Harzreisebeschreibung insgesamt noch aus.

Vertraut man den Aussagen des jungen Autors, setzten die Wanderer nach dem Brockenabstieg in Richtung Ilsenburg ihren Weg über Elbingerode, Rübeland, Blankenburg, Thale und Gernrode bis nach Alexisbad fort. Hier trennten sich die Gefährten, und Glassbrenner entschloss sich, von dort aus direkt mit der Kutsche in die Heimat zurückzufahren.

Etwa zwei Jahre bevor Adolph Glassbrenner in den Harz kam, hatte sich der in bescheidenen Verhältnissen aufgewachsene Urberliner entschlossen, allein von der Schriftstellerei zu leben. Das war ein mutiger Schritt für jemanden, dem es aufgrund fehlender finanzieller Mittel weder vergönnt gewesen war, das Gymnasium abzuschließen noch zu studieren. Stattdessen hatte der Heranwachsende eine kaufmännische Ausbildung antreten müssen. Nebenher jedoch begann er nicht nur Lehrveranstaltungen an der Berliner Universität zu besuchen, sondern auch zu schreiben. Mit Erfolg. Wie hätte er sonst den besagten Schritt wagen können?

Berliner Don Quixote.

Ein Unterhaltungsblatt für gebildete Leser.

№ 63. Sonnabend, den 21ten Juli 1832.

Meine Reise nach dem Harz.

Von Ad. Glaßbrenner.

Der Postillon blies; wir stiegen ein. Auf die Frage: Wer? — steh' ich und der Literat S., mein Reisegefährte; zwei Leute von nicht adeliger Herkunft, mit einem leichten Sinn und einer eben so leichten Börse — also durchaus empfehlenswerthe Menschen. „Adieu Berlin!" rief ich, und machte mir's auf meinem bequemen Ecksitze bequem, „Adieu du stolzes Berlin mit allen deinen Schönheiten, mit allen deinen zwei Theatern und deinen Lederhandlungen; mit deinem Freimüthigen und deiner Stadtvoigtei; mit deinen Tänzerinnen und deiner Charité — Adieu! Adieu!

Vergebens ruft Herr C... mich jetzt zurücke,
Ich will nur mir des Herzens Triebe weih'n;
Ich war ja da in manchem schlechten Stücke,
Ich will auch einmal mich des Lebens freu'n.

Unsere Mit-Passagiere, ein Ehemann und eine Ehemännin schienen noch die Ferien der Flitterwochen zu genießen; wenn aber diese vorbei sind, dachte ich, so wird der arme Mann bald Collegia hören müssen. — Dann und wann wurde ein verstohlener Kuß auf die Lippen gedrückt, so daß einem jungen Menschen wie mir, der noch ein ganzes Proviant-Amt voll Liebe in seinem Herzen trägt, ganz warm werden mußte; ich richtete deshalb meine Augen hinaus auf die Schöneberger Chaussee und wurde durch die Milchkarren wieder abgekühlt, auf denen die Weiber saßen und die von Hunden gezogen werden — ich wollte einen fürchterlichen Fluch über diese Grausamkeit ausrufen; doch — dachte ich — wenn diese Hunde nicht wären, so bekämen wir keine Milch in die Stadt. —

Milch und Sahne? Toller Wahn!
Wasser ist es, das wir sah'n!

Kaum hatten wir Schöneberg hinter uns, so kamen noch einige zwanzig Passagiere in den Wagen, ohne daß derselbe dadurch schwerer wurde. — Der Leser wird sich dieses Räthsel nicht erklären können, ich will ihm indessen sogleich die Auflösung geben. Es mußte sich nämlich ein interessanter Wespenschwarm vorgenommen haben, die Reise mit uns zu machen; kaum war mein Freund S. und die junge Frau bei den Liebkosungen ihres Mannes eingeschlafen, so schwirrten mehr als zwei Dutzend obiger angenehmen Thiere um unsere Köpfe herum, und schienen hinter das Fragezeichen unserer Verwunderung das Berliner Ausrufungszeichen zu setzen: „Nimm Dir in Acht, sonst stech' ich Dir eene!"

Die junge Frau wurde von ihrem zärtlichen Gemahle bei dieser drohenden Gefahr so-

Abb. 1
Glassbrenners Text erschien zuerst als Fortsetzung in der von ihm herausgegebenen Zeitschrift „Don Quixote"

Maßgeblich geprägt von Ludwig Börne (1786–1837) und Heinrich Heine (1797–1856), gehörte Adolph Glassbrenner zu den Autoren des Vormärz, die mit ihren satirisch-bissigen Texten gesellschaftliche Missstände offen ansprachen und deshalb wieder und wieder mit den Regierenden in Konflikt gerieten. So etwa wurde Glassbrenners erste eigene Zeitschrift, der Berliner *Don Quixote*, knapp zwei Jahre nach ihrem ersten Erscheinen 1833 verboten. Später erhielt er aus politischen Gründen Berufsverbot und musste Preußen sogar verlassen. Dennoch blieb der Schriftsteller den Berlinern und ihrer unverwechselbaren Sprache treu. Seine volksnahe Publizistik, häufig unter dem Pseudonym Adolf Brennglas erschienen, erheiterte und ermunterte die kritischen Geister ebenso, wie sie die Herrschenden erzürnte.

Mit der *Reise nach dem Harz* legte Glassbrenner einen Text vor, der die Leser bis heute spüren lässt, wessen Geistes Kind sein Urheber war. Unverblümt ging er mit Mitreisenden ebenso kritisch um wie mit den Harzern und skizzierte bereits auf dem Wege in Richtung Gebirge die einzelnen Stationen mit äußerst spitzer Feder. Innerhalb des Reisebildes wechselt er munter die literarischen Gattungen und bediente sich dabei einer Sprache, die es weder an Locker- und Direktheit fehlen ließ noch an Expressivität.
Im Druck erschien die *Reise nach dem Harz* erstmals im Sommer 1832 in Glassbrenners *Don Quixote*. Nachdem das Blatt im Königreich Preußen verboten worden war, veröffentlichte er 1834 eine überarbeitete Fassung im sächsischen Leipzig. Sie erschien in einem Sammelband, dem Adolph Glassbrenner den unmissverständlichen Titel *Aus den Papieren eines Hingerichteten* gab. Der hier vorliegende transkribierte und ungekürzte Text folgt jener zweiten Fassung. Er wurde sprachlich nicht verändert.

Aus den Papieren eines Hingerichteten.
Herausgegeben von Adolph Glassbrenner.
Leipzig,
Verlag von Vetter und Rostosky.
1834.

Meine Reise nach dem Harz.

Der Postillion blies, wir stiegen ein. Auf die Frage wer? steh' ich und der Literat S., mein Reisegefährte; zwei Leute von nicht adeliger Herkunft, mit einem leichten Sinn und einer eben so leichten Börse, also durchaus empfehlenswerthe Menschen. „Adieu Berlin!" rief ich, und machte mir's auf meinem bequemen Ecksitze bequem, „Adieu du stolzes Berlin mit allen deinen Schönheiten, mit allen deinen zwei Theatern und deinen Lederhandlungen, mit deinem Freimüthigen und deiner Stadtvoigtei, mit deinen Tänzerinnen und deiner Charité, adieu, adieu!

Vergebens ruft Herr Cerf mich jetzt zurücke,
Ich will nur mir des Herzens Triebe weih'n;
Ich war ja da in manchem schlechten Stücke,
Nun kann ich mich einmal des Lebens freun.

Unsere Mit-Passagiere, ein Ehemann und eine Ehemännin, schienen noch die Ferien der Flitterwochen zu genießen; wenn aber diese vorbei sind, dachte ich, so wird der arme Mann bald Collegia hören müssen. Dann und wann wurde ein verstohlener Kuß auf die Lippen gedrückt, so daß einem jungen Menschen wie mir, der noch ein ganzes Proviantamt voll Liebe in seinem Herzen trägt, warm werden mußte; ich richtete deshalb meine Blicke hinaus auf die Chaussée, sah die Kuppeln Berlin's glänzen im Morgenroth, dachte an mein Liebchen und weinte eine große Thräne.

Sie sitzt gewiß beim Kaffee,
Und denkt dabei an mich;
Sie beißt wohl in den Zwieback,
Und glaubt, sie küsse mich.
Leb' wohl, leb' wohl, mein Liebchen,
Mein Leben und mein Glück!
Trink ruhig Deinen Kaffee,
Ich kehre bald zurück.

Kaum hatten wir das Dorf Schöneberg hinter uns, so kamen noch einige zwanzig Passagiere in den Wagen, ohne daß derselbe dadurch schwerer wurde. Es mußte sich nämlich ein interessanter Wespenschwarm vorgenommen haben, die Reise mit uns zu machen; kaum war mein Freund S. und die junge Frau bei den Liebkosungen ihres Mannes eingeschlafen, so schwirrten mehr als zwei Dutzend obiger angenehmen Thiere um unsere Köpfe herum, und schienen hinter das Fragezeichen unserer Verwunderung das Berliner Ausrufungszeichen zu setzen: „nimm dir in Acht, sonst stech' ich dir eene!"
Die junge Frau wurde von ihrem zärtlichen Gemahle bei dieser drohenden Gefahr sogleich geweckt; ich aber ließ meinen Freund ruhig schlafen, bis eine von diesen interessanten Exemplaren für Naturforscher sich die Freiheit nahm, das Riesengebirge seiner Nase zu besteigen, um von dort die angenehme Aussicht zu genießen, ihm einen Kupferstich beizubringen.
Jetzt schüttelte ihn sein guter Genius aus dem Schlafe – mit beiden Händen fuhr der Literat über seine Nase (legte also in kurzer Zeit eine bedeutende Strecke Weges zurück) und verfolgte so den pikanten Dämon. Nun ging's an ein Arbeiten. Alle Vier schlugen wir mit Händen und Füßen, und am meisten mit Schnupftüchern unter die Unholde, die, je mehr wir sie verfolgten, uns in desto größerer Zahl beehrten. Mein Freund, der nebenbei eine Idiosynkrasie gegen diese Thiere besitzen mußte, gebärdete sich wie unsinnig, schimpfte und fluchte, und hieb mit einer Herkules-Gewalt und mit einer Raserei unter sie; ich aber konnte vor Lachen kaum noch Athem holen, und krümmte mich in meiner Ecke wie ein Wurm. Dieses, in den schönsten Coloraturen sich fortwälzende, endlose

Lachen hatte bald seine Contagiosität bewiesen, das Ehepaar drüben wurde schnell infizirt, und Mann und Frau lagen so wie ich und lachten, daß es eine Freude war. Nur mein Freund nicht – er schimpfte und fluchte immerfort, und mit dem ernstesten Gesicht von der Welt hieb er so fürchterlich unter den aufrührerischen Haufen, daß schon mehrere Leichname, die Trophäen seiner Tapferkeit, auf den Schlachtfeld-Schooß der jungen Frau fielen.

Diese Scene dauerte beinahe eine Stunde, und wenn ich während dieser Zeit zu lachen aufgehört habe, so will ich den Harz noch einmal zu Fuß bereisen, das heißt so viel als: sterben.

Inzwischen war die Sonne aus ihrem Rosenbette gestiegen und blickte, in ein reizendes Negligée gehüllt, mit ihren strahlenden Augen auf die Welt hinab. Ich grüßte sie und fragte:

Sag' Mägdelein, wo kommst du her,
Mit Deinen gold'nen Strahlen?

Sie antwortete:

Ich tauchte aus dem Weltenmeer,
Die Felder zu bemalen.

Sie, die mir später so namenlose Qual bereitete, grüßte ich jetzt freundlich, denn es war viele Tage lang kalt und trübe gewesen, und jetzt schien mir die liebende Mutter der Natur zuzurufen: Dir wird überall Deine Sonne aufgehen, nur in Berlin nicht. – Ich wurde wieder ernst und trübe Wolken wollten sich um meine Seele lagern, aber ich spielte den Homöopathen, stopfte mir eine Pfeife, schaute gedankenlos in die Felder hinaus, und blies mit den dichten Wolken des Knasters die meines Unmuths hinweg.

Bald waren wir in Potsdam angelangt. Die todte Stadt ennuyirt mich, so oft ich sie sehe. Sie liegt recht schön, hat Wasser, grüne Berge und Casernen, aber wo kein Leben ist, da fühlt man sich nicht wohl. Geht man fünf Stunden hintereinander auf der Straße, so begegnen einem höchstens vier Soldaten und zwei Menschen. Da man gern alle Stationen kennen lernt, so steckte ich meinen Kopf aus dem Wagen und rief mit lauter Stimme: „Einen Potsdammer! Einen Potsdammer! Ein Königsreich für einen Potsdammer!" aber es kam Niemand, kein Athemzug störte die Todtenstille, alle Mauersteine schienen zu beten, nur leise in weiter Ferne ertönte das melodiöse Bellen eines Mopses. O Natur, o Potsdam!

Brandenburg will ich übergehen, oder überfahren, denn es war Abend geworden und meine Augen senkten sich zur Ruhe. Den letzten Blick warfen sie nach dem Rathhause, an dem eine lichtscheue Laterne die schauderhafte Figur des „Roland" beschimmerte; dann schloßen sie sich.

Ich träumte süß vom Liebchen,
Ich war mit ihr so froh;
Wir saßen in meiner Stube,
Im Redactions-Büreau.
Wir küßten uns und scherzten
Und sahen zum Himmel hinauf,
Und mitten in unserer Liebe
That sich die Thüre auf.
Der Druckerbursche war es,
Er lispelte voll Spott:
Es fehlen noch drei Spalten
Zum nächsten Don Quixote.

Ehe wir noch Magdeburg erreichten, nahm Burg, ein Städtchen von so und so viel Einwohnern, meine Aufmerksamkeit in Anspruch. Man hatte mir schon von den frühern Burgensern erzählt, sie als komische Leute geschildert, und hinzugefügt, Wieland habe, als er die Abderiten geschrieben, die Chronik Burg's studirt. Burg soll früher wirklich den Namen „das preußische Abdera" geführt haben, ob mit Recht, das kann ich nicht behaupten. Jetzt sind die Einwohner gute und fleißige Menschen, und daß gerade das Waisenhaus das einzige schöne Gebäude in Burg ist, kann nichts besagen. Nur etwas scheint aus der frühern Periode übrig geblieben zu sein, das ist die dort erscheinende politische Zeitung, betitelt „Halle-Burgscher Kurier." Beschreiben läßt sich dieser Geist, diese Poesie, diese Orthographie nicht; man erlaube mir daher einige Excerpte aus dieser Zeitung mitzutheilen, man lese sie und staune:

26stes Stück.
Halle - Burgscher Kurier 1832
Krieg in Sirien erschüttert alle Morgenlande, und Stambuls Muselmänner träumen darüber noch in Egiptischer Finsternis. – Frankreich bekriegt und besiegt erkaufte Karlisten und vorzüglich Schuangs. – Griechen und Römer leben in gleicher Geisteswirre über Verbesserung gemeinsamer Bürgerwohlfahrt, und wissen nicht, was gut ist. – Holländer legen Frieden auf Schicksalswage alter Völkerschaften. – Teutschland ist zur Statsneurung versucht, Freiheitsapostel werden aber überall mit ihren Buntbandkram verlacht und verabscheut!

Abb. 2
Burg 2020,
Blick zum Berliner
Turm und zur Kirche
Unser Lieben Frauen

Bauer. Was erzählt man heute für Neuigkeiten?
Kurier. Burg, a. 26. Jun. Rechtsseite Burgs ist ein königl. Uhlanen Regiment aus Magdeburgschen, nach seinen Standquartieren heimgekehrt, und hat am Freitag zu Görzke und Ziesar etc. übernachtet.
Auch ist königl. Hoheit Prinz der Niederlande a. Hag hier nach Berlin durchgereist. – Hier vor'm Oberthor ist des Windmüllers Köpzens Haus am Schosse (soll heißen: an der Chaussée) abgebrannt. – Zu Erfurt sind 32 Personen an Kolera gestorben. Zu Kalbe ist Kolera auf'sneu ausgebrochen.
Nachtragl. Zu Halle haben sich zwei weiße Nebelstreifen quer übern Salfluß bei Rabeninsel gezeigt, und Vater und Sohn bekam gleich nach Durchfahren Erbrechen und Kolera, Tochter aber, die sich mit Mantel den Kopf überdeckt, blieb gesund. – Hierauf ist Kolera auf's neu heftiger in Halle ausgebrochen etc. etc. etc.

27stes Stück.
Halle - Burgscher Kurier 1832.
Aller Neugiersblicke ruhen jetzt auf Holland, wo Friedenspalme und Lorbeerkranz im Gleichgewicht schaukeln. – Portugaler erhoffen schon über Nacht Peters Donnerzuruf: „Mein ist die Macht und Herlichkeit auf Kindeskinder. – Franzosen singen Berrisfreunden als Grablied: Alle Fehde hat nun ein Ende! – Englands Vorsehung schützte Engländer vorm schrecklichen Landesunglück. – Nächstens wichtige Neuigkeiten! –
Und so weiter, und so weiter! Es ist schmerzlich, im neunzehnten Jahrhundert solch unsinniges Zeug gedruckt zu sehen, es ist beinahe unglaublich, aber es ist wahr. Vielleicht kann man auch einen Nutzen dabei finden: die Bauern, welche dies Blatt lesen, bleiben dumm oder werden dumm gemacht, und vor klugen Bauern behüte uns absoluten Menschen der liebe Gott.
Es war mir unmöglich, die schöne Gelegenheit unbenutzt zu lassen, solch einen genialen Collegen kennen zu lernen. An der Gasttafel, wo ich den Halle-Burg'schen Kourier las, saßen mehrere Burgenser der höheren Bildung und beobachteten aufmerksam mein Gesicht, lauernd, ob ich ihnen nicht bald die Maske der Verwunderung zeigen würde. Und als dies beim Lesen geschehen, lächelten sie sämmtlich halblaut, um mir zu zeigen, wie sehr sie die Albernheit jenes Geschreibsels zu würdigen wüßten. Namentlich kicherte ein kleiner Vierziger, mit einem kleinstädtischen altklugen Gesicht, sehr laut, und als ich ihn mit freundlichen Augen ansah, bat er um die Entschuldigung, daß ich wahrscheinlich aus Berlin sei.
„Dort haben sie freilich bessere Zeitungen," fuhr er fort, als ich seine Frage bejaht hatte, „dort haben Sie die große Staatszeitung und ihre beiden Kinder, die Voßische und die Spenersche."
„Kinder?" wiederholte ich und sah den Menschen groß an, in banger Ungewißheit, ob ich aus dem Munde eines Burgensers einen Witz hören sollte. „Nun ja, ihre Kinder!" antwortete er. „Ich habe die Staatszeitung immer für einen großen Vogel gehalten, der seine beiden Junge füttert."
„Bis auf einem Punct haben wir da eine Ansicht;" erwiederte ich, „nur weiß ich nicht, warum Sie

die Staatszeitung für einen großen Vogel halten, ich sollte meinen: Raubvögel wären fast alle politische ....."
„Entschuldigen Sie!" rief er und sah sich scheu um. „Denken Sie doch an den Strauß; dieser Vogel steckt in den Zeiten der Furcht immer seinen Kopf in das Gebüsch, und glaubt, man könne seine ganze Gestalt deshalb nicht sehen, weil er Nichts sehen will."
Ich schärfte meine Augen und heftete einen prüfenden Blick auf den satirischen Vierziger mit dem kleinstädtischen Gesicht. Solchen Mann konnte Burg unmöglich hervorgebracht haben, oder es war Demokrit. Ich fragte ihn, ob er ein Preuße sei. „Nein," antwortete er, „nur ein Baier." Dabei stand ihm eine Thräne in den Augen, die wahrscheinlich durch das Nießen hervorgetreten war.
„Zur Gesundheit!"
„Ich danke Ihnen!"
Wir erkundigten uns nach der Wohnung des genialen Kurier-Redacteurs und traten in das uns bezeichnete Haus. Welche Pracht, welcher Luxus! Die Redaction saß auf dem Flure und schälte Kartoffeln, und der Redacteur, der große Redacteur des Halle-Burg´schen Kuriers lag mitten unter grünen Bohnen aufgehängter Wäsche und mehreren Sorten vierfüßiger Thiere auf einem grünen, wurmstichigen Sopha und schlief. Wir standen erschreckt und vermochten keine Silbe zu sprechen. Er war lang und dürr, hatte ein scharf markirtes, gespenstiges Gesicht, wenige starre Haare legten sich über die gefurchte Stirn, die Augen lagen tief, die Nase war groß und hatte breite Flügelthüren, und um den Mund zu beiden Seiten des spitz hervortretenden Kinn´s, lag ein schwerer, tiefer Lebens-Ueberdruß. Wir kauften uns von der schmutzigen Redactrice mehrere Nummern der Zeitung und gingen schweigend nach unserm Gasthofe zurück.
Die junge Ehefrau hatte sich schon in die Postkutsche gesetzt, während ihre Hälfte und der Literat S. noch mit einem Kruge Bier beschäftigt waren. Ich setzte mich zu ihr, machte verliebte Augen und sagte ihr, daß ich noch kein schöneres Weib auf dieser Welt gesehen habe. Sie mochte wenig Zweifel in diese Lüge setzen, denn sie nannte mich einen Schelm und drohte mit dem Finger; ich griff darnach, holte mir die weiche, süße Hand und küßte sie. Der Gemahl, der eben an die Postkutsche getreten war, blieb erstaunt stehen, – die Gemahlin wurde purpurroth, ich aber machte einen Scherz aus der fatalen Geschichte, und bat die junge Frau so innig um Verzeihung, daß der Friede sehr bald hergestellt wurde. Wir schüttelten und rüttelten uns zurecht und fuhren weiter nach Magdeburg. Die schönen Kirchen mit den doppelten Thürmen, und besonders der stolze, historische Dom geben der Stadt einen eigenen Reiz, je näher man ihr aber kommt, je düstrer, melancholischer wird ihr Ansehen. Die Festungswerke und die Mauern der Zitadelle sind die Runzeln und Narben in dem freundlich-jugendlichen Gesicht der grünen Umgebung. Die Elbe ist ernst aber liebenswürdig, sie macht die gluthlosen Augen zu und hängt ihren Träumen nach. Denn die Elbe hat Viel zu träumen, z. B. vom dreißigjährigen Krieg und von preußischen Manövren. Die Stadt selbst ist lebendig; das rege und geschäftige Treiben, das schnelle Vorüberziehen aneinander bezeichnet die Handelsstadt. Man sieht keine hohlköpfigen Stutzer, die schaarenweise, wie in Berlin, den Tag um seine Stunden betrügen und die Straßen durchhüpfen, um ihre geschmacklose Toilette zu zeigen; nirgends ist Ruhe und Aufenthalt, überall Beschäftigung und Eile. Hochbespannte Wagen holpern über das schlechte Pflaster, Fuhrleute schreien und zanken; jeder Fuß hat alle Hände voll zu thun, und jede Hand macht sich auf die Füße. Dabei herrscht überall eine beispiellose Ordnung, eine Ordnung, wie sie in Berlin trotz der Millionen von Gensd´armen nicht ist. Die Magdeburger verdanken sie ihrem in jeder Hinsicht ausgezeichneten Ober-Bürgermeister Franke, ein Mann, den sie lieben und verehren, und das mit Recht.
Poesie ist in Magdeburg nicht, das bischen Geschichte geht unter den Gewichten und Zahlen verloren. Der Handelsstand ist der ledernste von allen Ständen, selbst den Stiefelputz nicht ausgenommen, und wenn ich einen eingefleischten Kaufmann sehe und spreche, so ist mir, als ob ich gezwungen würde, saures Bier zu trinken. Poesie hat also Magdeburg nicht, aber seine Umgebung. Die Nachtigallen im Vogelgesang und im Herrenkrug! ich denke noch mit Entzücken daran, als ich unter den grünen Zweigen auf grüner Erde saß, und den Harmonien der gefiederten Frühlingskinder lauschte. Der Frühling war damals ein munterer, freundlicher Bursche, hatte sich mit Blumen geschmückt und zog durch Thal und Flur, verliebte sich in die keusche Morgensonne und die Nachtigallen waren seine

Abb. 3
Die Katharinenkirche im Breiten Weg von Magdeburg, kolorierte Lithografie, 1844

Seufzer. Darum erweckte der Gesang der Nachtigallen immer nur Schmerzen in unserer Brust, weil wir Alle eine unerwiederte Liebe in uns tragen, – vielleicht die Liebe zur........
Ich fühlte auch Schmerzen in meiner Brust; ich holte meine Brieftasche heraus und wollte Verse machen, allein es ging nicht. Man kann nicht immer Verse machen, wenn man Schmerzen hat. Ich trocknete mir die Augen und ging nach der Stadt zurück.
Mein Freund stand vor dem Theater-Gebäude und erwartete mich; wir gingen hinein in das schmutzige Haus und fanden den Kern besser als die Schale. Man führte solch eine dramatische Wiener Dummheit auf und spielte nicht schlecht. Neben uns saßen zwei dicke Herren, die sich in den Zwischenacten von dem nahen Ende dieser Bühne unterhielten. Es ist betrübend, daß sich in einer so reichen Stadt, wie Magdeburg ist, kein Theater erhalten kann, aber es ist erklärlich. Wer ist in Magdeburg reich? die Kaufleute – mehr bedarf es nicht, um jeder Kunstanstalt ein schlechtes Prognosticon zu stellen.
Der breite Weg ist Magdeburg, die übrigen Straßen bilden die Dorfstädte. Auf ihm drängt sich alles Leben zusammen, hier sind Läden an Läden, die besuchtesten Weinhäuser und Conditoreien, die frequentesten Gasthäuser, das Theater, Kirchen, die Bummler-Gemeinde, das Haus der Gerechtigkeit, kurz alle Anstalten, welche Leute an- und ausziehen. –
Die Magdeburgerinnen sind wie alle rinnen, sie erzählen sich gern etwas, und sollte es von den Schwächen ihrer Mitbewohner sein. Man rühmt von den hiesigen weiblichen Geschlecht, daß es etwas leichtsinnig sei, doch ist dies ein ungerechtes Lob: ich wenigstens habe auf den Straßen und an öffentlichen Oertern keine sprödern, keuschern Damen kennen gelernt. Der gute Ruf ist ihnen das Heiligste, und ehrt man den eines jungen Mädchens, so wage man ja nicht, mit ihr ohne Begleitung ihrer Anverwandten über die Straße zu gehen. – Ueber das männliche Geschlecht läßt sich wenig sagen: es rechnet. Die Sprache der Magdeburger ist rauh, unzart, und die Sprache ist die Charakteristik der Bewohner. Die französische Sprache ist leicht, flatterhaft und galant; die englische verwirrt, die holländische pflegmatisch, die spanische heiß und stolz, die italienische glühend und süß, die polnische

schwermüthig, die russische roh und holprig, und die deutsche – .....´.. was heißt deutsche? Der Wiener Dialekt klingt kindisch-lebhaft, der der Tyroler elegisch, die Sprache der Rheinländer klingt lieblich, anmuthig, die baierische hölzern, unbeholfen, die hannövrische vornehm und geziert, die schlesische gutmüthig, die sächsische schmeichelnd-lüstern, und die pommersche pommersch. Die Sprache der Berliner ist gewöhnlich, ohne Charakter und die jüdische klingt meckernd, wiederlich wie die der Ziegenböcke.

Abb. 4
Im Magdeburger Dom St. Mauritius und Katharina, 2020

Doch, lassen wir die Juden ungeschoren, Börne und Heine waren Juden und das söhnt mich mit dem ganzen Volke aus. Ich gestehe, daß ich die Juden in specie nicht leiden kann; nur dumme Menschen gestehen ihre Fehler nicht.

Der Conditor Baldini auf dem breiten Wege in Magdeburg hat ein liberales Zimmer, – wenn es die Zensur noch nicht gestrichen hat. Die Tapeten stellen die Juli-Revolution vor; es ist eine Wonne, da zu frühstücken. Man sieht die begeisterten Freiheits-Kämpfer mit ihren wildlodernden Haaren, Waffen jeder Art blitzen wie die wuthentbrannten Augen. Das Stadthaus wird gestürmt, die Gensd´armen mit Füßen getreten! Der alte Lafayettte zieht unter dem Jubel des Volkes durch die Straßen. Das Pflaster ist aufgerissen, Kinder und Frauen kämpfen und schleppen die Verwundeten fort, aus allen Fenstern ruft man den Kämpfern Muth zu – es war eine Wonne, bei Baldini zu frühstücken. Als die Franzosen ihre Freiheit gerettet, – das heißt, als wir unser Glas Panache´ verzehrt hatten, verließen wir die Conditorei und gingen nach dem finstern Dom.

Wir sahen die berühmte Marmorplatte, die alten merkwürdigen Grabmäler, Tilly´s Handschuhe und sein Commandostab, die Pistole. Der Commandostab eine Pistole – es ließen sich da sehr viele Anmerkungen machen, doch überlaß´ ich das den Lesern. Bei Tetzel´s Ablaßkasten mußte ich lachen. Es fiel mir ein, wie weit wir in der Cultur seit jener Zeit vorgeschritten sind; früher konnte man für Geld seine Sünden los werden, und jetzt auch. Es ist erstaunlich, wie weit der Mensch kommen kann. Bei dem Stückchen Holz vom Kreuze Christi bemerkte der Küster, daß dieses auch ein gewöhnliches Stück Holz sein könnte, über welche Meinung ich große Augen machte. Wenn dieser Küster in den Himmel kommt, so komm´ ich auch hinein, und das will Viel sagen, denn ich habe ihm nie geschmeichelt.

Der Küster hatte pfiffige Augen und war ein Freigeist, das wurde mir erst recht klar, als wir vor dem großen eisernen Gitter standen, welches ein junger Schmied mit Hilfe des Teufels in einer Nacht gearbeitet und bis auf einen Nagel vollendet hatte. Ueber diesem Gitter befindet sich in der Wölbung der Kirche ein großes Loch, durch welches der liebenswürdige Gottseibeiuns, weil die Thüren verschlossen waren, hinausgepflogen ist. Von diesem Loche ist es weltbekannt und erwiesen, daß kein Maurergeselle des civilisirten

Europa vermögend sei, dasselbe zuzumauern. Und dieser Küster unterstand sich zu vermuthen, daß es doch vielleicht zugemauert werden könne. O tempora! o Cuester!
Wir gingen nach dem Gasthofe zurück, bestellten das Mittagbrodt auf unser Zimmer hinauf, und schäkerten mit Jettchen. Jettchen war die Kellnerin. Unter allen Frauenzimmern der Welt habe ich die hübschen Kellnerinnen am liebsten, ausgenommen die übrigen hübschen Frauenzimmer. Schäkern ist ein sehr decentes Wort, hinter dem aber oft Vieles stecken kann; genug, ich schäkerte mit Jettchen, und fand sie sehr liebenswürdig und gutmüthig. Sie hatte bereits das Leben von jeder Seite und in allen Lagen kennen gelernt, denn sie war ungefähr achtzehn Jahr alt, oder älter. Sie war aus Magdeburg gebürtig, und folglich eine Magdeburgerin.
„Und die Treue, sie ist doch kein leerer Wahn."

Mein Liebchen sitzt zu Hause
Und denkt wohl jetzt an mich,
Sie liebt nur einen Jüngling,
Nur einen, der bin ich.

Ich sitze hier im Gasthof,
Bin meiner Liebsten treu,
Und ob ich's stets gewesen,
Das ist ganz einerlei.

Die Treu' logirt im Herzen,
Nur dort logirt die Treu',
Daher bleibt wohl am längsten
Mein Herz der Liebsten treu.

Der Extra-Postillion hatte so eben sein altes Trara! Trara! Trara! beendigt; ich küßte noch einmal meine jettliche Kellnerin auf die glühende Stirn, drückte ihr noch einmal die lilienbraune Hand, – und fuhr mit meinem Freunde über alle Berge, insofern solche nämlich zwischen Magdeburg und Egeln vorhanden wären.
Von hier an machten wir die Reise zu Fuße, oder, wie der Deutsche sagt: per pedes! O wäre ich nie auf diesen unglückseligen Gedanken gekommen!
Gottschalk, das werde ich Dir nie vergessen, so lange ich Hühneraugen habe! Du sagst in Deinem Werke über den Harz, man müsse, um alle Schönheiten desselben zu genießen, ihn zu Fuß bereisen, und weil ich ihn zu Fuß bereiste, habe ich alle Schönheiten desselben nicht genossen. Nicht nur die grenzenlose Anstrengung, das Ränzelchen von so und so viel Pfündchen auf dem Bückelchen, die schlechten, steinigen Wege, die fürchterliche Hitze, die einem das Mark aus den Knochen brennt, nicht nur der zärtliche Staub, der sich in die Augen drängt, oder der unschuldige Regen, der unser Gemüth und unsere Kleider erweicht, – sondern auch ein ewig quälender Durst und elende Bauernkneipen, wo man, ermattet bis in den Tod, sich von schmutzigen Fingern ein würmerreiches Glas Wasser oder Bier reichen lassen muß: das sind die Schönheiten des Harzes, die ich kennen gelernt habe! Gott behüte mich zum Zweitenmale vor diesen Schönheiten; mein Herz ist wahrhaftig so voll davon, daß ich für dieses Leben hinreichend versehen bin. Namentlich sind es die Bauernkneipen oder feiner ausgedrückt: Landmanns-Restaurationen, die einen unbeschreiblichen Eindruck auf mich gemacht haben. Ich schrieb in einem solchen gezimmerten Klumpen-Unglück an meine Geliebte in Berlin folgenden Brief, der meinen Zustand einigermaßen schildert:
Theure Emma!
„Ich sitze hier in einer Bauernkneipe des Harzes und bin das unglückliste Geschöpf auf Gottes weiter Erde. Wenn Sie mich je geliebt haben, so bedauern Sie mich. Ruhe- und Wasserlechzend trat ich hier ein, sah diese Wirthschaft, empfahl meine Seele dem Himmel und setzte mich, weil ich nicht weiter konnte. Mein Religionslehrer der Knierimschule sagte mir immer: Gott wäre überall, aber hier in dieser Bauernkneipe kann er unmöglich sein, unmöglich! Denken Sie sich, mein Fräulein: Gott, der in Frankreich oder in Mannheim so anständig leben kann, wird sich hier in dieser ehrlichen Mördergrube aufhalten – nein, das thut er gewiß nicht. Ich gebe ihnen mein Wort darauf, diese Leute hier können ganz sicher davor sein, daß sie der Teufel holt, denn der Teufel hat Geschmack und ist kein Schweinigel mit Respekt zu sagen. Wenn Sie in dieser sogenannten Stube ein Plätzchen finden, wo der Schmutz nicht zwei Fuß über der Meeresfläche liegt, so will ich's übertrieben habe. Kinder liefen hier Schockweise herum, Kinder, denen seit dem Taufbecken kein Tropfen Wasser zu Gesicht gekommen ist. Sie haben fliegende zottige Haare, einen hyperdreckigen Unterrock und keine Strümpfe auf den Pfoten. So eben fangen sie noch an zu schreien und zu weinen, das fehlte noch. Sie wissen, geliebte Emma, welch ein Liebhaber ich von Kinder-

geschrei bin; wenn wir uns je verheirathen, so muß ich sehr darum bitten. Daß mehrere verfluchte Katzen miauen und verschiedene Hunde knurren und bellen, versteht sich von selbst, und will nicht viel sagen, wenn man an die Fliegen in diesem Menschenstall denkt. Emma, geliebte Emma, ich gebe Ihnen mein Ehrenwort darauf, diese Fliegen hier übertreffen jede Vorstellung von Mehrheit und Niederträchtigkeit, die man bis jetzt gehabt hat. Ich will lieber, daß mir fünf bis sechs große Bullenbeißer im Gesicht herumspringen, als zehn solcher schändlichen Fliegen. Aber was sprech' ich denn von zehn Fliegen? Zehn ist doch eine Zahl, aber von Zahlen ist hier gar nicht die Rede. Denken Sie sich, daß meinem Freunde S. in diesem Augenblicke dreitausend Fliegen blos auf der Nase sitzen! Kaum hat er sich hundert dieser Unholde von der Stirn verjagt, so sitzen ihm, wie gesagt, mehrere tausend auf der Nase, jagt er sie dort weg, so setzen sie sich wieder auf die Stirn, mit einem Worte: es ist etwas Empörendes! Die übrigen Fliegen die keinen Platz mehr finden, sich zu setzen, fliegen Wolkenweise vor den Augen vorüber und wenn man Athem schöpfen will, so muss man zuvor die Backen voll Luft nehmen, den Mund weit ausstrecken, und den Wind ins Land fahren lassen. Und dabei leiden die Wirthsleute nicht einmal, daß man die Fenster öffnet, aus Furcht: die Fliegen möchten hereinkommen. Ich bin schon so rasend geworden, daß ich hier öffentlich den ganzen Harz mit Stumpf und Stiel verflucht habe. Emma, wenn ich jetzt bei Ihnen sitzen könnte, ich wollte Sie todtbeißen vor Freude!
Die Krone wird aber meinen Leiden noch durch das Hiersein einiger alten Bauern aufgesetzt, die rothe Augen haben. Das ist das Widerlichste unter der Sonne! Emma, wenn Sie ein alter Bauer wären und rothe Augen hätten, ich hätte Sie nie geliebt, und wenn Sie in Gold säßen! Eine alte Frau, die mit dem Kopfe schüttelt, und ein alter Bauer mit rothen Augen, ist eine Höllenqual, eine Tortur, ein Gedicht vom preußischen Kriegsrath Müchler! Wenn ich mit einer alten Frau spreche, und sie nickt immerfort mechanisch mit dem Kopfe und schüttelt ihn auch wohl mitunter, um ihre Aufmerksamkeit zu beweisen, so möchte ich mir die Haare ausreißen vor innerem Unbehagen, ich möchte, wenn ich nicht mehr bedächte, den Gubitz'schen Gesellschafter lesen, aber ich bedenke mehr.
Emma! ich bitte Sie um Himmelswillen, schütteln Sie nie mit dem Kopfe, wenn auch Ihre Stirn sich einst in Falten legen sollte, und können Sie ja das Nicken nicht lassen, so thun Sie's lieber schon jetzt, wenn ich Sie bitten werde, mich zu küssen, und dergleichen mehr.

Leben Sie wohl!

Ihr
merkwürdig unglücklicher
Adolph."

Diesen Brief schrieb ich in einem kleinen Neste, in welchem ich, der Erzählung nach, noch gar nicht sein kann, es liegt mir aber daran, dem Leser meinen Zustand a priori zu malen, und ihm zu zeigen, mit welchen Schmerzen ich die Erholungsreise mache. So eben stehe ich mit meinem Leidensgefährten vor Halberstadt, wir wollen hineintreten in den freundlichen Ort, und uns in einem Gasthofe von den Mühseligkeiten zurückgelegter drei Meilen erholen.
Am meisten ärgerte ich mich über diesen Kameraden, oder vielmehr über seine Herkules-Natur; so oft ich ihn fragte, ob er denn nicht auch müde sei, und unendliche Qualen empfinde, antwortete er verneinend und fügte hinzu: „Du bist ein pimplicher Berliner." Da bleibe Einer gelassen. Es ist mehr als unangenehm, einen Gleichgestellten von den Schwächen befreit zu wissen, von denen man sich selbst nicht lossprechen kann.
Aus einem, von drei nebeneinander liegenden Gasthöfen, traten so eben zwei liebliche Mädchen heraus; das war ein gutes Omen – wir wählten diesen und traten hinein. Der Wirth, ein freundlicher Mann, unterhielt sich, nachdem wir uns ein wenig erholt und erfrischt hatten, mit meinem Freunde über den interessantesten Weg durch den Harz, ich aber fädelte ein Gespräch mit den Töchtern des Hauses ein und spielte den ächten Berliner, das heißt: ich suchte durch Wahrheiten, die schlechte Menschen Schmeicheleien nennen, mich bei ihnen liebenswürdig zu machen. Diese Kunst, erfordert ein tiefes Studium des weiblichen Charakters, ich hatte ihn studirt und hoffe den Dank meiner Leser zu verdienen, wenn ich ihnen hier einige Lehren gebe – vielleicht sind auch die Leserinnen damit nicht unzufrieden. Um Himmelswillen glaube man (Mann) nicht, den Angriff nach allgemeinen Re-

Abb. 5
Der Domplatz zu Halberstadt und der auf demselben befindliche Lügenstein, Lithografie von Thamisch, um 1832

geln zu betreiben, nein, jedem Individuum des schönen Geschlechts muß man seine Schwächen durch kurze Gespräche über verschiedene Gegenstände ablauern und schnell zu benutzen wissen. Bei den meisten Damen spreche man höchstens dann, wenn man gefragt wird, blicke schüchtern zur Erde, und stelle sich bei jedem für sie schmeichelhaftem Worte so verlegen, wie ein Kind, das Syrup naschte und dabei von der Mutter attrapirt wird. Im Augenblicke hat man den Ruf eines äußert bescheidenen Mannes. Bei andern Damen hingegen – es thut mir leid, sie nicht näher bezeichnen zu können – lasse man seinen Witz springen – jeder Mensch hat Witz, wenn es die Gelegenheit will – hüte sich aber ja, verliebt zu scheinen. Während der Geist leuchtet, müssen die Augen kalt auf die besondern Schönheiten ihrer Figuren oder Gesichter ruhen. Probatum est!

Bei einer von den Schönen trug ich schon die selige Gewißheit des Sieges in meiner Brust – sie ladete mich ein, mit ihr nach dem Garten zu gehen. Ich war entzückt.

„Schöne Blumen! Wunderschöne Blumen! Genießen sie Ihrer Pflege, mein Fräulein!"

„Ich muß leider immer gießen!" antwortete sie. „Kaum ist der Abend da, so sagt der Vater: Rosa, geh´ in den Garten und....

„Rosa heißen Sie? fragte ich, pflückte eine kaum aufgeblühte Rose vom nächsten Strauche, und drückte einen glühenden Kuß in die zärtlich aufschwellenden Blätter.

Sie verstand mich; sie sah beschämt zur Erde. Jetzt hatte ich Muth. Mit Energie ergriff ich ihre weiße Hand, drückte sie an mein Herz und sprach mit dem zärtlichsten Tone: „Rosa! Darf ich jede Rose küssen?"

„Sie sind ein Mann!" rief sie, lachte laut auf und lief davon.

Da stand ich nun mit dem tiefen Studium des weiblichen Charakters, da stand ich nun mit der seligen Gewißheit des Sieges in meiner Brust, da stand ich nun, wie ein Deutscher vor der Freiheit – oder wie ein Ochs am Berge – und getraute mich nicht die Augen aufzuschlagen.

„Willst Du mit nach dem Spiegelberge gehen, lieber Adolph?" fragte S., der bereits mit dem Gastwirthe dicht vor mir stand, „warum bist Du so in Gedanken?" „Ich dachte an Berlin" antwortete ich, stampfte noch einige Male ganz heimlich mit den Füßen, und ging mit.
Auf dem Wege dahin interessirte mich weiter Nichts als eine sogenannte Warnungstafel, die folgendermaßen lautete.

Abb. 6
Das Riesenweinfass mit einem Fassungsvermögen von 144 000 Litern im Jagdschloss Spiegelsberge, 2015

„Jedem rechtlichen Menschen werden diese Anlagen empfohlen."
Der Magistrat.

Magistrat von Halberstadt! das muß ein Schreibfehler sein, oder meine Augen sind liberal und spiegeln nur des Inneren Bilder wieder, wie der Grillparzersche Jaromir sagt! Träume ich, oder ist es Wahrheit, Wahrheit, Wahrheit, wie der Grillparzersche Jaromir gleichfalls sagt! Hatte ich denn bei Berlin nicht immer gelesen:
„Wer diese Anpflanzungen beschädigt, hat Fünf Thaler Geld- oder verhältnismäßige Gefängniß-Strafe zu erwarten;"

hatte ich denn Das nicht immer gelesen, und hörte ich nicht sogar, daß in Meseritz das Betteln bei Fünf Thaler Strafe verbeten wurde? Es ist merkwürdig, wie mannichfaltig der deutsche Styl ist!
Der Spiegelberg hat seinen Namen von dem Domdechant von Spiegel, der diese Wildniß ebnen und bebauen ließ. Man kann nicht leugnen, daß in Preußen noch manche Wildniß zu ebnen wäre, allein es mag wohl an Spiegeln fehlen. Besonders merkwürdig ist das ungeheure Faß, das hier in einem Gewölbe liegt, und dem Heidelberger wenig oder gar nichts nachgiebt. Man hat berechnet, daß Adam, wenn er jetzt noch lebte und täglich aus diesem mit Wein gefüllten Fasse so viel getrunken hätte, bis er sich auf der Erde herumwälzen müßte, sich jetzt ohngefähr das letzte Glas einschenken würde. Ich stand im Anschaun verloren, denn ich bewundere alles Große, wenn es auch ein Faß ist. Warum mir dabei gerade Börne einfiel, weiß ich nicht, aber ich sah deutlich sein Gesicht aus dem weingefüllten Fasse blitzen; ich sah ihm in die ernsten, tiefdenkenden Augen, und eine Thräne feuchtete das meinige. Rund herum knieten seine Feinde mit polizeiwidrig-dummen Gesichtern, bohrten an dem Fasse, soffen sich voll, und als sie besoffen waren vom edlen, göttlichen Inhalt, wälzten sie sich wie die Ferkel im Koth, und spieen ihre Galle gegen das Faß. Mein Doktor hatte mir immer gesagt: wenn Sie einmal betrunken sind, lieber Glaßbrenner, so genießen Sie einen Hering, der macht Sie wieder nüchtern.

Börne und Heine sind die bedeutendsten Schriftsteller, die Spiegelbilder der Gegenwart; ich würde sie die Fürsten der Literatur nennen, wenn das keine contradictio in adjecto wäre. – Heruntergerissen wird dieses unschuldige Buch nun: in den Blättern für literarische Unterhaltung, in den Jörgens'schen Braunschweig'schen Rezensionen-Sudeleien, im Gesellschafter, im Freimüthigen und in mehreren dergleichen. – Verboten wird dies unschuldige Buch in China und in Lippe-Detmold.

Nachdem wir uns noch den antiken Dom angesehen, kehrten wir heim in den Gasthof, bezahlten unsere Rechnung, nahmen die Ränzel auf den Buckel und Abschied von den Schönen des Hauses, und wanderten weiter nach Wernigerode.

Müde, matt und lahm kamen wir Abends acht Uhr dort an. Wernigerode! meine Stiefeln fordern Rechenschaft von Deinem Magistrat. Ist das auch Steinpflaster; sind das auch Straßen?

Man kann nicht zwei Ecken gehen, ohne sich nicht mindestens drei Füße zu brechen. Und dafür müssen die Bürger noch Wegegeld bezahlen, aber was müssen die Bürger nicht bezahlen? Man mache sich ein Steinpflaster so schlecht, wie es nur irgend möglich ist, bringe es nach Wernigerode, und man soll einmal sehen, wie sehr sich das dortige noch schämen wird. Zum Ueberfluß geht noch eine Gosse von circa 10 Fuß Breite durch die Stadt; will man zufällig von der einen Seite zur andern, so muß man sich zuvörderst eine momentane Brücke bauen lassen;

Wernigerode ist eine schöne Stadt,
Wer sie nicht gesehen hat.

Im „Deutschen Hause, dem besten und theuersten Gasthofe dieser jämmerlichen Stadt kehrten wir ein, und bekamen zum Schlafgemach einen Tanzsaal von neun Fenstern. S. lachte, als er mein Staunen sah und fragte mich, ob ich nicht in Burg zu sein glaubte?
Wir stopften uns eine Pfeife, setzten uns auf das Sopha, plauderten noch friedlich eine Weile mit einander und stiegen dann in´s Bette, um in dem wunderbaren Reiche der Träume die Leiden der Wirklichkeit zu vergessen. Der Traum ist Wahrheit, das Leben Betrug. O hätte ich den Harz träumend zu Fuß bereisen können!

Abb. 7
Die obere Breite Straße in Wernigerode, Sepiazeichnung, um 1800

Am andern Morgen war der große Moment da, wo wir den, in Mährchen eingehüllten, stolz auf uns herabschauenden Brocken besteigen sollten. Als ich die ersten Schritte auf diesen gräuköpfigen Hexenberg setzte, bemächtigte sich meiner wirklich ein seltsames Gefühl – mein linker Fuß schmerzte mich nämlich sehr, weil ich mir einen spitzigen Stein eingetreten hatte.

Gegen Mittag erreichten wir die Glashütte. Es ist ein süßes Gefühl, etwas erreicht zu haben. Die grünen Berge, die lieblichen Thäler, die engen Pfade, welche sich wie Schlangen durch das üppige Grün winden, die luftigen Höhen, die furchtbaren Felsen, die sprudelnd geschwätzigen Quellen und die weidenden Ochsen hatten mich dergestalt bezaubert, daß ich mir eine Flasche Wein geben ließ, um mich wieder zu erholen und zu fernern Genüssen zu stärken. Der Faktor der Glashütte war ein lustiger, junger Mann, er führte uns in die heiße Werkstätte, zeigte uns, wie die Gläser und Flaschen gemacht werden, und wie leicht das zerbricht, was aufgeblasen ist.

„Schauen Sie dort!" sprach er, als wir hinaustraten, daß sind die drei Jungfernfelsen. Noch neulich fragte mich eine reisende Dame höchst naiv, warum diese Steinmassen Jungfernfelsen hießen, und ob noch Niemand oben gewesen wäre?" S. trat zu uns und erinnerte, daß es Zeit zum Weitersteigen wäre; ich seufzte. Der Faktor bot uns seine Begleitung an und versprach uns einen Fußweg zu führen, auf dem wir schneller zum Ziele kämen. Gott im Himmel mag ihm diesen Streich verzeihen; ich bin ein Mensch und Rache ist süß.

Abb. 8
Die Glashütte am Jacobsbruch,
Bleistiftzeichnung vom 18. August 1839

Abb. 9
Die Glashüttenwiese, 2024

Bei jedem Schritte sank ich bis an die Kniee in einen grasigen Sumpf, wie eine Gemse mußte ich über colossale Steine hinwegspringen, und mit beiden Händen mir Luft durch die dicht verwachsenen Gebüsche machen, um nicht, wie Absalon, mit den Haaren an einem Ast hangen zu bleiben – kurz, ich war der unglückseligste Gebirgssteiger! Und dabei lachte sich noch der Herr Faktor ins Fäustchen, und ammusirte sich beispiellos über meinen gerechten Zorn.

„Hier wollen wir scheiden!" rief der Bösewicht, „zuvor müssen wir aber ein paar Flaschen Wein auf unsere kurze Bekanntschaft leeren." Ich hatte nicht bemerkt, daß uns in einiger Entfernung einer seiner Leute gefolgt war, der sich jetzt näherte und mehrere Langhälse aus einem Korbe packte, deren Etiquetten zu frohen Hoffnungen berechtigten. Ich sah mir den Faktor noch einmal an: er schien doch kein böser Mensch zu sein, und der Streich, welchen er mir so eben gespielt hatte, war sicher nichts als jugendlicher Leichtsinn. Wir streckten uns in´s Grüne und tranken. Das Ausruhen und das Trinken sind auf einer Fußreise die angenehmsten Zerstreuungen. Als die Flaschen geleert waren, schieden wir ohne große Rührung.

Und als die Sonne in Westen hinuntersank und ihre letzten Strahlen Bäume und Bergen vergoldeten, als die malerischen Dörfer und Städte da unten lagen, und das herrlichste Panorama bildeten, als die ganze Schöpfung in einem ´großen Augenblicke zu beten schien und als die dichten Wolken so vorüberzogen, daß wir Nichts sehen konnten, – da fiel ich meinem Freunde um den Hals und war selig, denn ich hatte vorher etwas viel getrunken. O! wer in einem solchen Augenblicke nichts fühlt, wenn er nichts sehen kann, der hat ein stumpfes Herz oder – so viel Vernunft, nicht darum entzückt zu sein, weil viele Tausende schon entzückt waren. Wie reich war ich belohnt für die unbeschreibliche Mühe, die das Ersteigen mir verursacht hatte!, ich konnte ganz oben auf dem Brocken Abendbrod essen. Seliges Gefühl!

Abb. 10
Ansicht des Brockenhauses aus nordöstlicher Richtung, kolorierte Federlithografie, vermutlich von Johann Carl Richter, um 1830

Um Mitternacht weckte mich ein wilder Lärm. Ich zog mich rasch an, ging leise den Corridor entlang und trat vor die Thüre. Hu! ein kaltes Grausen rieselte mir durch alle Glieder. Rechts und links eilten Hexen durch die Luft, ihre Besenstiele und Ofengabeln schnauften wie die Pferde und die rothen Hexenaugen leuchteten wie Irrlichter durch die finstere Nacht. Dann und wann niste einer jener schrecklichen Geschöpfe und eine andere rief mit widerlich-gellender Stimme! Prosit! Und Kröten sprangen aus dem Grase hervor, guckten mit ihren grünen Augen hervor, und pipten; stinkende Teufel schossen Kopfüber, Raben krächzten, Schlangen zischten, Eulen kreischten und Meerkatzen tanzten wild umher. Eine Flasche Grüneberger zog schweigend über die Berge, eine Gasflamme zankte sich mit einem Stückchen Mondschein, und mehrere Fledermäuse saßen in einer Ecke des Berggipfels, und lachten über die Dresdner Abendzeitung, welche sie vor sich liegen hatten.

Mit einem Male erscholl ein grauenhaftes: Hurrah, hurrah, hu! Die Finsterniß wurde finsterer; die Felsen bewegten sich – der Höllenfürst fuhr mit wildschäumenden Pferdegerippen vorüber. „Seine Majestät der Teufel!" schrie Alles, und hinkte und watschelte, flog, kroch und schwirrte nach der Teufelskanzel, die hinter dem Brockenhause durch mehrere Steinklumpen gebildet ist. Ich folgte.

Ringsum den schaurigen Felsen hatten sich die Tausende von Unholden versammelt und standen ehrerbietig um den Teufel, der so eben Platz genommen hatte. Nach einer langen Pause erhob sich die infernalische Hoheit, sah sich links und rechts um, und sprach mit heiserer Stimme: „Meine Herrschaften, ich bitte zuvörderst um ein dreimaliges Wehe über die liberale Welt!" Und „Wehe, wehe, wehe!" erscholl es im grausigen Chore.

Und die Majestät des Teufels räusperte sich, und hielt folgende Rede:

Angenehme Unholde!

Es muß mir sehr erfreulich sein, so oft wie möglich Gelegenheit zu finden, Ihnen meinen Dank für die wohlmeinenden Absichten auszusprechen, welche Sie gewiß an den Tag legen werden, sobald es nöthig ist. Da nun Solches aber

immer nöthig gewesen, so habe ich Sie versammelt, Ihnen meine Wünsche, welche mir nur das Herz für Sie dictirte, kund zu thun, und Sie gleichzeitig darauf aufmerksam zu machen, daß es mein höchster Wunsch ist, diese meine Wünsche von Ihnen erfüllt zu sehen. Meine Großmutter läßt Sie übrigens herzlich grüßen.
Mehrere Stimmen: Schönen Dank!
Sie werden bemerkt haben, meine angenehmen Unholde, daß es mit mir quarante sept steht, und daß der liebe Gott, wie ihn die Menschen zu nennen pflegen, immer mehr und mehr Anhänger findet, also täglich mächtiger wird, und bald unser ganzes Reich über den Haufen werfen dürfte, wenn wir nicht zu allen uns zu Gebote stehenden Waffen greifen, um unser Recht – denn der Wille und die Kraft bilden das Recht – zu vertheidigen, und unser früheres Ansehen wieder herzustellen. Ich brauche Ihnen nicht erst zu sagen, daß wir die Dummheit und die Scheinheiligkeit befördern müssen – das versteht sich von selbst.
Eine Kröte. Bravo!
Nun ist aber die Frage: auf welche Weise wir diese, zu unserm, und vielleicht auch zu dem Wohle der Menschheit nothwendigen Tugenden, befördern, – und eben die Lösung dieser Frage ist es, weswegen ich Sie, meine angenehmen Unholde, berufen habe. Glauben Sie nicht, daß der Sieg, welchen Gott bereits über uns errungen hat, ein unbedeutender sei, und wenden Sie mir nicht ein, daß die Gefängnisse an allen Orten mit Verbrechern überfüllt sind – grade dieses Factum ist der größte Beweis für unsern nahen Sturz, sofern wir nicht fest zusammenhalten, unsere letzten Kräfte anstrengen und zu schnell wirkenden Mitteln unsere Zuflucht nehmen.
Ein dummer Teufel. So schlimm ist es noch nicht!
Eine Meerkatze. Wir Thiere sind ja noch da! Die Natur gab uns scharfe Waffen!
Es ist mir erfreulich, liebenswürdige Meerkatze, daß Sie mich daran erinnern, und ich kann es nicht leugnen, daß das Vieh immer meine letzte Hoffnung bleibt – – (Mehrere Hexen murren) – – allein ich weiß es als Teufel besser, daß jede Gewalt nur im Schein liegt, und daß sie, sobald sie sich offenbart, ihre Gegnerin findet. Mit Gott richten wir Nichts aus, sobald wir die Krallen nicht eingezogen halten. – Das habe ich längst eingesehn und reiflich überlegt. Ich schlage Ihnen deshalb andere Mittel vor, und bitte Sie, mir über dieselben Ihre schätzbare Meinung zu sagen, die ich so viel wie möglich respectieren, immer aber das zu thun nicht unterlassen werde, was ich zu wollen für Recht halte. Wie wäre es, pro primo, wenn es uns gelänge, die Sonne vom Himmel zu stehlen? Dann ist eine ewige Nacht, und die Nacht ist die Mutter der Sünde.
Eine Kröte. Diese Sentenz ist schon da gewesen!
Der Teufel. Schad't nichts!
Dieselbe Kröte. Bon!
(Eine große Eule bittet um's Wort, sie besteigt die Kanzel und spricht:)
Meine interessanten Mitunholde! den Vorschlag, welchen der Teufel, unser Princeps, so eben machte verwerfe ich ganz. Ist unser – oder vielmehr sein Sturz – wirklich so nahe, so kann uns das Stehlen der Sonne auch nichts nützen. Zuvörderst frage ich, wer es beweisen möchte, daß immerfort Nacht sei, sobald die Sonne nicht mehr am Himmel ist? Jeder Beweis basirt auf Erfahrung – Erfahrung ist das Extrait der Geschichte – bis jetzt aber sagt uns dieselbe keine Sylbe davon, daß die Sonne je vom Himmel entfernt gewesen wäre. Angenommen aber, es fände eine ewige Nacht Statt. Die Menschen werden sich zu behelfen wissen, es wird ihnen nie an Licht fehlen. Ich will des Mondes gar nicht erwähnen, sein Licht ist zweifelhaft, namentlich wenn die Sonne fort ist, aber ich erwähne der Gasbeleuchtung, welche die uns verhaßten, freien Engländer erfunden haben. Wenn diese nicht ausreicht, so wird das Oel zur Hilfe genommen, und ehe wir's uns versehen, haben die Menschen eine Dampf-Sonne erfunden.
Sie sehen also, interessante Mitunholde, daß der Vorschlag des Teufels, unseres ehrenwerthen Principis, etwas weniger als nicht geistreich ist, und ich erlaube mir daher, Ihnen ein anderes Mittel zur Beurtheilung vorzulegen, ein Mittel, das sichrer zum Ziele führen dürfte. Stechen wir den Menschen die Augen aus, damit sie nicht sehen können. Das Lesen hat Gott erfunden, folglich gereicht es uns zum Schaden. Durch die Vertilgung dieses Lasters verbreitet sich die Dummheit über den ganzen Erdkreis, und die Wahrheit wäre gezwungen, ihre Rechnung mit dem Himmel zu schließen. – Dummheit aber ist die Mutter der Sünde.
Eine Kröte. Entschuldigen Sie! Der Teufel hat uns vor wenigen Minuten gesagt, daß die Nacht die Mutter der Sünde sei!
Die große Eule. Das schad't nichts!
Dieselbe Kröte. Bon!

Abb. 11
Die Walpurgisnacht, Holzstich nach einer Zeichnung von Emil Huth, 1874

Der Teufel. (schiebt die große Eule von der Kanzel herunter und stellt sich hinauf.) Die Meinung der ehrenwerthen Eule, uns die Menschen durch Vertilgung des Lesens zu versichern, wird Niemanden neidisch machen, wohl aber bedenklich, ob eben diese ehrenwerthe große Eule nicht etwa an Gehirnentzündung leiden möchte. Ich mache mir wahrlich kein Compliment, wenn ich Ihnen, meine angenehmen Unholde, versichere, daß mir schon vor mehreren Monaten dieselbe Idee durch den Kopf gegangen ist. – –
Ein Ochse. (zweifelnd) Na, na! Allgemeines Gelächter. Daß ich sie aber, nachdem sie zu einem vollständigen Gedanken herangewachsen war, sogleich verwarf. Es ist schon eine sehr eulige Präsumtion, daß die Wahrheit je crepiren könnte. – Werden die Menschen wirklich dahin gebracht, nicht mehr lesen zu können, so bleibt ihnen noch die Sprache, und die Sprache ist eine lebendige Presse, so wie ich nichts dagegen haben kann, wenn Sie dieses geistreiche Bild fortführen, und die Zensur einen Maulkorb nennen. Vermögten wir es nun aber auch, die Ebenbilder Gottes nicht nur der Augen, sondern auch der Sprache zu berauben, so würden wir selbst dadurch noch zu keinem günstigen Resultate gelangen. Die Menschen hätten noch Hände und Füße, und sie verstehen diese zu gebrauchen! Sie würden sich die Wissenschaften in die Seiten stoßen, oder einbläuen, ihren Geist durch Maulschellen beweisen, und die Wahrheit durch Fußtritte bezeichnen. Sie sehen also, angenehme Unholde, daß der Vorschlag der ehrenwerthen großen Eule, mit einem einzigen Worte: dumm war. Nichts destoweniger will ich auf meine, zu Anfang ausgesprochene höchst originelle Idee, das Stehlen der Sonne betreffend, nicht gradezu bestehen, und lege der angenehmen Versammlung hiermit ein zweites, dem ersten an Scharfsinnigkeit nicht nachstehendes, sondern überragendes Mittel vor, das unbedingt zum Ziele führt und deshalb angenommen werden muß. Schlagen wir also den Menschen heimlich die Köpfe ab, und machen dem lieben Gott weiß, sie wären Selbstmörder. Auf diese Weise sind sie auf immer und ewig die unsrigen!
Dieser Vorschlag fand allgemeinen Beifall und ging mit 856 Stimmen gegen einen Ochsen durch.
In diesem Augenblicke nahten sich von verschiedenen Seiten vier Weiber der Sonne, die erste war riesengroß, schwarz gekleidet, ritt auf einer Sense, und war furchtbar anzuschauen. Der Teufel stürzte ihr in die Arme. „Wie geht's Dir, liebe Freundin?" rief er.
„Man muß zufrieden sein," antwortete sie, holte eine ächte Müllerdose aus der Seitentasche, und steckte eine Prise von circa 20 Menschenköpfen in die Nase.
„Madame Cholera!" sprach der Teufel, und stellte sie den übrigen Herrschaften vor. Alles verneigte sich ehrerbietigst.
Da nahte eine zweite scheußliche Hexe; sie ritt auf einem Tiger, ihr Katzenauge sprühte glühende Funken umher; schwarzes, struppiges Haar bedeckte ihren langen Knochenhals; in der Hand trug sie ein blitzendes Beil und um die Schulter einen dicken Zobelpelz. Kaum hatte sie die Cholera erblickt, als sie dieselbe an ihr Herz drückte und sie küßte.
„Frau Crudelitas!" stellte der Teufel vor. „Kann ich Ihnen mit einigen Oxhoft Thränen aufwarten?"
„Nein," erwiederte sie und winkte ihm zu schweigen, „ich habe so eben etwas Caviar genossen." Da nahte die dritte Hexe. Sie ritt auf einer Guillotine und war über und über in Blut getaucht.
„Diable!" rief der Teufel. „Madame la Revolution, comment vous portez vous?"
– Cousi, cousi! Je suis enrhumée. Dites moi si ....
„Ick will aber hierdurch, ick will aber hierdurch!" rief es mit gewaltiger Stimme, und rechts und links machte sich ein schönes Weib durch die Hexen und Kobolde Platz und drängte sich bis zum Teufel vor.
„Weh'mir!" rief dieser, die Freiheit! „Man lege sie in Fesseln!"
„Was?" rief das Weib und stemmte ihre Hände in die Seite; „Unterste sich Eener mir zu nahe zu kommen! Er Schaafkopp von Deibel will mir fesseln? Warte, ick werde ihm befesseln!" Mit diesen Worten nahm sich die Freiheit die Freiheit, dem Teufel eine solche Ohrfeige zu appliciren, daß er den jähen Felsen hinabstürzte.
Da erschütterte ein furchtbarer Donner den ganzen Erdboden, Feuerschlünde stürzten aus den Wolken, Millionen von Geräderten, Geköpften und Erhängten schleuderte der empörte Sturm umher, Tyrannen lagen zu meinen Füßen, und die Sünde röchelte ihren letzten Athemzug neben mir. „Ha!" rief ich, „nun ist ......"
„Aber Adolph! Willst Du denn gar nicht erwachen? Es ist hohe Zeit, steh' auf!"

Ich erwachte. Mein Freund stand vor meinem Bette, ich erzählte ihm meinen Traum, und wischte mir den Angstschweiß von der Stirn.
Und als nun endlich die längst erwartete Minute kam, und wir hinaustraten, siehe! da war rings um den Berg Nebel. O, welch´ ein großartiger, welch´ ein erhabener Anblick! Zwar habe ich schon oft in meinem Leben Nebel gesehen, aber immer nur ganz ordinairen – solch´ ein Brocken-Nebel ist aber kein gewöhnlicher Nebel! Der sieht sehr dunkelgrau aus und ist so dicht wie eine Mauer. Ich ging also wieder in die Stube und trank eine Tasse Kaffee.
Und während ich hier saß und mich über die schöne Natur freute, hatte sich die Sonne heimlich hervorgeschlichen und zerstreute, wie die Freude, die finstern Nebelfalten von der Stirn des Brockens, und ich schaute hinaus auf die weite Schöpfung, und sahe rings die Felder, die Städte, Dörfer, Wiesen, Felsen, Thäler, Berge, Bäume und Flüsse, die wie eine schöne Landkarte vor mir lagen. – Ich muß gestehen, dieser Anblick war unter Brüdern fünf Silbergroschen werth, oder nach dem preußischen Münzfuße von 1784 vier Groschen Courant. Und siehe da! das Hausmädchen mit dem Sträußchen kam, steckte mir mit freundlichem Gesichte einen derselben auf meine Mütze und hielt die Hand auf. Ich bezahlte die Natur und ging in das Gastzimmer zurück, um mich vorzubereiten auf die vielen Fuß-Freuden, welche ich heute noch erleben sollte, und um mich in das große Fremdenbuch einzuschreiben. Zuvor warf ich einen Blick hinein, und war erstaunt, wie oft sich große Geister begegnen. Lauter Witze, so weit das Auge reichte, und alle über den Nebel! „Benebelt kamen wir hinauf, oben hatten wir Nebel, und benebelt stiegen wir wieder hinunter!" – Diese geistreiche Gedanken findet man auf jeder Seite. Auch ich tauchte meine Feder in das große Tintenfaß, bat die Muse mir den Hippogryphen zu satteln, und schrieb:

„Der Blocksberg muß ein Herrscher sein:
Er scheint das Licht zu hassen;
Man muß sich Qual und Noth und Pein,
Bei ihm´ gefallen lassen. –
Man hofft umsonst auf Sonnenschein –
Das Wetter wird stets schlimmer –
Der Blocksberg muß ein Säufer sein,
Benebelt ist er immer!"

Ad. Glaßbrenner aus Berlin,
Redacteur und Mensch.

Froh, den Nebel so geistreich angebracht zu haben, nahm ich herzlichen Abschied von dem Wirthe und versicherte ihm, daß ich mich in meinem Leben nicht so herrlich, wie hier auf dem Brocken amüsirt hätte. Er lächelte mitleidig zu seiner Ironie und begleitete uns bis zum Wege nach Ilsenstein, unstreitig der reizendste im ganzen Harze. Bald schäumt rechts, bald links ein wilder Felsbach, stürzt über die hohen Steine hinweg, schäumt seine Wuth in einem tiefen Kessel aus, und springt wieder hinauf und ruht und rastet nicht. Bald sprudelt leise und silberrein eine jugendlich-lustige Quelle zwischen den alten, ungeheuren, dicht mit Moos bewachsenen Steinen hervor; die Waldvögel zwitschern dazu ihr munteres Lied, ein schüchternen Reh flieht durch die grünen Hecken, die ernsten, stolzen Bäume wollen die Sonnenstrahlen nicht hindurchlassen, aber sie bitten schön, und die Stolzen geben nach und bewegen ihre Zweige, und erwärmen das dunkle, kalte Felsenthal. O, wer sich der göttlichen Schöpfung ungetrübt erfreuen, wer hier ein paar Stündchen sitzen, und alle Schönheiten mit Bequemlichkeit in das durstige Herz einhaugen könnte, – o der wäre glücklich! Aber – das Ränzel auf dem Buckel, den steilen Felsen wie ein gejagtes Wild hinabspringend, und einen Freund neben mir, der, wie der Feldmarschall Blücher, immerfort sein verdammtes Vorwärts! Vorwärts! schreit, wenn sich meine unglücklichen Beine einen Ruhepunkt suchten – so habe ich die Reize dieser Gegend genießen müssen, und diese Gegend wird mir unvergeßlich bleiben.
Endlich erreichten wir den Ilsenstein. Ich setzte mich bei dem großen, eisernen Kreuze nieder, und chaute nach den lieblichen Thälern hinunter. Das große Glaubenskreuz erinnert an die große Zeit des Kampfes für Freiheit und Recht. Unten im Dorfe tranken wir Kalteschaale.
Von hier aus ging es über Elbingerode, einem freundlichen Gebirgsstädtchen, nach dem Rübeland, allwo die beiden berühmten und höchst merkwürdigen Höhlen sind. Wir suchen uns einen dicken und schwerfälligen Führer auf und baten ihn, gegen ein anständiges Honorar die Güte zu haben, uns in die Baumannshöhle zu führen. Er schlug uns diese Bitte nicht ab, und nachdem wir Abschied von der Oberwelt, und ein Lämpchen in die Hand genommen hatten, stiegen wir hinab zu der finstern Republik der Berggeister.

Abb. 12
Der Ilsestein, Zeichnung und Lithografie von Ludwig Eduard Lütke, um 1830/40

Der Mensch versuche die Götter nicht,
Und begehre nimmer und nimmer zu schauen,
Was sie gnädig bedecken mit Nacht und mit Grauen.

Schiller.

Aber warum denn nicht, mein göttlicher Schiller? Die Leute hatten mir immer vorgeredet, wie gefährlich und grauenvoll es dort unten in den Höhlen wäre – ich habe das nicht gefunden. Im Gegentheil! Ich möchte ein Sommerquartier in dieser Tiefe haben: da ist´s frisch und kühl und keine geheime Polizei lauscht den denkenden Steinen ihre Geheimnisse ab. Da ist keine Tyrannei, da sind keine Tänzerinnen und keine Bettler – allgütiger Gott! Da sind auch keine Philister! Nur unter der Erde ist man glücklich.
Die Baumannshöhle steht der Bielshöhle an Merkwürdigkeit bei weitem nach; schon der Eingang in die letztere ist wunderbar: er schlängelt sich 170 Fuß weit in den Felsen hinein, und ist fast überall gleichmäßig gewölbt. Dann tritt man in die zweite Höhle. Rings um uns her herrscht eine feierliche, ernstgebietende Ruhe, die schwarze Nacht des Grabes. Das leiseste Athmen wird hörbar, fallende Wassertropfen täuschen die erschreckte Phantasie, unsere Stimmen hallen hohl und grauenhaft wieder, wohin wir das Auge wenden, erblicken wir ein Chaos von Zerrbildern, von Schreckgestalten, von aufgethürmten, durch Laune und Zufall gemischten Massen, bald dunkel bald heller von Farbe, wild und dicht verworren wie Sonnenwolken, in denen der aufgeregte Geist Gestalten sucht. Und welche Wunderdinge bildet der Tropfstein, Dinge, die wir oft auf der Oberwelt vergeblich suchen! Hier steht eine Jungfrau, – rein und unentweiht, aber schlecht gewachsen und häßlich von Gesicht; das Herz von Stein wollt´ ich ihr noch verzeihen, wenn es Edelstein wäre: so ein Diamant von Dreihundert Karat, wie ihn der Rajah Matun auf Borneo besitzt. Ueber Alles in der Welt bin ich, mit Hülfe der Philosophie einig geworden, aber warum ich keinen großen Diamanten von einigen Millionen Pfund Sterling Werth besitze, das ist mir bis jetzt noch unerklärlich.

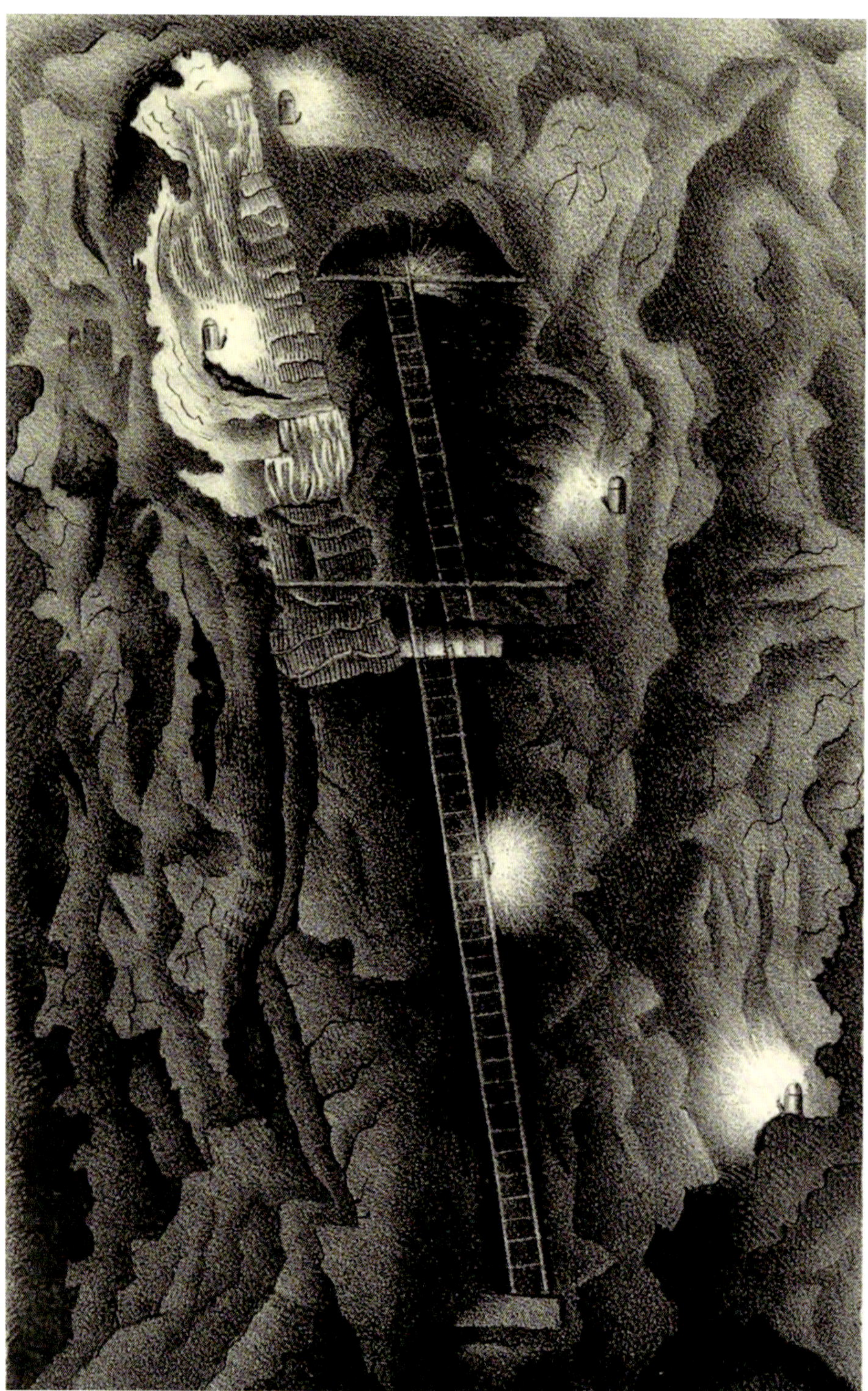

Abb. 13
In der Rübeländer Bielshöhle, Lithografie, um 1840

Das Zweite, was uns von dem Führer gezeigt wurde, war ein Thron. Neben diesem hängt das Eingeweide eines Menschen, das ihm aus dem Leibe gerissen ist, und nicht weit davon eine Bärenklaue – wie sinnig oft die Natur spielt! In der fünften Höhle finden wir eine betende Nonne, ihr Angesicht verschleiert, damit es nicht durch unsere profane Blicke entweiht werde – auch kann sie ein häßliches Gesicht haben, das laß´ ich dahingestellt. So sehen wir noch, wenn unsere Phantasie nicht unthätig ist, eine Urne, einen Wasserbassin, einen Wasserfall, eine Kanzel, eine zwanzig Fuß hohe Orgel, und das ewige Licht der katholischen Kirche, also viel Langeweile auf einem Fleck. Wenn der Führer nicht seine Lampe hinter das Tropfstein-Gebilde setzt, so merkt man nichts von dem ewigen Lichte. Eins der bewunderungswürdigsten Producte des Stalactitenwassers ist das wellenschlagende Meer; auch der Brunnen, welcher wie eine Tasche an dem Felsen hängt, ist interessant. Sein Wasser schmeckt vortrefflich, und vergebens hat man bis heute versuchte, hineingeworfene Dinge wieder herauszuholen – also auch unter der Erde giebt es Land- und Stadtgerichte. – Ich übergehe einige Tropfstein-Bildungen, welche unser Führer klar und deutlich gesehen hat, und erwähne schließlich des schönsten unter allen, eines Judentempels. In einem dicken Gewölbe stehen auf einem glatten Altan mehrere, zwei Fuß hohe, verschleierte Männerchen, wahrscheinlich betend oder speculirend. An der Wand sind hohe Säulen und Portale, auch könnte ich noch weit mehr beschreiben, wenn sich nicht schon seit mehreren Augenblicken ein erschrecklicher Hunger meiner und meines Freundes bemächtigt hätte. Wir verließen also die Höhle, befriedigten den mächtigen Tyrannen des Körpers ein wenig, und saßen nach Verlauf einiger Stunden im weißen Adler zu Blankenburg, wo wir an einer gut besetzten Mittagstafel die innere Stimme völlig beruhigten.

Abb. 14
Ansicht des Krocksteins über der Marmormühle bei Rübeland, Lithografie von Karl Dietrich Pirschner, um 1825/30

Blankenburg ist ein Gebirgsstädtchen, das wie eine junge Mairose aus den grünen Wäldern schaut. Das Schloß, der Sommeraufenthalt des Herzogs von Braunschweig, liegt auf einem Kalksteinfelsen, hat 215 Gemächer und enthält viele Antiquitäten und Kunstschätze. Ein paar tausend Schritte von dieser Stadt stiegen wir auf den Regenstein, die Ruinen einer Burg, welche Kaiser Heinrich der Vogelfänger im Jahre 919 erbaut hat. So steht's wenigstens im Gottschalk – sollte sie vielleicht ein anderer Mensch als der vogelfangende Kaiser erbaut haben so muß man bedenken, daß es lange her ist.

Und weiter marschirten wir nach der Blechhütte die am Fuße der Roßtrappe liegt. Die Sonne versteckte sich hinter die Felsen, und die einbrechende Dunkelheit nöthigte uns, von einem Gasthofe Gebrauch zu machen, der keinen Namen hatte, vielleicht, weil er namenlos theuer war. Es fehlte weiter nichts, als daß der Wirth, der sich bei einer Rechnung von Fünf Thalern und Vier Silbergroschen nur um 1 Thlr. 7 Sgr. zu seinem Gunste verrechnete, noch nachstehende Forderungen aufgesetzt hätte:

Für Abgreifung der Stubenklinke: . . 10 Sgr.

Für Abnutzung des Stiefelknechts: . . 8 =

Für den Mond der Abends
in die Stube hineinschien: . . . . 12 Sgr.

Für Papier, Feder und Tinte
zum Ausfertigen der Rechnung: . . . 3 =

Für das Klappern der Blechhämmer,
wodurch man nicht schlafen kann 4 = Summa
1 Thlr. 7 Sgr.

Auf solche Weise hätte sich wenigstens der bescheidene Wirth nicht verrechnet, und wir? Ei nun, wir waren friedliebende Leute, hätten beim Bezahlen ein wenig gelächelt, und wären dann ruhig weiter gegangen. Das thaten wir freilich

Abb. 15
Die Blechhütte bei Thale, Lithografie von Eduard Lütke, um 1830/40

Abb. 16
Der Selkefall bei Alexisbad, 2024

auch ohnedieß. Wir bestiegen am andern Morgen die Roßtrappe, zu der ein – daß sei Gott geklagt – steiler Fußweg hinaufführte. Unterwegs erfrischt man sich in einer Eremitage mit gutem Birkenwasser, schreibt Exclamationen, über die Schönheit der Roßtrappe, die man noch nicht gesehen hat, in das Fremdenbuch, und steigt dann weiter bis zur Spitze des hohen Felsens. So lieblich wie der Ilsenstein, so schrecklich, grausig schön ist die Roßtrappe. Riesige Steinklumpen, tollkühn übereinander geworfen, bilden die ängstlichen Tiefen, in welche man mit Schwindeln hinabblickt. Die reißende Bode spottet der Gefahr und schwingt sich wildlachend über die Felsen, bis sie hinabstürzt in den furchtbaren Kessel, der ihren Ungestüm einen Augenblick zügelt. Aber sie spritzt ihre Wuth gegen die starren Massen, reißt sich wieder heraus und stürzt weiter. Und über diesen Kessel führt die schmale Teufelsbrücke, zu der man, nach gefahr- und mühevollem Klettern über Felsen, Rollsteine und Dornen gelangt. Und rings um diesen Schauer der Natur lachen grüne, üppige Wiesen, schattige Wälder, stille Dörfer. Welt, du bist schön, und wenn man auch müde ist!

Ich springe jetzt über Gernrode, die Stubbenberge und Victorhöhe hinweg, wandle mit meinem Freunde beim traulichen Mondscheine durch das romantische Selkethal, und schlafe im reizenden Alexisbad. Das ist ein Paradies, und wenn es nicht gegen meine Grundsätze wäre, in Entzückung zu gerathen, hier hätte ich mich vergessen können. Badegäste waren nur wenig da, und die wenigen fabricirten Langeweile – die Langeweile erinnert mich an Berlin, meine Brust preßte sich zusammen, das Herz klopfte stärker, mir war, als hätte ich einen Mord begangen – ich bekam das Heimweh. Schneller Entschluß, guter Entschluß! Mein Freund umarmte mich, weinte eine fürchterliche Thräne und küßte mich mit Inbrunst. Ich wünschte ihm viel Vergnügen zu seiner fernern Fußreise nach dem Rhein und der Schweiz, schüttelte ihm kräftig die Hand und bat ihn, mir eine Schachtel voll Freiheit aus dem Süden mitzubringen. Wir schieden. Fern von einander, nachdem wir beide schon eine gute halbe Stunde marschirt waren, sah ich seine Nase noch zwischen zwei Bergspitzen hervorleuchten, warf ihr einen Kußfinger und drehte mich schnell um. Ich stand vor dem Mädchensprung. Die Aus-

Abb. 17
Alexisbad im Selketal, Lithografie von Eduard Lütke, um 1830/40

sicht soll da oben sehr schön sein, das hatten mir viele Menschen gesagt. Ich sah mir die Höhe des Felsens genau an. Steigst Du hinauf? dachte ich. Nein, dachte ich, und ging nach Gernrode zurück. Es war eine schauderhafte Hitze, die Bäume seufzten nach Regen und senkten traurig ihre matten Häupter, und die Vögel flogen ängstlich umher und verbargen sich in den buschigen Sträuchern – aber ich, ich durfte mich weder in den buschigen Sträuchern verstecken, noch ängstlich umherfliegen, ich seufzte wie die Bäume nach Regen, senkte mein mattes Haupt und schleppte mich auf der Landstraße fort.

Nun war ich auch des Gehens überdrüßig. Heiliger Gott! ist hier nicht ein Wagen zu haben? fragte ich die Wirthin zum vergoldeten Löwen. „Im ganzen Gernrode ist nur ein Wagen," antwortete sie, „aber diesen Einen können Sie zufällig bekommen." Ich umarmte die Frau, ich hätte sie beinahe geküßt, oder wenigstens ihre hübsche Tochter, welche daneben stand, und mir in die freudig verklärten Augen sah, als meine Füße wieder Athem schöpften. Es ist ein großer Mann gewesen, der die Pferde erfunden hat. Ich fuhr nach Quedlinburg, ließ mir ein Zimmer im deutschen Hause geben, setzte mich auf einen Stuhl und lachte die ganze Erde aus. Denn die Erde hat nicht eine Minute Zeit; muß sich, was höchst unangenehm sein soll, um sich selbst drehen, und alle Jahre noch um die ganze Sonne herum. Wahrhaftig, wir Menschen sind unverschämt: man sollte ihr einen Orden geben und sie auf Pension setzen! Nachdem ich eine volle Stunde so gesessen, und immerfort vor Freude gelacht hatte, säuberte ich mich und ging nach dem Brühl, dem Vergnügungsort der Quedlinburger. Es ist ein anmuthiger schattiger Park. Inmitten eines grünen Platzes saß der Stadtmusikus mit seinen Kunstgehilfen und Lehrlingen, und dirigirte ohne Stab nur mit den strafenden Augen, deren Blicke bald rechts, bald links hinüberflogen, und deutlich zu sagen schienen: richten wir nichts aus, so setzt sich die Hand in Bewegung. Ich ergötzte mich einen Augenblick an diesem Melodrama und verlor mich dann in die dunklen Linden-Alleen. Siehe! da stand Klopstocks Büste in einem friedlichen Haine. Ich erinnerte mich, daß ich in seiner Vaterstadt sei und trat näher. Auf dem Postamente standen die schönen Worte:

„Wenn hier im Sturm nicht mehr die Eiche rauscht,
Keine Lispeln mehr weh´n von dieser Weide,
Dann sind Lieder noch, die vom Herzen kommen,
Gingen zu Herzen."

Ode: „Mein Wäldchen."
Friedr. Got. Klopstock.

Schweigend, in tiefen Ernst versunken, stand ich an das Gitter gelehnt und schaute das Bild eines begeisterten Sängers an, den seine Mitwelt als ein höheres Wesen betrachtete, und die Nachwelt mit Ehrfurcht und Bewunderung nennt und nennen wird. Vergieb mir, lispelte ich, und schaute der Büste in die starren, seelenlosen Augen, vergieb mir, daß ich Deine „Messiade" nicht durchlesen kann. Ich habe oft mit festen Willen angefangen, ich bewunderte die feierliche, erhabene Sprache, den Schwung religiöser Begeisterung, die Tiefe und Innigkeit des reinen glühenden Herzens, aber ich hätte die Messiade nicht durchlesen können, und wenn mir ein Königreich als Preis gestellt wäre! Langweilig ist und bleibt alles Religiöse; Viele getrauen sich´s nur nicht auszusprechen, Andere sind dumm. Vergieb mir, Klopstock, lispelte ich noch einmal, neigte mich tief vor ihm, und ging nach dem Gasthofe zurück. Am andern Morgen fuhr ich mit der Post nach Magdeburg und von dort nach Berlin.

Wenn bei dem Anblick einer reizenden Gegend das Herz nicht höher schlägt, wen die große Schöpfung und ihre tausend und aber tausend Schönheiten nicht entzücken, der Mensch ist zu bedauern: in seiner Brust ist der göttliche Funke erloschen!

„Und wenn Du so denkst," fragen meine Leser, „warum herrscht durch Deine Erzählung eine Gleichgültigkeit gegen alles Schöne und Herrliche?"

Ich machte die Reise zu Fuße.

Abb. 18
Das Rathaus von Gernrode, 2020.
In Gernrode beendete Adolph Glassbrenner seine Fußreise durch den Harz, um über Quedlinburg mit der Kutsche zurück nach Berlin zu fahren.

Elke-Vera Kotowski

Einführung zu: Schultze und Müller im Harz. Humoristische Reisebilder. Mit 30 Illustrationen von W. Scholz. Berlin. Verlag von A. Hofmann & Comp. 1853

„Ich muß andre Luft schnappen, – ich muß mir wo rum treiben, wo Atmosphäre ist! Wo Bergeslüfte un Waldesdüfte!", bemerkt Schultze gegenüber Müller. Bei einem Spaziergang im Berliner Tiergarten, der grünen Lunge der stetig wachsenden Stadt an der Spree, beschließen die beiden Berliner Typen, als besondere Spezies des deutschen Spießbürgertums, eine gemeinsame Reise in den Harz. Das Duo verkörpert jene indifferente Haltung nach der gescheiterten Revolution von 1848 und dient als Projektionsfläche für das Duckmäusertum und den Rückzug ins Private. 1853 erschien im Berliner Verlag von Heinrich Albert Hofmann (1818–1880) Schultze und Müllers Harzreise, die von Wilhelm Scholz (1824–1893) illustriert wurde. Der Erfinder von „Schultze und Müller" blieb bei der Veröffentlichung der *Humoristischen Reisebilder*, so der Untertitel, jedoch ungenannt. Bei genauerem Hinsehen wird jedoch schnell klar, wer „Schultze und Müller" ihre humoristischen Reiseerlebnisse in den Mund legte. Es handelt sich um den Journalisten, Schriftsteller und Bühnenautor David Kalisch, der 1848 die politisch-satirische Zeitschrift *Kladderadatsch* gründete, in der die beiden Berliner Originale „Schultze und Müller" fortan für so manchen Schenkelklopfer herhalten mussten. Im vorliegenden Band finden sich im Beitrag *„Der Brocken ist ein Deutscher" – Heinrich Heines und David Kalischs satirischer Blick auf das deutsche Gemüt* ausführliche Erläuterungen zu Kalischs Werk und Wirkung (siehe Seite 125–139).

Auf ihrer Reise in und durch den Harz begegnen die beiden äußerlich recht unterschiedlichen Figuren, der eine groß und schlaksig (Müller), der andere klein und rundlich (Schultze), einer Reihe von Mitreisenden und Einheimischen, denen die beiden Großstädter gern mit Berliner Schnauze und selbstverständlich mit dem dazugehörigen Dialekt die große Weltlage erklären. Für den heutigen Leser ist so manche Bemerkung und so mancher versteckte politische Seitenhieb nur schwer zu entschlüsseln, denn zu jener Zeit, als die *Humoristischen Reisebilder* erschienen, beäugte die staatliche Zensur mit Argusaugen die Presselandschaft und satirische Schriften wie der *Kladderadatsch* und die hier abgedruckten *Humoristischen Reisebilder* standen unter besonderer Beobachtung, stets Gefahr laufend, noch vor Erscheinen verboten zu werden.

Die Reiseroute von Schultze und Müller

Schultze und Müller starten ihre Harz-Tour in Halberstadt, wohin sie von Berlin aus mit dem Zug reisten. Nach einer Besichtigung der Vorharzer Domstadt geht es nach Quedlinburg, Gernrode und Stubenberg. Ab dort folgt eine Fußreise nach Ballenstedt.

Da Schultze und Müller heimlich den Ehefrauen den Rücken kehrten, um auf Abenteuerreise zu gehen, fühlen sie sich doch während ihrer Berliner Absenz genötigt, der „wohljeborenen Frau" und „jeehrten Jattin" über ihre Reiseerlebnisse Bericht zu erstatten und bei dieser Gelegenheit der „Jattin" aufzutragen, dem „Jatten" seine „Pantoffeln nach Ballenstedt post restant" zuzusenden.

Von Ballenstedt nehmen sich Schultze und Müller einen Führer, der sie zum Falkenstein begleitet. Noch immer zu Fuß geht es über Selkemühle nach Mägdesprung und Mägdetrappe bis Alexisbad. Bereits in Stubenberg erregten die beiden „Großstädter" die Aufmerksamkeit zweier Damen, die sie nun in Alexisbad wiedertreffen, und in ihrer Gesellschaft samt Eseln die Reise zum Ramberg und zur Victorshöhe fortsetzen. Wieder zu Fuß geht es nach Gernrode, Sude-

Schultze und Müller

im Harz.

Humoristische Reisebilder.

Mit 30 Illustrationen von W. Scholz.

Berlin.

Verlag von A. Hofmann & Comp.

1853.

rode, Lauenburg. Es folgen die Stationen Hexentanzplatz, Waldkater, Roßtrappe, Rübeland, Baumannshöhle, Sprung. Nach über zwei Wochen bildet der Brockenaufstieg den Höhepunkt der Reise. Durchnässt und am ganzen Körper zitternd erreichen die beiden bei strömendem Regen das Brockenhaus. Allerdings löst sich ihr Groll über das Wetter und die enormen Strapazen des Aufstiegs sogleich auf, als Schultze und Müller erfahren, dass sie von zwei Damen erwartet werden, die sich jedoch schon zur Ruhe begeben hätten. Das können nur die vormaligen charmanten Reisebegleiterinnen sein, da sind sich Schultze und Müller einig. Nachdem sie sich Mut angetrunken haben (wegen der „nassen Röcke" waren es einige „Gröke"), begeben sich die Schwerenöter in das Zimmer der Damen und erleben ein letztes Abenteuer – allerdings mit ihren „jeliebten Jattinnen", die den dem Eheleben Entflohenen in den Harz gefolgt waren.

Schultze und Müller im Harz

Humoristische Reisebilder.

Mit 30 Illustrationen von W. Scholz.

Berlin.

Verlag von A. Hofmann & Comp.

1853.

1.
Schultze und Müller treffen sich auf einem Berliner Spaziergange.

Müller. Ju'n Tag Schultze!

Schultze. Krrrrrrhm!

Müller. Wo kommst Du denn her?

Schultze. Krrrrrrhm!

Müller. Nanu?

Schultze. Krrrrrrhm!

Müller. Aber was hast Du denn?

Schultze. Hundert Pfund Staub in der Kehle, tausend Zentner Sand in de Augen un Millionen Eimer Durscht vor Hitze un Trockenheit. O Berlin, was hast Du vor'n Sommer! O Julie! O August! Was seid Ihr vor'n faules Paar, wenn Ihr nich jesprengt werdet!

Müller. Schonst wieder det Schimpfen uf'n Berliner Staub! Wenn wirst Du damit 'mal ufhören!

Schultze. Wenn ich ihm unter – liegen muß!

Müller. Des soll nu was heeßen. Lächerlich! Ich sage Dir, wenn man nich des Nöthige dazu hat, so is es nirgends schön. Und wenn man wieder die nöthigen Mittel dazu hat, so is es im Sommer in Berlin so schön wie in Italien, weil man denn hinreisen kann! Abgesehen davon bleibt uns noch der Thierjarten, und des ist des Schönste in seiner Art, was ich jesehen habe.

Schultze. Siehst de, Müller, wenn ich nich wüßte, deß Dir der liebe Jott bloß als abschreckendes Beispiel erschaffen hat, wohin es menschliche Dummheit bringen kann, ich jäbe Dir jetzt ein paar Katzenköppe, wie sie die Einleitung zur Deutschen Jeschichte nich aufzuweisen hat. Sagt mich der Mensch, der Thierjarten ist des Schönste in seiner Art was er jesehen hat, und hat in seinem Leben noch weiter nischt jesehen, wie'n Thierjarten.

Müller. Was hast de nu wieder jegen 'n Thierjarten?

Schultze. Jar nischt, als deß er bloß eine Probenummer, ein Lockvogel von der Natur is, die sich mit uns Berlinern 'n Witz macht un sagt: Hier kommt raus und seht 'mal 'n bisken Jrünes, damit ihr nich jloobt, deß es außer Berliner Blau keene andere Farbe jiebt; und nu looft wieder zurück in Eure zwei Quadratmeilen Sonnenseite und laßt Euch von die jroße Frisiermamsell da oben Eure Locken weiter brennen!

Müller. Na Du wirst Berlin ooch keenen Schatten jeben!

Schultze. Ja wohl werde ich das! – Das heißt mir! – Das heißt wenigstens uf vierzehn Tage! – Ich muß andre Luft schnappen, – ich muß mir wo rum treiben, wo Atmosphäre ist! Wo Bergeslüfte un Waldesdüfte! un wo der Hauch der Jrüfte nicht steigt als Jifte in de Triffte, – schiffte! – müsste! halt's Maul, Schaafskopp! un rede keinen Unsinn!

Müller. O ja wohl! Da möchte ich schon mit bei sein. Aber vierzehn Tage fern von Madrid kosten ein halbes Hundert Thaler Jeld!

Schultze. Na, wenn Dir die Reise nu ooch funfzig Thaler kost't, des wird Dir doch noch nich in's Jrab bringen?

Müller. Des is es ja eben. Das eenzige Jeld was ich zu liegen habe, sind funfzig Thaler, die meine Frau vorfinden soll, wenn ich 'mal sterbe, damit sie mir anständig bejraben lassen kann.

Schultze. Ach so?! Du nennst wohl anständig begraben, daß, wenn se Dir bereits durch's Hallische Thor raus zoddeln, die letzte Leichenkutsche noch um de Krausen- und Friedrichstraßenecke biegt? Dämlak! Anständig bejraben heißt, wenn ste Dir im jroßen Omnibus mit'n letzten Zug dritte Klasse früh um sieben im Jallop rauskutschieren und die Nachbar'n sagen Seht 'mal, da fährt Müller uf de letzte Landparthie! Jeht des aber rasch! Er hat jewiß wieder dem Kutscher 'n jutes Trinkjeld versprochen. Friede seiner Cigarrenasche! Er mochte keene unter Fünfunzwanzig!

Müller. Ach laaß mir mit'n Tod in Ruh! Ich will leben!

Schultze. Na denn lebe, Mottenkönig! Lebe! wie du wenn du stirbst, wünschen wirst bejraben zu werden, is janz jleichjültig! Aber klappe dein brieftaschenledernes Jeldspinde uf, hole die beiden fünfundzwanzigthalerichen Todtenscheine rausser, und heute Abend um zehn Uhr

(singt:)
Adjö Berlin! du Vaterstadt und Wiege!
Ick liebe Dir bis in de letzten Züge –
Wenn se uf'n Potsdamer Bahnhof abjehn!

Müller. Uf'n Potsdamer? Wo wollen wir denn hin?

Schultze: Nach'n Harz! ruf nach'n Brocken!
Laß uns machen auf de Socken,
Wo das Auge sieht so weit!
Wo die Wolken blau stets lachen,
Wo der Mensch kann Allens machen –
In der Waldeseinsamkeit!

Müller. Nach'm Harz? I da soll ja aber jar nischt mehr los sind. Da sollen de Berliner ja schonst alle Berje abjetreten und de Felsen in de Steinsammlungen mitjenommen haben. Allens Cultur un Fußsteig! Keen Waldesdickicht mehr un hohes Jestripp: - da können wir keene Abentheuer erleben. Wenn wir schon eenmal det Jeld ausjeben, denn doch jleich in Neapels bei Vesuviussens die Cigarren anjezünd't, in de Appeninen rum rinaldinert, in 'n Schossöhjraben jelegt, Koffer abjeschnitten, de jungen Engländerinnen aus'n Wagen jezoddelt, Allens abjenommen un denn in de Felsenhöhle mit Juitarrenbejleitung

(singt):
Mädchen, ja, ich liebe Dich!
Bin der Räuber Jaromich!

Schultze: Jaromir!

Müller. Ach, bei'n bestraften Räuber kommt's uf'n dritten oder vierten Fall nich mehr an. – Schwerebrett, wäre des 'n Leben, Schultze!

(singt)
In des Waldes finstern Jründen
Und in Höhlen tief versteckt,
Ruht er bei die schönsten Weiber,
In seiner Eigenschaft als Räuber,
Bis ihn seine Rosa weckt –
Bis ihn seine Rosa weckt!

Schultze. Na laß man jut sin! Das Land macht nicht die Abentheuer, sondern der Mensch, wenn er vollblütig is und Courage hat. Wir wollen in'n Harz schon 'n Dollen austreiben. Wir koofen uns ein paar malerisch-romantische Reisecostejüme, thun uns uf'n janzen Weg nich rasiren, nich waschen, nich kämmen, nich abbürsten un reisen so überall als ein paar kolossale –

Müller. Schwein –

Schultze. Schweigen sollst Du! – Wir reisen als ein paar kolossal verwilderte Urgenies, die die Borchardtsche Seife nur als Kräuter kennen, und denen die janze Welt Pomade is, weshalb sie keine einzelne Stangen zu fünf Silberjroschen jebrauchen.

Müller. Ja aber'n paar unjeleimte Kalabreser müssen wir als Bedeckung mitnehmen un in Ballenstädt müssen wir arretirt werden, sonst reise ich nich mit!

Schulze. Nannu?

Müller. Des versteht sich. Wenn ich als Deutscher uf 'ne Verjnügungsreise nich wenigstens eenmal arretirt werde, denn is jar nischt! Spaß muß sin, un wenn et im Jefängniß is! sagt Appert! Und denn, wie jroßartig macht es sich nich, wenn man im Finstern an's Jitter sitzt un an seine Frau schreibt: „Kerker. Nachts! ¾ auf 7. Mit Verjnügen erjreife ich die Feder! Hinter diese Stäbe, welche Tyrannei zwischen Dir und mir –

Schulze. Willst De woll stille sind! Unsere Reisestatuten lauten: Parajraf von Nommero eins: Wer anfängt von Poletik zu sprechen, zahlt einen Thaler. Parajraf zwei: Des Jeld wird versoffen.

Müller. Parajraf drei: In Weißbier.

Schultze. Ne Weißbier is nich im Harz.

Müller. Denn schlage ich vor, wir reisen lieber uf einige Tage nach der neuen Welt – vor's Frankfurter Thor!

Schultze. Und ich schlage nach – Dir, wenn De nich jetzt 'n Mund hältst. Morgen Nachmittach um sechse, bist De bei Lübnbecke mit de Reisetasche. Aus 'n Kleiderladen zum billigen Mann besorjen wir uns 'n paar fertige Anzüge und um sieben jehts nach 'n Bahnhof, wo wir bis neune noch Zeit jenug haben de Locomotive zu heizen: Halb Rum, halb Arak, denn sin wir schon um zehne in Merseburch.

Müller. Aber was wird meine Frau sagen. Un Onkel Willem un Tante Juste und Tante Rieke und Onkel Heinrich: – so uf vierzehn Tage allen's im Stich lassen, – und ich habe es doch ooch nich wegzuwerfen.

Schultze. So laß se doch räsoniren. So' ne dumme Redensarten muß bejerlachen, sich mit Jleichmuth stahlen und nich gleich über jeden Kleist-Retzow den Kossuth verlieren. So hainaut man sich fröhlich und metternich durch's Leben von Bundestag zu Bundestag. Es lebe Manteuffel!

Müller. Schön. Nun jieb 'mal 'n Thaler her.
Schultze. Woso?

Müller. Parajraf eins: Wer von Polletik spricht zahlt 'nen Thaler.

Schultze. Nanu? Ich werde doch wohl Manteuffeln leben lassen können.

Müller. Da hast De ooch Recht! Des is manchmal nich politisch!

2.
Auf dem Potsdamer Bahnhof.
Abends 9 ¾ Uhr.
Die Glocke läutet zum ersten Male.

Madame Schultze (die mit Madame Müller auf dem Perron auf und ab geht). Das ist aber von Müllern wirklich nichtswürdig. Schultze hat mir doch wenigstens gesagt, daß er verreisen möchte! Aber jar nischt zu sagen –

Madame Müller. Keine Sylbe!

Mad. Schultze. Na wie so haben Sie es denn noch so schnell erfahren!

Mad. Müller. Durch 'n elektrischen Telegraphen des weiblichen Zungenschlages. Die Bormann sah ihn mit Ihrem Mann in Reisekleidung und Reisetasche in der Leipzigerstraße nach's

Potsdamer Thor zu jehen und erzählte es der Kleemann uf'n Dönhofsplatz. Die Kleemann erzählte es der Bachmann uf'n Spittelmarkt, und die Bachmann der Neumann in de Königsstraße von wo es durch die Hofmann und die Lehmann nach der Landsbergerstraße und an's Frankfurter Thor jekommen is!

Mad. Schultze. Des nennt man Orjanisation der Arbeit. Es ist aber prächtig, daß wir sie nu hier Beide jleich zusammen abfassen können!

Mad. Müller. Sie sitzen gewiß schon da drin, in der Restauration. Kommen Sie, liebe Schultzen, wir wollen mal nachsehen. (Sie gehen Beide in das Restaurationslokal. In demselben Augenblicke treten Schultze und Müller durch eine andere Thür heraus.)

Müller. Donnerwetter, der Jrock war stark. Aber es is janz jut, ich hatte schonst die janze Courage verloren.

Schultze. Weil Du'n Schwachkopp bist! Lahß doch die Menschen lachen und reden was und wie se wollen über unseren Anzug. Laß se man. Ich sage Dir, so wie wir erst rechts und links jrünen Wald, Wasserfall und Berge haben, denn siehst De aus, als wenn Du in den dunkelrothen Sämmtling geboren wärst, und als wenn se Dir in den braunen Calabröser jetooft hätten.

Müller. Ja aber in der Leipzigerstraße war es mir doch zu [Illustration] arg. Wo nur uf eenmal alle die Jungens hinter uns herkamen? Und des Jeschrei: Müller als Wolfsklau, der Raubritter im Circustheater – ich hätte vor Scham und Wuth janz Berlin in 'ne Kanone laden und den Mond erschießen können, damit es Nacht würde!

Schultze. Na es is bei Dir ooch der Aerger, daß se Dir uf de Paßkarte bei die besondern Kennzeichen den Republikanerhaken jemacht haben!

Müller. Du lachst un jloobst es is nich so! Es is aber doch so und muß 'ne reene Verwechslung von die villen andern Müller's sind. Denn wen ich 'n Haken kriegen soll, der ich mir allerdings anno 48 schon jekrümmt habe und muthwillig Erkältung zugezogen um nich öffentlich sprechen zu dürfen, denn jiebt es Keenen, den sie nich uf'n Jedankenstrich haben müßten.

Schultze. Na laß jut sin. Die Athener haben Aristotelessen beleidigt, Anaxagorassen ausjewiesen und Sokratessen verjiftet – also weene nich.

Müller. Was Du aber manchmal vor Vocabeln an de Hand hast, det jeht wirklich in's Jrammatikalische!

Schultze. Na des is nich übel! Weil ich mit Dir Berlin'sch rede und als Jebildeter in Deine Volksklasse run steige, jloobst Du woll, ich habe ooch so ville Zimmer in meinem Kopfe leer stehen wie Du! Ich habe Jimnasium besucht, bin zwei Jahre primum omnium mea mecum Porto zahlt Empfänger, jewesen und mir ecklich mit de Jriechen beschäftigt: Tippto, Tippteis, Tippbusie.

Müller. Na die faulen Witze kennen wir ooch. – Wenn ich nur von meiner Frau Abschied jenommen hätte. Aber det Rumloofen nach die Kleedasche und nach de Paßkarte hat mir janz versäumt. Ich will ihr aber ooch morgen gleich von Quedlinburg schreiben.

Schultze. Mache mir keene Jeschichten vor, Müller. Dir kenne ich als wenn ich Dir unter meinem Herzen jetragen hätte. Du hast Dir jedrückt um nich beim Abschied von Karolinen wegen Solidität und Enthaltsamkeit Eidesleister mit'n Ring zu sind.

Müller. Na des is nich übel. Wenn Eener seine Frau unter die Fuchtel hat, denn bin ich es jewiß. Nich aufmucken! heißt es bei mir, ober es setzt eine Knallschote unter vier Augen, daß zwei davon den Kurfürschten uf de lange Brücke vor'n Briefbeschwerer ansehen sollen.

Schultze. Na ja, – nur immer Mann sin un Nischt ufkommen lahßen. Als ich Meiner heut Mittag bei Tische sagte, daß ich 'n kleines Hypothekenjeschäft auf der Roßtrappe hätte, un heut Abend uf acht Tage verreisen müßte, wollte se ooch erst de Limpe ziehen un sich äußern von wejen Schwindel und faule Jeschichten und dergleichen Anspielungen. Aber ich sagte jleich: Rieke! sagte ich und faßte an'n Teller. Siehst De Rieke, wenn Du jetzt noch'n Wort sprichst, so wahr ich Schultze heiße, ich werfe Dir 'n Teller an 'n Kopp, daß Dir de Schweinecotelette um de Näse rumfliegen! Kreuzheiligessackermentsdonnerweib!

Müller. So is et! Immer im katejorischen Imperativ!

Schultze (in höchster Angst). Herrjös! Da sind se!

Müller. Wer denn?

Schultze. Meine Frau und die Deinige. Da kommen se eben aus de Restauration.

Müller. Schwerebrett! Sollte die wissen, daß ich hier bin! Wollen wir nicht – – –

Schultze. Ja wir wollen hoch – uns verstecken – das heißt – unsere Plätze einnehmen –

Müller (in größter Angst). Ja woll – einnehmen – Herrrrr – Herr Condukteur!

Conducteur: Was wünschen Sie.

Müller (in der Angst die Worte versetzend). Nach Wagenklasse – Drittes Magdeburg –! Halberzug! Abendstadt!

Conducteur. Was wollen Sie?

Schultze. Mit'n Abendzug, dritte Klasse, nach Magdeburg, Halberstadt.

Conducteur. Hier, in diesem Waggon sind noch zwei Plätze! Steigen Sie ein – es geht auf der Stelle ab.

(Die Glocke läutet zur Abfahrt.)

Schultze (mit Müller in den Waggon steigend). Wenn ste mir sieht, bin ich verloren!

Eine ältliche Dame (welcher Müller im Waggon auf den Fuß getreten). So nehmen Sie sich doch 'n bischen in Acht, mein Herr, Sie treten mich ja auf die Hühneraugen!

Müller. Ach, entschuldigen Sie, aber meine Frau – sie soll mir nicht sehen und sie sehr jute – Hühneraugen haben Sie – des thut mich leid!

Mad. Schultze (Schultze erblickend und mit Madame Müller an den Waggon eilend). Da ist er! da sind sie.

Mad. Müller. Hab' ich Dir endlich! Hab' ich Dir! Constabulör! Herr Constabulör!

Mad. Schultze. Ohne Abschied willst Du fort?! Ist des ein Benehmen, Willem? Willst Du woll jleich aussteigen und mir um'n Hals fallen?

Mad. Müller (welche vergebens einen Schutzmann ersucht, Müller aus dem Waggon zu holen, ruft diesen vom Perron aus zu). Was! durchjehen willst Du! Den Augenblick kommst rausser, oller Doppeljänger!

(Allgemeines Gelächter. Der Zug setzt sich in Bewegung.)

Mad. Schultze (die Hand nach ihrem Manne ausstreckend). Einen Kuß sollst Du mir geben!

Müller (der die Hand der Mad. Schultze für die seiner Frau nimmt und sie mit seinem Regenschirm zurückhalten will). Du wirst Dir einklemmen, Karline – um Jotteswillen – willst Du wohl zurück – Du kannst 'n Unjlück nehmen!

Mad. Schultze (von dem Regenschirm Müller's getroffen). O Jott – ich bin verwundet!

(Der Zug geht ab.)

Mad. Müller (die sich vergebens an einen andern Schutzmann gewendet). Schauderhaft – da säuseln sie hin –

Mad. Schultze. Des soll fürchterlich jerochen werden!

3.
Schultze an seine Frau.

Halberstadt, 6 Uhr, noch janz nüchtern.

Wohljeborne Frau!

Denn so muß ich Sie nennen, da ich Sie nicht mehr als die Meinige betrachten kann nach Ihrem gestrigen Betragen auf dem Potsdamer, sondern als fremde Person die mir einst nahe gestanden, schreibe ich an Sie mit kalter Ueberlejung, da ich noch nicht jefrühstückt habe. Denn noch kocht es in mir, und hat mir die janze Nacht auf der Eisenbahn nicht Ruhe gelassen und wahrhaftig! hätte ich Sie bei mir gehabt, Du wärst mir bei Jott nich lebendig mit nach Halberstadt jekommen!

Denn das ist kein Benehmen von einer Frau, deren Mann schon ohnehin in der Oeffentlichkeit durch seine Privatverhältnisse oft jenug die tiefsten Wunden empfangen, in Gegenwart von hundert Mitreisende einen Abschiedskuß auf die Weise zu verlangen. Wenn ich ein Schwefelholzmädchen oder eine nackte Wilde aus 'n Urwald raus jeheirathet hätte, so würde sie sich nicht so bloß jestellt haben, wie Sie sich jestern Abend auf dem Potsdamer Eisenbahnhof.

Also weil ich Ihnen im Drang der Abreise auf lumpichte acht Tage nicht Adjö sagte, müssen Sie mir bis vor's Thor nachrennen, sich mit Ihren Oberkörper in 'n Waggon reinschmeißen, mir Ihre Vorderpfoten um 'n Hals legen und Zärtlichkeiten von mir verlangen, deß mir des Herz in die Stiebeln fällt vor Schaam um sittliche Entrüstung? Hätte ich nich mehr bedacht, deß ich die Mutter Ihrer Kinder bin, ich hätte ein Eisenbahnunjlück statuirt, wie es in die Annalen der Dampfkraft nicht vorhanden ist, und Dir, zwischen beide Schienen – Du sollst weiter lesen und den Brief nicht zerreißen, sage ich Dir, Rieke! oder, ich schwöre es Dir, ich verjesse mir schriftlich.

Denn wenn mir ein Hund fortlauft, ohne zu sagen, wohin er jeht, und ich finde ihn wieder, so warte ich, bis ich mit ihm zu Hause bin und Sie wollen mir öffentlich unterm Affenpinscher behandeln?

Aber, Jott sei Dank, es ist noch nicht aller Tage Abend und es jiebt noch ein Berliner Stadtgericht zweite Abtheilung vor Scheidungssachen und Alimente. Und wenn ich es mir wer weiß wo abknapsen soll, ich werde Ihnen monatlich Ihre 25 Thaler – und mir nicht länger Ihren Beleidigungen aussetzen. Ich werde Wilhelm zu mich nehmen, behalten Sie Aujuste. Sie schlägt nach Ihnen und soll deshalb ooch bei Ihnen bleiben. Ihre Sachen aus die gelbe Stube können Sie sich nehmen, so wie des blaue Schlafsopha und die Betten. Ich will nichts haben, was mir an Sie erinnert. Von des was ich Ihnen bereits als Bräutigam geschenkt, will ich schon jar nichts wissen. Hätte ich es nie gethan, denn wäre es nich so weit jekommen und ich wäre heut vielleicht mit Einer Ihrer jüngeren Schwestern jlücklich jeworden, welche immer von Ihnen so verschieden waren und auch alle verschieden sind! Mit dieser Hoffnung

hochachtungsvoll

Schultze.

PS: Wenn noch ein Funken von Mutterliebe in Ihnen jlimmt, so schicken Sie mich jefälligst umjehend meine Pantoffeln nach Ballenstedt post restant. Ich habe sie beim Einpacken unter Ihrem Bette stehen lassen.

4.
Halberstadt.

Im Gasthof. Sechs Uhr Morgens. Schultze, Müller und andere Reisende sitzen an der Wirthstafel.

Schultze (der den Brief an seine Gattin eben beendet). Anjetzt bin ich fertig. Nu kann ich mit Muße frühstücken. Du hast mir doch noch was übrig gelassen, Müller?

Müller. Wo werde ich denn den janzen Kaffee austrinken? Er is so nich ville werth.

Schultze. Was fehlt ihm denn?

Müller. Kaffee.

Schultze (nimmt die Kanne und bemüht sich vergebens etwas einzuschenken). Des is wahr. Der is so schwach, deß er schon jar nich mehr aus de Kanne loofen kann.

Müller. Na so bestell' Dir doch andern. Ich habe jrade Appetit jehabt und 'ne Tasse mehr jetrunken.

Schultze. Bist 'n netter Junge! (ruft) Kellnär! Jeben Sie mich 'mal 'n Nordhäuser und 'n belegtes Butterbroot.

Ein Fremder (am Wirthstisch). Die Herren kommen wahrscheinlich aus Berlin?

Müller. So ist es. Wir sind mit 'n Abendzug jestern abjereist un heut früh mit Kopfschmerzen hier angelangt.

Schultze (im vornehmen, näselnden Ton). Hatten jestern noch kleines Abschiedsdiner, Café imperial sous les arbres! Zu viel Champagner verjossen. Daher die Migräne von Müller!

Müller (darauf eingehend). Ja woll, Bäron! Was hat denn der Schwindel jekostet.

Schultze. Hm – zig Louisdor. Prinz Lehmann Durchlaucht, Allens bezahlt.

Müller. Scharmant! Scharmant! Hat mir übrigens sehr amüsirt daß Re'ment so aufmerksam und Ständchen auf Bahnhof jebracht. Habe vor Wollust Jeld unter die Bürger aus Eisenbahnfenster jeworfen.

Schultze (leise). Halts Maul, Schaafskopp, des kommt nich mehr vor.

Müller (ebenso). Na wie so denn nich!

Schultze. Na weil se nischt wegzuwerfen haben! (zu dem Kellner der das Butterbrod und den Liquör bringt) Sagen Sie 'mal, Kellnär haben Sie hier 'n juten Adel?

Kellner. Wir haben bloß noch Kirsch und Getreidekümmel.

Schultze. Schaafskopf!

Fremder Herr. Der junge Mensch ist wahrscheinlich vom Land und noch nicht lange in der Stadt.

Müller. Also halber Städter?

Schultze (w.v.). Wenn du so 'ne Witze reißt, denn merken se natürlich, das de aus de Jollnowstraße bist.

Fremder. Gedenken die Herren sich längere Zeit in Halberstadt aufzuhalten.

Schultze. Ja wohl. So unjefähr bis jegen Sieben. Es wird woll schonst jegen Achte sind.

Fremder. Wenn Sie sich einige Merkwürdigkeiten der Stadt anzusehen wünschen, so bin ich gern bereit, Sie zu begleiten.

Schultze. Sie sind sehr jütig.

Müller (stößt Schultze). Du – nich! der will was injeschenkt haben.

Schultze. I Jott bewahre. Der jloobt det wir „von" sind, und in de kleene Städte haben se noch ochsigen Respekt vor Alle, die vorne wat haben vor 'n Namen.

Müller. Na ich gloobe von jedem das Schlechtste. Ich habe mir darin in mir noch nie getäuscht.

(Sie verlassen mit dem fremden Herrn das Gastzimmer.)

Auf der Straße.

Müller (die Häuser betrachtend). Is niedlich so 'ne alte Stadt, hat was Ehrwürdiges.

Schultze. Des versteht sich. Was das Alterthümliche betrifft, darin sind wir in Berlin noch unjeheuer zurück! Kein altes Jebäude, wo aus de moosbewachsene Ritze die Verjangenheit spricht, oder aus einzelne Sprünge in die Mauer die Jeschichte hervorjuckt un romantisch sagt: Treten Sie näher, schöner Ritter und versetzen

Sie sich in's Mittelalter, jegen Mottenschaden wird nicht einjestanden!

Fremder. Allerdings Berlin als Stadt ist neu und einförmig und nicht übel mit einer Häuserschachtel Nürnberger Spielzeug zu vergleichen, wo ein Haus wie das Andere aussieht und Alles noch nach der Farbe riecht.

Schultze. Aber ooch halb abjeleckt wird.

Fremder. Berlin gleicht einem neuen Buche im modernen, glatten Stile; eine Stadt wie diese dagegen –

Schultze. Is steinerne Makulatur!

Fremder. Des wollt' ich nich sagen.

Schultze. Deshalb hab' ich 'et eben jesagdt.

Müller. Det is nu eben so viel. So 'ne tausendjährige Straßen haben doch was sehr was Hübsches mit die villen Jiebel un Erker un kleene Fenster un Schnörkel un Korinthen an de Säulen, un so was.

Schulze. Ja woll. Des Alterthümliche beschäftigt die Phantasie – man kann sich was dabei denken, und wie der Dichter sagt – es spricht jeder Pflasterstein und erzählt Jeschichten, was sich auf ihm zugetragen und wie viel Aren auf ihm schon jebrochen und Füße jeknickt sind, wie mir jetzt eben in diese injefahrne Stelle – historischen Boden nennt man des! Und blickt man auf zu die Häuser, zu die kleinen Fenster, wo die Scheiben zerbrochen sind, weil vielleicht Karl der Jroße 'mal rausjesehn und mit de Krone oben anjestoßen, so fühlt man sich als Deutscher und wünscht sich wieder zurück – in de Bellwüstraße.

Müller. Was ist denn das für ein Jebäude?

Der Herr. Das ist das Rathhaus mit der Rolandssäule!

Müller. Roland? Wohl der frühere Bürjermeister?

Schultze. O nein. Nach der Stärke der Säule und ihre Jliedmaßen zu urtheilen, war dieses wahrscheinlich der rasende Roland oder sogenannte starke Mann und Steinschläger mit der flachen Hand, Rolando Fuhrjoso um's Morjenroth. Er starb als ächter Ritter und Jlaubenseiferer an einen Trompetenstoß, durch welchen er sich sämmtliche Pulsadern platzte. Die Beerdigung findet vom Trauerhause Sonntag früh um 8 ½ Uhr statt. Die Hinterbliebenen.

Der Kellner (der aus dem Gasthaus ihnen nachgeeilt, zu Müller). Entschuldigen Sie, mein Herr, Sie haben es wahrscheinlich vergessen – ich bekomme noch für den Kaffee.

Müller. O, verzeihen Sie –

Kellner. O bitte – es macht nichts!

Müller. Na was loofen Sie mir denn da nach – wenn es nischt macht? – Hier haben Sie fünf Silberjroschen Trinkgeld! (geht mit den Andern weiter.)

Schultze. Immer die faulen Witze. Wenn es an's Essen un Trinken jeht, denn sammelst de Dir. So wie es aber heeßt: Bezahlen, denn bist Du ewig in de Zerstreuung.

Müller. Na, ich finde mir drin.

Schultze. Aber Andre nich! (zu dem Herrn) was ist denn des da vor 'ne Tafel?

Der Herr. Das ist das Haus, worin der bekannte Ablaßkrämer Tetzel wohnte; auch ist hier der Kasten –

Müller. Was denn, ein Kasten? –

Der Herr (fortfahrend). Der Kasten, in welchen das Geld nach Ablaß der Sünde geworfen wurde. Wollen wir vielleicht hineingehen.

Müller. Nee. Es is noch zu früh. Was is denn des für 'n Stein hier mitten uf'n Platze?

Der Herr. Das ist der Leggenstein. Früher wurde er als alter heidnischer Opferaltar benützt, worüber noch manche Legende im Volke umhergeht.

Müller. Was ist das Lejende?

Schultze. Sie entspringt aus dem Lateinischen und wird im Jriechischen schiffbar: legen dos, legen da, legen dum. In der Mehrzahl immer dum.

Der Herr. Dieses hier ist die Liebfrauenkirche. Das verrostete Ritterschwert, das Sie links an der Thür bemerken, stammt aus dem Mittelalter und gehörte dem Raubritter Hugo von Kahlenberg, eine Viertelstunde vor Halberstadt.

Müller. Bloß 'ne Viertelstunde jehörte es ihm?

Der Herr. Er besaß es bis an sein Ende. Man erzählt sich jedoch, daß an diesem Schwerte ewige Blutschuld klebt und daß die Klinge von Zeit zu Zeit Blutstropfen schwitzt, welche zu Boden fallen und auf dieser Stelle weder Gras noch sonst Jemanden für diese Schuld aufkommen lassen. Hugo soll nämlich durch diese Waffe seine Angehörigen mit Blausäure vergiftet haben.

Müller. Und sie vorher in die Jotha'sche Lebensversicherung einjekauft haben.

Der Herr. Wie meinen Sie?

Müller. Ach nee – entschuldigen Sie – des war vor Hugo – das war der Vorfall in Magdeburg.

Der Herr. Halberstadt war früher ein Bisthum. Jetzt ist es ein verwaister Musensitz, denn hier lebte und wirkte Gleim.

Müller. Auch Raubritter?

Schultze. Bist de doll?

Müller. Na der Herr meinte ja eben, er würgte.

Schultze. Unsinn! Jleim war dazumals des, was bei uns in Berlin jetzt Scheerenberg is. Ein paterjot'scher Dichter ohne Speichelfluß. Mit jesunden Kopp und jesunde Versfüße.

Der Herr. Auch Stollberg weilte hier oft und dichtete hier sein schönes einfaches Lied:
Süße, heilige Natur!

Schultze. Laß mir jehn –

Müller. Na ich thu' Dir ja nischt!

Schultze. Laß mir jehn auf Deiner Spur,
Leite mir an Muttern's Hand –
Nu wieder nach 'n Jasthof zurück!

Der Herr. Ja wohl. Der Quedlinburger Omnibus geht Punkt 8 Uhr ab und ist gewöhnlich schon immer früher besetzt, so daß man oft genöthigt ist, zurückzubleiben!

Schultze. So is es! Non omnia possumus omnibus. Alle können wir nich mit 'n Omnibus. Mein Herr, ich danke Ihnen für Ihre jütige Erklärung von Halberstadt. (ihm die Hand drückend) Es war recht reichlich! Wenn Sie mal nach Berlin kommen, besuchen Sie mir, ich wohne gleich rechts, wenn Sie rein kommen, das zweite Haus von der Ecke.

Der Herr. Wenn Sie erlauben, werde ich mir das Vergnügen machen.
(Sie trennen sich.)

5.
Müller an seine Schwiegerelten.

Quedlinburg, 10 Uhr.

Geehrte Herren und Frau!
Noch hallt der Ruf „Constabulör" in meine Ohren, womit Ihre Fräulein Tochter Aujuste mich gestern Abend von einer nothwendigen Geschäftsreise hat zurückhalten wollen und mich in den Augen von ganz Berlin blamirt hat. Mit diesem „Schutzmann" sind alle Pflichten und Verbindlichkeiten mit Füßen jetreten, die ich vor vierundzwanzig Jahren in Gegenwart des Herrn Prediger Deibel einzugehen mit einem undeutlichen und durchaus nicht vernehmbaren „Ja" mir übereilt habe. Ich gebe Ihnen hiermit Ihre Tochter zurück, ohne einen Anspruch auf Entschädigung zu machen vor die lange Zeit, wo ihr ernährt und erduldet habe.
Denn so wie man erst in einer jewissen Entfernung eine richtige Uebersicht über die Jegenstände hat, die man in der Nähe wegen ihrer Jröße nicht beurtheilen kann, ebenso habe ich auch hier in Quedlinburg die feste Ansicht gewonnen, daß ich uns Ihr Fräulein Tochter nicht zusammen passen. Vierundzwanzig Jahre liegen allerdings dazwischen: aber keine Folgen; denn wir besitzen, wie Sie wissen, keine Kinder! – Unsere Verbindung war in jeder Hinsicht keine jesegnete! Könnte ich die Pechfackel dieser unserer fruchtlosen Ehe in die Wasserkute ewigster Verjessenheit versenken!

Sollte dieser Jrund von die Jerichte nich anjenommen werden, so bleibt mir nichts übrig, als Uebertritt und schriftliche Erklärung als: Dissident, bei welchem Glauben bekanntlich vom Staate selbst „Ungültigkeit der Ehe" ausgesprochen und lediglich nur als solche jedeutet ist.

Mit den gewöhnlichen Gebühren der Hochachtung
Müller.

N.B. Ich habe, wie Sie wissen, Ihre Tochter damals jenommen, wie sie ging und stand, und daher keine andere Verpflichtung, als Sie in diesem Zustande zurückzugeben.
P.S. Ich halte diese Angelegenheit hiermit für erledigt und werde weitere Anjriffe mit Stillschweigen bejegnen. D.O.

6.
Quedlinburg.

Schultze und Müller haben im Postomnibus die Bekanntschaft eines Schulprofessors gemacht, der mit seinen beiden Pensionären, den Gymnasiasten Lothar und Samuel, ebenfalls auf einer Harzreise begriffen ist. Nachdem nun Müller den Brief an seine Schwiegereltern im Hotel vollendet und Schultze zum zweitenmale gefrühstückt hat, beschließen sie bis zum Abgang der Post nach Gernrode die Merkwürdigkeiten Quedlinburgs zu besichtigen. In einer Straße in der Nähe des Schloßplatzes treffen sie mit den oben genannten Reisegefährten zusammen.

Professor. Ah – da sind ja die Herren von vorhin. – Herr – Schultze – nicht wahr?

Schultze. Ja wohl! Schultze mit 'n Tezett. Voyageur en plaisir pour la maison Ulk et Compagnie.

Professor (zu Müller). Ich glaubte – Sie heißen Schultze.

Schultze. Das passirt sehr oft, daß wir verwechselt werden. Dieser mein Begleiter heißt jedoch Aujust Heinrich Wilhelm Müller, Herr seiner selbst, Humorist, Volksfigur, Schriftsteller, Rentier, stehendes Mitglied öffentlicher Wasch- und Badeanstalten, Verfasser mehrerer geleerter Bierseidel, toujours sans souci avec la paraplui.

Sein Ruhm schläft vorläufig noch in den Marmorbrüchen von Carara, wo er nächtens ausjehauen wird.

Professor. Die Herren haben inzwischen wohl gut gefrühstückt? Sie scheinen wenigstens sehr aufgeweckt zu sein?

Schultze. Aufgeweckt?! Bitte sehr, wir sind heut Nacht jar nich zu Bette jekommen. Aberscht fidel sin wir! Das is wahr! Davor sind wir uf 'ner Vergnügungssreise! Hurrah! Quedlinburg soll leben! Vivat Quedlinburg! Vivat Basse et Compagnie! Keine Lungenschwindsucht mehr! Keine Hämorrhoiden mehr! Kein Bairisch Bier mehr! Kein Schnaps mehr und dennoch fidel! Hurrah!

Müller. So hör doch uf, die Leute bleiben ja stehen!

Schultze. Des sollen sie! In die kleenen Städte is so keen Fortschritt, da kommt es nich druf an, ob se 'n paar Minuten länger stehen bleiben.

Professor (zu Lothar und Samuel im vortragenden Tone). Hier meine Lieben, sehr Ihr ein paar Herren, die zum Vergnügen reisen. Wie ich Euch schon vorhin erklärt, giebt es verschiedene Klassen von Reisenden. Erstens: Solche, die ihrer Belehrung wegen reisen. Zweitens: Solche, die ihrer Gesundheit wegen reisen und nun Drittens: zu welcher Klasse werden diese Herren wohl zu zählen sein, Samuel?

Samuel (schweigt).

Professor. Folgender, Lothar?

Lothar. Zu den Reisenden dritter Klasse.

Professor. Gut. Du kannst heraufrücken – wenn wir wieder zu Hause sind.

Müller. Das is aber wirklich viel, daß das Kind weeß, daß wir mit de dritte Klasse jefahren sind. Is es Ihrer, Herr Professor?

Professor. Nein. Nur mein Zögling und Pflegebefohlener, wie der andere junge Mensch. Ich mache gern derartige Reisen mit jungen Leuten. Sie fassen Alles lebendiger auf und werden von Allem mächtiger ergriffen, als ältere und gereiftere Menschen. Ihre Empfindungen sind natürlich und wahr.

Samuel. Kriegen wir nich bald was tzu essen?

Professor. In Blankenburg, mein Kind, werden wir unser Päcklein mit den mitgenommenen farciminibus göttingensibus aufschnüren.

Samuel (seufzt tief). Mon dieu! Wo sind wir erst in Blankenburg!

Müller (leise zu dem Professor). Das Kind ist mosaischer Abkunft.

Professor. Woraus schließen Sie das?

Müller. Weil es so sehr uf die Nahrung is – und denn auch aus 'n Aczang.

Professor. Es ist der Sohn einer unserer ersten Bankiersfamilien in Berlin, in denen bekanntlich nur Französisch und Jüdisch gesprochen wird.

Lothar. Was ist denn das für ein Berg, Herr Professor, den man von hier aus hinter der Stadt sieht.

Professor. Das ist der Münzenberg.

Schultze. Ach, davon habe ich gehört. Der soll früher nur von Jaunern und Spitzbuben bewohnt gewesen sein, die reene bloß von dem Raub und Diebstahl, den sie in Quedlinburg ausübten, jelebt haben. Wenn nu unter dem Jesindel uf dem Berje ein kleines Kind jeboren wurde, so hielt es der Vater zum Fenster 'raus, zeigte ihm Quedlinburg und sagte: Was Du hier siehst, mein Sohn, jehört Dir!

Professor. Ein neuer interessanter Beitrag für die Geschichte des Harzes, die an Sagen und Denkwürdigkeiten ohnehin so reich ist. (zu den Zöglingen) Ja, meine Lieben, Quedlinburg, das Ihr hier sehet war einst eine mächtige, bedeutende Stadt, die im Hanseatischen Bunde eine wichtige Rolle spielte und sich Kaisern und Fürsten widersetzen konnte.

Schultze. Hurrah!

Professor. Hier residirten Heinrich der Erste, Heinrich der Vierte und Heinrich der Fünfte.

Schultze. Vive Henri quatre! Chambord soll leben! Alexander Weill, der Renegat, soll leben! – Hurrah!

Professor. Aber bei dem jetzigen Anblick der Stadt und dieses Schloßplatzes, auf welchem die Ueberreste der alten Pfalz stehen, regt sich in uns das elegische Gefühl der Vergänglichkeit alles Irdischen. Denn Alles, was wir hier sehen, ist graues ehrwürdiges Alterthum.

Müller. Na die Jänse, die hier rum loofen, scheinen noch ziemlich jung zu sind.

Schultze. So halte doch Deinen Mund! das sind ja die Gänse, die dazumal das Capitol jerettet haben.

Müller. Wo ist denn das Capitol?

Schultze. Des is noch nich fertig. Vorläufig haben se erscht die Jänse!

Professor. Was wir hier rechts bemerken, ist die Servatiuskirche. In der Krypte derselben ruhen die Leichname Kaiser Heinrich des Ersten, seiner Gemahlin und Tochter Mathilde und neben der letzteren ihr Schooßhund Quedlin, von dem die Stadt ihren Namen hat.

Schultze. Also da liegt der Hund bejraben!

Professor. Ich muß bitten, meine Herren –

Schultze. Erlauben Sie, ich meinte, daß das der Jrund is, daß es Quedlinburg heißt, und daß die Stadt von da, wo sie von damals herstammt, jetzt nu endlich weiter darauf zurück gekommen ist.

Professor. Worauf?

Schultze. Uf den Hund!

Professor. Ah – desipere in loco, das lasse ich mir gefallen! –

Schultze. Ja woll. Felix qui potuit être heureux qu'au sein de sa famille! Ick sehe schonst, ich muß mein rostig gewordenes Latein wieder 'n Bisken blank schauern, sonst kommen wir heut nich mehr uf 'n Stufenberg.

Professor. Hier in der Servatiuskirche ruht einbalsamirt und noch wohl erhalten die durch ihre Schönheit wie durch ihren Geist berühmte Gräfin von Königsmark, nachmalige Pröpstin des Reichsstiftes.

Müller. Achmalige?

Professor. Aurora von Königsmark, die Freundin August des Starken.

Schultze. Ich denke sie war seine Pepita.

Professor (leise zu Schultze). Allerdings. Ich wählte indeß den milderen Ausdruck, um die Sinnlichkeit der Knaben bei dem Gedanken an die noch hier befindliche Mumie nicht aufzuregen.

Schultze. Aujust der Starke soll übrigens –

Professor. Großen Schmerz empfunden haben, als Aurora starb. Das ist wahr! Allein in ihren letzten Lebensjahren sah sie sich von ihm verstoßen und starb in Armuth und Elend. Ihre ganze Hinterlassenschaft bestand nach der alten Chronik Herciniae in drei Thaler fünfzehn Groschen.

Müller. Donnerwetter! dann muß et aber ooch in de letzte Zeit schlecht jegangen sind.

Professor. Auch Klopstock, der hehre Dichter des Messias und der liebliche Sänger seiner Meta erblickte in Quedlinburg das Licht der Welt.

Schultze. Klopstock!? Was Sie sagen! Is er noch hier?

Professor. Nein. Er ruht an der Seite seiner Meta in Ottensee.

Schultze (leise zu dem Professor). Det sollten Sie ooch nich vor die Kinder sagen.

Müller. Herrjös! Schulze, der Postillon bläst schonst wieder!

Schultze. Na so laß' ihn doch blasen, – es ist ja heiß genug!

Müller. Ne – die Post nach Jernrode jeht ja ab!

Schulze. Ach so! – Na denn, leben Sie wohl Herr Professor! Adieu Herr Lothar und Herr Samuel.

Professor. Wir werden wohl auf unseren Touren noch irgendwo caramboliren.

Schultze. Na soll mir sehr anjenehm sein, Herr Professor.

Müller. I so laß 'n doch loofen! Ich möchte bloß wissen, was Du an den ollen Kerl hast?

Schultze. Det laß jut sin. Ick lern' ihm den janzen Schwindel ab! Wer weeß, wozu man det 'mal brauchen kann.

Müller. Wie denn? Was denn?

Schultze. Na Du gloobst wohl, et gehört ville dazu? 'N paar schnobbrige latein`sche Redensarten, – 'n bischen Viehstek un Naturjeschichte, fünf Hämorriden un sechshundert Thaler jährlich, da hast'n janzen Professor.

Müller. Da bläßt er schonst wieder.

Schultze. Na dann wollen wir machen, daß wir fortkommen, un uf'n Stufenberg jut futtern.

7.
Stufenberg.

Schultze und Müller sitzen vor dem Gasthause, am Abhange des Stufenberges und erwarten das von ihnen bestellte Mittagbrod.

Schultze. Nu bin ich aber wirklich neugierig, wie das Diner ausfallen wird.

Müller. Es war 'n rechter Unsinn von Dir, 's Couvert zu 20 Silberjroschen zu bestellen.

Schultze. Erst abwarten und essen und dann urtheilen. Wenn das Essen so is, wie der Wirth aussieht, denn freu ich mir.

Müller. Das is wahr. 'N Bauch hat der Mann, gegen den muß sich der Deinige in's Privatleben zurückziehen.

Schultze. Nu vom Essen hab' ich überhaupt meinen Bauch nich –

Müller. Aberst von 't Trinken. Wenn man all' das Weißbier uf eenen Fleck zusammen hätte, das Deine Stimmritze schonst überrieselt hat, denn könnte man von 'n bloßen Schaum 'n Kampfmeier'sches Wellenbad anlegen.

Schultze. Das macht bloß der ville Sand und Stob, den man in Berlin schlucken muß und mit Bouilljong läßt er sich nich wegspülen. Wenn ich es aber nich haben kann, un es kann eenmal nich sind, dann trinke ich ooch Wasser. Kellnär! Bringen Sie doch gleich 'mal 'ne Flasche Wasser, – Selterwassser mit – Rheinwein – ooch 'ne Flasche, aber 'ne Janze, – es macht sich besser.

Müller. Ja woll, vom Besten, – wenn es keinen Bessern jiebt! –

Schultze. Der Mensch muß Allens entbehren können, hat schonst mein seeliger Vater in die Kriegszeiten von Anno 13 jesagt. Und wenn wir französisch jeworden wären, hätten wir vielleicht nischt mehr wie Burgunder oder Borbeaux oder vielleicht ooch bloß Sekt zu trinken jekriegt, wie es die Knechtschaft mit sich bringt. Von Kümmel und Bairisch Bier wäre heut jar nich mehr die Rede.

Müller. Es wäre schauderhaft. Danken wir Jott, daß wir unsere Freiheit wieder haben.

Kellner. Bouillon mit Schwemmklößen (setzt einen Suppennapf auf den Tisch).

Schultze. Des is recht. Sagen Sie uns gefälligst immer, was Sie bringen. Oeffentlichkeit und Mündlichkeit un keine stummen Jerichte! So lieb ich es. – Bist Du nich ooch meiner Meinung, Müller.

Müller (die Suppe essend). Ja woll. Aeußere Dir nur weiter. Ich werde mir indeß mit de innere Anjelegenheiten beschäftigen.

Schultze. Donnerwetter! Hat die aber Augen.

Müller (aufspringend). Wo denn? Wie denn? Wer denn?

Schultze. Na die Suppe!

Müller (sich wieder setzend). Wenn wirst de nu mal diese faulen Witze einstellen.

Schultze. Na kann ich denn davor, daß Du nur immer die Frauenzimmer im Koppe hast. Beim Essen denke ich nu schon gar nich an's Weibliche, an's Unbeschreibliche, wie Jöthe sagt; – und nischt is mir langweiliger, als wenn bei Hochzeiten oder sonstigen Freßagen bunte Reihe jemacht wird, un man Allens rumreichen un aufmerksam sein muß. Wenn man was trinken will, dann heeßt es rechts: dürft ich Sie wohl um'n bischen Salz bitten, und wenn man was genießen will, kommt Eene von links un will 'n bischen Sauce. Man steht mit leerem Magen uf und sagt aus innerer Nothwendigkeit: Ick wünsche – wohl jespeist zu haben!

Müller. Du übertreibst immer Allens und weeßt den Deibel vom feinern Lebensjenuß. In das Zusammensitzen mit's andere Jeschlecht beim Essen liegt jrade ein tieferer Reiz verborgen.

Schultze. Ach Du meenst unterm Tische: – mit de Füße – oder wenn se 'n bisken anjespitzt sin – und es wird ihnen zu warm – und man schuhlt von de Seite uf –

Kellner. Rinderbrust mit Champignons (setzt die Schüssel auf den Tisch).

Schultze. Ah – das is mein Leibjericht!

Müller. Is och mein Essen, das lieb' ich!
(singt:)
Kartenspiel und Würfellust,
Und ein Rind mit Rinderbrust,
Hilft zum ewgen Le-he-he-ben!

Zweiter Kellner. Hier ist der Rheinwein und das Selterwasser.

Schultze. Jut. Nur immer Allens hübsch hinter einander und keine Völkerpause im Bonleben! (schenkt sich Wein ein) Du trinkst also nur Selterwasser, Müller.

Müller. Das heißt des Morjens, wenn ich 'n Tag zuvor zu viel Rheinwein jetrunken habe (schenkt sich ebenfalls Wein ein).

Schultze (hat das Glas in einem Zuge geleert). Ich ärgere mir bloß daß dieser Hufeland immer Recht behalten muß.

Müller. Wo so?

Schultze. Er sagt nämlich, daß der Wein vor 'n Mann das is, was de Muttermilch vor's Kind is. Und es is wahr. Das Absetzen is 's Schwerste!

Müller. Un namentlich Liebfrauenmilch, da möcht man, immer nutschen! Ach du lieber Himmel! Wenn ich so Rheinwein trinke, dann denke ich immer, wie jräßlich es wäre, wenn wir 'mal unsern schönen freien Rhein –

Schultze. Na nu bitte ich Dir, werde nich sentimental und laß den alten –

Kellner. Kohl mit Saucischen (stellt die Schüssel hin).

Schultze. Des is mein Leibjericht.

Müller. Det sieht sehr schön aus.

Schultze (zum Kellner). Bringen Sie 'mal noch rasch so 'n Pulleken.

Müller. Haben wir denn die schon leer?

Schultze. Frage in allen zweifelhaften Fällen

Dein Inneres und Du wirst nie irre jehn (sieht vergnügt in die Gegend). Der Harz fängt an wunderschön zu werden.

Müller. Ja es is reizend. Hier oben det jute Futter vor'n Jeschmack – hier unten das Thal mit de Dörfer un jrüne Fluren vor's Auge – von de Seite dieses herrliche Aroma von Waldjeruch vor de Näse, – von oben der Vogeljesang vor das königsberjer operverwöhnte Ohrloch und –

Schulze. Fange nich wieder von vorne an mit Deine ewige Sentimentalitäten. Es is schön un nu is es jut! Und was wirklich recht in's Jefühl jeht, darüber muß man am Allerwenigsten sprechen (trinkt von dem gebrachten Wein).

Müller. De sieht Dir ja aber jar nich 'mal die Jegend an!

Schultze. Ich muß doch erst mein Jlas putzen! (trinkt aus und besieht durch das Weinglas die Gegend) Ja, es is wirklich reizend. Wenn ich so 'ne Decoration kriege, denn schreibe ich zwei fünfaktige Opern. Süperb, himmlich! Deutschland is doch stellenweise sehr jesegnet.

Müller. Ja, aber nur stellenweise.

Schultze. Des is eben die –

Kellner (w.o.). Pastete von jungen Hühnern.

Schultze. Ah, des is mein Leibjericht!

Müller. Bei Dir is aber ooch Allens Leibjericht!

Schultze. Na mit der Seele kann ich nischt essen.

Müller. So fein hätte ich es aber wirklich hier oben nicht erwartet.

Schultze. Ja, es is wirklich Allens Mögliche!

Müller. Die rasche Bedienung!

Schultze. Und das feine Tischzeug!

Müller. Un janz superber Wein!

Schultze. Und silberne Messer!

Müller. Und die schönen jroßen Lindenbäume!

Schultze. Janz wie unter de Linden!

Müller. Bloß daß es billiger is!

Schultze. Und die Kellner höflicher!

Müller. Und de Köchin unjeheuer sauber!

Schultze. Woher weeßt Du denn das?

Müller. Ich habe mich vorhin 'ne Ausrede in de Küche jemacht.

Schultze. So. Hast Du 'mal rin jekiekt?

Müller. Ja. – Sieht Allens wunderschön aus, Allens blank jeputzt un jeschauert, daß man ordentlich Appetit kriegt –

Schultze. Uf de Köchin?

Müller. Ach – uf's Essen. Du bist 'n rechter –

Kellner. Schweinebraten mit jrüne Schoten!

Müller. Siehst de, das is mein Leibjericht.

Schultze. Sage mir, was Du ißt und ich werde Dir sagen, mit wem Du umjehst!

Müller. Das Schwein is die Palme des Nordens! sagt Prösike, wenn er eens vor 'n Kopp schlägt.

Schultze. Du schlägst übrigens heut keene schlechte Klinge.

Müller. Des is jar nischt. Mir hät'st Du vor zehn – fünfzehn Jahren essen sehen sollen. Da konnte ich des Mittags nie satt werden, wenn ich nich 'n paar Steeneken in's Essen mischte.

Schultze. Was Du sagst.

Müller. Is wahr und kannst Du jloben. Sonst wäre ich ooch am achtzehnten nich so jut fortjekommen.

Schultze. Na wie denn? Wo so denn?

Müller. Na ich habe doch in der Brüderstraße 'n Schuß jekriegt. Durch das Saldo von Steenen aber, die ich noch in 'n Magen hatte, prallte de Kugel ab, machte bloß 'ne kleene Hautritze und –

Schultze. Siehst de, Kerl, wenn Du nich den Augenblick ufhörts, denn kriegst De aber ooch uf der Stelle –

Kellner. Keule von Hammel mit Spargel und Mohrrüben.

Schultze (zum Kellner). Sie sollen mich nicht immer alles aus'n Mund nehmen.

Kellner (setzt die Schüssel die er fortgenommen wieder hin). Ich glaube nicht, daß Sie noch Braten wünschten.

Schultze. Ach, ich meente ja die Keule! Sorgen Sie nun für Ihr weiteres Fortkommen und bringen Sie uns dann einen Eimer, – aber mit Wasser, – aber jefroren muß es sin, – und 'ne Pulle muß drin stehen, – un Sekt muß in de Pulle sin, – und fragen Sie nich so viel, sondern bringen Sie einfach 'ne Flasche Champagner!

Müller. Wie soll denn der Mensch aber ooch jleich von 'n Eimer uf 'n Champagner kommen!

Schultze. Na vom Champagner kommt man doch leicht uf 'n – was wollt' ich doch sagen – ja so – Kellner, wie ist es denn! Is denn in Ballenstädt was los?

Kellner. Ja wohl. Theater und Musikfest!

Schultze. Ach des meene ich nich. Ick meene überhaupt – ob was los ist? Verstehen Sie denn nich? Ob so – was man sagt – was los ist?

Kellner. Nee.

Schultze. Was nee?

Kellner. Ich verstehe Sie nicht.

Schultze. So? Na denn können Sie mir – Butter und Käse bringen! Ick will bloß noch 'n Magen schließen. (schenkt von dem gebrachten Champagner ein und trinkt mehrere Gläser hinter einander) Hupp' la.

Müller (der ebenfalls getrunken). Hupp' la.

Schultze. Weeßt Du den Unterschied von Jüngling und Jreis?

Müller. Nee. Huppla.

Schultze. Der Jüngling jenießt Allens was ihm ufstößt un dem Jreis stoßt Allens uf was er jenießt! – Pl – a fond!

Müller (singt).
Mich is unjeheuer wohl
Bei dem Monte bello
Jieb mich die Habannah her
Aber eine Yello!

Schultze (singt weiter).
Und spielt bei der Tischmusik
Solo sanft des Cello,
Wollt' ich des die Desdemo –
Na – wäre bei Othello'n!

Zweiter Kellner (bringt Butter und Käse). Hier meine Herren, fromage de Brie.

Müller. Erlauben Sie sich mit uns nicht solche Scherze. Verstehen Sie mir. Das paßt sich jar nich, daß jeder Kellner schon über's Ballet aburtheilen will! Bringen Sie Feuer und widersprechen Sie nicht!

Schultze. Bist Du aber jegen den Menschen jrob.

Müller. Wenn man jegen so 'ne Leute nich brudahl is, denn nehmen sie sich Allens raus.

Schultze. Na davor hast Du hier jesorgt, deß se sich nischt rausjenommen haben, als höchstens die leeren Schüsseln! Des ville Fleischfressen is es ooch bloß, deß Dich so wüthend un blutjierig macht.

Müller. Ja ich habe jetzt eine Wuth und eine Courage im Leibe, – wenn es jetzt finster wäre und ich hätte einen Kerl vor mir, – und wenn es des jroße Frauenzimmer wäre, – die da 'n Berg ruf kommt, ich zermalmte ihn und zeigte ihm wo Barthel Most holt –

Schultze. Bei Montebellon! So is es! Erst wenn der Mensch eine Flasche Champagner im Leibe hat, is er, was man sagt, erst ein vollendeter Mensch –

Müller. Is er fertig!

Schultze. Ja, Du bist nu fertig! Die Cultur und die Civilisation und de vermuckerte Erziehung und die unnatürliche Lebensweise und 's Tabakroochen – und de unsittlichen Bücher, un mit einem Worte, was man Intellijenz nennt, hat de Menschen so 'run jebracht, det se erscht durch eine Pulle Sekt sich wieder in normalen Zustand befinden.

Müller. Normal, wat heeßt des?

Schultze. Kommt von Norma – Sehe – rin, Johanna Wagner, Se – wer? Schultze, orowüßte ich nur wo Adel'iese steckt, ich habe ihr, was Nothwendiges zu sagen.

Müller (singt).
Späh' auf dem Hügel, Druidenschaar,
Späh' durch die dunklen Zweige –

Schultze (sieht die Bergstraße hinab). Wahrhaftig – da kommen 'n paar Damens, – sehr elejant jekleidete Damens!

Müller. Ich habe es Dir ja schonst vorhin jesagt. Ich sah die eene Jroße um die Bergecke biegen. Jetzt seh' ich erscht, det noch 'ne kleene Dicke bei is'.

Schultze. Hat die Jroße aber 'ne Taille und die Längde – des muß 'ne Potsdamerin sin.

Müller. Na des sie Dir nur nich zum Potsdamer macht. Sind übrigens sehr feine Jestalten.

Schultze. Was ungeheuer Sicheres un Festes! des sin entweder Kunstreiterinnen oder Jräfinnen! (Die Damen nähern sich.)

Die Größere (zur Kleineren). Das sind gewiß Großstädter.

Die Kleinere (halblaut im Vorübergehen). Wahrscheinlich Bankiers, die eine Vergnügungsreise durch den Harz machen.
(Sie setzen sich an einen Tisch unter der Gallerie des Gasthauses.)

Müller. Die sprechen von uns –

Schultze. Ich hörte eben was von Bankiers!

Müller. Des wär' nich übel, wenn die uns vor 'n paar reiche Juden hielten. Ich jloobe det is noch det eenzigste womit man jetzt bei die Frauenzimmer Jlück macht.

Schultze. Des is jewiß. Und spielen wollen wir ihm schon. Davor hab ich vor'gen Sommer jeden Abend bei George jejessen.

Müller. Det wird 'n unjeheurer Ulk!

Schultze. Du heeßt also Meier un ich Scholem. Aber zu weit dürfen wir's ooch nich treiben. Bloß hin un wieder 'ne kleene orientalische Frage –

Müller (zu den Damen die es jedoch überhören). Finden Sie die Aussicht hier nicht ausgeseichent! Soll mer Gott helfen – sie is ausgeseichent!

Schultze. Willst Du wohl's Maul halten, verdammter Schaafskopp! So'n Jüdisch spricht höchstens 'n Teppergeselle wenn er im Concordia Nathan den Weisen spielt. Wenn Du's nich besser kannst, denn bleibe bei Deine jemeine Jermaniens Völkerstimme un blamire Dir nich.

Müller. Na nu ereifere Dir nich!

Schultze. Na ja, – ich kann mir ärgern; – det ville Schweinefleisch hat Dir schonst janz dumm jemacht! – – Kellner! Kellner! Bezahlen!

Kellner. Ich werde gleich die Rechnung bringen!

Schultze. Is nich nöthig: Was macht der Schwindel? (sehr laut) Zwei Couvert, zwei Flaschen Rheinwein, und zwei Flaschen Champagner, deren letztes Glas ich auf das Wohl der schönen Blumen des Harzes trinke, – (mit Verbeugung gegen die Damen die sich lächelnd umgewandt) den herrlichen Pflanzen, die das Auge des Wanderers erfreuen und die zu besitzen –

Kellner. Acht Thaler zwanzig Silbergroschen.

Schultze. Hier (giebt dem Kellner einen Doppellouisd'or)!

Kellner. Einen Thaler zwanzig bekommen Sie heraus! (will das Geld Schultzen geben)

Schultze. Heraus! sage ich! Ich nehme nie Silber! Nicht gedenken gedacht zu werden. (Kellner verbeugt sich dankend und entfernt sich.)

Schultze (leise zum Müller). Sehst De, des is christlich jesprochen un jüdisch jehandelt. Immer Rothschild en miniature.

Die größere Dame (leise zu der Kleineren). Das scheinen ein paar reiche Jungen zu sein.

Die kleinere Dame. Namentlich der Dicke. Da wette ich, das ist ein Berliner Commerzienrath.

Schultze (der sich in die Nähe der Dame begeben zu Müller). Lieber Meuer! Thu' mich den Jefallen und sieh Dich um ob Du Dich nicht den Wagen siehst.

Müller. Ich habe ihn abbestellt. Wir wollen die Parthien zu Fuß machen.

Schultze (zu der größeren Dame!). Meinen Sie, meine Gnädige, daß der Weg nach Ballenstädt anjenehmer is per pö – des oder per Are?

Die Größere. Ich würde den ersteren wohl vorziehen.

Die Kleinere. Es ist der anmuthigste Fußweg. Ein herrlicher Spaziergang durch blühende Lauben und Hecken.

Müller. Und Sie werden ihm auch die Ehre geben?

Die Größere. Ja wohl. Wir müssen noch vor Beginn des Theaters in Ballenstädt eintreffen.

Schultze. Müssen? Meine Jnädige. Müssen? muß? kein Mensch muß müssen!

Die Größere. Doch, doch, die Vorstellung kann ohne uns nicht stattfinden.

Müller. Die Damen sind –

Die Kleinere. Von der Gesellschaft des Direktor Trillhopf!

Schultze. Ah – das ist die beste Jesellschaft die es jiebt.

Die Größere. Sie kennen sie?

Schultze. Nein, aber die Jesellschaft in der Sie sich befinden, wird gewiß immer die beste sind!

Die Größere. Sie sind sehr freundlich, mein Herr und ich will wünschen, daß der heutige Abend Ihre Ansicht befestige.

Müller. Des versteht sich jehen wir rin.

Die Größere. Es sollte in meinen Worten durchaus nicht die Aufforderung zum Theaterbesuch liegen. Die Herren lieben vielleicht gar nicht einmal die Oper.

Schultze. Die Oper? O nur die Oper!

Die Kleinere. Wir geben heut Martha.

Schultze. O des is jöttlich! (singt)
Ich kann stricken!
Ich kann sticken!
Spicken, flicken!
Stopfen, pfropfen!
Säen, mähen!
Raspeln, haspeln!
Kladderadatsch!

Die Damen. Bravo! Bravo!

Müller (der Schultzen nicht nachstehen will, singt).
Ich kann bügeln!
Ich kann striegeln!
Ich kann backen!
Hacken, sacken!
Knacken, packen!
Racken, – –

Schultze (springt vor und hält Müllern den Mund zu). Ne – des kannst Du nich singen – Du hast keine Stimme zu!

Die Größere. Wir haben also das Vergnügen, die Herren in Ballenstädt im Theater zu sehen. Bis dahin – auf Wiedersehen.

Schultze. Mein Fräulein, wenn ich der Hoffnung Raum jeben darf, so werden wir heut Abend von Ihnen „die letzte Rose" empfangen?

Die Kleinere. Aufzuwarten. Mein Freundin singt die Lädy und ich – die Nancy.

Müller. O Nancy!

Schultze (leise). Halts Maul, Ziegenbock!

Die Kleinere (mit einem bedeutenden Blick auf Müller). Also auf Wiedersehen!
(Gegenseitige Verbeugung. Die Herren entfernen sich.)

Müller (hüpft vor Freude und wirft sich dann auf den Rasen). Himmlisch! Reizend! Jottvoll! Besonders die Kleene. Ich sage Dir, – des is, – det wird – des habe ich jleich jesehn – des wird jroßartig!

Schultze (legt sich ebenfalls ins Gras auf den Rücken). Ja es sind ein paar schöne Jeschöpfe. Namentlich die Jroße – hat etwas Majestätisches – was Jrandiöses von kolossale Weiblichkeit un enorme Formen –

Müller. Nu die sollen aber heute Abend mal beklatscht werden becadacapot un rausjerufen un mit Blumen beworfen.

Schultze. Ick habe mir immer 'mal ne Bekanntschaft von's Theater jewünscht, 'ne Prima Donna oder ooch 'ne secundäre – aberst nur'ne Sängerin. Es is zu schön, wenn man so 'n paar tausend Männer sieht, die außer sich sind vor Bewunderung und sich zerreißen möchten vor Entzücken – und man sitzt dabei janz ruhig in seine Loge, sieht sich die ufjeregte Menschheit an und denkt sich schmunzelnd: Ich bin es! moi! je! Und der französische Jesandte sagt zu seinem Attaché: Ce Schoultze est donc un garçon condamné! Schultze is doch 'n verfluchter Kerl. Il la tiens ex! Er hält sie aus!

Müller. Ja, überhaupt von Allens das Feinste haben können, – das nöthige Jeld haben, um täglich so leben zu kommen – wie wir heut – des muß reizend sind! (schläft ein.)

Schultze. Nich immer! Ich habe eenen Vetter – jehabt, – der hat – Allens jehabt. Jeld, Häuser, Jrundstücke, jute Cigarren, schöne Jeliebten und schöne Hunde un beste Pferde un reizende Frau un drei Dienstmädchen, un un – – war – doch nich jlücklich!

Müller (unter Schnarchen). Ja er konnte ja –

Schultze (im Einschlafen). Ja er konnte Allens jenießen – Reisen – Essen – Trinken – Rauchen – Schnuppen – Tanzen – Fahren – Reiten – aber er war doch – nicht glücklich – denn er litt an Ob – ob – st! Ruhe! – (schläft ein).

8.
Ballenstädt.

Schultze an seine Gattin.
Ballenstädt, Nachts 11 Uhr.

Jeehrte Friederike!

In meinen Pantoffeln, die ich hier jestern Abend vorjefunden, habe ich Dein besseres Selbst erkannt, und in dieser bequemen Fußbekleidung, die Du Dir beeiltest mir zuzusenden, ein Zeichen der Liebe und Reue über das Vorjefallene jerne wahrzunehmen mir nicht fruchtlos bemüht, da durch einige Meilen Fußreise meine Füße janz wund geworden waren. Ebenso wohlthuend waren Deine bejleitenden Zeilen, in welchen Du Deinen janzen Haß auf Müllern ausschüttest, der sich als fremder Mensch erdreistete, Dir mit seinem Schirm vom Waggon aus auf die Finger zu klopfen, und hierdurch Deine Leidenschaft erregte, wie denn auch Deine Vermuthung janz bejründet ist, daß eigentlich Müller an die janze Reiseidee, Ausführung und Folgen die alleinige Schuld trägt.

Durch berauschende Jetränke wußte er mir willfährig zu machen, daß ich ihm in der Trunkenheit mein Jawort gab, ihm durch den Harz zu begleiten. Was aber der Kümmel verbindet, das soll der Mensch nich scheiden und ein jegebenes Wort ist mir heilig. So entschloß ich mich denn, ihm nach dem Bahnhof zu folgen, ohne von Dir Abschied zu nehmen. Denn das ist der Fluch der bösen That, daß sie vor Zeugen nich Böses jebären kann, – so der Abschied in diesem Sinne, und zum Theil mein letztes Schreiben, welches wie Du sagst, Deine Thränen so benetzt haben und alle Seiten so verwischt von Dir sind, daß mein Ausdruck nicht mehr zu erkennen.

Ich werde daher Deine Wünsche befriedigen und Dir ausführlich über Alles schreiben, was ich auf dieser Reise sehen, hören, erfahren, fühlen und erleben werde. Ich werde und will Dir nichts verschweigen, kann aber doch nich bejreifen, was Dich daran liegen kann, so jenau zu wissen, welche Route wir zu nehmen und wo wir uns längere Zeit aufzuhalten jedenken. Aber auch dieses will ich erfüllen und Dir in keiner Beziehung nöthigen, zwischen die Zeilen zu lesen.

Mit Müller hab ich von dem Augenblicke an, wo wir Berlin verließen, noch keine Sylbe jesprochen. Einmal der Verletzung wegen, die er Dir zujefügt, das andremal seines unsittlichen Betragens wejen, das schon gleich auf dem Wege nach

Potsdam durch auf die Füße treten anständig ihm jegenüber sitzender Damen begonnen, und wer weiß welche Ende in diesem Höhenzug und Waldjebirge des Harzes nehmen wird.

Ich will keinen Unfrieden in die Familie säen und halte mich überzeugt, daß Du von dem, was ich dir mittheile, nich den kleinsten öffentlichen Jebrauch machen wirst. Aber leider scheint Müller diese janze Reise als eine Gelegenheit zu Extravaganzen aller Art zu benutzen und – meine Feder sträubt sich – sein Verhältniß mit einer Sängerin des hiesigen Theaters is kein Briefjeheimniß mehr.

Es is eine kleine corpulente Person, die ihm zu fesseln jewußt, indem er ihr Versprechungen jemacht, sie an der Königsstadt zu engagiren, indem er betheuert, mit dem Regisseur auf Du und Du zu sein. Denke Dich meine Lage, mit dieser Person überall öffentlich Alles zu besehen, da sie uns mit ihrer Freundin, auf Wunsch Müllers, überall begleitet, wo eine Sehenswürdigkeit stattfindet, und ich mich der jemeinschaftlichen Reisekosten wejen, nich diesem Einflusse entziehen kann. So haben wir jestern das Schloß von Ballenstädt mit diesen Damen zusammen besichtigt, da Müller seine mit Name Julie Proppendorf wejen ihre Stellung als frühere Hofschauspielerin in das fürstliche Jebäude sehr Bescheid wissen wollte, und nich jenug zu erzählen wußte, wie herablassend man sich jegen sie stets benommen. Auch der Markgraf Albrecht der Bär, woher Bärlin seinen Namen, hat hier manche Nacht zujebracht, so wie auch die Aussicht von der Terrasse eine reizende genannt werden darf.

In dem Park erinnert eine Bank an zwei unglücklich Liebende, die sich hier den Tod gegeben. Sie heißt „die faule Bank," weil auf dem Postament darüber steht: Für Faule! Die Buchstaben
F.V.R. F.A.V.L.E.
heißen aber:
Friede Vnd Ruhe, Finden Alle Unglücklich Liebende Endlich,
weshalb Müller über eine Stunde mit der Proppendorf darauf zurückblieb.

Indeß ich mir jenöthigt sah, mit der andern Dame das Jagdrevier zu bestreichen, bejegnete uns eine Hyäne, der ich jedoch glücklich Meister wurde und sie in die Flucht jagte.

Zu den sonstigen Merkwürdigkeiten jehört es, daß hier im Harz Allens uf Rode ausjeht: Elbingerode, Harzgerode, Wernigerode, Gernrode, Suderode, Osterode, Schulenrode, worin ich bin

Dein

Schultze.

9.
Müller an seine Gattin.

Nachts 11 ½ Uhr.

Während Schultze bereits in tiefen Schlaf jesunken, ergreife ich die Feder zu diese Zeilen, da ich in seine Jegenwart mich um keinen Preis der Welt die Blamage jeben wollte, Dir mein Mitleid zu zeigen.

Aber die Fama kann es nach Berlin bringen und ich will mir vor jeden Verdacht reinigen. Denn wer steht mir davor, daß ein Reisender aus Berlin uns hier zufällig beobachtet und es Dir zu Ohren kommt, daß man mir mit einem Frauenzimmer jesehen hat, die zu mich in keiner Beziehung steht. Denn so ist es leider!

Wenn nicht der Fall auf der Eisenbahn zwischen Schultze und seiner Frau vorjekommen wäre, so würde er ihr es wohl jeschrieben haben, was mich hier betroffen hat, indem ich eine Cousine von meines Bruders Seite hier im Unglück aufjefunden habe, zu deren Schwester jedoch Schultze eine sträfliche Neigung gefaßt hat und nicht davon lassen will, da sie beim Theater ist und er bereits an den Regisseur von der Friedrichsstadt wegen ein Engagement dieser sogenannten Ludowieke von Teckelberg jeschrieben haben will.

Schultze mag es verantworten, was er thut, da er jestern Abend zum Scandal des Publikums mit der jedachten Sängerin in einen Wolkenwagen hoch jegangen is. Es wurde nämlich ein Zauberstück mit viele Verwandlungen jegeben, was Schultze mit der Actrize benützten, und sich in einen Wolkenwagen setzten, um sich ungestört etwas erzählen zu können. In das Gespräch vertieft merkten sie nich die Verwandlung des vor sie befindlichen Prospectes und jingen unter Feuerregen statt Engel und Genien zum Jelächter von janz Ballenstädt in die Wolken.

Schultze hat sich aus Verzweiflung hierüber einen Affen jekooft und verschläft nun seine Schande. Ick selbst bin in die Füße besoffen, da ich sie mir der Fußreise wegen mit Spiritus einjewaschen, weshalb ich auch an Dir schreibe, da ich nüchtern mich wohl nie mehr an Dich wenden werde. Denn ich sage weiter nichts als das Wort „Schutzmann," den Du meinetwegen zu Hülfe jerufen.

Wenn es daher früher oder später zu einer Trennung zwischen uns kommt, so soll es nicht

heißen, daß meine unjlückliche Cousine, der ich mir von Bruders Seite zur Unterstützung verpflichtet fühle, die Veranlassung jegeben hat, da sie bloß durch Schultze jezwungen is, in Bejleitung der jenannten Ludowieke von Teckelberg zu bleiben. Was aber diese sojenannte Ludowieke selbst betrifft, so scheint sie mir vom Baum der Erkenntniß schonst einige Borsdorfer jenossen zu haben. Denn wenn sich schonst eine des Umschlagebuch mit de Stoppnadel zusticht, denn weeßt Du woran Du bist. Denn Stecknadeln jiebt es jenug vor'n Sechser und aus die Finsterniß, wenn se noch so schwarz is, kann man sich keine Stiebelwichse machen, wozu sich also immer jern in dunkle Zimmer aufhalten?

Morgen jeht es nach dem Falkenstein und nehme ich den Brief an Deine Eltern zurück, da Du mir schreibst, daß Du ihn erbrochen und nicht abgegeben hast. Ich wünsche jedoch nicht, daß Du Einlagen bei der Schultze machst, wie hier nach Ballenstädt, da ich mir von diesem Manne seines Verhältnisses wegen, vielleicht janz zurückziehen werde. Daher Du mir zunächst direct nach Alexisbad p. rest. schreiben kannst, wo wir uns einige Tage aufzuhalten gedenken. Jlaube mir, Karoline! „wenn die Kosten nich bereits jemacht wären, – ick wäre längst wieder in Berlin!" Denn Schultze is durch un durch ein Schäbiger an der Menschheit, der an keine Unsterblichkeit jlaubt un dieses irdische Jammerthal für einen öffentlichen Verjnügungsort ansieht, zu dem er sich durch sein Jeburtsattest ein Entréebilljet jelöst haben will. Dabei spricht er fortwährend von Menschenwürde und Weltbürgerstolz und hat sich bei die Tabeldote heut Mittag so in die Brust jeworfen, des ihn die beiden Hausknechte kaum wieder rausziehen konnten.

Die frische Nachtluft weht durch das offne Fenster und frisches jrünes Waldjefühl und würziger Borkenjeruch fluthet durch meine Friedrichsstädtsche Seele mit der ich mich hundsmüde zu Bette lege als

Dein Jatte
Müller.

10.
Falkenstein.

Schultze und Müller haben sich von den Künstlerinnen Ludowieke von Teckelberg und Julie Proppendorf verabschiedet, in Begleitung des Harzführer Hohmann Ballenstädt verlassen, sind über den Ziegenberg im Gasthof zum Falken eingetroffen und nach dort eingenommenen Dejeuneur auf dem Wege nach Burg Falkenstein.

Müller. Aber Männeken, wie lange sollen wir denn noch steigen?

Führer Hohmann. Geduld, Vernunft und Sauerkraut das sind drei gute Dinge! Wir sind bald oben und sie werden sagen: Schön!

Schultze. Des jloob ich. Wenn wir oben sind, denn sagen wir gewiß: Schön! Was ist denn des vor ´n Städtchen da drüben.

Hohmann. Das ist kein Städtchen sondern Meisdorf und gehört nebst vier andern Dörfern, die zum Theil preußisch zum Theil anhaltisch sind, zur Burg Falkenstein.

Müller. So nah liegen also hier die Länder zusammen?

Hohmann. Wenn die Herren sich das Vergnügen machen wollen mit ihre vier Füße auf vier deutsche Länder zugleich zu treten, so ist nicht weit von hier ein Gränzscheidepunkt, wo das Preußische, Braunschweigische, Anhaltische und Schwarzburgische mit einander zusammenkommt.

Müller. Des muß intressant sein, – da wollen wir hin!

Schultze. I bewahre – Vorwärts! Vorwärts! Keine Ausschweifungen nach rechts oder lins. Ick habe schon an eene deutsche Jränze genug, jeschweige an Vieren. Wer weeß ob des nicht jar der Fleck is, wo die Jeschichte mit dem ewigen Handwerksburschen passirt ist.

Hohmann. Ach bitte gütigst um Erzählung. Wirst du alt wie eine Kuh, lern´ von Andere immer zu! sagte der Hirte, als er Schullehrer wurde.

Schultze. Die Jeschichte is sehr einfach. Der Handwerksbursche hatte vierzehn Tage länger, als es ihm erlaubt war, in Bremen jearbeitet, kam nach seine Heimath retour und war heimathlos.

Hohmann. Was heißt heimathlos, wenn ich bitten darf?

Schultze. Wenn Sie zum Beispiel wo jeboren sind und Sie wohnen dreißig Jahr daselbst und jehen uf vier Monate Sommerwohnung spazieren un melden Sich nich ab, denn sind Sie heimathlos, oder Vagabund im Sinne des Jesetzes.

Hohmann. Im Sinne des Gesetzes.

Schultze. Ja, des heißt wenn man was im Sinn hat, so jiebt es immer ein Jesetz für denjenigen, welchen man wie diesen Handwerksburschen und so weiter. Jut also, dachte er, und setzte seinen Fuß auf´s Braunschweigsche. Will er wohl raus! sagte Braunschweig und versetzte ihn in´s Hannoversche. Will er wohl raus! sagte Hannover und versetzte ihn in´s Anhalt´sche. Will er wohl raus! sagte Anhalt und versetzte ihn in´s Schwarzburg`sche.

Hohmann. Nun war er schon viermal versetzt worden –

Schultze. Sein Zustand war daher so, daß Keiner mehr was auf ihm jejeben hätte, jeschweige das Schicksal, das täglich die werthvollsten Pfänder der Menschheit verfallen läßt. Also kam unser Wanderer auf eine neutrale Stelle, wo fünf verschiedene Vaterländer sich die Hände zu reichen scheinen – aber dazwischen immer noch so viel Platz lassen, das ein Mensch – liegen bleiben kann. Also blieb er liegen, vermied die Weitschweifigkeit und die Breite des Ausdrucks, befleißigte sich vielmehr der Tiefe, indem er von seinem deutschen Jrundrecht Jebrauch machte, sich selbst zu bejraben!

Hohmann (wischt sich die Augen). Der arme Mensch is also reen umjekommen.

Schultze. Sie trippeln woll aus de Augen, Hohmann?

Hohmann. I bewahre. Wo werde ich mir denn so was, vor so anständige Herren zu Schulden kommen lassen. Es war mir bloß'n bisken Stoob rinjekommen. (singt) Immer heiter, fröhlich weiter, lustig ist des Schusterblut! Noch'n paar Schritt, meine Herren! und wir sind oben!

Müller. Da ist ja schon der Thurm!

Schultze. Richtig! Und die Burgmauern! Sieht ganz famos aus!

Müller. Was steht denn hier in der Felswand (liest) „Ueber den Trümmern, unter schattenden Bäumen, im Andenken an die Ahnherren und Ahnfrauen, an die Kraft, an die Thaten, die Lieder, die Frömmigkeit und Tugend der Vorfahren, mit Wehmut, daß das Aeußere vergeht, mit Freude, daß Tüchtigkeit, Recht, Glaube, Hoffnung und Liebe ewig bleiben, blicken aufwärts die Nachkommen." Ah, des hat jewiß Bezug uf die Jeschichte mit dem Handwerksburschen.

Hohmann. Nein. Das sind schon sehr verjährte Buchstaben, die ein Graf von der Asseburg hat einschneiden lassen. Wir sind jetzt bereits in den Hof der Burg selbst jetreten und ich werde mir erlauben, ehe wir das Innere weiter besichtigen, Sie eine Sage von dieser Bergveste zu erzählen, wenn ich bitten darf.

Also wird vor vielen hundert Jahren auf diesem Rittersitz ein Berggeist sein und seinen Spuk treiben! Jesagt, jethan, tritt er eines Ritternachts an das Lager der Burgfrau und bittet sie, ihn zu folgen, da eine unglückliche Person ihrer Hülfe bedürfe. Schön! sagte die Burgfrau und giebt ihr Jawort. Der Geist führt sie nun durch dunkle Gänge in ein unterirdisches Gemach, wo eine Frau in Kindesnöthen liegt und um Hülfe fleht, welche ihr von der Burgfrau auch gewährt wird. Hierauf kommt ein kleiner Knabe zur Welt, welcher in jeder Hand einen Becher hält und nun, meine Herren, bitte ich, regardiren Sie auf die Ausdrücke. Nimm diese Becher – sagte der Geist zu der Burgfrau – und verwahre sie wohl, denn das Wohl des Asseburg'schen Hauses ist damit innig verknüpft. Schön – sagte die Burgfrau und verwahrte sie. Nun traf es sich einst, daß zwei Junker von der Asseburg mit einem edlen Ritter von Taubenhain auf die Burg zu ihrer Mutter zum Besuch kamen. Beim fröhlichem Male begehrten sie aus den Pokalen zu trinken. Die Mutter, wie Mütter sind, gewährte sie diese Freude. Beim heftigen Anstoßen aber zerbrachen die Humpen in viele tausend Stücke! Tiefe Schwermuth ergriff nun die drei Junker, denn sie wußten was der Burggeist prophezeihet hatte. Sie tranken daher ihren edlen Wein aus und begaben sich hier in diesen Hof um den Ritter von Taubenhain das Geleit zu geben. Aber, links vom Abhang der in das Selkethal führt, wurden die Pferde scheu und warfen die drei Junker in den Abgrund. Das ist die schöne Sage von der Burg Falkenstein, die wir nun näher besichtigen wollen.
(Sie gehen weiter.)

Müller. Aber Männeken, die Jeschichte, die sie da erzählt haben, – det is ja eijentlich jar nicht!

Schultze. Die eenzige Pojengte is, des sich drei Junker'n Hals jebrochen haben. Es is zwar wenig – aber es is doch immer was!

Müller. Sagten Sie nich was vorhin von Taubenhain.

Hohmann. Ja drüben – gegenüber von der Burg lag einst die Pfarrerei Taubenhain.

Schultze. Warum sagen Sie des nu nich jleich. Von drüben der Junker von Falkenstein, war schuldlos wie ein Täubchen, er schrieb ihr ein Briefchen auf Seidenpapier –

Hohmann. Wem denn?

Schultze. Der Pfarrerstochter von Taubenhain und wünschte Rosettchen zum Weibchen!

Müller. Des is ja des olle Jedicht, daß die Berliner Dienstmächens immer singen, wenn sie wegen: „weil sie sich verändern wollte" uf Schlafstelle liejen.

Er wußte sein Wörtchen so traulich und süß
In's Ohrloch und Herz ihr zu girren!
Ach, liebender Jlaube is willig un zahm
Er sparte nich Locken die schüchterne Scham
Zu seinem Jelüste zu kirren!
Er zog sie zur Laube, so düster und still,
Rosettchen, es soll dir nich reuen! – –

Schultze. Höre uf, Müller, des Lied hat mir schon als zwölfjähriger Bengel Phantasie jemacht, wie ick es nur heimlich uf'n Zimmer lesen durfte.

Müller. Na es is ja von Bürgern!

Hohmann. Des glaube ich, die haben hier von den Junkern viel zu leiden gehabt. Wenn Sie auf diese Löcher hier in der Mauer regardiren wollen, so werden Sie bemerken, daß es die Luftlöcher sind, welche in das einstmalige Burgverließ des Falkensteins führten. Hier stand eine schöne Jungfrau aus Holz mit innerem Räderwerk, an welche der Bürger herangeführt wurde zum Jungfernkuß. Sie umarmte ihn, und aus den Armen traten zahllose Messerstiche und Dolche, welche den zu diesem Tode Verdammten durchbohrten, worauf denn das aus vielen hundert Wunden blutende Schlachtopfer durch eine heimliche Oeffnung in den düstern Schlund hinabglitt, im Steinsarge verröchelte und unter Verwünschungen verscharrt wurde, – wenn ich bitten darf.

Müller. Ach so, wir sollen die Stufen herauf!

Hohmann. Bitte, meine Herren, regardiren Sie gefälligst hier durch das Fenster! Es ist das die berühmte Kapelle wo Huß einst gepredigt!

Müller. Is es möglich? Wirklich! Hier auf dieser Kanzel.

Hohmann. Hier stand Huß und ermahnte seine damals noch kleine Jemeinde mit Vorbehalt zur Courage und Ausdauer, donnerte los gegen den Papst und die ganze ver –

Schultze. Ehrliche römische Herrschaft.

Hohmann. Jedoch alleine aber er mußte wieder von hier entfliehen, weil er –

Schultze. Keine Niederlassung nicht erhalten konnte und so weiter! Das kennen wir und es wiederholt sich Alles nur im Leben! sagte einer unser ersten Dichter, als er sich noch einen – Zweiten einschenken ließ! Huß, Socrates, Moses und andere Reformjuden sind immer verfolgt worden und von der Concurrenz wegen nicht gelösten Jewerbeschein als Ketzer und Irrgläubige der betreffenden Behörde überliefert. Nu wollen wir weiter jehn un sehen, wat wir oben vor'ne Aussicht haben!

(Sie ersteigen den Falkenstein und finden auf den Zinnen der Burgruine den Schulprofessor mit seinen Zöglingen. Nach gegenseitiger Begrüßung und Bewunderung der schönen Aussicht wird eine Fußwanderung durch das Selkethal nach der Selkemühle und von da nach dem Mägdesprung gemeinschaftlich unternommen.)

12.
Im Selkethal.

Aus dem Tagebuche Schultze's.

Endlich kann ich in diese kleinen weißen Blätter mir vollständig ausschütten, ohne daß ich zu befürchten habe, daß ein freches Auge über meine Schulter rinkiekt, und aus das Allerheiligste meines Innern einen Spucknapp zu schlechte Witze macht. Während Müller mit dem Professor und den andern beiden dummen Jungen im Jrünen lagern und sich von Hohmann Jagd- und Räuberjeschichten der Harzmythologie erzählen lassen, liege ich Dir zur Seite, du liebliche Selke, un lausche was Deine Silberwellen mich erzählen. O Ludowicke! O meine Jnädige von Tekelberg! Warum mußt ich Dir kennen lernen?! Und noch dazu gleich nach Tische, wo der Mensch immer eher zum Bösen jeneigt is? Und endlich hier im Harze, wo Luft, Wald, Wasser, Berje, Felsen, Einsamkeit, Natur und die vielen Eierkuchen einen ohnehin schon jung machen und in die Zeit zurückführen, wo man noch viermal mehr Lebenslust hatte als heute. O Ludowicke! Noch einmal achtzehn Jahr und ich zermalme Dir.

Wär ich die Luft um die Flügel zu schlagen,
Wolken zu jagen,
Ueber die Gipfel der Berge zu streben –
Allens was ich habe, würde ich darum jeben!

Könnt ich Tannen wiegen und Eichen
schaukeln,
Durch die jrünen Fluren als Schmetterling
jaukeln,
Mit rosigem Lächeln,
Die Winde fächeln,
Und auf Lilienschleiern zu Dir schweben –
Allens was ich habe, würd´ ich darum jeben!

Könnt´ ich in der Selke kühlende Fluthen
Tauchen in des Mittags versengende Jluthen!
Mit den Najaden,
Und Schwimmhosen haben,
Reckend und schreckend in den Wellen
weben –
Allens was ich habe, würd ich darum
jeben, –
Und wenn ich nischt hätte, würd´ ich mir wat
pumpen!

Mit welche kolossale Seele hat sie nich vorjestern Abend in der Martha jesungen:

Letzte Rose, wie magst Du so einsam hier blühn? und dabei in´s Parkett zu mir run jeschielt, un anjesehn! Wenn se mit der letzten Rose nich Schultzen jemeent hat, so soll mir uf der Stelle der Deibel fricassiren! Und was vor´n Umfang sie hat – in der Stimme!

Durch die Stille des Thales klappert von drüben herüber die Selkemühle. In meinen Herzen aber pocht das Hämmerwerk unerjründlicher Leidenschaft! O Ludowicke! Vierzehn Tage mit Dir in diese jrüne Einsamkeit und ich will mir hinlegen und sterben und auf ewig mein Auge schließen!

Du bist meine Sonne un ich Deine Erde –
Der ich mir ewig um Dir drehen werde! –
Und wenn ich Schöpfern wo treffe hau´ ich
ihm!

13.
Von der Selkemühle nach dem Mägdesprung.

Der Professor. Ei, ei, Herr Schultze, wo haben Sie gesteckt? Wir haben durch das herrliche Selkethal fast fortwährend Ihre Gesellschaft entbehrt.

Schultze. Ick hatte mich bloß einige Notizen zu machen und bin deshalb zurückjeblieben.

Lothar. Das ist nicht wahr, Herr Professor, Schultze hat dort hinter einem Baume ein Bauernmädchen unterm Hals jekitzelt.

Professor. Ei, ei! was muß ich hören! (leise zu Schultze) Sie sollten doch auf die jungen Leute mehr Rücksicht nehmen und nicht derlei böses Beispiel geben!

Schultze. I, et is ja jar nich wahr! Ick habe das Mädchen bloß nach'n Weg jefragt!

Lothar. Schultze lügt, Herr Professor!

Professor. Ei, ei –

Schultze. Ach was ei, ei! Wie kann mir denn überhaupt der Junge schlechtweg Schultze nennen, und mich nich „Herr" vorsetzen.

Professor: Er glaubt sich in der Klasse, wo ich allein Herr titulirt werde. Daher auch seine Anzeige von Ihrem Bertragen, zu welchen er in den Räumen der Schule verpflichtet ist.

Schultze. So? Also det is ooch schonst jetzt in de Schulen, det Allens anjezeigt wird.

Professor. Ich glaube, daß zur Aufrechterhaltung der Schulordnung wohl stets eine derartige gegenseitige Ueberwachung der Schüler nothwendig gewesen.

Schultze. Ne, Herr Professor, zu meiner Zeit, wo ich noch uf Schule war, war es nich. Hätte aberst een Junge wat jeklatscht, oder anjezeigt und sich Liebeskind machen wollen, des schwöre ich Sie zu, den Bengel hätten wir in den Zwischenstunden mit die lateinische Jrammatiken jehauen, det ihm die Jenusregeln zum Halse hätten raushängen müssen! Wie kann man denn uf die Schule schonst so was einführen wollen? Jloben Sie denn, daß die Menschheit bloß die Bestimmung hat, berittner Steuerufseher zu werden!

Samuel (ganz außer sich). Ach, Herr Professor, was der Müller eben gemacht hat!

Professor. Still, ich will nichts hören!

Müller. Na, das wollte ich mir ooch ausjebeten haben. Ick werde mir doch hier im Freien äußern können, wie ich Luft habe.

Hohmann (singt).
Laß ziehen in die weite Welt,
Nur immer die Soldaten,
Denn auf dem blut'gen Schlachtenfeld –
Giebts nichts wie Pferdebraten!

Professor. Welch glücklicher, lebensfroher Mensch ist doch solch ein Harzführer. Trotz der schweren Reisetaschen, die er auf seinen Schultern trägt, ist er immer heiter und guter Dinge.

Hohmann. Ach, lieber Herr, die beiden Reisetaschen sind das wenigste, aber die sechzig Jahre, die ich auf'm Buckel habe, die muß ich mir immer 'n bischen zurecht rücken, wenn ick in Jang bleiben soll.

Professor. Und durch heitere Lieder aus Ihrer Kindheit stimmen Sie sich fröhlich!

Hohmann. Das nicht. Es sind meist Jesänge aus die Zeit, wo ich noch Schuhmachergeselle war, wo auch das Lied herrührt, wenn Sie vielleicht gehört haben:
„Heinrich schlief bei seiner Neuvermählten"

Professor. St! Schweigen Sie!

Samuel. Herr Professor, darf ich mir von dem Mann das Gedicht abschreiben, und es zum Examen deklamiren.

Müller. Heinrich schlief bei seiner Neuvermählten?

Professor. Ei, ei, Herr Müller, lassen Sie das! Und du, Samuel, wirst wegen Deines vorlauten Betragens heut eine Stunde nachbleiben.

Samuel. Ich möcht´ wohl gerne hier wo nachbleiben, wenn es nur was zu essen gäbe!

Schultze. Das arme Kind hat Hunger!
Professor. Sie nehmen sein Betragen noch in Schutz? Ei, ei, Herr Schultze!

Schultze. Ach was ei, ei! Von Ihr villes Ei, Ei, – hätten Sie schon längst die Jungens ´n Eierkuchen machen können!

Lothar. Ach ja, mit Beesinge!

Professor. Ruhe! Auf der Stelle, Ruhe! Oder die ganze Klasse sitzt nach!

Hohmann (singt).

Bohnenstroh, Bohnenstroh,
Brennt im Walde lichterloh!
Schöner ist es in der Stadt,
Wo es große Häuser hat.

Schultze. Was das deutsche Volkslied aber tiefsinnig is, das hat wirklich keine andere Nation aufzuweisen.

Müller. Das is wahr! Wenn man so ´n Lied hört, so kommt es einem fürchterlich dumm vor, bis man sich dran jewöhnt hat!

Professor. Allerdings bedarf man einer tiefern und gründlichern Kenntniß der Sprache und der Zeit, in welcher ein derartiges Gedicht entstanden, um seinen schmucklosen Werth ganz würdigen zu können. Es ist aber anderseits kein Gebiet der Forschung so reich an Material, als dasjenige, welches uns die lautlose Pracht und Schönheit des deutschen Volksliedes erschließt und uns den nöthigen Commentar dazu liefert!

Schultze. Das sag´ ich ooch. Der Commentar muß mitjesungen werden, sonst spiel ich nich mit! Was is denn das vor ´n unjeheures Ding, was da zwischen die Häuser vorragt?

Hohmann. Das ist der schöne, große Obelisk des Mägdesprungs, 58 Fuß hoch und 1812 vom Herzoge Alexius seinem Vater zu Ehren errichtet.

Professor. Bis 1822 war dieses Denkmal eines der berühmtesten Monumente von Erz in Deutschland.

Müller (sich besinnend). Erz? – Erz? – Wie is mir denn? Den muß ich doch ooch jekannt haben.

Schultze. Ach, Du bist ´n Dämlack. Erz is ja doch keen Name.

Professor. In sprachlicher Hinsicht ist Erz eine Vorsatzsilbe, die mit einem Hauptworte zusammengesetzt wird, um den Begriff desselben gediegener darzustellen, wie zum Beispiel: Erzherzog, Erzbischof –

Müller. Erzschaafskopp. –

Professor (zu den Zöglingen). Wir betreten nun, meine Lieben, den Mägdesprung, einen der anziehendsten Punkte des Unterharzes, eben so interessant wegen seiner großartigen, industriellen Betriebsamkeit, als reizend wegen seiner grotesken, romantischen Lage. Der Freund der Natur, der Kenner der Kunst, der Verehrer großartiger Etablissements, jeder wird mit vollem Genüge hier verweilen und Befriedigung finden.

Samuel. Kriegen wir hier auch was zu essen?

Professor. Das Selkethal hat hier gerade von allen übrigen Harzthälern den schönsten Schmuck geborgt und zu seltener Harmonie vereint: das Wilde und Milde, das Zarte und Harte, das Erhabene und Freundliche, das Schauerliche und Anmuthige, das Düstere und Lichte, die Einsamkeit und den Fleiß.

Lothar. Können wir uns Butterbrod geben lassen?

Professor. Blicket umher, meine Lieben! Welch´ herrliches Bild! Mitten in dieser imposanten Gebirgsnatur treten wir plötzlich in dampfende, klappernde, hämmernde Werkstätten menschlicher Thätigkeit. Glühende Funken sprühen empor durch die grünen Baumwipfel und aus den Schornsteinen der Hochöfen, Frischhämmer, Malz-, Bohr- und Drehwerke wirbelt die schwarze Rauchwolke stolz empor zum silberblauen Aether! Wie erhebend! Wie andachtstimmend!? Welche Gefühle werden nicht in unserm Busen wach?!

Samuel (leise). Ich habe furchtbaren Durst!

Professor. Weißt Du mir vielleicht zu sagen,

Samuel, in welchem Schiller`schen Gedichte das Leben und Treiben eines derartigen Eisenhammers so vortrefflich geschildert ist?

Samuel. In – in – in die Worte des Glaubens.

Professor. Falsch. Folgender: Lothar.

Lothar. In – in die Worte des Wahns!

Professor. Ihr seid gänzlich zerstreut und unaufmerksam!

Müller. Erlauben Sie, das können Sie die Kinder nich verdenken, daß sie im Jlauben un im Wahn sind – was zu essen zu kriegen un vor lauter Hunger nich druf kommen können (declamirt)
Der Magen klappert Nacht und Tag,
Im Takte klappt –

Samuel und Lothar (zugleich). Ach, der Gang nach dem Eisenhammer.

Müller. Na sehen Sie, so wie se was vom Magen hören, is´s Jedächtniß wieder da!

Professor. Es läßt sich annehmen, daß Schiller, durch ein ähnliches Hammer- und Pochwerk wie dieses, zu seinem herrlichen Poem begeistert wurde.

Schultze. Das jloobe ich ooch. Namentlich das Pochwerk bringt ´n Menschen uf eine Masse Jedanken.

Professor. Wie meinen Sie das?

Schultze. Na es pocht doch heutzutage Jeder uf was. Die Conservativen pochen uf de Macht der Bajonette, de Demokraten pochen uf ihre ewige Menschenrechte, die Reaktionäre pochen uf ihr Verhalten 48, de dramatischen Dichter pochen auf den Einfluß, den ihre Stücke uf´s Publikum haben und ´s Publikum pocht wieder die Stücke von de dramatische Dichter.

Müller. Nu jieb ´mal ´nen Thaler her, Schultze!

Schultze. Schwere Lex! Er hat recht. Ich habe von Politik gesprochen und Reisestatus §.1. lautet: „Wer Zeitung spricht zahlt 30 Silberjroschen Stempelsteuer." Hier ist der Thaler.

Müller (giebt das Geld Lothar und Samuel). Hier, Jungens! Nun jeht hier in das Wirthshaus ´rin, laßt Euch wat zu essen jeben und schlagt Euch Euren Lewy voll, damit Ihr ´mal wißt, wat Nachmittag zwei Uhr heeßt. Sie erlauben doch Herr Professor?

Professor. Mit Vergnügen. Ich würde so des Anstandes wegen nicht gestattet haben, das die Knaben sich den salva venia Mädchensprung selbst mit besehen hätten.

Schultze. Die Idee war jut von Dir! Nu können wir doch sagen, daß durch unsere Politik das junge Deutschland zu was jekommen ist.

14.
Mägdetrappe.

Führer Hohmann: Immer vorwärts, vorwärts, meine Herren! Wir haben noch eine Weile Berg, ehe wir oben sind (singt).
Je steiler die Steine,
Je geiler die Beine,
Je dustrer das Duster,
Je lust´ger der Schuster!
Halloh, halloh, holloh!

Müller. Was ist denn das für ein Fluß da unten?

Professor. Das ist noch immer die schöne liebliche Selke, die sanfte, anmuthige Undine des Harzes. Dieser reizende Fluß läßt sich füglich mit einer keuschen, züchtigen Jungfrau vergleichen. Schamhaft schlängelt sie sich durch das Thal ihrer Kindheit, den stillen Wald und die grüne Wiese bewässernd, bis sie endlich hier keck und frisch in´ s Leben tritt, einen großen Bogen macht, durch das flache Land dahin eilt, sich auf die Räder stürzt und die Werke treibt, und endlich nach längerer Vereinigung mit dem Bodefluß ihr Wasser trübt und ungenießbar macht.

Schultze. Wo macht sie denn ´n jroßen Bogen?

Professor. Dort am Hüttenwerk, wo sie dem Auge bis zu den Felsklippen verborgen bleibt.

Hohmann. Nun, meine Herrschaften, sind wir endlich an dem sogenannten Mädchensprung. Sie sehen hier in dem Stein ein paar Füße, zu die ich Sie jetzt die Geschichte erzählen werde.

Schultze. Uf die Jeschichte habe ich mir schonst lange gefreut, die soll sehr hübsch sind.

Hohmann (setzt das Reisegepäck auf einen Stein und beginnt). Also wird hier eine Jungfrau gewesen sein, schön wie ein junger Engel – und unschuldig und gut und von keiner Sache noch nicht wissen. Und sanft und fromm wie ein Lamm, wenn es von der Mutter kommt. Also geht sie hier allein am Abhang spazieren und erwartet ihren Geliebten, mit dem sie hier oft süße Stunden auf dieser Rasenbank zugebracht hatte –

Müller. Ick dachte sie war –

Schultze. Na so unterbrich doch nich! –

Hohmann. Wie sie also im frommen Gebet hier auf und abgeht und in ihrem Innern gedenkt: wo weilest Du mein Trauter, daß Du heut nicht abkommen kannst und mir Deinen Kuß geben und dergleichen, so wird es nicht lange dauern und es wird aus das Gebüsch hier ein fürchterlicher Riese kommen und sagen: Es hilft Dir nichts, mache erst keinen Lärm und Spektakel, es hört Dir ja doch keiner und sehen kann es ja doch Niemand nicht, Du mußt Dich mir ergeben oder es geht Dir an´ s Leben. Gut, wird die Jungfrau sagen, mein Leben kannst Du mir nehmen, aber nicht meine Tugend.

Müller. Weil sie schon –

Schultze. Du sollst ihm ja nich unterbrechen! Erzählen Sie weiter, Hohmann.

Hohmann. Ja, nun bin ich aus´ n Zusammenhang –

Professor, Wo ist er denn stehen geblieben?

Müller. Bei die Jungfrau ihre Tugend.

Hohmann. So war es. Also wird mein Riese nicht faul sein, wird sie mit sich in seine Höhle tragen wollen und sie beim Schlafitel fassen –

Müller. Wie heißt das hier? Schlafitel?

Schultze. Sag ´mal, Müller, Dir hat woll schonst lange nich de Nase jeblut´t?

Müller. Na ich muß doch fragen, was Schlafitel ist?

Professor. Schlafitel bedeutet in der mitteldeutschen Mundart so viel wie Oberkleid, Wurfjacke.

Müller. Na denn is jut, dann weeß ich´s doch. So wat kann ja zu die ärgsten Mißverständnisse Veranlassung geben.

Schultze. Fahren Sie fort, Hohmann.

Hohmann. Ja nun bin ich wieder aus ´n Zusammenhang. Wo war ich denn?

Schultze. In der Höhle drin.

Müller. Nein, so weit waren Sie noch nich. Wie können Sie denn schon in die Höhle sein? Er wollte eben erst mit ihr rin jehen.

Hohmann. Richtig. Also wird er eben rin wollen, als eine Hühnertochter –

Professor. Hünentochter heißt es!

Hohmann. Als eine Hühnentochter, welche als unverschrockene Jägerin mit Speer und Bogen das Thal durchstreicht, von hier aus das ferne Angstgewinsel der bedrohten Unschuld vernimmt, und mit ihrem Falkenauge den Kampf von dem Riesen mit der Jungfrau sieht. Also wird sie sich nicht lange besinnen, auf den Felsen drüben ´raufspringen und mit dem einen Beine vorwärts sich zu dem Saltus mortus anschicken.

Professor. Salto mortale heißt es!

Schultze. Aber ich begreife nich, Herr Professor, wie Sie in diesen Augenblicke, wo das Mädchen schon das eine Bein vorwärts setzt, immer und ewig unterbrechen können?

Müller. Ach Jotteken, so hab´ Dir doch nich. Ob die ′ne Minute früher oder später ´rüberkommt, daruf wird´s ooch noch nich ankommen.

Schultze (wüthend). Ja jrade kommts daruf an. Wer weeß was der Riese bis dahin gemacht hat.

Müller (ebenso). Na Du wirst ´n doch wahrhaftig ooch nich davon abbringen!

Schultze. Na Du Schaafskopf doch erst recht nicht!

Professor. Aber ich bitte, meine Herren! Sie werden sich doch nicht wegen solcher Kleinigkeiten erzürnen.

Schultze (ärgerlich). Ach, Kleinigkeit! Reden Se nich so dumm! Verstehen Sie mir? Erzählen Sie weiter, Hohmann.

Hohmann. Ja, jetzt bin ich aus´n Zusammenhang. Wissen Sie nicht, wo ich zuletzt war?

Müller. Wie sie das eine Bein hebt!

Hohmann. Richtig. Also wird sie sich nicht lange besinnen, das eine Bein bereits heben und sich zu dem Saltus mortus –

Professor. Salto mortale –

Schultze. Nu hab ich es satt! Wenn Sie nun noch ´n Wort sprechen, dann scheer ich mir den Deibel um Ihren Professor und haue Sie zwischen de Ohren!

Professor. Herr, was unterstehen Sie sich?

Müller. Donnerschtag! un Freitag! Wie kannst Du Dir hier jegen einen jebildeten Mann so benehmen.

Schultze (zu Müller). Das ist meine Sache, das geht Sie gar nicht an!

Müller. Was? Du willst mir Sietzen?

Schultze. Loslassen! sag´ ich Dir, Lümmel!

Müller. Lümmel? Hier, Hund verdammter, hier –

Professor. Um Gotteswillen! Meine Herren – (drängt sich dazwischen)

Hohmann (ebenfalls dazwischen tretend). Aber meine Her –

Allgemeines Durcheinander: „Wollen Sie wohl!" „Auseinander!" „Immer feste, Herr Professor!" „Aber ich bitte Sie!" „Wie kann er hier gleich schlagen!" „Ich schmeiß ´n Berg run!" „Hierher Hohmann!" „Willst Du woll loslassen!" „Zurück Professor!" „Haut ihn uf ´n Kopp!" „Donnerwetter!" „Was ist denn?" „Immer druf!" „Schmeißt ´n aus ´n Harz raus!"

(Allgemeine Prügelei: der Professor und Hohmann werden den Berg hinab geworfen; Müller und Schultze stürzen nach.)

15.
Alexisbad.

Müller an seine Gattin.

Jeliebte Karoline!
Deinen Brief habe ich so eben erhalten und mit Freude daraus ersehen, daß Du einsiehst, was Du an mir hast und nichts weiter verlangst, als einen treuen Bericht über Schultze und dessen Abenteuer. Ebenso werde ich Deinen Wunsch erfüllen und mir vorläufig nicht von ihm trennen, sondern Allens jeduldig mit ansehen, wie sehr auch mein janzes Innere sich dajegen sträubt.

Denn es ist leider kein Zweifel mehr: Schultze is heimlicher Mormone! Vielweiberei ist sein ganzes Streben, daher auch jetzt sein Interesse für die türkische Sache! Dreißig Thaler langen noch lange nicht zu, die es ihm kostet, daß er diese sogenannte Ludowicke von Teckelberg hier nach Alexisbad hat nachkommen lassen mit meiner armen Cousine, welche natürlich überall mitmachen muß. Er hat ihr von das Theater auf acht Tage Urlaub verschafft, und dem Direktor gesagt, daß sie einen Ansatz zur Schwindsucht hätte, und sich erholen müßte, obgleich Ludowicke einen Körper besitzt, wonach drei Gardekirassiere ihre Taille noch nicht umspannen können. So hat sich denn der Direktor dazu verstanden, sie auf einige Tage in das Gebürge zu dispensiren, da Schultze jeden Schaden tragen will, und außerdem dem Regisseur versprochen hat, vor das Ballenstädter Theater ein Stück zu schreiben. Denn Schultze ist jetzt zu Allem fähig und schaudert vor keiner Schandthat zurück!

Schon jiebt er jedem Kellner Trinkjeld und läßt sich „Herr Doktor" schimpfen, obgleich er nie keine Studien jemacht, sondern bloß einen wirklichen Professor auf dem Mägdesprung eigenhändig jeprügelt. Einen höchst humanen lieben Mann, der ihn als Autodidakt behandelte, und den er aus Wuth, weil er kein Latein vortragen kann, die Brille zerschlagen und den Berg run jeschmissen hat. Der Mann ist zwar durch meine Dazwischenkunft mit einem blauen Auge davon gekommen, aber es ist dennoch bedeutend aufgeschwollen und mit Blut unterlaufen. Er wird deshalb, wie er sagt, bei das Preßbitterijum darauf anzutragen, daß Schultze aus dem Harz rausjeschmissen und wegen Krakehl und unanständigen Betragens an die Luft jesetzt wird.

Um jedoch wieder auf das dicke Mächen zu kommen, so habe ich ihm jestern Abend einen Possen und ihr jespielt, der ihm in den Augen der janzen Badegesellschaft von Alexisbad was man sagt vor immer „unmöglich" gemacht hat, so daß wir heute wahrscheinlich schon weiter reisen, wo Du dann Deinen nächsten Brief nach „Thale" adressiren willst.

Wir waren nämlich mit der janzen Haute wollöh von Alexisbad weil es regnete, im Cursale versammelt und Ludowicke wurde aufgefordert, am Forte piano was zum Besten zu geben. Indent sie nun mit schmelzender Stimme das reizende Lied: Felice notta, Marietta! von Jumbert, Neue Friedrichsstraße Nr. 3., Nachmittags von 3 bis 4, vorträgt, schleicht Schultze, ohne daß ein Anderer als ich es bemerkte, in den Jarten, pflückt 'n Stücker vierundzwanzig eben aufjeblühte Rosen, macht 'n Bouquet, kommt wieder damit in 'n Saal, stellt sich an 'n Flügel, hält die Blumen hinten uf 'n Rücken und wartet det Finis von's Lied ab um vorzustürzen un Ludowicken die Rosen zu überreichen.

Was thu ich? Ich lasse mir von 'n Kellner 'ne Scheere jeben, schneide Schultzen von das Bouquet, das er mit der Hand uf 'n Rücken hält, die Rosen ab, so daß er bloß die Stiele und Stengel in der Hand behielt und drücke mir in de Salonecke.

Was jeschiet? Kaum hat Ludowicke den letzten Accord fertig, stürzt Schultze wie verrückt an das Forte Piano, kniet vor sie nieder und präsentirt ihr seine Strunkse, was einen rasenden Jubel hervorbringt, bei Ludowicke jedoch eine Ohnmacht erzeugt, aus der sie erst durch mehrfache Bespritzung in´ s Leben zurückzurufen sich bewogen findet. So hoffe ich im Interesse der Sittlichkeit mir noch öfters nichtswürdig jegen Schultzen zu zeigen und Dir zu beweisen, wie ich von der Ehe denke. Denn wenn ich auch Oekonomie und Sparsamkeit liebe, so verachte ich doch Jemanden, der wie Schultze, seinen Geiz so weit treibet, daß er sich an fremdes Eigenthum vergreift, um seine Frau mit Schonung behandeln zu können. Der ich in dieser Meinung bin

Dein
bis an den Tod getreuer unveränderlicher
Müller.

Lebe vergnügt und amüsire Dir.
Ich werde mir auf Deinen Wunsch
auch nichts abjehen lassen.

16.
Der Ramberg.

Die Damen Julie Proppendorf und Ludowicke von Teckelberg haben zwei von Schultze und Müller gemiethete Esel bestiegen. Das Thier Juliens führt Hohmann, den Esel Ludowikens der Professor, welcher des Regenwetters und der auf dem Mägdesprung erhaltenen Beule wegen zwei Tage in Alexisbad verweilt und hier die Bekanntschaft der genannten Damen gemacht hat. Schultze und Müller und die Zöglinge Lothar und Samuel folgen den Reiterinnen und ihren Führern.

Professor (zu Ludowicken). Es giebt wirklich keine bessere Bezeichnung für diese Menschen, als „Pack!" Pack schlägt sich, Pack verträgt sich!

Ludowike. Welch´ strenges Urtheil, Herr Professor.

Professor. Aber ich bitte Sie, meine Gnädige, blicken Sie sich um und sehen Sie, wie traulich und gemüthlich die Herren Schultze und Müller jetzt neben einander wandeln, indeß sie sich noch vorgestern auf dem Mädchen – tapfen blutig geschlagen.

Ludowike. Und Sie armer Elihu Burit haben dabei auch was abbekommen?

Professor. O ich preise diese Wunde, die mich in Alexisbad zwei Tage festhielt, zwei Tage, die ich zu den schönsten meines Lebens zählen werde.

Ludowike. Die Gesellschaft war recht gut! Hätte sich nur Herr Schultze nicht gestern Abend noch so ungeschickt benommen!

Professor. Wie können Sie überhaupt, meine Gnädige, die Begleitung dieser Menschen dulden.

Ludowike. Warum nicht. Hat Herr Schultze auch viel Vulgäres in seiner Art und Weise sich zu benehmen und auszudrücken, so weiß er durch allerhand Gefälligkeiten und Aufmerksamkeiten das vergessen zu machen. Wenn man sich fortwährend mit der Kunst beschäftigt, nur mit Künstlern und Kunstgebildeten verkehrt, hat der Umgang mit natürlichen, ursprünglichen Menschen etwas so Erfrischendes, daß man einige Trivialitäten gern mit in den Kauf nimmt.

Samuel. Herr Professor, der Esel von dem Fräulein –

Professor. Still! ich will diese ewigen Klatschereien nicht mehr hören. Könnt Ihr Euch denn gar nicht vertragen?

Lothar. Ich habe ja nichts gemacht, der Esel –

Professor. Ruhe! sage ich. Ungesittete Knaben!

Schultze. Det ist aber wirklich ooch nich übel. Ick habe den Esel bezahlt und der Professor looft nebenbei, als wenn jar nischt vorjefallen wäre.

Müller. Ja, ich wundre mir ooch, daß er nach die Keile uf ´n Mädchensprung noch bei uns jeblieben is.

Schultze. Ich gloobe, der Mensch will sich rächen, un mir Ludowiken abspenstig machen!

Müller. Was hältst Du denn überhaupt von das Mächen?

Schultze. Nu sehr anständig, höchst anständig. Ich gebe Dir mein Ehrenwort, daß sie mich noch nicht ´mal die Hand hat küssen lassen. Wie ich sie jestern Abend beim Jutnachtsagen nehmen wollte und an meinen Mund drücken – schum! war sie mit Julien in ihr Zimmer – und kladderadatsch! zugeschlossen.

Müller. Nu aber auf die faule Bank im Ballenstädter Park?

Schultze. Janz ruhig nebeneinander. Nischt wie Jedankenaustausch über Unsterblichkeit und Kotzebue und Theater. Das is ja eben, was Eenen so verrückt macht, daß das Mächen sprechen kann.

Julie. Was ist das für ein Berg, der hier vor uns liegt.

Professor. Der Ramberg.

Ludowike. Diese zahllosen Granitblöcke, mit welchen er übersäet ist, scheinen von seinem Gipfel herabgestürzt zu sein.

Professor. Ganz recht, meine Gnädige! Wie der Brocken war auch der Ramberg einst eine ungeheure Felspyramide, die durch Revolutionen zerbröckelte und zusammenstürzte.

Müller. Revolution! Professor, einen Thaler! Sie haben selbst gesagt, das Sie dabei sind, daß nichts von Politik jesprochen wird!

Julie. Ist das die Victorsburg da drüben?

Professor. Das sind Granitklumpen, die sich zu einer Wand vereinigen, welche man die Teufelsmühle nennt!

Schultze. Der Kerl thut, als wenn wir hier hinten jar nich existirten.

Müller. Spricht fortwährend janz alleene, als wenn wir zu seinen Jungens gehörten.

Professor. Der Volksglaube hält diese Mühle für das Werk des Satans. Vor grauen Jahren wohnte nämlich unten am Berge ein armer Müller, dessen Windmühle von jeher baufällig und schlecht, zuletzt gar nicht mehr gehen wollte. Dadurch wurde der Mann immer dürftiger, und je größer die Noth wuchs, desto schneller nahm auch sein Gottesvertrauen ab. In solcher verzweifelnden Herzensangst erstieg er einst den Ramberg, über welchen wie jetzt mit luftiger Kraft die Winde wegstrichen.

Müller. Still! ich will diese ewigen Klatschereien nicht mehr hören!

Schultze. Bravo, Müller! nur nich ufkommen lassen!

Professor (der sich nicht stören läßt). Da meinte der Unglückliche, wie es doch gar schön sein müßte, hier oben auf freier Bergeshöhe eine Windmühle zu besitzen, die Tag und Nacht im Gange wäre. Er fluchte seinen Eltern, daß sie nicht diesen Platz gewählt, in dessen Nähe das Material umher lag, und bedachte nicht, wie es auch ihnen wohl gemangelt hätte an Geld und helfenden Armen das Werk dort oben in die Wildniß zu stellen.

Müller. Sie sind ooch noch ´nen Thaler schuldig.

Professor. Wie er bis zur Abenddämmerung nun so da saß und statt des Gebetes nur Flüche ausstieß und wünschte, daß ihn der Teufel holen möchte –

Schultze. Daß Ihn´n der Teufel holen möchte! Bravo!

Müller. Bravo! –

Professor. Da trat ein kräftiger, stämmiger Werkmeister ihm entgegen in schlichter Handwerkstracht, doch mit hinkendem Fuß und schwarzgelbem Antlitz.

Schultze. Also Oestreicher!

Professor. Es war der Teufel in Gestalt eines Müllers.

Müller. Ich verbitte mir alle Anspielungen.

Professor. Zwischen Mitternacht und dem Hahnschrei vermaß er sich die schönste Mühle hinzustellen, sobald der Müller durch einen Blutschein verspreche nach dreißig Jahren sein Leibeigner zu werden.

Schultze. Leibeigner? Nieder mit Rußland!

Professor. Der böse Pakt wurde abgeschlossen und alsbald erhob sich hier im Freien ein höllisches Spektakel von geschäftigen Zimmergesellen, die mit gräßlicher Eile den Bau angriffen. Zahllos klangen Meißel und Hammer am Gestein und das Werk wuchs mit Zauberschnelle. Da stieg die Angst des zuschauenden Müllers zur Verzweiflung, und als schon das Dach mit den riesigen Flügeln fertig gezimmert zur Seite stand, nur noch der letzte Mühlstein eingesetzt werden sollte, faßte er diesen mit der Kraft, welche Todesangst weckt, und stieß ihn von den Rollhölzern hinab, daß der runde Stein den Berghang hinunter tanzte. Mit wüstem Zorngekreisch stürzte der höllische Werkmeister ihm nach, – lange vergebens. Jetzt faßte er ihn, da –

Müller. Kikeriki!

Professor. Da krähte der muntere Hahn des Müllers! – der Pakt war gelöst, der Teufel hatte sein Versprechen nicht gehalten. Ingrimmig hob nun Satan den ungeheueren Mühlstein, schwang sich mit ihm hoch in die Lüfte, schleuderte ihn dann zur Erde und zerschmetterte Müller und Mühle!

Ludowike. Es ist übrigens höchst spaßhaft wie in allen Sagen und Legenden der Teufel immer als der höhere Biedermann in Haltung seiner Contrakte und Pakte dargestellt wird und zuletzt von den Menschen betrogen erscheint.

Müller. Ja deshalb jiebt es ja auch kluge und dumme Teufel. Zu welcher Klasse gehört der Herr Professor, Lothar?

Lothar. Das sag´ ich nicht!

Müller. Falsch! Folgender, Samuel! Weißt´s auch nichts! Folgender, Schultze!

Schultze. Zu der Letzteren!

Müller. Richtig! Du kannst raufrücken, Schultze.

(Schultze springt muthwillig scherzend dem Esel Ludowikens hinten auf. Das Thier von der doppelten Last erdrückt, wirft sich mit seiner Reiterin zu Boden, die bei dem Fall durch den Mangel eines Reitkleides, in Verlegenheit geräth.)

Ludowike. Hülfe! Hülfe!

Schultze. Das habe ich nicht wollen! –

Julie. Rettung um Himmelswillen! –

Professor. Welche Roheit! Welcher Scandal!

Hohmann. Ich habe es gar nichts gesehn!

Müller. Sie werden sich doch nichts gethan haben? –

Samuel. Aaaaaaaaaaah!

Professor. Was habt Ihr da zu aahen?

Samuel. Ach, Herr Professor! Lothar sagt, er hat Alles gesehen, – wie es zugegangen ist.

Professor. Um Himmelswillen! Die armen Kinder!

Müller. So quatschen Sie doch nicht. Die Jungens haben es jesehn, un da is ooch nischt weiter bei. Nich immer gleich neidisch sein un Andere ooch was lassen.

Schultze (der sich inzwischen erhoben, bei Ludowiken entschuldigt und die Fortsetzung der Reise veranlaßt hat). So is es! Wenn ich den Esel geführt hätte, denn wäre des überhaupt jar nich vorjekommen. Aber vor Ihnen, Professor, hat das Thier keinen Respect und jloobt es hat seines Jleichen vor sich!

Julie. Was ist denn das für ein offner hölzener Thurm der da hervorschaut?

Hohmann. Das ist bereits Victorschhöhe, mein Fräulein, wenn ich bitten darf!
(singt)
Zieh Schimmel zieh!
Den Staub bis an die Knie!
Auf Viktorschhöh woll'n wir fröhlich sein,
Da schenkt mir Herr Professor ein
Schnäpschen ein!
Halloh! Halloh! Halloh!

Professor. Der Thurm ist 84 Fuß hoch, hat auf der unteren Lage 40 und in der Spitze 16 Fuß im Durchmesser. Auf einer bequemen Treppe von 104 Stufen in 8 Abtheilungen gelangt man auf die Plattform.

Schultze. Des weeß der Deibel! So wie was von Jeben die Rede is, kommt der Professor mit seine statistischen un jeologischen Redensarten.

Müller. Det hab ich ooch schonst bemerkt. So wie man wat Concretes von ihm haben will, vertieft er sich ins Abstracte und dhut als wenn er nischt jehört hätte.

Schultze. Er will zeigen, daß die Wissenschaften bei ihm doch zu was jut sind! – (laut) Wie is es denn, Herr Professor, wollen wir uns nich berechnen? Sie haben jloob ich in Alexisbad was vor mich ausgelegt? Oder ich vor Sie!

Professor. Ueber den Wald erhaben, genießt man von der Plattform, die prachtvollste Aussicht, die durch nichts beschränkt wird. Das reichste Landschaftsbild breitet sich vor den erstaunten Blicken aus, und die Aussicht von der Victorshöhe wird der, von dem launischen und wetterwendischen Brocken meist vorgezogen.

Schultze. Es werden so gegen 3 Thlr. 17 Sgr. sein.

Professor. Gegen Norden sieht man bis in die Gegend von Braunschweig. Gegen Süden bis zum Thüringer Walde. Auf einer Fläche von 30 bis 40 Meilen im Durchmesser erblickt man Magdeburg, Bernburg, Quedlinburg, Halberstadt, Ballenstädt, Cöthen, Dessau, Halle, Leipzig, Erfurt, Merseburg – einen ganzen nicht unbeträchtlichen Theil von Deutschland!

Schultze. Schön. Dann werde ich von der Victorshöhe eine Rede an Deutschland halten. Nur von einen solchen Standpunkt aus hoffe ich die Verhältnisse einiger Länder richtig überschauen zu können! Sie haben lange jenug gesprochen und vor die Unterhaltung jesorgt, nu wird

Schultze sprechen. Und wenn Deutschland vor Verjnügen umkommt, un Oestreich sich zu Tode lacht, dann ist mein höchster Wunsch erreicht! Es lebe Preußen! Hurrah!

17.
Victorshöhe.

Nachdem die Reisenden im Gasthause das Dejeuner eingenommen haben, bei welchem Schultze und Müller stark der Flasche zugesprochen, ersteigen dieselben den Thurm der Victorshöhe. Auf der Plattform angelangt, entwickelt sich die Weinlaune Schultzens immer mehr, bis er endlich dem Drange nicht widerstehen kann, von diesem Standpunkte herab sich wie folgt zu äußern.

Rede Schultzens an Deutschland.

Meine Herren!

„Woso?" werden Sie fragen und „Wer sind Sie, daß Sie dazu kommen hier eine Rede zu reden?" Denn ick habe keinen Namen, sondern heiße Schultze, un Schultze kann Jeder heißen! hat mir ein Constablör jesagt, als ick mir mal lejitimiren sollte. Also werden Sie ferner aus diese wenigen Worte bereits klar sind, daß ich nicht zu dem Potsdamer Verein vor deutsche Sprache jehöre, sondern verwachsen bin mit dem Dialekt, der zwischen die jroße Friedrichsstraße und die Frankfurter Linden jesprochen wird!

Ja, meine Herren, darin bin ick jeboren un erzogen un mein leiblicher Onkel war Neumann vom Molkenmarkt mit das Motto: „So muß es kommen!" – ein Berliner Jeheimniß, das ich hiermit an Deutschland verrathen will. Als dieser Neumann nämlich plötzlich von seinem Vater sieben Häuser jeerbt hatte, jing er nach ´n Mühlendamm un koofte sich in eine Trödelbude neue Kleider. Da wollte es des Unjlück, deß er einen Rock kriegte, von einem Menschen, der sich in de Spree versoffen hatte. Da aber Kleidungsstücke von Versoffne ansteckend sind, so jerieth Neumann in eine fortwährende Versoffenheit und verkümmelte seine sieben Häuser bis uf vier Silberjroschen, wovor er sich ein Quart halb Off'zier halb Pommeranzen koofte, es aussauft un sich an'n Schafjraben spazieren legte. Wie er nu beim Unterjang der Sonne aufwachte und sich allein sah, ohne Schnaps un ohne einen einzigen Silberjroschen, da blickte er in die erleuchteten Sternlokale des Himmels und brach in die wehmüthigen Worte aus: Sieben Häuser un keine Schlafstelle – so muß es kommen! Hierauf warf er sich in die Fluten und ertrank! – Die Sage behauptet jedoch, daß sich in dem Schaafjraben keiner versäufen kann, weil er nich tief jenug is, und daß Neumann bloß ein Schmeichler war, – der ihm dieses zu Liebe gethan. Daher stammt die Redensart: So muß es kommen! sagt Neumann.

Sollten Sie dieses aber vor höheren Blödsinn halten, so wollte ich Sie, meine Herren, ein vor alle Mal bemerken, daß in jeden höheren Blödsinn, wenn es nich falscher, sondern ächt in der Wolle jefärbter is, was hinter steckt und wenn Sie 's nicht jlauben, so können Sie mir Alle leid thun. Denn Neumann is ein janzes Volk mit sieben Häusern und ville Kammern und so weiter, und so weiter, und so muß es kommen! sagt Neumann.

Also, meine Herren, lassen Sie, was man sagt, ihrer Kritik nich jleich die Pfeife ausjehn, wenn ick hier vor Sie hinjetreten bin, ohne Rücksicht uf Jrammatik und andere Institute, womit man uns nur im Zaum halten will!

Denn, meine Herren, die janze deutsche Sprachlehre mit Einheit und Mehrheit und Beugefälle und Hauptwörter und Zeitwörter ist Polizeistaat und Knechtung. Ein freier Mann kennt keinen Beugefall, und nie werd' ich mir mit Dativ und Accusativ verständigen – Niemals! Was aber die „Mehrheit" betrifft, so sind wir der Mehrheit alle nischt werth, denn wir haben keine „Einheit" und es jiebt bloß ein Haupt- und Zeitwort, des heeßt: „Verdienen," wie ich mir bereits unter dem Namen Zwickauer auf einer andern Stelle und mit einem andern Düfftong jeäußert habe.

Ja, meine Herren, uf des was wir sind, dadruf kommt es nich an, sondern uf des, was wir verdienen.

Es kann Einer wer weiß was vor 'ne hohe Stelle bekleiden, un verdient noch höher zu sind, un es kann wieder Einer ein janzer kleiner Wucherer sind und verdient mit seinem Pfund jährlich 80,000 Thaler.

Es kann aber ooch Mancher zwischen vier feuchte Wände sitzen un kein Quadratfuß Himmel sehen und er verdiente hier uf Victorschhöhe zu stehen un frische Harzluft zu genießen, un ick dajegen, der ick nu hier bin und des Allens jenieße un Ihre Achtung, ich habe seit acht Tagen schonst jar nischt verdient, darum, Professor, bringen Sie noch eine Pulle Sekt ruf und zeigen Sie, daß Sie was gelernt haben und was verjessen, nämlich – die Keile uf'n Mädchensprung!

Denn, meine Herren, dadruf kann es ja nich ankommen, wieviel ein Mensch Schuljeld gekost't hat, sondern wie viel er davon unterschlagen hat. Denn ein bedeutender Mensch zeigt sich schon in seiner Jugend und begreift, daß wir das, was wir unsern Lehrern schuldig sind, nie abstatten können! Aber, meine Herren, jlauben Sie dieses nich von mir, denn ick bin schonst früh von des Jimnasejum entfernt worden, weil ick mir auf einen deutschen Aufsatz: „Welchen Trost jewährt uns die Erfahrung?" die Antwort: „daß vier Wochen Hundstagsferien sind" uf acht leere Seiten erlaubte. So hat mir der Staat jezwungen, mir in meiner Jugend mit die lebenden Völker zu beschäftigen un erst später die Jriechen un Juden kennen zu lernen.

Aber, meine Herren, was nützt es uns, was ein Jrieche vor drittehalb tausend Jahren jesagt hat, wenn wir schonst heute nich mehr wissen, was wir vor fünf Jahren selber jesagt haben, und wenn wir des, was wir jetzt sagen, später vielleicht nicht werden gesagt haben wollen?

Also, meine Herren, es jiebt vorläufig keine Vergangenheit und keine Zukunft, sondern bloß Jegenwart un dieses nennt man Jenuß. Ja, meine Herren, der Jenuß, des is es, worin alle Klassen der Gesellschaft jetzt zusammenkommen un weßhalb sie noch öfters etlich zusammenkommen werden. Denn alle können wir nich täglich Fleischbrühe essen, wo soll denn allens des Rindfleisch herkommen? Und die Ochsen haben doch ooch 'n Wort mitzureden! Eine Jleichheit der Stände is daher nich möglich, denn Ochsen hat es immer jejeben un Ochsen wird es immer jeben, un es können ihnen bloß diejenigen das Fell abziehen, die die Courage dazu haben un es zu jerben verstehn.

Aber dadrum, meine Herren, keine Feindschaft nicht. Jenießen Sie breit Allens – was Sie jenießen können. Dieses ist kein Verbrechen, und jeder anständige Mensch sagt wenn Sie genossen haben: „Ihr Wohlsein!"

Sollten Sie aber meinen, daß einer, der so spricht, wie ich, ein jemeiner Kerl is, so is nach Jebrüder Jrimm jemein, was nich selten un in Menge vorhanden is. Ich habe also die Majorität; wollen Sie aber Autorität, so is Jrimm ebenfalls eine Autorität, die überall jetzt vorherrschend is, blos nich hier im Harz, wo Allens so ansprechend is bis uf die kleinen Kinder, die einen aber ooch bloß höchstens um einen kleinen Pfennig ansprechen.

Von diesen almosenjängrigen Wortwitz wende ick mir daher hier links über 'n Brocken an Sie nach Frankfurt, meine Herren, mit dem Anfangsbuchstaben: Rothschild. Pumpen Sie mir jefällgist einige Millijonen, ick möchte jerne Müllern zu seinen Jeburtstag den Harz koofen. Denn Müller is Schultze und Schultze is Müller, und wenn keen Reisender ohne Schultze un Müller in 'n Harz reisen kann, denn habe ick hier nich umsonst jeredet, un et kann keener sagen, wir haben im Harz nischt zu sagen.

Mit diesen doppelt besohlten Kalauer tritt wieder ins Privatleben zurück

Ihr
hochachtungsvoll erjebenster
Schultze.

18.
Ilsenthal und Ilsenstein

Aus dem Reisealbum des Professors.

Wer nie in stiller süßer Nacht,
Die Einsamkeit geküßt,
Wer nie an Bergeshang gewacht,
Wenn Vollmond ihn begrüßt,
Der kennt auch nicht die Zaubermacht,
Die Busch und Fels entsprießt, –
O lange, lichte, stille Nacht
Sei wieder mir begrüßt!

Lothar und Samuel schlafen süß in Ilsenburg. Auch ich suchte die Ruhe. Aber die erwachten Geister der Nacht wehten mit magischem Hauche IHR Bild vor meine Augen, – ich mußte hinaus, hinaus, hinaus! O Ludowicke!

Da sitze ich nun beim Scheine des Vollmonds am Fuße des Ilsensteins, um den sich die hüpfende Ilse mit ihren Forellen wie ein silberner Schleier legt. Elfen tanzen zwischen den Blättern, Grillen und Laubfrösche propheten die Ankunft eines herrlichen Morgens und eine Welt voll Gedanken durchzieht meine Seele. O Ludowicke! könnte ich den brausenden Strom meiner Gefühle in das Bett der Ruhe senken!

***

Meine Obstruktion ist gänzlich dahin. Die ganze Regelmäßigkeit innerer und äußerer Thätigkeit hat sich wieder hergestellt. Nur hin und wieder machen sich noch Aufwallungen nach verschiedenen Richtungen hin geltend.

Wem danke ich dieses Genesen und Gesunden? Euch Ihr Berge und Wälder? Oder Dir, Dir Ludowicke, die Du mich aus der grauen Zuchthaustracht alternder Altäglichkeit in den grünen Sämmtling meiner kühnsten Studentenzeit zurück versetzetest.

Ja, die Gesundheit allein ist liebenswürdig und noch nie habe ich ein Weib gesehen, wie Ludowicke! – Welch´ feste, frische, blühende Erscheinung!

„Freitag Nachmittag, Schlag 4 Uhr, allein, in der Baumannshöhle am Schallloch!" waren ihre letzten Worte beim Abschied. Ich werde nicht fehlen, und sollte es meine Seligkeit hier und dort kosten! Lothar und Samuel mögen indeß in Rübeland bleiben!

O, diese Welt ist doch die Schönste, und Du, Du wirst die Sonne sein, in deren Nähe die Wolken, die meinen Geist umnebelt hielten, zerfließen und mit ihrem frischen Thau den schwülen Sommer meines Lebens kühlend beperlen werden!

***

Von rasender Leidenschaft getrieben, erstieg ich den Ilsenstein. Prachtvolle Eichen, Buchen, Tannen, Elsen und Ulmen in ihren weitverzweigten Aesten, mit grünem kräftigem Laubwerk in großartigen Formen bilden den dichten Wald. Dazwischen die muntere, geschäftige Ilse in rauschenden Wasserfällen durch tiefe Schluchten sich drängend, über bemooste Steine hinwegströmend und dann wieder in stiller Verborgenheit unter grünem Erlgebüsch ruhig fortwandelnd.

Beim Eingang in das enge Thal zwischen dunkel bewaldeten Bergrücken begann schon der Morgen. Ich hörte der Säge zerschneidendes Rasseln, des mächtigen Stoßhammers zerschmetterndes Wüthen, des Mühlrads ununterbrochenes Rauschen und begriff nicht – woher die kleine, schmale Ilse die Kraft nimmt zu solchem wildtosenden Heben und Treiben. O, und Du erst Ludowicke!

Endlich über das Gerölle kleiner Steine, über Felsblöcke und knorrige Wurzeln erreichte ich die Klippe. Tiefe Klüfte gähnten zu beiden Seiten, gegenüber ragte die steile Felswand, der mächtige Buchberg und mehr links der abenteuerliche Westerberg wie eine Krone über den grünen Wald hervor. Die Abhänge der Felsen sind steil und starr und glotzen den Wanderer seelenlos wie die harte Nothwendigkeit an, die die Kühle des Morgens mir abtrotzte. Wie gut ist es, daß ich mich wieder auf einige Tage von diesen beiden Berlinern getrennt habe, die grade die reinsten und natürlichsten Dinge stets mit ihrem ekelhaften Witze zu verunsaubern suchen. – O, wie sind die Menschen so klein, je größer die Natur ihnen gegenüber erscheint.

***

Ilse! Du gesundes, fröhliches Brockenkind, das ich unter mir jetzt erblicke, Du gleichest ihr, der reizenden Gestalt an der eben überschrittnen Gränze holdseeliger Jungfräulichkeit gepaart mit süßer Wildheit und holdseligem Grimme.

***

Wie wohl, wie wohl ist mir in der frischen, kühlenden Morgenluft. Meine Seele erhebt sich und mein Leib wird leichter. Pfeift nur hin, Ihr Winde, Ihr reinen Töne, herausgerissen aus der verstimmten Melodie gedrückten Menschenlebens! – Noch wenige Tage und die kristallnen Wände der Baumannshöhle spiegeln die Wonne des Geheilten!

Und dieser Inhalt unendlicher Seligkeit sollte vor einem Schultze ausgeschüttet werden?! – –

19.
Gernrode.

Schultze an seine Gattin.

Abends 8 Uhr.

Jeliebte Friedericke!

Ich beeile mich, die erste ruhige, einsame Stunde, die ick habe, zu benutzen und Dir von uns Nachricht zu geben, namentlich von Müllern, wie Du es ausdrücklich wünschest und den Hang seiner Leidenschaft. Denn in diesem Genre is er wirklich jroß und Liebe und Frauen sind fast die allein hörbaren Laubfrösche am Herbstabende seines Lebens.

Was Müller mit dieser Julie Allens angestellt hat, is nicht zu sagen, und dennoch kann ich Dir versichern, daß er sich bis jetzt keiner Gunst von ihr zu erfreuen hatte, obgleich ihn seine Moral von nischt abhalten würde, da er das Jewissen für eine lächerliche Erfindung hält und das seinige schon so weit is, daß Preußen un Deutschland drin ufjehen könnten.

Also wird es sich im Waldkater, wohin wir morgen über Lauenburg, Georgshöhe und Hexentanzplatz zu jelangen hoffen, entscheiden, wie weit der Deibel mit ihm sein Spiel treibt. Was hier im Harz übrigens nich zu verwundern, da er überall los is, nämlich der Teufel: Teufelsbrücke, Teufelsburg, Teufelskanzel, Teufelskessel, Teufelsmauer, Teufelsmühle. Un an Hexen is auch grade kein Mangel, wie Hexenaltar, Hexentanzplatz, Hexenklappe, Hexengarten, Hexenbrunnen, Hexenteich, Hexenwaschbecken beweisen, welches letztere übrigens auch in Berlin überall zu finden ist.

Während ich dieses hier in Jernrode schreibe, befinden wir uns im Jasthof bei Denks. Ein ausjezeichneter und liebenswürdiger Wirth, der mich jleich wie ich kam, an 'n Jang ansah, daß ich mir wund jeloofen und mir jleich mit ein paar Pantoffeln von seiner Frau unter die Arme jriff, welche jedoch Müller während ick mir die Stiebeln auszog, nichtswürdiger Weise unter sich nahm, und mir nöthigte, Dir dieses in die Strümpfe mitzutheilen, wovon Du mir mit Deinem nächsten Brief nach Wernigerode noch ein halbes Dutzend beilegen willst. Aberst laß es man jut sein, den faulen Jungen bring ich ooch noch ´mal uf de Strümpe.

Von unsern sonstigen Reiseleben is wenig geeignet, Intresse bei Dich zu erwecken. Wir leben sehr frugal und trinken höchstens einmal ein Jläsken Bischoff oder Kardinal, weil Allens hier schon streng katholisch is.

Jernrode is jrade keine jroße Stadt nich, aber es liegt hübsch, und eine hübsche Lage kann einem viel vergessen lassen und bei sonstigen Mängeln sehr anziehen.

Ick habe eben ´n bischen zum Fenster ´raus gekieckt un unter demselben ein sehr intressantes Jespräch zwischen zwei Jernroderinnen mit anjehört, welches ich Dir als das, was sich die kleene Stadt erzählt, mittheile:

Das eene Weib. Wissen Sie nich, Jränzbergern, was Todtenjräbers heute zu Mittag jehabt haben?

Das Andere. Ich gloobe Klöße mit Pflaumen.

Das eene W. Schonst wieder? Wo mögen die Leute das ville Geld herbekommen?

Das Andere. Ja die Hälberlingen meinte neulich, sie äßen jetzt jede Woche zweimal Schweinegrieben und so wie der Abend da is, muß er seinen Rettig haben und Sonntags eene Tasse Kaffee, anders thut er´s nicht.

Die Eine. Und Salat muß ooch immer sein. Ich seh´ sie jeden Sonntag Jrünes aus de Apotheke holen. Und mit´n Jroschen Tabak kommt er doch ooch die Woche nich aus. Und was hat er denn als Todtengräber? Seit vorigen Winter is ja keener nich jestorben, als wie der Blumenbachern ihr kleener Engel, den sie in die Cigarrenkiste bejraben haben.

De Andere. Na, die Blumenbacher soll übrigens schonst wieder – –

Die Eine. Was Sie sagen.

Die Andere. Ja, sie hat schonst beim Juden Leinewand jekooft.

Die Eine. So? Wann war denn der Israel da?

Die Andere. Jestern Abend. Er hat das Viertelloos jebracht, was der Magistrat und die Bürger spielen. Mein Mann hat ooch ´n Antheil.

Die Eine. Meiner ooch. Wir sind unserer ja Dreihundert fünfzig, die es spielen. Wenn es rauskommt, koofe ich mir ein blaues!

Die Andere. Nee, ich en rothes.

Die Eine. Da haben Sie keinen Geschmack nicht.

Die Andere. Na, Sie doch erst recht nicht.

Die Eine. Sie sind recht grob! –

Die Andere. Und Sie ausverschämt! –

Da kannst Du sehen, daß, wie die Leute zu ´n bisken Jeld kommen, gleich geht der Skandal los. Ohne Jeld aber bleibt Friede, das sehen wir an die Europäischen Mächte, die deshalb keinen Krieg führen, weil sie es nicht dazu haben. Also jebe nich zu ville aus und sehne Dir nich zu sehr nach die paar Dausend Thaler, die Du von der Englischen Lebensversicherung einst nach meinem Tode erhalten wirst, der ich mir vorläufig noch einer empörenden Jesundheit erfreue als

Dein Jatte
Schultze.

20.
Lauenburg.

Der Professor mit seinen Zöglingen hat, wie wir aus seinem Tagebuche ersehen, einen Ausflug nach dem Ilsenthal gemacht. Die Damen Julie und Ludowicke sind inzwischen über Thale nach der Roßtrappe gereist, auf welcher sie mit Schultze und Müller wieder zusammentreffen wollen. Die Letztgenannten kommen auf dem Wege dahin über Suderode, wo sie von Madame Kalberla freundlichst aufgenommen wurden, und über den Nachtigallsteig zu dem würdigen Veteran Schmidt auf Lauenburg. Sie treffen hier Herrn Bankier Jontef aus Berlin, Vater Samuels, der seinen Sohn sucht, da ihm dieser hinter dem Rücken des Professors aus Goslar geschrieben, er müsse im Harz Hungers sterben. Unter Führung Hohmanns besteigen die Reisenden gemeinschaftlich die Burgruine.

Hohmann. Nun, meine Herrschaften, wie gefällt Sie es hier?

Jontef. Was ist das?

Hohmann. Die Burgruine Lauenburg, wovon ich Sie nachher die Geschichte erzählen werde.

Jontef. Sagen Sie, lieber Mann, sind hier keine Sommerwohnungen zu vermiethen?

Schultze. Sie werden doch nich hier uf die verfall'ne Burgstraße Sommer wohnen wollen?

Jontef. Warum nicht? Einmal wäre es neu! Alsdann sind, so viel mir bekannt, diese Gebäulichkeiten immer von sehr guten Häusern bewohnt worden. Zum dritten ist mir der Thiergarten schon zu populär. Jeder der ein Geschäft in der Spandauerstraße hat, baut sich ein Pallais in der Lennöhstraße.

Müller. Das finde ich janz vernünftig. Die Koofleute sind heute die Herren der Welt, da müssen sie ooch ihre Palläste haben!

Jontef. Das verstehen Sie nicht, lieber Mann. Wer wirklich die Kraft hat und die Macht, braucht das nicht der Welt zu zeigen. Ich habe einen Onkel gehabt, was hat hinterlassen, zwei Milliiiiiiiiionen –

Müller. Na warum dehnen Sie denn das so?

Jontef. Wenn man einmal zwei Millionen hat, muß man sie nicht wieder gleich loslassen. Also wie gesagt mein Onkel ist gestorben als doppelter Millionär und wissen Sie, woran er gestorben ist? An fünfzehn Silbergroschen!

Müller. Na das is nich übel!

Jontef. Er hat nämlich zeitlebens bloß eine Leidenschaft gehabt und das waren Pflaumen. Gewöhnliche Pflaumen, wie man im Sommer zwölf Stück für einen Dreier bekommt. Wenn nun der Juli kam, ging er täglich zu einer Obstfrau, die seinem Comptoir gegenübersaß, und aß für einen Groschen Pflaumen, worauf er wieder in sein Comptoir zurückkehrte, und in sein großes Ausgabenbuch schrieb: per Handlungsunkosten 1 Silbergroschen Pflaumen. Wie er nun an einem ultimo dies zusammen addirte und sah, daß er in einem Monate für einen Thaler Pflaumen gegessen, war er empört über seine Liederlichkeit und dachte als richtiger Kaufmann, das mußt Du Dir billiger herstellen. Er proponirte also der Obstfrau ein En gros-Geschäft, indem er ihr monatlich 15 Silbergroschen pränumerando geben, dafür aber so viel Pflaumen genießen wollte, als er überhaupt zu essen im Stande wäre. Die Höckerin, welche dachte, ein alter Mann kann doch wohl nicht viel Pflaumen vertragen, ging auf den Vorschlag ein und nahm die 15 Silbergroschen.

Hä, Hä! lachte mein Onkel sich in´ s Fäustchen und dachte: die Frau habe ich gemacht und die werde ich besorgen. Also trat er gleich an die Obstkörbe und aß so viel Pflaumen, als er runter bringen konnte, bekam die Cholera, starb, und mußte wegen weniger Silbergroschens, um die er ein armes Höckerweib benachtheiligen wollte, seine zwei Millionen fremden Menschen hinterlassen.

Müller. Fremden? Na haben Sie denn nischt jeerbt?

Jontef. Nein! Und das „Warum" werde ich nächstens als komisches Sittendrama bearbeiten lassen.

Schultze. Det is recht! Da können wir Ihnen eine Addresse jeben, wo wir uns ooch immer bearbeiten lassen – da werden Sie zufrieden sind. Höchst dauerhaft un jar nich zu rujeniren.

Hohmann. Unjetzt, meine Herrschaften, werde ich Sie die Geschichte von dieser Burg erzählen: Also wird hier auf dieser Burg ville Jahrhunderte –

Schultze. Ein Ritter hausen –

Müller. Und eine Tochter haben –

Schultze. Und ein anderer Ritter wird kommen –

Müller. Und das Burgfräulein haben wollen –

Schultze. Und der Vater wird es ihm abschlagen –

Müller. Und wird ihm in´ s Burgverließ werfen lassen –

Schultze. Und in´ n Hungerthurm –

Müller. Und das Burgfräulein wird des Nachts –

Schultze. Heimlich run steigen –

Müller. Und ihm Trank und Speise bringen –

Schultze. Und der alte Raubgraf wird es erfahren –

Müller. Und ihn spießen lassen –

Schultze. Und sie braten –

Müller. Und dann aus Zorn mit ´n Kopp an die Wand rennen –

Schultze. Und hier sehen Sie noch die Blutflecken –

Müller. Wo´s Jehirn rausjespritzt is!

Hohmann. Ne, so is es nich!

Schultze. Na denn is es ´n Bischen anders, das schad´t nischt – Sage is Sage.

Hohmann (zu dem Bankier). Lehnen Sie sich nicht so über, mein Herr, Sie können ein Unglück nehmen!

Schultze. I so lassen Sie ihn doch! Wenn Eener hier runfällt, hat der Harz ´ne Sage mehr, det is janz in Ihrem Interesse!

Müller. Es soll sich übrigens hier ´n junges Mädchen schonst ´mal run jestürzt haben?

Jontef. Aus Melancholie?

Müller. Ne, aus Quedlinburg!

Schultze. Hurrah! Jott sei Dank und Lob, daß Du den los jeworden bist. Uf de janze Harzreise habe ick Dir schonst anjesehen, wie Dir der Witz jedrückt hat! Nu können wir dreist weiter gehen!

(Sie verlassen die Ruine.)

21.
Aus Müllers Brieftasche.

In das Fremdenbuch von Lauenburg habe ick folgende Stellen jefunden, welche ich wörtlich hier abschreibe:

Mögen deutsche Berge fallen,
Deutsche Treue sinket nicht!
A. Gerber,
Friseurgehülfe aus Danzig,
49 mit in Baden gewesen.

Was soll ich in der Fremde thun?
Es ist ja hier so schön!
Aloys Zink aus Gratz,
mit seiner Braut auf der Ruine gewesen
und die ganze Natur rings herum
betrachtet.
Welches schönes Rundgemälde!

Vorüber ziehn die Wolken droben,
Aus des Vulkanus Flammenheerd,
Wo in des Busens innerm Toben,
Cythere ihren Zauber schwört!
Und durch die längst gesunknen Hallen,
Erwacht der Lenz im Morgenroth.
Tyrannenketten müssen fallen!
Es lebe Schwarzgoldroth!
Lacedämonius aus Sparta.

Dummer Junge! Du scheinst mich aus
Quarta!
Löffler.

Diese alte hohe Veste,
Gleichet einer zerrissnen Weste,
Einstens war sie kolossal.
Schneidermeister Rieffendhal.

Wie groß und erhaben ist die Vorzeit, selbst
noch in ihren Ueberbleibseln? Und wie viel
Fragen drängen sich dem Schauenden auf,
die er an die alten Gemäuer richten möchte?
v.S.

Zum Beispiel, ob im Mittelalter ooch die
Mittelwohnungen so theuer waren?
F. Heinze aus Berlin.

Wo mit unbezähmter Luft,
Ob den letzten Hütten,
Dürre Felsen aus der Brust,
Ewige Ströme schütten:
Wo den Tannen stolz vorbei
Wilde Wasser tosen,
Werf ich von mir, fromm, frisch, frei,
Meine Sommer-Rosen.
L.v.R.
Stud. jur. aus Heidelberg.

Motto:
Naturalia non sunt turpia.
Soll das R. vielleicht ein H. sind?
Müller.

22.
Der Hexentanzplatz.

Impromptu des Führers Hohmann.

Hohmann. Nun sagen Sie, meine Herren, wie gefällt Sie eigentlich der Harz?

Schultze. I ganz niedlich!

Müller. Ja, es jeht an!

Hohmann. Na, glauben Sie nicht, daß es das Schönste ist, was auf der Erde existirt?

Müller. Ne, so jefährlich is es nicht!

Hohmann. Nu haben Sie die Güte, meine Herren, und machen Sie die Augen zu und geben Sie mir Ihre Hand.

Schultze. Was fällt Ihnen ein? Wollen Sie Blindekuh spielen?

Hohmann. Ich sage Ihnen weiter nichts als: Machen Sie die Augen zu, aber feste, und lassen Sie sich von mir führen.

(Schultze und Müller schließen die Augen und folgen Hohmann, der sie bis dicht an den Rand des großen Steines auf dem Tanzplatze führt.)

Hohmann. Nu, halt! Augen aufgemacht! Aufgeschaut!

Schultze (den Abgrund vor sich erblickend). Aaaaaah!

Müller (stützt sich auf seinen Regenschirm und blickt in den Bodekessel). Huuuuuh!

Schultze. Um Jotteswillen, lege Dich nich so über!

Müller. ´S is wahr – mich wird janz schwindlich! (zu Hohmann) Wie können Sie denn uns so plötzlich hierherführen?

Schultze. Er wollte uns überraschen. Es is wirklich jroßartig!

Hohmann. Ne, bloß weil Sie vorhin meinten: Es wäre mit dem Harz nicht so gefährlich, wollte ich Sie diese Stelle zeigen! (lächelt verschmitzt) Nicht wahr, er is doch gefährlich!

Schultze und Müller: Bravo! Hohmann hat ´n Witz jerissen! Bravo! Hohmann raus! Hierbleiben! Sehr gut! Zulage kriegen!

Hohmann. Schön, ich bin bereit! – Jetzt geht es nach dem Waldkater, meine Herrschaften! Nu heißt es tausend Stufen runter. (singt)

Giebt ´s denn gar kein Weg,
Als der Katersteg,
Der uns führet in das Bodenthal?
Zu dem Vater Fessel
In den Bodekessel –
Wo das Essen sehr gut und billig is –
Und auch das Trinken!

(Nach diesen herrlichen Rhythmen der Hohmannschen Dichtung steigen die Reisenden in den Waldkater.)

23.
Der Waldkater.

Schultze an seine Gattin.

Waldkater, Morg. 8 Uhr.
Jeliebte Friederike!
Statt einer rothen Oblate würde Dir bald ein schwarzes Siegel als Trauerrand um diese Zeilen erschrocken haben.

Um ein Haar – und Müller wäre in jenes Land entflohen, das seine Flüchtlinge nicht ausliefert, ooch nich uf Requisition der deutschen Bundesstaaten.

Er hat drei Stunden den Tod in ´s Auge jesehn, welches er vor Ermüdung jetzt noch jeschlossen hält, während ich hier schreibe und Zeit habe, Dich dieses unjestört mitzutheilen.

Das Sprüchwort sagt zwar: Es jiebt nischt neues unter der Sonne, jeschweige unter dem Monde, allein das Letztere bedarf seit jestern einer Berichtijung, da es allerdings beim Mondschein Dinge jiebt, von denen man sich des Morjens noch nischt hat träumen lahßen.

Es konnte jestern Nachmittag jegen vier Uhr sind, als wir mit der Flamme Müllers, der Mamsell Proppendorff und ihrer Begleiterin hier zusammentrafen im Waldkater, eine herrliche Er-

frischungsstelle mitten mang die Felsen und Jastwirthschaft tausend Fuß unterm Hexentanzplatz.

Wir bestellten ein gemeinschaftliches Mittagsmahl, waren jedoch nach dem ersten Gang schon nich mehr im Stande, was zu essen. Denn so was von jroße, schöne, ausjetragene Beefsteaks kannst Du Dir bei die kleinen, schwächlichen Siebenmonatsfilets, die wir in Berlin jewöhnlich kriegen, kaum vorstellen. Nachdem wir mit vortrefflichen Rothspohn die letzten Bissen schiffbar jemacht, bejaben wir uns auf einen Spazierjang in die Felsen uf die sojenannte Schurre, welche nach die Roßtrappe rufführt.

Wie wir so ´n Stündeken in das Steinjeklippe herum spaziert sind, is uf eenmal Müller verschwunden.

Wir sehen uns überall um: – keine Spur von ihm zu entdecken.

Wir jehen vorwärts, wir jehen seitwärts, wir jehen zurück, wo wir jekommen sind: – Müller is nich da! Ick nehme Mamsell Proppendorff ecklich uf's Korn un sage: Meine Jnädige, Sie müssen es wissen! Allein Sie weiß nichts weiter, als daß er ihr versprochen, eine Harzblume zu pflücken, und dann auf einmal unsichtbar jeworden sei.

Wir kehren also nach ´n Jasthof zurück, weil ick denke, daß er vielleicht wegen die Blume nach Hause jegangen, kommen in ´n Waldkater an, suchen überall umher: – Müller is verschwunden!

Es verjeht eine Stunde nach der andern, es wird finster, wir jehen wieder in die Felsen nach allen Seiten, schreien, rufen, schießen: Allens umsonst – Müller is perdutto!

Ich kriege Todesangst und der kalte Schweiß looft mich wie Eis hinten mang de Nackenrinne. Wenn sich Müller verirrt oder ein Unjlück jenommen? denke ich! Wenn ihn nach tagelangen Ausbleiben vielleicht die Bode zu meine Füße spühlt und ich in die nassen Falten seines Regenschirms den dreißigjährigen Freund erkenne? Wenn Schultze nach Berlin zurückkehren muß ohne Müller, dann is et ooch mit Schultze vorbei. Denn ´n bisken Ejoismus mischt sich in alle menschliche Sentimentalität un Müller mag sein, wie er will, ohne ihm wäre ick nich Schultze.

Es wird Mitternacht – Müller is verloren – und die Damens sind außer sich.

Da entschließt sich Fessel der Wirth vom Waldkater, ein muthiger unerschrockener Mann, seinen Hausknecht und eine Laterne zu nehmen und das janze Jebirge un Felsjeklippe um ´n Waldkater rings herum zu durchstreifen und fortwährend „Herr Müller" zu rufen. Nu jiebt es in janz Deutschland keine Jegend, wo man, wenn man Müller ruft, nicht mindestens von sechs Seiten: Hier! zur Antwort bekommt. Allein eben hier blieben die Felsen stumm und nur ein sechsfaches Echo wiederhallte klagend den Namen des unterjejangenen Heldenjeschlechtes.

O Müller! rief ick aus un ein halbes Schnapsjlas Wasser trat in meine Augen. – O Müller! so werden denn Deine letzten Worte wahr, die Du vorjestern uf Lauenburg jeäußert, „und der Harz hat wirklich eine Sage mehr!!"

Bei diesen Worten tritt der Mond wie ein verwaschnes Barbierbecken durch ein Packet weißer Schaumwolken und bei seinem bleichen Schimmer sieht Fessels Hausknecht 500 Fuß unter der Roßtrappe aus einer Felsenritze ein weißes Vorhemdchen wehen! Was ist das dort? ruft er seinem Herrn zu!

Barmherziger Gott im Himmel! – ruft Fessel – da steht ein Mensch. Jräßlich! Jräßlich! Wie ist der da hin jekommen? Jetzt wedelt er wieder! – schreit der Hausknecht – Aber er ist nicht zu retten, – dahin jelangt kein lebendiges Wesen!

Wir müssen unsere Schuldigkeit thun und wenigstens Alles versuchen! ruft der brave Katerwirth.

Es is Müller! – stoße ich jammernd aus und werfe mir vor Verzweiflung zu Boden – er is ausjeglitten und run jerutscht und uf diesen Felsenvorsprung jekommen und muß hier vor unsern Augen elendiglich sterben.

Und so war es auch. Müller war nach einer Harzblume vor die verwünschte Proppendorfern einen Felsen run jeklettert, hatte einen Fehltritt jemacht, war ausjejlitten und nach einem Rutsch von zweihundert Fuß uf eenen kleenen Fleck zu stehen jekommen, den noch kein menschlicher Fuß betreten und der so schmal war, daß er sich nich umdrehen und sein Schnupftuch aus de Rocktasche hinten vor holen, sondern nur sein Vorhemdchen abmachen konnte, es an seinen Rejenschirm binden und damit um Hülfe wedeln mußte, da sein Ruf in die kolossale, weite Steinwelt klanglos verhallte.

Eine schauderhafte Folterlage, in welche vielleicht noch nie nich ein Mensch sich befunden. Denke Dich in die Mitte von einem Felsjebirge, det fast so jrade wie ´ne Wand achthundert Fuß von de Spitze bis in den Bodenkessel run jeht und nu an die Wand in die Mitte stehen, uf eenen Vorsprung so jroß wie ´ne Trittschwelle un keine Rettung und menschliche Hülfe von oben möglich, un unten der schwarz wild brausende Bodekessel, un wissen, det der Schwindel immer jrößer werden muß un zuletzt run – – ´n paar Knackse – un aus – Stille! – Bejraben vor immer – ohne jede letzte Trauerbegleitung, Wehmuth un Citronen.

Aber der wackere Fessel verzagte nicht! Es jilt ein Menschenleben! rief er und wenn es noch eins kosten soll – die Rettung muß versucht werden.

Es wurde nu allens Mögliche von Stricken und Leitern herbeigeschafft, Fessel un sein Hausknecht machten sich damit uf ´n Weg und nach zwei Stunden jefahrvollster Anstrengung durch die schnödesten Klippenwege gelangten sie zu einer Stelle, wo sie an einen Strick von 50 Ellen Müllern heraufzuziehen vermochten.

Aber objleich er seit sechs Stunden Sterbelager jestanden, hatte er zwei Ellen vor seiner Auferstehung uf richtigen Boden noch das Jefühl von Unsterblichkeit und Nachruhm, im Rufziehen seinen Namen in de Felsenwand zu schreiben, an eine Stelle, wo jewiß noch kein Berliner im Harz jewesen is.

Als er aber oben uf jlatten Boden wieder anjelangt war und sich wieder unter Menschen fühlte, sank er bewußtlos zusammen und so liegt er jetzt noch in seinem Bette. Hätte Müller nichts zum Wedeln jehabt, so wäre er sicher verloren jewesen und auf diese Weise ist das Vorhemdchen seine janze Rettung.

Nie werde ich mehr janze Oberhemden tragen!!!

Ob das was Müller ausjehalten, eine Strafe des Himmels vor unerlaubte Jenüsse is, wage ich nich zu entscheiden. So viel aber steht fest, daß er lange zu thun haben wird, ehe dieser jroße Schreck aus seine Jlieder kommt, da ein kleiner Schreck, den wir bei Ankunft im Waldkater gemeinschaftlich erlebt, ihn noch Stunden lang nachher zittern machte.

Wir hatten uns nämlich nur einige Schritte weit entfernt und waren in Jedanken de Bode lang jegangen, als plötzlich ein Mann aus einer tiefen, schwarzen Höhle vorspringt und uns ein paar Pistolen unter die Näse hält.

Wir fuhren nicht schlecht zusammen und dachten nich Anders, als wir hätten den Rinaldo Rinaldini vor uns oder den Raubmörder Schall. Es war jedoch nicht Schall, sondern bloß die sojenannte Schallhöhle, aus der der Mann, welcher sie jepachtet hat, vortrat und uns zwei Schüsse offerirte, die, wenn man sie in die Höhle hineinfeuert, mit donnerähnlichem Getöse wieder zurückprallen, womit ich bin

Dein

Schultze.

Nachschrift, Nachmittag 3 Uhr: Müller is nach Thale jebracht, wo vor ihm eine Krankenwärterin engagirt is und er sich nach ärzlichen Rath des Doktor Letter einige Tage im Bette aufhalten soll. Ick war indeß heut Vormittag uf de Roßtrappe. Es ist das Jroßartigste, was im Harz zu sehen is, diese Roßtrappe, wo mir die Sage von dem Ursprung des Namens zu folgende Aeußerungen in jebundener Rede hingerissen hat.

24.
Die Roßtrappe.

Original-Gedicht mit Benützung eines bereits vorhandenen Stoffes nach einer englischen Idee frei nach dem Französischen von

Schultze.

In´s Riesengebürge war einmal
Vom Riesenvolk ein König
Der saß fortwährend beim Mittagsmahl
Und kümmerte sich wenig
Um seine Tochter, die gern allein
Spazieren ging, – was nicht zu verzeih´n –
Denn man kann ja jar nich wissen!

Als nun der Riese Bodo vernahm
Dies einsame Spazieren,
Uf seinen Schimmel gejagt er kam,
Lowiesken zu verführen!
Doch die Prinzessin sprach gleich: Was!?
Ich bitte sehr, – lassen Sie jefälligst das,
Denn man kann ja jar nich wissen!

Alles umsonst ist Bitten und Fleh´n
Um Schonung und Erbarmen;
Er fand sie selbst in der Hitze schön
Und ließ sie nicht aus den Armen.
Da sprach sie: Donner und Wetter noch mal!
Lassen Sie mich los oder ich mache Scandal –
Denn man kann ja jar nich wissen!

Doch Bodo denkt: Solch eine Perl´
Die will ich mir schon fassen!
Denn Bodo war ein strammer Kerl
Das muß der Neid ihm lassen.
Du kommst – sprach er – auf mein Schloß mit mir,
Denn ich finde es durchaus nich propper hier,
Und man kann ja auch jar nich wissen!

Doch wie er sie uf det Pferd will ziehn,
Jiebt sie ihm eine Dattel,
Knallschote nennt man das in Berlin
Und wirft ihm aus den Sattel –
Und schwingt sich auf den Schimmel rauf, –
Und vorwärts jeht´s im raschen Lauf, –
Denn man kann ja jar nich wissen!

Doch Riese Bodo besinnt sich nicht sehr
Und rasch hinter die Schöne
Looft im Jalopp er hinterher,
Mit seine langen Beene.
Indeß – sie zoddelt ooch nicht schlecht
Den ollen Schimmel – und des war recht!
Denn man kann ja jar nich wissen!

So jagte sie bergauf, bergab,
Die reizende Louise,
Durch Thal und Wald im tollen Trabb
Und hintendrein der Riese.
Er war schon am janzen Leib erhitzt,
Ob die Prinzessin ooch jeschwitzt,
Des kann die Sage nich wissen!

So ging es durch das Böhmerland,
Umsonst is Bodo´s Rufen!
Fort jagt das Roß durch Feld und Sand
Bis endlich mit den Hufen
Es hier auf diesen Felsen stund
Und schaudernd blickt in den tiefen Jrund, –
Denn man kann ja jar nich wissen!

Da sinkt der armen Lowiesken der Muth,
Denn Hülfe is nich zu erwarten,
Schon hört sie Bodo´s schnaubende Wuth,
Und andre Redensarten!
Denn Bodo denkt: springt run der Gaul,
So is die Jeschichte oberfaul –
Des kann ich nu jetzt schonst wissen!

Lowisken daher an den Zügel riß –
Da schwingt sich das Roß durch die Lüfte,
Und man soll nicht sagen, wat ´ne Sache is,
Es fetzt rüber über die Bergesklüfte!
Verloren is der Reitrin Spur,
Man sieht uf den Stein bloß die Trappe nur,
Die das Roß jemacht mit den Füßen.

Herr Bodo aber entsetzlich lacht,
Blickt schaudernd zu der Erden
Und denkt: Was nicht kann werden gemacht
Des kann gemacht nich werden!
Ich hätt´ allerdings ihr jern ´mal jeküßt,
Doch wer weeß, wozu es so ooch jut ist:
Denn man kann ja jar nich wissen!

Schultze.

Nach der allgemeinen Sage soll sich der Riese Bodo vor Wuth in den Fluß jeschmissen haben und versoffen sind, daher auch der Name „Bodefluß." Alleene aberst ick denke, man muß nich Allens nacherzählen, wat de Leute sagen.

Ebenfalls Schultze.

25.
Rübeland.

(Schultze und Müller haben sich abermals von ihren Reisegefährten getrennt und befinden sich nach einer Tagesreise im Gasthof zum goldenen Löwen in Rübeland an der Table d'hote.)

Müller. Nu sind wir bald vierzehn Tage von Berlin weg. Ick muß jestehn, ick sehne mir nach de Kommandantenstraße.

Schultze. Des könnte ick nu nich sagen!

Müller. Na weil Du uf 'n Spittelmarkt wohnst.

Schultze. Das nu nich. Aberst wenn ick 'n Wunsch hätte, dann wäre es 'mal wieder die Vossische zu lesen: Man weeß ja jar nicht hier im Harz, was in der Welt vorjeht.

Müller. So is et. (zu dem Kellner) Sagen Sie 'mal, Männeken, haben Sie nich 'ne Berliner Zeitung?

Kellner. Ei ja wohl (bringt eine Nummer der Vossischen Zeitung)!

Schultze. Die Tante! Jeben Sie her – das is köstlich! –

Müller (mit in die Zeitung hineinblickend). Und von jestern, vom 17. Juli schonst hier?

Schultze. Nu ja, mit die Eisenbahn. Nu halt' aber 'n Kopp weg, sonst kann ick nischt sehen.

Müller. Na, denn lies wenigstens laut vor, daß man ooch was hört. Aber nach der Reihe von 'n „Deutschland" vorn, bis Morgen treff ich mit 'n Transport Dessauer Kühe ein und Hühnerfricasseé bei „Lücke in de Hasenhaide" hinten in de fünfte Beilage.

Schultze. Nee, umjekehrt! Ick lese immer von hinten. Die Börsencoursche sind die Hauptsache, wenn man die jelesen hat, dann weeß man det janze Uebrige. – – – Schockschwerenoth noch 'mal, was is das?

Müller. Was is denn?

Schultze (liest). „Staats-Schuldscheine 72." „Köln-Mindner 4½ prozentige 82½."

Müller. Nannu! Was ist das?

Schultze (liest weiter). „Die gestern wiederholten Störungen der Ruhe wirkten abermals ungünstig auf die Börse."

Müller. Na, das is nich übel.

Schultze (liest aus einer anderen Beilage). „Die zweite Compagnie vom dritten Bürgerwehr-Bataillon tritt heute Abend Punkt 7 Uhr auf dem Spittelmarkt an. In Abwesenheit des Hauptmann Schultze: Schmidt, Rottenführer!" Donnerwetter noch 'n Mal, – das is ja meine Compagnie!

Müller. Hurrah!

Schultze (liest weiter). „Männer von Berlin! Es sind in den letzten Tagen Personen öffentlich aufgetreten und haben die Leitungen großer Versammlungen übernommen, die unzweifelhaft sich auch selbst als Kandidaten für Führung der Nationalgarden in Vorschlag bringen werden. Man sehe sich ja vor und forsche genau den früheren Lebenswandel bis in die kleinsten Details nach, um zu ermitteln, ob der Kandidat auch als treuer, gewissenhafter Volksmann seine Pflicht erfüllt habe. Den Wahlmännern des 98. Bezirks schlagen wir daher hiermit Herrn August Hermann Müller, Kommandantenstraße 317 vor –

Müller. Des bin ick! Hurrah! Kellner! Waffen! Champagner! Bürgerwehr raus! Alle Männer von Rübeland! Antreten! Generalmarsch blasen lassen! Pferd satteln! Vor die Front reiten! Re'ment marsch! Tambour voran! Hurrah (springt an das Fenster und schreit hinaus)! Männer von Rübeland! Volksgeist! Vaterland! Sturmwolke! Morgenroth! Menschenrechte!

Stumpfsinn! Begeisterung! Eisen! Kampf! Duldung! Würfelspiel! Sieg oder Tod! Knechtschaft! Mannesstolz! Halbheit –

Schultze. Müller! – Um Himmels Willen – höre uf!

Müller. Was is denn?

Schultze. Et is ja 'ne alte Nummer.

Müller. Die Vossische?

Schultze. Ja, vom 17. Juli 1848.

Müller. Von 48? Donner Wachsstock!

Schultze. Du hast Dir ecklich blamirt!

Müller (wüthend zu dem Kellner.) Mensch! Wie können Sie sich unterstehen, uns eine alte Zeitung zu geben?

Kellner. Ne frischere haben wir nicht.

Ein fremder Herr von der Table d'hôte. Deswegen mein Herr, brauchen Sie auch nicht solchen Scandal zu machen! Ihr Schreien hat das ganze Städtchen in Aufruhr gebracht!

Ein anderer Herr. Die ganze Straße steht voll Menschen.

Ein Dritter. Ihre politische Gesinnung geht uns nichts an, meine Herren! Aber Sie haben einen sehr schlechten Ort gewählt, wenn Sie glauben, von hier aus einen Putsch organisiren zu können.

Schultze. Erlauben Sie, mein Herr! Wenn Sie hier von Putsch und von politische Jesinnung sprechen, so sehen Sie sich jefälligst erst Ihre Leute an. Von politische Jesinnung kann bei uns schon jar keine Rede sind! Haben Sie mir verstanden? Wenn mein Freund hier einige aufrejende Aeußerungen hat fallen lassen, so is des im Intresse vor Ruhe und Ordnung jeschehen, – Prüfung nennt man das! Er hat lediglich die Einwohnerschaft bloß prüfen wollen, ob sich auch hier die Zustände bereits befestigt haben, oder ob jeder Schaafskopp im Stande is, dieselbe zu erschüttern. Die würdige und jemessene Haltung Rübelands bei seiner Rede hat ihn von das Letztere überzeugt. Er wird sich bei seiner Rückkunft in Berlin darüber aussprechen un ick glaube, meine Herren, nich zum Nachtheil dieser ehrenwerthen Bevölkerung! Meine Herren! Es lebe Rübeland! Es lebe der Jasthof zum joldnen Löwen!

Sämmtliche Anwesende. Hurrah! Hoch!

Der erste Herr. Eine Flasche Champagner, Herr Klose!

Der Zweite. Ich bitte auch um Eine.

Der Dritte. Wir stellen Sie zwei Montebello kalt!

Müller. Die Beweise Ihrer Theilnahme, meine Herren, thun mich wohl! In einer Zeit, wie die unsre, wo Charakter und Consequenz eine Jellert'sche Fabel zu drohen jeworden scheint, is es mir Bedürfniß –

Der erste Herr (präsentirt Müller das erste Glas Champagner). Wenn ich bitten darf.

Müller. Ich danke Ihnen un habe nischt hinzuzufügen als: Es lebe die Jesellschaft un alle Zustände der – der –

Schultze (soufflirt ihm). Der Stabilität!

Müller. Der Staberletät! Die Staberletät soll leben!

Alle. Hoch!

26.
Was sich die Baumannshöhle von Schultze erzählt.

Müller an seine Gattin.

Wernigerode.

Jeliebte Karoline!

Ick bejreife nicht, was Dich daran liegen kann, welche Tour wir nehmen und warum Du in Deinem Briefe, den ich in Blankenburg empfangen, durchaus wissen willst, wie ferner der Jang unserer Reise sein wird? Was kann dieses für Dich vor ein Interesse haben, ob wir heute oder morgen uf'n Brocken eintreffen?! So viel steht fest, daß es am längsten gedauert hat und ick Dir bald wieder in meine Arme schließen werde. Möge der Jenuß der Bergluft mir recht jut bekommen sein!

Von Schultze läßt sich dieses weniger sagen, da er, objleich um eine Hoffnung leichter, sehr schwer darniederliegt. Seit gestern Abend hat er keinen Laut mehr von sich jegeben. Desto mehr weiß sich die Baumannshöhle von ihm zu erzählen! Kaum wage ich jedoch, diese zarte Jeschichte – meiner Stahlfeder anzuvertrauen!

Nach einem rauschenden Diner im Rübeland, bei welchem wir unsere Laune sehr mit Champagner bejossen hatten, war Schultze nämlich plötzlich verschwunden. Da er meine Einladung, sich mit mich die Baumannshöhle anzusehen, abjeschlagen hatte, so beschloß ick während seiner Abwesenheit diesen von der Natur jebauten Tropfsteinkeller allein zu besuchen und engagirte mich hierzu einen Bergmann als Führer.

So kroch ick denn mit Jrubenlicht und krummen Rücken in diese erste herrschaftliche Etage nach unten einige Zeit umher, bis wir in den berühmten Saal mit de Krystallwände kamen, die von der in Permanenz erklärten Sickerei des Wassers an die Felsen gebildet werden.

„Wenn Sie eine Ueberraschung zu jenießen wünschten," – bemerkte mich mein Führer – „so will ick Sie dieselbe durch eine plötzliche Beleuchtung der Jrotte jewähren."

„Es soll mich durchaus nicht auf ein Trinkgeld ankommen!" erwiderte ich ihm, worauf er unsere Lichter auslöschte, sich entfernte und bald wieder zu kommen versprach.

Wie ich nu so auf einmal allein stand, ohne eine Idee von dem A u s g a n g e der Sache, jeschweige von dem der Höhle zu haben, jingen mich eine Masse Jedanken über „Unter der Erde" durch 'n Kopp, die mich den Mantel der Nacht, der mir bedeckte, jern mit einem Morjenrock hätten vertauschen lahßen.

Wer weiß, – wiegelte es in meinem Innern – ob dieser Führer un Bergmann nich ein cachirter Demokrat is, der Deine conservativen Aeußerungen an der Tabel tot im Rübeland jehört un beschlossen hat, Dir hier zu 25 Jahre Zellensystem bei Wasser und Troppstein mit Ausschluß der Oeffentlichkeit zu verdonnern.

An diesen schwarzen Holzschnitte meiner Phantasie reihte sich noch eine Masse ähnlicher jrauenhafter Oeljemälde. Schon las ich im Jeiste meine Todesanzeige in der Vossischen: Jestern starb nach vierzehntägigen Jrottenleiden an hinzujetretenen Tropfstein mein innigst jeliebter Jatte Aujust Heinrich Wilhelm Müller. Wer ihn kannte, wird meinen Schmerz bejreifen!

Schon sah ick mir uf's Königliche Museum als ausjejrabene Mineralie un ausjestoppte Versteinerung der Vorwelt mit Rejenschirm, als es plötzlich neben mir röchelte. Wer ist da? rief ich, ohne jedoch eine Antwort zu erhalten.

Antwort – oder ick jebe Feuer! schrei ick un in diesem Augenblicke jiebt der Bergmann auch wirklich Feuer, die janze Baumannshöhle wird von blauer Flamme beleuchtet, und wer steht vor mir? Schultze.

Schultze! rufe ich.

Müller! sagt er.

Is es möglich? frage ich.

Ja woll! schluchzte er und bricht in einen Strom von Thränen aus, – zum ersten Male seit

fünfundvierzig Jahren, wo er von seinem Vater zum letzten Male jehauen wurde und sinkt in meine Arme, schrecklich vor das bestraft, – was er seit vierzehn Tagen jegen seine Frau in Jedanken verbrochen hatte.

Ludowieke von Teckelberg hatte ihm nämlich in dieser Baumannshöhle ein Rangdewuh versprochen. Schultze war deshalb, ohne mich wat zu sagen, heimlich weggeschlichen und nach die Höhle jekrochen, die er bloß ein paar Fuß tief, jedoch vor finster jenug hielt, um sich mit der Tugend gründlich zu brouilliren. Der Champagner, den er an der Tabel dodt jetrunken, hatte ihm die Standhaftigkeit verliehen, immer weiter rein zu dringen, in der festen Ueberzeugung, die Höhle müßte doch ein mal ein Ende nehmen und dieses Ende müßte Ludowieke sind.

Aber blinder Eifer schadet nur!

Nachdem er über eine Stunde den Namen der Jeliebten gerufen, ohne Jehör zu finden und verjebens die sehnsüchtigen Arme nach ihr ausjetappt hatte, befand er sich in Mitte undurchdringlicher Finsterniß und hatte den Faden des Lichts zum Ausjang aus dem Labyrinth verloren.

Nach einigem nutzlosen Umherirren auf dem modrigen Boden entschloß er sich schonst, in stehender Lage den Hungertod zu erwarten und war bereit, sich von der Angst die Sprache rauben zu lahßen, als ick auf ihm stieß und in demselben Moment ooch das Feuerwerk des Führers abbrannte.

Der jutmüthige Bergmann zog nun seine Schnapsflasche aus der Tasche, nach deren Inhaltsverzeichniß Schultze sich erholte un im Stande war, aus der unterirdischen Welt seiner enttäuschten Hoffnungen zu dem rauhen Boden der Wirklichkeit empor zu kommen.

Mit dem leichten Schritt eben verlassner Jefahrvolligkeit war er der erste an der Leiter, die aus der Höhle an's Tageslicht führt, als eine Stimme von oben run rief: Sind Sie es?

Ja! antwortete er und ein kolossaler Körper fiel in seine Arme, und überschüttete ihn mit inbrünstigen Küßen, die sich schmatzend an die Hohlwände ver-echo-ten.

Das ist Ludowieke! Sie hat Wort gehalten, dachte ick! Aber sie war es nicht, sondern der Schulprofessor, von dem ick Dir schonst jeschrieben, welcher ebenfalls ein Rangdewuh um diese Zeit von ihr erhalten und dito miß-die-pfi-ziert worden war. In seiner betaumelten Liebeswuth dachte der Professor, daß ihn Ludowieke schonst unten erwarte, und stürzte wie ein von Amor anjestochenes Wildschwein in die Höhle uf Schultzen, der sich noch heut seine blauen Flecken reibt und den benetzten Mund wischt, so hat ihn der Professor im ersten Anlauf ohne Rücksicht des Geschlechtes abjekneddert.

Von der Vernichtung, als sich nun Allens ufklärte, kannst Du Dich keinen Bejriff machen. In das jelehrte Professorgesicht malte sich die janze Verzweiflung über die verlorne Freiheit der Wissenschaft. So denke ick mir, muß Jervinus ausjesehen haben, als sie ihn mit Beschlag belegten!

Schultze dajegen wird sich wohl bald wieder erholen un von dem unmoralischen Düngerhaufen, uf den sich die Lerche seines Jeistes niedergelassen, in die reine Luft des höhern Blödsinns emporschwingen. Mit diesen, in eine bessere Zukunft schmetternden Jedanken umarme ick Dir zum letzten Mal in der Schriftsprache als

Dein Jatte Müller.

27.
Der Brocken.

Und wie sie sich denn mit wanderndem Stab,
Auf der Mitte des Weges befinden: –
Da gießet unendlicher Regen herab –
Und vergebens steigen sie aufwärts im Trab –
Sie werden naß, zum Auswinden!
Kein Faden am Leibe mehr trocken
Erreichen sie schwimmend den Brocken!

Und wie sie gewinnen das Brockenhaus –
Da sinken ermattet sie nieder,
Und strecken die nassen Glieder
Um warmen Ofen behaglich aus, –
Und erwarten freudig den Abendschmaus –
Und erwärmen am Feuer die Röcke –
Und sich selbst durch einige Gröcke!*)

*) Kommt von Grog. Anmerk. des Setzers.

Müller. Na an den Weg hier ruf denke ich aber, so lang ich lebe und noch vierzehn Tage.

Schultze. Wir haben aber ooch das unjlücklichste Wetter jehabt und den jefährlichsten Weg jewählt. Denn über diesen Röneckenberg jeht schonst jar keen vernünftiger Mensch nich, sondern höchstens ´n Turnlehrer, oder ´n Jemsenstudent, oder ´n Realschüler, der nich ´n Viertel Pfund Fleisch uf ´n Leibe hat, und sich ausspringen will. Aberst nicht ´n jebildeter Bürger mit ´n anständigen Mittelbauch bei zweistündigem Platzregen, wo die Erde eine Kaltwasserheilanstalt un der janze Himmel bloß eine Brause zu sein scheint.

Müller. Deshalb is es mein einziger Trost, daß ich Mitglied vom Verein der Wasserfreunde in der Kommandantenstraße bin, un an Duschen jewöhnt. Sonst wäre durch diese Erkältung ein siebzehnfaches Nervenfieber vor morjen fertig.

Schultze. Die Jewohnheit thuts ooch nich immer. Ick habe einen Bekannten jehabt, der hat zwei Jahre die Kaltwasserkur jebraucht, un is doch vorigen Sommer beim Baden in de Spree ertrunken. – Bist Du denn schonst drocken?

Müller. Ja. Das heeßt hinter de Ohren. Die Nässe is jedoch das Wenigste. Aberst die janze blaue Farbe von meinem Sommeranzug is durch den fortwährenden Regen in mich einjedrungen. Ick bin blau an ´n janzen Körper.

Schultze. Da mußt Du Dir jleich, wenn Du nach Berlin zurückkommst, bei Tobiassen in de Appretur jeben! Wenn ick man wüßte, ob hier uf ´n Brocken ´ne Nähmaschine is. Ick habe mich meine Buxen jeplatzt, daß das janze Knie zu sehen is.

Müller. Na denn kann ick se anziehen. Bei meiner dunklen Hautcoulör kommt nischt Weißes zum Vorschein!

Schultze. Das is hier oben ooch janz ejal. Hier is schonst Vorstadt von ´n Himmel, wo es uf das Aeußere nich mehr ankommt.

Müller. So is et. Sieh ´mal, wie da vor´s Fenster die Wolken vorbeischieben. Wenn Du raus jehst und ´n Bischen drückst, dann regnet es unten in Wernigerode.

Schultze. Ja, ´s is jroßartig. Wenn wir so ´n Jebürge uf ´n Spandower Bock hätten! Und nu Sonntag Nachmittag bei `s schönste Wetter ruf jeklettert, ´n Packet Wolken jenommen, run jeschmissen un nu das Droschkensuchen und Keiner keinen Rejenschirm nicht mitjenommen –

Müller. Und dann zum Beschluß statt Feuerwerk Donner und Blitz.

Schultze. Nee, det jeht doch nicht! –

Müller. Na, warum denn nich. Man sucht sich ´n Stücker sechs bis sieben jute Jewitterwolken aus und jeder hält eene, und nu heeßt es auf ein jejebenes Zeichen: Loslassen! Kladderadatsch, prallen se aneinander un ´s Jewitter is fertig!

Schultze. Ja beim jetzigen Stand der Naturwissenschaften können wir´s vielleicht bald so weit bringen. – Im Winter möchte ich übrigens hier nich wohnen. Sieben Monate hier einjeschneit sind, muß ooch keenen Spaß nich machen!

Müller. Na es kommt immer druf an, mit Wem?!

Schultze. Is janz ejal. Und wenn´s ´ne Jöttin is, muß man uf die Länge vor Langeweile verrückt werden. Das is ja hier das Brockenhaus, wo des mit ´n Hund passirt is.

Müller. Was ist das vor ´ne Jeschichte?

Schultze. Es war in einem harten und langen Winter, wo der Wächter, der hier früher uf dem Brocken allein war, es verabsäumt hatte, zur rechten Zeit vor ´m Schneefall den Jipfel zu verlassen und sich jenöthigt sah, mit seinem Pudel acht Monate hier allein zu verleben. Um sich nu die Zeit zu vertreiben, unterhielt er sich fortwährend mit dem Hunde, wie mit einem Menschen, so daß das jelehrige Thier nach und nach zu sprechen begann, der Wächter jedoch aus Mangel an menschlichem Umjang die Sprache verlor. Wie nu die ersten Reisenden im Sommer hier wieder rauf kamen, bellte ihnen der Wächter entjegen und der Hund sagte: Jott sei Dank, daß man wieder ´mal ´nen Menschen zu sehen bekommt.

Wirth. Wenn den Herren gefällig ist – das Essen ist fertig –

Müller. Schön! Sehr schön! Sagen Sie ´mal, Herr Wirth, sind wir denn heut die Einzigen hier oben?

Der Wirth. Zwei Damen sind noch hier, die sich aber bereits zu Bett begeben haben.

Schultze. – Junge?

Der Wirth. Nicht zu jung, aber auch nicht zu alt. Ein paar sehr stattliche, anständige Frauen.

Müller. – Verheirathet?

Der Wirth. Das kann ich nicht wissen. Sie haben sich hierüber – sowie überhaupt nicht ausgesprochen. Sie fragten nur, ob vielleicht dieser Tage ein Herr Schultze und ein Herr Müller schon hier gewesen wären?

Schultze. Die Teckelberg!

Müller. Die Proppendorf. – Wie sehn sie denn aus?

Der Wirth. Die Eine ist groß und stark, – die Andere klein und brünett.

Schultze. Es ist keine Frage, – das sind sie! Also gar nichts weiter jesagt?

Der Wirth. Nein. Sie schienen etwas traurig und verstimmt.

Müller. Kein Zweifel! Sie denkt ick bin durch ihre Schuld an´s Nervenfieber in Thale jestorben.

Schultze. Ludowicke hat mir in der Baumannshöhle verfehlt un is hier nachjekommen, da lahß ick mir ´n Kopp nehmen!

Müller. Es is reizend!

Schultze. Pepitanisch is es!

Müller. Et wird herrlich – det wird – (fällt Schultzen um den Hals) Schultze – unsere kühnsten Träume werden Wirklichkeit.

Schultze! Aus den Wolken muß es fallen,
Aus den Wolken kommt das Jlück!

Schultze. Ick bitte Dir – Müller! Mäßige Dir! Wo sind die Damen, Herr Wirth?

Wirth. Sie haben das Zimmer Ihnen vis–à–vis, Nr. 8.

Müller. Da wollen wir gleich –

Schultze. Stille! (leise zu Müller) Halt ´n Mund, Dämlack. Wat sollen die Leute hier denken. Ick habe einen Plan! Wir essen hier erst janz ruhig un trinken ´n paar Pulleken – und dann, – wenn Allens im Hause schläft –

Müller. Im Finstern! – Ick verstehe. Janz mir aus der Seele jesprochen. Aber Du mußt mir schwören, daß Du nie Deiner Frau –

Schultze. Und Du nie Deiner –

Müller. Keine Sylbe – Arm in Arm mit Dir uf´s Blutjerüste.

Schultze. Der Brocken soll leben! Walpurgisnacht hoch!

Müller. Blocksberg hoch! Hurrah!
(Sie setzen sich zum Souper und leeren bis Mitternacht diverse Flaschen.)

28.
Das Brockengespenst.

Novelle

1.

Es war Nacht. Tiefe, finstere, schwarze Nacht. Da schritten leise und heimlich in dem Gange, der die Fremdenzimmer des Brockenhauses trennt, zwei weiße männliche Gestalten.
Jetzt standen sie an der Thüre des Zimmers Nr. 8.
Leise rührten sie die Klinke.
Jetzt waren sie eingetreten.
Wer ist da? fragten zwei weibliche Wesen, sich langsam empor richtend.

Ich bin es! antworteten die Männlichen.
Nur näher! sagten die Weiblichen.
O Seligkeit! flüsterten die Männlichen.
Du bist es! ächzten die Weiblichen.
Ja, meine geliebte Ludowicke! Meine einzige Julie! lispelten die Männlichen.
Da knallten zwei fürchterliche Schüsse durch's Zimmer.

2.

Wer die männlichen Gestalten waren, die wir im ersten Capitel kennen gelernt, wird der scharfsinnige Leser bereits errathen haben. Die beiden Schüsse aber waren zwei Ohrfeigen und ihre Geberinnen – Madame Schultze und Madame Müller. Ungeduld über das lange Ausbleiben ihrer Männer hatte sie nachreisen, die Gatten auf dem Brocken finden und die gerechte Strafe für die begangene Treulosigkeit ausüben lassen.

3.

Dem Versöhnungstag der Juden geht die lange Nacht voraus. Die Nacht vor der Aussöhnung des Schultze'schen und Müller'schen Paares war eine kurze, – glückliche! Der Morgen kam. Die Neuvermählten bestiegen den Thurm des Brockenhauses. Noch thürmten und wälzten sich die Nebel im Thale. Ein dünner Dunstflor überzog den Himmel. Da schoß es plötzlich auf im Osten, wie gelbe Flammen! Wie durch Zauberschlag verschwand der Schleier, der die Ehegatten umhüllt gehalten. Das herrlichste Roth überzog den Horizont und segnend legte Eos ihre glühenden Arme über die verklärten Häupter der Liebenden.

Es ist nich jut, daß der Mensch allein sei! rief Madame Müller. Und namentlich auf Reisen! – fügte Madame Schultze hinzu, – darum soll kein Mann nich ohne seine Frau den Harz besuchen!

So sei es! sagten die Männer.
Und „So is et!" wiederholte das Echo von tausend Bergen.

Anmerkungen

„Nichts ist dauernd als der Wechsel" – Seite 15 bis 24

1 Es sei hier dankbar auf die Düsseldorfer Ausgabe der Werke bei Hoffmann und Campe, Hamburg verwiesen: Heinrich Heine, Historisch-kritische Gesamtausgabe der Werke. In Verbindung mit dem Heinrich-Heine-Institut hrsg. v. Manfred Windfuhr im Auftrag der Landeshauptstadt Düsseldorf [= DHA]. Bd. 1–16. Hamburg 1973–1997 [= DHA], die „Harzreise" in Bd. VI; aber auch auf die weitverbreitete Hanser-Ausgabe mit ihren interessanten Kommentaren und Registern: Heinrich Heine, Sämtliche Schriften. Hrsg. v. Klaus Briegleb. Bd. 1–6. München 1968–1976 [= B] mit der „Harzreise" in Bd. II – sowie auf die Weimarer Heine-Säkularausgabe: Heinrich Heine, Werke, Briefwechsel, Lebenszeugnisse. Säkularausgabe. Hrsg. v. den Nationalen Forschungs- und Gedenkstätten der klassischen deutschen Literatur in Weimar (seit 1991; Stiftung Weimarer Klassik) und dem Centre National de la Recherche Scientifique in Paris. Hier die Briefe von und an Heine, Bd. 1–27. Berlin, Paris 1970ff. [= HSA]. – Es sei erlaubt, auf zwei eigene kleine Heine-Studien zu verweisen, die auch der „Harzreise" jeweils Tribut zollen: Heinrich Heine. Leben, Werk, Wirkung. Suhrkamp Basisbiographie 7, Frankfurt am Main 2005 sowie: Heine und die Folgen, Stuttgart 2016.

2 HSA XX, 265.

3 S. Heine und die Nachwelt. Geschichte seiner Wirkung in den deutschsprachigen Ländern. Texte und Kontexte, Analysen und Kommentare. Hrsg. v. Dietmar Goltschnigg und Hartmut Steinecke. Bd. 1–3. Berlin 2006–2011.
– Die Texte stammen aus den Jahren (1) 1856–1906, (2) 1907–1956 und (3) 1957–2006.

4 Zur zeitgenössischen Kritik vgl.: Heinrich Heines Werk im Urteil seiner Zeitgenossen. Hrsg. v. Eberhard Galley und Alfred Estermann. Bd. 1–6. Hamburg 1981–1992 (= 1821–1841), sowie Heinrich Heines Werk im Urteil seiner Zeitgenossen. Begründet v. Eberhard Galley und Alfred Estermann. Hrsg. von Christoph auf der Horst und Sikander Singh. Bd. 7–13. Stuttgart, Weimar 2002–2006 (= 1841–1856); der Abschlussbd. 13 von S. Singh interpretiert den gesamten Zeitraum.

5 DHA I, 206–209, Doppeldruck.

6 S. Fritz Mende: Heinrich Heine. Chronik seines Lebens und Werkes. Zweite, bearbeitete und erweiterte Auflage, Berlin 1981, S. 42.

7/8 S. Thomas Mann, Gesammelte Werke in dreizehn Bänden, hier Bd. VII, darin: Bekenntnisse des Hochstaplers Felix Krull. Der Memoiren erster Teil, zweite durchgesehene Auflage, Frankfurt am Main, 1974, S. 337.

9 Vgl. Varujan Vosganian, Buch des Flüsterns. Roman. Aus dem Rumänischen von Ernest Wichner. Wien 2013, S. 234.

10 DHA VI, 110.

11 DHA I, 140f. Doppeldruck.

12 Vgl. Günter Metzner, Heine in der Musik. Bibliographie der Heine-Vertonungen. 12 Bde. Tutzing 1989–1994.

13 Nachwort zum „Romanzero", DHA III, 177.

14 DHA X, 251.

15 Ebd.

16 Norbert Altenhofer, Harzreise in die Zeit. Zum Funktionszusammenhang von Traum, Witz und Zensur in Heines früher Prosa. Schriften der Heinrich Heine-Gesellschaft Düsseldorf 5, 1972.

17 Raphaela Brüggenthies OSB: „Heilge Schwelle". Der frühe Heine – ein jüdisch-christliches Itenerarium. Göttingen 2022.

18 DHA VI, 82

19 Vgl. Kruse: Heine und die Folgen (wie Anm. 1), S. 104.

20 Gerhard Höhn: Heine-Handbuch. Zeit, Person, Werk. Dritte, überarbeitete und erweiterte Auflage. Stuttgart u. Weimar 2004, S. 191.

22 B II, 722.

23 S. meine Rezension von drei Harz-Titeln im Heine-Jahrbuch 47 (2008), S. 269f. aus ebendiesem Jahr: Heinrich Heine, Die Harzreise, hrsg. u. mit einem Nachwort versehen von Christian Liedtke, Hamburg 2008; Achill Moser: Nimm nur mit, was du tragen kannst. Auf den Spuren Heinrich Heines durch den Harz, Hamburg 2008; Literarische Harzreisen. Bilder und Realität einer Region zwischen Romantik und Moderne, Bielefeld 2008 (= Braunschweiger Beiträge zur deutschen Sprache und Literatur, 10).

24 Joseph Anton Kruse: Auf die Berge will ich steigen. [Der Harz und Heine], in: Waldung. Magazin für Wald, Wandern, Wissen. Heft 1, 2006 (Köln), S. 26–43.

25 Vgl. Joseph A. Kruse: Richters „Wald“ und Heines „Waldung“. Wie ein Dichter in die Textlegenden eines Künstlerbuches gerät. Mit fünf Abbildungen, in: Das Heute hat Geschichte. Forschungen zur Geschichte Düsseldorfs, des Rheinlands und darüber hinaus. Festschrift für Clemens von Looz-Corswarem zum 65. Geburtstag. Hrsg. von Benedikt Mauer, Essen 2012, S. 515–534.

26 Vgl. Petra Ahne: O mein Gott, wo sind die alten Bäume? Verlustgefühle teilt der Mensch des frühen 19. Jahrhunderts mit dem von heute. Und was folgt daraus? In Frankfurt fragt die Ausstellung „Wälder“ in gleich drei Museen, ob das Naturverhältnis der Romantik der ökologischen Krise von heute einen Ausweg weist. In: Frankfurter Allgemeine Zeitung, Feuilleton, Samstag, 16. März 2024, Nr. 65, S. 11 – sowie Wiebke Hüster, Im Wald vor lauter Bäumen. Romantik, Raubbau und Ressource – ein Gang durch die Ausstellung „Wälder“ in Frankfurt und Bad Homburg. In: Frankfurter Allgemeine Sonntagszeitung, Feuilleton, 24. März 2004, Nr. 12, S. 42.

27 Vgl. Anm. XIII: der Band „Literarische Harzreisen“ verdankte seine Entstehung beispielsweise der Zusammenarbeit des Instituts für Germanistik der Technischen Universität Braunschweig zusammen mit der Wilhelm-Raabe-Forschungsstelle der Stadt Braunschweig und wurde unterstützt vom Museum Schloss Wernigerode.

„Ein zusammengewürfeltes Lappenwerk“ – Seite 25 bis 42

1 Heinrich Heine: Die Harzreise, in: Sämtliche Werke (Düsseldorfer Ausgabe) Bd. 6. Hamburg 1973, S. 83–84. (Im Folgenden zitiert als DHA. Seitenangaben im laufenden Text beziehen sich auf diese Ausgabe.)

2 Vgl. DHA 6, S. 586 sowie insgesamt: Günter Saße: Wandern auf doppeltem Boden: Heinrich Heines Harzreise, in: Werner Frick (Hrsg.): Heinrich Heine. Neue Lektüren. Freiburg 2011, S. 73–91, hier S. 74.

3 DHA 6, S. 584.

4 Zit. nach Saße (Anm.2), S. 73, Anm. 4.

5 Die Bezeichnung entstammt einem Brief Heines an seinen Freund Moses Moser vom 11. Januar 1825. Vgl. DHA 6, S. 525.

6 Zit. nach DHA 6, S. 526.

7 DHA 6, S. 524.

8 Aus einem Brief an Charlotte Embden. Zit. nach Saße (Anm. 2) S. 73.

9 Vgl. zu den Einzelheiten: Edith Lutz: Der „Verein für Cultur und Wissenschaft der Juden“ und sein Mitglied H. Heine, Stuttgart/Weimar 1997.

10 So bezeichnet Heine selbst den Passus über Saul Ascher in der *Harzreise*.

11 Vgl. dazu Iwan-Michelangelo D' Aprile: Zwischen Haskala und Heine. Saul Aschers politischer Journalismus, in: Heine Jahrbuch 2020, S. 141–154.

12 Karl August Varnhagen: Reisebilder von H. Heine. Erster Theil, in: Der Gesellschafter Nr. 103, 30. Juni 1826. Hier zitiert nach: DHA 6, S. 541.

13 Beide Zitate nach DHA 6, S. 518.

14 Ebd. S. 521.

15 Heine an Rudolf Christiani vom 26. Mai 1825; zit. nach Saße (Anm. 2) S. 74.

16 DHA 6, S. 521.

17 Ebd., S. 86.

18 Ebd., S. 94.

19 Ebd.

20 Alle Zitate ebd. S. 95.

21 Ebd.

22 Ebd., S. 96.

23 Ebd., S. 521, Zeile 43.

24 Ebd., S. 115.

25 Ebd.

26 Ebd., S. 116.

27 Ebd., S. 217.

28 Ebd., S. 118.

29 Ebd.

30 Ebd., S. 119.

31 Ebd.

32 Ebd., S. 120.

33 Ebd., S. 123f.

34 So Heinrich Heine an Moses Moser vom 14. Februar 1826. DHA 6, S. 529.

35 DHA 6, S. 525.

36 Ebd., S. 521.

Heine als Harzwanderer – Einer von vielen? – Seite 43 bis 73

1 Heinrich Heine. Historisch-kritische Gesamtausgabe, hg. v. Manfred Windfuhr im Auftrage der Landeshauptstadt Düsseldorf (= DHA), Bd. 6, bearbeitet von Jost Hermand, München 1973, S. 134.

2 Zu Entwicklung des frühen Harztourismus vgl. u. a. Uwe Lagatz in Zusammenarbeit mit Claudia Grahmann: Hercynia Curiosa. Auf den Spuren früher Harzreisender, Wernigerode 2011.

3 Georg Henning Behrens: Hercynia Curiosa, oder Curiöser Hartz-Wald, Nordhausen 1703, Vorrede.

4 Zum frühen Brockentourismus vgl. u. a. Uwe Lagatz unter Mitwirkung von Claudia Grahmann: Der Brocken. Die Entdeckung und Eroberung eines Berges, Wernigerode 2014.

5 Vgl. u. a. Peter Bode unter Mitwirkung von Claudia Grahmann, Uwe Lagatz u. Rainer Schulze: Der Harz. Faszinierende Landschaft in der Grafik von 1780 bis 1830, Wernigerode 2016.

6 Friedrich Gottschalck: Taschenbuch für Reisende in den Harz, Magdeburg [3]1823, S. 28. Für diesen Aufsatz wurden hauptsächlich zwei Auflagen dieses Harzreiseführers herangezogen: bei direkten Bezügen zu Ausführungen von Heine die vom ihm genutzte Ausgabe von 1817; ging es hingegen darum, Umstände der Harzreise von 1824 möglichst zeitnah zu rekonstruieren, die aktualisierte Nachfolgeauflage von 1823.

7 Ebd., S. 9f.

8 Ebd., S. 34.

9 DHA, Bd. 6, S. 230. Wenige Tage vor Ankunft Heines in Wernigerode hatte Graf Henrich zu Stolberg-Wernigerode (1772–1854) nach dem Tod seines Vaters Christian Friedrich (1746–1824) dessen Geschäfte als regierender Graf der Grafschaft Wernigerode übernommen. Zwischen dem 14. und 20. September 1824 waren in diesem Zusammenhang verschiedene Festlichkeiten in der Stadt abgehalten worden. Vgl. Uwe Lagatz: Zwischen Ancien Régime und Modernisierung. Graf Henrich zu Stolberg-Wernigerode (1772–1854). Erziehung, Ausbildung und Wirken bis zur Regierungsübernahme im Jahre 1824 (= Studien zur Landesgeschichte, Bd. 10), Halle (Saale) 2003, S. 173.

10 Ebd., S. 87.

11 Friedrich Gottschalck: Taschenbuch 1823, S. 31.

12 DHA, Bd. 6, S. 130.

13 Ebd., S. 105.

14 Friedrich Gottschalck: Taschenbuch 1823, S. 125. Harzbewohner und speziell Harzbewohnerinnen mit „Kröpfen" werden in der zeitgenössischen Literatur des Öfteren erwähnt, wenn es um Personen geht, die in den besonders hoch und abgelegenen Orten des Gebirges lebten. So sprach der harzkundige Publizist Heinrich Pröhle (1822–1895) im Jahre 1857 zum Beispiel von den in Schierke unterm Brocken beheimateten „häßlichen, hexenartigen Frauen, welche durch ihre Kropfbildungen eine traurige Berühmtheit erlangt" hätten. Heinrich Pröhle: Aus dem Harze. Leipzig [2]1857, S. 76. Bei diesen „Kröpfen" handelt es sich um Vergrößerungen der Schilddrüse, die in der Regel durch Jodmangel hervorgerufen werden.

15 Einmal zitierte Heine in der *Harzreise* auch einen weiteren Harzreiseführer, der sich jedoch, so das zeitgenössische Urteil, qualitativ mit dem *Gottschalck* nicht messen konnte. Vgl. DHA, Bd. 6, S. 134; Ferdinand Niemann: Handbuch für Harzreisende, Halberstadt 1824.

16 Vgl. Friedrich Gottschalck: Taschenbuch für Reisende in den Harz, Magdeburg 1806.

17 Die unlängst von Raphaela Brüggenthies für das ausgehende 18. und beginnende 19. Jahrhundert vertretene Position, nach der „Reiseführer und Wanderkarten" im Harz damals „explosionsartig erschienen" seien, ist ebenso stark zu relativieren wie ihre Auffassung zu präzisieren ist,

dass 1743 das „erste Wirtshaus auf dem Brocken" erbaut worden sei. Raphaela Brüggenthies: Heilige Schwelle. Der frühe Heine – ein jüdisch-christliches Itinerarium, Göttingen 2022, S. 320. Alle Zitate ebd. S. 95.

18 DHA, Bd. 6, S. 606.

19 Ebd., S. 99f.

20 Friedrich Gottschalck: Taschenbuch 1823, S. 158.

21 Vgl. DHA, Bd. 6, S. 93.

22 Friedrich Gottschalck: Taschenbuch 1823, S. 134. Deutlich differenzierter beschrieb Gottschalck die schädlichen Auswirkungen des dortigen Hüttenbetriebs für Mensch und Natur in seiner 1800/1801 unter Pseudonym erschienenen Reisebeschreibung. Vgl. Wilhelm Ferdinand Müller: Meine Streifereyen in den Harz und in einige seiner umliegenden Gegenden, Bd. 2, Weimar 1801, S. 90–94.

23 Vgl. u. a. DHA, Bd. 6, S. 518–520.

24 Raphaela Brüggenthies: Heilige Schwelle, S. 320.

25 Ludwig Wallis: Der Göttinger Student, Göttingen 1813, S. 130.

26 Ebd., S. 131.

27 http://www.hhp.uni-trier.de/Projekte/HHP/Projekte/HHP/searchengine/briefe?briefnr=HSA20,15&letterid=W20B0015&lineref=A38_28&mode=2&textpattern=Harz&firsttid=0&widthgiven=30; zuletzt eingesehen am 26.04.2024.

28 http://www.hhp.uni-trier.de/Projekte/HHP/briefe/01briefevon/chron/B1823/index_html?widthgiven=30&letterid=W20B0108&lineref=0&mode=1; zuletzt eingesehen am 26.04.2024.

29 Vgl. Post-Reise-Handbuch, nach den neusten und besten Materialien bearbeitet von Carl Friedrich Jahn, Berlin [3]1824, Anhang von einigen der vorzüglicheren Reiserouten, S. IXf.

30 Zur Genese des Wanderns insgesamt und des Harzwanderns im Speziellen vgl. Claudia Selheim, Frank Matthias Kammel, Thomas Brehm (Hg.): Wanderland. Eine Reise durch die Geschichte des Wanderns, Nürnberg 2018; Uwe Lagatz: „Gebirgige Gegenden werden am sichersten, bequemsten und nützlichsten zu Fuße bereist." Das Wandern im frühen Harz- und Brockentourismus, in: Heinz-Dieter Quack, Nina Dembowski u. Diana Müller (Hg.): Ware Wandern. Zwischen Natur und Kommerzialisierung (= Blickpunkt Wandertourismus, Bd. 5), Berlin 2019, S. 139–155.

31 Christian Friedrich Schroeder: Naturgeschichte und Beschreibung der Baumanns- und Bielshöhle wie auch der Gegend des Unterharzes, Berlin 1796.

32 Vgl. ders.: Abhandlung vom Brocken und dem übrigen alpinischen Gebürge des Harzes, Erster Theil, Dessau 1785.

33 Friedrich Gottschalck: Taschenbuch 1817, S. 29. In den anderen Auflagen des Reiseführers finden sich ähnliche Plädoyers für das bewusste Wandern.

34 Friedrich Gottschalck: Taschenbuch 1806, S. 5f.

35 Ernst Heinrich Zober: Der deutsche Wanderer, Berlin [2]1826, S. 31.

36 http://www.hhp.uni-trier.de/Projekte/HHP/Projekte/HHP/briefe/01briefevon/chron/B1823/index_html?widthgiven=30&letterid=W20B0118&lineref=0&mode=1; zuletzt eingesehen am 26.04.2024.

37 Adolph Glassbrenner: Meine Reise nach dem Harz, in: Aus den Papieren eines Hingerichteten, hg. v. Adolph Glassbrenner, Leipzig 1834, S. 22f.

38 Wernigerode wurde neben Ballenstedt, Blankenburg, Gittelde, Goslar, Herzberg, Ilfeld, Ilsenburg, Lauterberg, Mansfeld, Osterode, Roßla, Seesen und Zorge von Gottschalck als „Eingang" in das Mittelgebirge angesehen. Friedrich Gottschalck: Taschenbuch 1823, S. 35.

39 Friedrich Gottschalck: Taschenbuch 1817, S. 30f.

40 Nanking: Ein nach der chinesischen Stadt Nanjing benannter leinwandartiger Baumwollstoff.

41 Friedrich Gottschalck: Taschenbuch 1806, S. 7. Ähnliche, aber noch differenzierte Hinweise zu Kleidung und Ausrüstung gab auch Zober. Vgl. Ernst Heinrich Zober: Der deutsche Wanderer, S. 22–25.

42 Carl Dörne: Reise von Osterode nach Clausthal. Seitenstück zu H. Heine's „Harzreise", in: Bemerker, Nr. 26, 1826, Beilage zum 138. Blatte des Gesellschafters. Der von Heine nach dieser Beschreibung genutzte Ranzen scheint von minderer Qualität gewesen sein. Zober hatte für den Gepäcktransport beim Wandern ausdrücklich „Ränzel oder Tornister" aus Leder empfohlen, dessen Oberklappe am besten von Seehundsfell ist" und hinzugefügt: „ein grünwachsleinwandner ist von gar keiner Haltbarkeit." Ernst Heinrich Zober: Der deutsche Wanderer, S. 24.

43 DHA, Bd. 6, S. 86.

44 Ebd., S. 97.

45 Ebd., S. 118.

46 Friedrich Gottschalck: Taschenbuch 1817, S. 28.

47 DHA, Bd. 6, S. 120.

48 Friedrich Gottschalck: Taschenbuch 1817, S. 27f.

49 DHA, Bd. 6, S. 135. In den Bruchstücken zur Harzreise sprach Heine sogar von einem „graue[n] Regenmorgen" für die Zeit des Aufbruchs in Elbingerode in Richtung Rübeland. Ebd., S. 231.

50 Rainer Hartmann, Brigitte Stammer, Günter Blümel: Die Harzreise von Heinrich Heine. Göttingen, Goslar, Brocken, Wernigerode, Rübeland, München 2021, S. 34.

51 Raphaela Brüggenthies: Heilige Schwelle, S. 320.

52 Vg.l. Rainer Hartmann, Brigitte Stammer, Günter Blümel: Die Harzreise, S. 35; Raphaela Brüggenthies: Heilige Schwelle, S. 320 u. 413.

53 DHA, Bd. 6, S. 520.

54 Vgl. https://www.stadtarchiv.goettingen.de/personen/harzreise.htm; zuletzt eingesehen am 26.04.2024.

55 Vgl. Christian Liedtke: Heinrich Heines Eintrag im Fremdenbuch der Grube »Dorothea« bei Clausthal, in: Heine-Jahrbuch 2012, Stuttgart 2012, S. 139.

56 Vgl. ebd., S. 137–143. Ein aktueller Nachweis zum Standort des Dokuments erfolgt in: Rainer Hartmann, Brigitte Stammer, Günter Blümel: Die Harzreise, S. 35 u. 130.

57 Vgl. Wernigerödisches Intelligenz-Blatt (= WIB) vom 25. Oktober 1824.

58 Vgl. WIB vom 18. April 1825. Die entsprechenden Listen beruhten nicht etwa auf der Auswertung der Brockenstammbücher, sondern auf „den Wirtschaftsbüchern des Brockenwirts." Walther Grosse: Die Stammbücher des Wolkensacks, in: Zeitschrift des Harzvereins für Geschichte und Altertumskunde, 61. Jg. 1928, S. 120.

59 DHA, Bd. 6, S. 105.

60 Rainer Hartmann, Brigitte Stammer, Günter Blümel: Die Harzreise, S. 36. Die gleiche Position findet sich auch bei Friedrich Dennert und Fritz Mende. Vgl. Friedrich Dennert: Geschichte des Brockens und der Brockenreisen (= Harzzeitschrift, Beiheft 1), Braunschweig 1954, S. 87; Fritz Mende: Heinrich Heine. Chronik seines Lebens und Werkes, Berlin ²1981, S. 47.

61 Raphaela Brüggenthies: Heilige Schwelle, S. 371. Vgl. auch DHA, Bd. 6, S. 520 u. 615f.

62 Weitere Datierungsprobleme bei der Rekonstruktion von Heines Wanderung ergeben sich zum Beispiel im Zusammenhang mit dem Fortgang der Reise nach dem Brockenabstieg. Sicher ist, dass er in einer Gruppe über die Schneelöcher und den Ilsestein nach Ilsenburg gelangte, um von dort nach Wernigerode weiterzulaufen. Fraglich jedoch scheint, ob er hier übernachtete, wie Jost Hermand meinte, oder noch am gleichen Tage bis nach Elbingerode durchlief. In den *Bruchstücken* zur *Harzreise* ist jedenfalls die Rede davon, dass die Gefährten „gleich weiter nach Elbi[n]g[e]rode" gezogen und dort erst „in der Nacht" angekommen seien. Diese Formulierung spricht eindeutig für Variante zwei. Jener Auffassung folgt auch der benannte Kulturreiseführer. DHA, Bd. 6, S. 230f. Vgl. DHA, Bd. 6, S. 520; Rainer Hartmann, Brigitte Stammer, Günter Blümel: Die Harzreise, S. 36. Brüggenthies lieferte zu dieser Problematik keine genaueren Angaben. Vgl. Raphaela Brüggenthies: Heilige Schwelle, S. 389 u. 414.

63 Johannes Praetorius: Blockes-Berges Verrichtung, Leipzig 1668.

64 Friedrich Gottschalck: Taschenbuch 1817, S. 27.

65 Vgl. DHA, Bd. 6, S. 520f.; Raphaela Brüggenthies: Heilige Schwelle, S. 414.

66 Vgl. Friedrich Gottschalck: Taschenbuch 1817, S. 34–64.

67 Ebd., S. 30.

68 Vgl. Rainer Hartmann, Brigitte Stammer, Günter Blümel: Die Harzreise, S. 36.

69 Vgl. DHA, Bd. 6, S. 87 u. 231.

70 Ernst Heinrich Zober: Der deutsche Wanderer, S. 28f.

71 Vgl. DHA, Bd. 6, S. 99.

72 Raphaela Brüggenthies: Heilige Schwelle, S. 341

73 Vgl. Georg Henning Behrens: Hercynia Curiosa, S. 1.

74 Friedrich Gottschalck: Taschenbuch 1817, S. 294.

75 DHA, Bd. 6, S. 135.

76 Georg Henning Behrens: Hercynia Curiosa, S. 139f.

77 Friedrich Gottschalck: Taschenbuch 1817, S. 200f. u. 205.

78 Vgl. DHA, Bd. 6, S. 131–134 u. 228f.

79 Rolf Hagen (Hg.): Stendhal. Tagebuch in Braunschweig, Braunschweig 1964, S. 55.

80 Vgl. Claudia Grahmann, Uwe Lagatz, Norbert Perner: Ilsenburg am Harz. Eine Zeitreise, Wernigerode 2024.

81 DHA, Bd. 6, S. 135f. Auf die Bemerkungen zum Bodetal bei Rübeland in den Bruchstücken wurde schon hingewiesen.

82 Vgl. Matthæus Merian: Topographia vnd Eigentliche Beschreibung der Vornembsten Stäte, Schlösser auch anderer Plätze vnd Örter in denen Herzogthümern Braunschweig vnd Lüneburg, vnd denen dazu gehörenden Grafschafften vnd Landen. Frankfurt a. M. 1654; Uwe Lagatz in Zusammenarbeit mit Claudia Grahmann: Hercynia Curiosa, S. 14, 17 u. 40f.

83 DHA, Bd. 6, S. 136.

84 Zur Situation beider Sehenswürdigkeiten zur Zeit der Harzreise vgl. u. a. Friedrich Gottschalck: Taschenbuch 1823, S. 65–71 u. 235–237.

85 Friedrich Gottschalck: Taschenbuch 1817, S. 306.

86 Ebd., S. 5.

87 Vgl. Friedrich Gottschalck: Die Ritterburgen und Bergschlösser Deutschlands, 9 Bd. Halberstadt 1810–1835. Heinrich Heine hatte, das hat Jost Hermand herausgestellt, während der Arbeit an der *Harzreise* in der Göttinger Bibliothek neben anderen Titeln aus Gottschalcks Burgenreihe die Bände drei bis fünf ausgeliehen. In ihnen wurden einige der Ruinen, wie etwa der Regenstein bei Blankenburg, die in der Nähe seiner Wanderroute lagen, behandelt. Vgl. DHA, Bd. 6, S. 524f.

88 Friedrich Gottschalck: Taschenbuch 1823, S. 235f.

89 Vgl. u. a. Peter Bode unter Mitwirkung von Claudia Grahmann, Uwe Lagatz u. Rainer Schulze: Der Harz, 2016; Peter Bode, Claudia Grahmann, Rainer Schulze: Der Harz. Faszinierende Landschaft in der Grafik von 1830 bis 1870, Wernigerode 2017.

90 Friedrich Gottschalck: Taschenbuch 1817, S. 43. „Bei Neustadt unter der Harzburg" handelt es sich um einen Teil des heutigen Bad Harzburg, beim Wildenplatz um einen Viehhof „an der Straße von Harzburg nach Zellerfeld" und beim Borkenkrug um „ein Forsthaus, Wirthshaus, auch Viehhof" in der heutigen Ortslage Torfhaus. Ebd., S. 122, 232–235 u. 359. Von Torfhaus war Goethe im Dezember 1777 zu seiner Winterbesteigung des Brockens aufgebrochen.

91 DHA, Bd. 6, S. 116.

92 Heinrich Berghaus: Führer im Harz, Potsdam 1846, S. 157.

93 V.gl. WIB vom 20. Januar 1834.

94 DHA, Bd. 6, S. 116. Die extremen Klimaverhältnisse auf dem Gipfel und Baumängel führten dazu, dass der Turm des Brockenhauses im Zuge einer grundhaften und von 1834 bis 1837 bei laufendem Betrieb andauernden Sanierung des gesamten Gebäudes abgetragen werden musste. Als Ausguck diente in der Folgezeit ein freistehender, knapp 15 Meter hoher hölzerner Turm, der mit Bleiplatten zum Schutz vor Stürmen beschwert wurde.

95 Vgl. DHA, Bd. 6, S. 116.

96 Carl Eduard Nehse: Der Brocken und seine Merkwürdigkeiten, Wernigerode 1840, S. 32f.

97 DHA, Bd. 6, S. 117.

98 Raphaela Brüggenthies: Heilige Schwelle, S. 371. Die Auffassung gilt es vor allem aus zeitgenössischer Perspektive zu hinterfragen, da die Brockenbesitzer sicher nicht daran interessiert gewesen sein konnten, dass Berg und Wirtshaus derart in Verruf kommen. In diesem Sinne ist auch die Notiz des Grafen Henrich zu Stolberg-Wernigerode auf einer einzelnen erhalten gebliebenen Seite des Brockenstammbuchs bzw. der Gästeliste aus dem Jahre 1813 zu verstehen: „Diese Gesellschaft verdient in den Annalen der Brockenbesucher bemerkt zu werden, da sich dieselbe so ungebührlich aufgeführt u[nd] einen solchen gemeinen Lärm gemacht hat, daß alle Gäste sich darüber bei mir beklagt haben. Ich erwarte daher dieses zur Notiz für mich zurück." Uwe Lagatz unter Mitwirkung von Claudia Grahmann: Der Brocken, S. 116f.
Überhaupt erweckt Raphaela Brüggenthies bei ihrer Kennzeichnung des damaligen Brockentourismus den Anschein, etwas über das Ziel hinausgeschossen zu sein. Nein, Wirt Gerlach „trommelte" eben nicht die Hausgäste, wie behauptet, „am Morgen pünktlich zum touristischen must-see zusammen und verkaufte das Erlebnis losgelöst vom Ereignis", sondern er weckte sie, weil sie schlicht den Sonnenaufgang auf dem Berg mit eigenen Augen erleben wollten. So kann auch nicht die Rede davon sein, dass auf solche Weise „die individuelle Reiseerfahrung pervertiert" und „zu einer massentouristischen Pflichterfüllung" geworden sei, in deren Kontext „Reiseführer das sightseeing-Programm vorschreiben und den Reisenden fremdbestimmen" würden. Raphaela Brüggenthies: Heilige Schwelle, S. 377.
Auch an anderer Stelle neigte die Autorin zu sehr aufgeladenen Deutungen. Dies gilt beispielsweise für den Abschnitt, in welchem sie Heines literarische Verarbeitung der an der Ilse gewonnenen Eindrücke interpretierte. Hier schrieb sie ihm beispielsweise „eine orgastische Erfahrung" zu, „in der akustische in optische Adjektive transsubstantiieren und die niederprasselnden Wasserstrahlen den Dichter wie ein Bündel Amorpfeile durchdringen", um zu schlussfolgern: „Im Grunde genommen setzt sich im Ilsetal fort, was das unerfreuliche Intermezzo auf dem Brocken unterbrochen hatte: die Vermählung mit dem Harz." Ebd., S. 383.

99 DHA, Bd. 6, S. 129.

100 Die Originale der Zeit liegen nicht mehr vor. Jost Hermand vermutete, dass Heine keinen Eintrag verfasst habe. Er begründete das dahingehend, dass Brockenwirt Nehse in der von ihm 1850 besorgten Ausgabe der Brockenstammbuch-Auszüge einen entsprechenden Beleg sicher aufgenommen hätte. Vgl. DHA, Bd. 6, S. 520.

101 Ebd., S. 130 u. 122.

102 http://www.hhp.uni-trier.de/Projekte/HHP/Projekte/HHP/briefe/01briefevon/chron/B1823/index_html?widthgiven=30&letterid=W20B0136&lineref=0&mode=1; zuletzt eingesehen am 26.04.2024.

103 DHA, Bd. 6, S. 92.

104 Ebd., S. 130.

105 Friedrich Gottschalck: Taschenbuch 1823, S. 124.

103 Renate Stauf: „Der Brocken ist ein Deutscher". Zeitkritik, Literatur und Satire in Heines Harzreise, in: Literarische Harzreisen. Bilder und Realität einer Region zwischen Romantik und Moderne, hg. v. Cord-Friedrich Berghahn u. a. (= Braunschweiger Beiträge zur deutschen Sprache und Literatur, Bd. 10), Bielefeld 2008, S. 118.

Heinrich und Ilse – Seite 109 bis 124

1 Heinrich Heine: Die Harzreise (1824), in: Ders.: Sämmtliche Werke. Bd. 1: Reisebilder. Erster Theil, Hamburg 1873, S. 1–123, hier S. 109.

2 Vgl. E. Jacobs: Ausweisung der Juden aus der Grafschaft Wernigerode, in: Harzverein für Geschichte und Altertumskunde (Zeitschrift des Harz-Vereins für Geschichte und Altertumskunde, hg. v. Ed Jacobs, 24. Jg.) 1891, S. 508f.

3 Artur Fürst: Die gefangene Ilse, Schierke 1923, in: Peter Schulze: Die Halberstädter Kaufmanns- und Unternehmerfamilie Hirsch (Juden in Halberstadt. Geschichte, Ende und Spuren einer ausgelieferten Minderheit, hg. v. Verein zur Bewahrung jüdischen Erbes in Halberstadt und Umgebung e. V., Bd. 8), Halberstadt 2004, S. 40ff..

4 Heine: Harzreise (wie Anm. 1), S. 111.

5 Fürst: Die gefangene Ilse (wie Anm. 3).

6 Heine: Harzreise (wie Anm. 1), S. 111.

7 Fürst: Die gefangene Ilse (wie Anm. 3).

8 Vgl. BauA H, A 5719, A 5721, A 5727 und A 1801, Bauakten Bakenstraße 20, 22 und 28 und Vogtei 6; StA H, Stadtbauamt 2/2719 und 2/2720, Bauakten Weingarten 5.

9 Chronik der Familie Meyer-Sust, zusammengestellt von Wolf Meyer, Halberstadt 1882, LBI Manuscript Collection AR 3165. CJH_ALEPH000195496.

10 Menko Max Hirsch: Heb. – Übersetzung „Mit Gottes Hilfe", Typoskript, Halberstadt o. J. Sammlung MMA.

11 Auerbach studierte in Bonn und Marburg, promovierte aber in Gießen am 28. Juli 1834.

12 Hirsch: Mit Gottes Hilfe (wie Anm. 10).

13 Die Neo-Orthodoxie formierte sich im 19. Jahrhundert in Abgrenzung zur Bewegung des Reformjudentums. Ihr Leitsatz „Torah im Derech Eretz", Torah in Verbindung mit den Gepflogenheiten des Landes, postulierte die Einhaltung des Religionsgesetzes bei gleichzeitiger Öffnung für das weltliche Wissen und die nichtjüdische Kultur. Dieser Ansatz unterstrich den Wunsch nach Teilhabe an der Umgebungsgesellschaft und einer gleichberechtigten Existenz als deutsche Staatsbürger jüdischen Glaubens.

14 Joseph Hirsch: Benjamin Hirsch, Aufzeichnungen und Erinnerungen zur Geschichte der Familien Hirsch und Auerbach und anderer Mitglieder der Halberstädter Gemeinde, o. O. und o. J. Ausgewählte Kapitel in der Übersetzung ins Deutsche von Helmuth Mainz, Typoskript o. O. 1950, S. 16. Sammlung MMA. Das Gebet „Ja'aleh" ist Teil der Liturgie des Abendgottesdienstes zum Beginn des Feiertages Jom Kippur und beginnt mit den Worten „Ja'aleh tachanunenu", zu Deutsch: Möge unser Bitten hinaufsteigen.

15 12. Aw [5]680 – der 20. Juni ist vermutlich ein Irrtum, der 12. Aw fiel 1920 auf den 27. Juli. Siegfried M. Auerbach (The Auerbach Family, London 1957) gibt den 27. Juli als Todestag an. Auch die Todesanzeige der Familie nennt den 27. Juli als Todestag, vgl. Israelitisches Familienblatt 22 (1920) 32, 5. August 1920, S. 5.

16 Hirsch: Mit Gottes Hilfe (wie Anm. 10).

17 Vgl. Markus Weber: „Das ist Deutschland und es gehört uns allen". Juden zwischen Akzeptanz und Verfolgung im Kurort Bad Harzburg, Braunschweig 2016.

18 Diese Synagoge wurde 1935/36 abgerissen.

19 Sammy Gronemann: Erinnerungen, hg. v. Joachim Schlör, Berlin 2002, S. 93f.

20 Wolf oder Wilhelm Lande (1869, Litauen – 1951, USA).

21 Siegfried Lasch (1900, Halberstadt – 1972, New York): Lebenserinnerungen, Typoskript, New York 1963, Teil 3, S. 12f. Sammlung MMA.

22 Erna Robey: Memories from a small mountain resort, Typoskript 1986, S. 2. Sammlung MMA. Im Original: 'They looked very different from us city kids. The girls wore dark-colored cotton dresses, and the boys' shirts and pants were homemade. Their black stockings and their shoes were rough. The girls wore their hair in plain braids; mine was cut short and a huge black taffeta bow crowned my head.'

23 Dies.: First-time skiing, Typoskript 1985, S. 3f. Sammlung MMA. Im Original: 'Inside, we were surrounded by staring faces. "Where did you come from?" "How did you find the inn?" "How did you make it up here?" "You are lucky that you didn't get lost in that snow storm!" We had not been aware that we really had been in some danger, and now we felt like heroes. We sat down to a bowl of hot "Ski soup"; split peas with sliced up franks. Full of warm soup, thawing out, and feeling comfortable and cozy, we talked of our adventure and listened to the tales of the others.'

24 Lawrence Fried, vormals Ludwig Friedländer (1923, Halberstadt – unbekannt): A Memoir, Typoskript 2015, S. 25f. Sammlung MMA. Im Original: 'My parents took me skiing in the Harz mountains sometimes. No downhill, of course, strictly cross-country with bear-trap bindings and hickory or worse maybe, ash skis plus wax. The ski poles were solid wooden sticks. Also hiking in the Harz in summer. To get there and back we took the train to one city, returning from another city.'

25 Harry Price (1881–1948) war ein Londoner Parapsychologe und Autor. Im Goethejahr 1932 reiste Price in den Harz zum Brocken, um mit dem Hexenexperiment ein schwarzmagisches Ritual anzuleiten, in dessen Verlauf sich eine Ziege in einen jungen Mann verwandeln sollte.

26 Hermann Schwab: My Life. Written from 1943 onwards, London [1960?], Typoskript, LBI Memoir Collection ME 584, CJH_ALEPH000201058, S. 85f. Im Original: 'There was a rumour in 1931 that a gentleman in London, Mr. Harry Price, intended to visit the ‚Brocken', the highest summit of the Harz, in 1932 and to perform on its top an experiment taken from a 15th century ‚book of miracles ': the transformation of a goat into a youth. The whole nonsense was accompanied by a lot of mystical preparations and transactions. I made inquiries in London. Mr. Price confirmed the rumour and explained that he was undertaking the performance as part of his „fight against superstition". Mr. Price was the owner of the biggest library concerning mysticism and the occult which is now in the possession of London University.
One night in January 1932 telephone calls came from the Berlin offices of the Daily Mail, the News Chronicle and Reuter's asking what was happening on the Brocken. I told them that at the moment the Brocken was deep in snow and ice and nothing had happened, but in about six months time the magician from London would appear. So it was.
In time Mr. Price and his entourage came to Germany. I went with them to a reception at the town hall in Halberstadt. The great moment came on a Saturday night: Mama, Ady and I arrived on Friday afternoon together with our meals for the Shabbat. During the evening there was a rehearsal. From one window of the Brocken Hotel our Sabbath-lights peacefully shone on to the masquerade before our eyes. I am sure, that never before had the ‚Brocken' been thus illuminated. It was not magic from the 15th century, but our heritage of 4,000 years. The performance took place on Saturday night in the presence of many visitors, and some of them seemed surprised that the he-goat remained a he-goat. At midnight I made my telephone calls to Berlin; and the news appeared in London in the Sunday papers.'

27 Ebd., S. 84f. Im Original: 'Another inauguration of a railway was the start of the Funicular from Harzburg to the ‚Burgberg' which dominates the East Harz. On its top there was a small monument bearing an inscription of words spoken by Bismarck in the ‚Reichstag' in 1872: ‚Nach Canossa gehen wir nicht' (we don't go to Canossa) in his fight against the ‚Zentrum' (the Roman Catholic party). It was an allusion to the way of repentance of the German Emperor Henry IV to Pope Gregor VII in in [sic!] 1072. Unfortunately beautiful Harzburg in the thirties became a stronghold not of Canossa, but of the „Harzburger Front".'

28 Heine: Harzreise (wie Anm. 1), S. 4.

„Der Brocken ist ein Deutscher" – Seite 125 bis 139

1 Heinrich Heine: Die Harzreise, in: Düsseldorfer Heine-Ausgabe, Band 6 (im Folgenden DHA 6), S. 117f.

2 Ebd., DHA 8.1, S. 497.

3 Theodor Fontane, zitiert nach Manfred Nöbel, Nachwort, in: David Kalisch, Wilhelm Tell in Posemuckel, hrsg. von Manfred Nöbel, Berlin 1987, S. 154.

4 Der Vater des Kladderadatsch, der Begründer der Berliner Posse. Ein Erinnerungs-Blatt von Max Ring. Mit dem Bildniß von David Kalisch, Berlin 1875, S. 6.

5 Heines Werke. Sekundarausgabe, Werke. Briefwechsel, Bd. 7, Über Frankreich 1831–1837, Berichte über Kunst und Politik, bearb. von Fritz Mende, hrsg. von den Nationalen Forschungs- und Gedenkstätten der klassischen deutschen Literatur in Weimar und dem Centre National de la Recherche Scientifique in Paris, Berlin/Paris 1970, S. 103.

6 Der Vater des Kladderadatsch, der Begründer der Berliner Posse. Ein Erinnerungs-Blatt von Max Ring. Mit dem Bildniß von David Kalisch, Berlin 1875, S. 9f., 12.

7 Theaterkritik der Vossischen Zeitung vom 28. Dezember 1847, unterzeichnet mit A.T.W., zitiert in: David Kalisch: Hunderttausend Taler. Altberliner Possen 1846–1848, Bd. 1, hrsg. und mit einem Vorwort versehen von Manfred Nöbel, Berlin 1988, S. 14.

8 Gottfried Keller an Hermann Hettner, 4. März 1851, in: Gottfried Keller. Gesammelte Briefe. Herausgegeben von Carl Helbling, Bern 1950, Band 1, S. 355f.

9 Zitiert in: ebd., S. 21.

10 Manfred Nöbel, Nachwort, in: David Kalisch, Wilhelm Tell in Posemuckel. Satirisches aus dem Kladderadatsch, Berlin 1987, S. 151.

11 Ders., Vorwort, in: Hunderttausend Taler. Altberliner Possen 1846–1848, Bd. 1, hrsg. und mit einem Vorwort versehen von Manfred Nöbel, Berlin 1988, S. 15.

12 Ebd.

13 Die Gelehrten des Kladderadatsch [o. Verf.], in: Die Gartenlaube. Illustrirtes Familienblatt, Heft 31 (1863), S. 495–496, hier S. 495.

14 Ebd.

15 Ebd., S. 495f.

16 Ebd., S. 496.

17 Zum historischen Kontext. Das erste Bild zeigt diejenigen deutschen Staaten unter Ausschluss Österreichs, die durch das Band des Zollvereins – von Bismarck ab 1862 offen als Instrument preußischen Hegemoniestrebens benutzt – zusammengehalten werden. Nach der Auflösung des Deutschen Bundes (2. Bild) annektierte Preußen am 20. September 1866 Hannover, Hessen-Nassau, Kurhessen und Frankfurt am Main (3. Bild) und gründete zur Befestigung seiner Vormachtstellung den Norddeutschen Bund. Bismarck lehnte die Ausweitung des Norddeutschen Bundes südlich der Main-Linie aus außen- und innenpolitischen Gründen zunächst ab. Allerdings waren die Staaten Württemberg, Baden, Bayern (mit Raupenhelm) und Hessen-Darmstadt bereits über geheime Schutz- und Trutzbündnisse an den entstehenden Norddeutschen Bund gebunden und konnten schon aus wirtschaftlichen Gründen (Zollverein) kaum anders, als sich „freiwillig" mit dem Norddeutschen Bund zusammenzutun.

Bildnachweis

Umschlagtitel:	Bildnis des Heinrich Heine, Radierung von Eduard Mandel (1850) nach einer Zeichnung von Franz Theodor Kugler (1829) Gleimhaus Halberstadt – Museum der deutschen Aufklärung
Vor- und Nachsatz:	Fritsch, Johann Heinrich: Charte vom Harz, neu herausgegeben 1817, Beilage zu: Gottschalck, Friedrich: Taschenbuch für Reisende in den Harz, Magdeburg ^{2}1817. (Ausschnitte), Privatsammlung Wernigerode
Seite 10	Privatsammlung Wernigerode
Seite 12	Norbert Perner

Beitrag Joseph A. Kruse

S. 15, Abb. 1	Hamburger Kunsthalle
S. 16, Abb. 2	aus: „Heinrich Heine - Aus seinem Leben und aus seiner Zeit" von Gustav Karpeles, Leipzig 1899
S. 17, Abb. 3	aus: „Heinrich Heine - Aus seinem Leben und aus seiner Zeit" von Gustav Karpeles, Leipzig 1899
S. 18, Abb. 4	Universitätsbibliothek Göttingen
S. 19, Abb. 5	histomania.com
S. 20, Abb. 6	Ukrainische Buchkammer, Kiew
S. 21, Abb. 7	zeno.org
S. 21, Abb. 8	Suhrkamp Verlag
S. 24, Abb. 9	Staatliche Kunstsammlungen Dresden

Beitrag Irmela von der Lühe

S. 26, Abb. 1	Nationalbibliothek Warschau
S. 27, Abb. 2a+b	Bayerische Staatsbibliothek München
S. 28, Abb. 3	Internet Archive
S. 28, Abb. 4	Wikimedia Commons
S. 29, Abb. 5	New York Public Library
S. 29, Abb. 6	German History in Documents and Images (GHDI)
S. 30, Abb. 7	Niedersächsisches Landesarchiv
S. 30, Abb. 8	Salomon Ludwig Steinheim Institut
S. 31, Abb. 9	College of Charleston Libraries
S. 32, Abb. 10	Nationalbibliothek Warschau
S. 32, Abb. 11	Google Books
S. 33, Abb. 12	Bayerische Staatsbibliothek München

S. 34, Abb. 13	Goethe Museum Frankfurt
S. 35, Abb. 14	Universitätsbibliothek Göttingen
S. 35, Abb. 15	Universitätsbibliothek Göttingen
S. 36, Abb. 16	Sammlung Engelbert Maus
S. 38, Abb. 17	Privatsammlung Hamburg
S. 39, Abb. 18a+b	Privatsammlung Hamburg
S. 40, Abb. 19	Kulturstiftung Wernigerode
S. 42, Abb. 20	Norbert Perner

Beitrag Uwe Lagatz

S. 43, Abb. 1	Norbert Perner
S. 44, Abb. 2	Privatsammlung Wernigerode
S. 45, Abb. 3	Privatsammlung Hamburg
S. 46, Abb. 4	Privatsammlung Wernigerode
S. 48, Abb. 5	Oberharzer Bergwerksmuseum Clausthal-Zellerfeld
S. 49, Abb. 6	Privatsammlung Hamburg
S. 49, Abb. 7	Privatsammlung Engelbert Maus
S. 51, Abb. 8	Privatsammlung Wernigerode
S. 52, Abb. 9	Privatsammlung Hamburg
S. 54, Abb. 10	aus: Langner, Leopold: Leopold Fröhlichs Universal-Reise-Taschenbuch, Berlin [4]um 1835.
S. 55, Abb. 11	Staatliche Museen zu Berlin, Kupferstichkabinett
S. 57, Abb. 12	Niedersächsisches Landesarchiv
S. 58/59, Abb. 13	Stadtarchiv Wernigerode
S. 60, Abb. 14	Harzmuseum Wernigerode
S. 61, Abb. 15	aus: Praetorius, Johannes: Blockes-Berges Verrichtung, Leipzig 1668.
S. 62, Abb. 16	Harzmuseum Wernigerode
S. 63, Abb. 17	Harzmuseum Wernigerode
S. 64, Abb. 18	Privatsammlung Hamburg
S. 66, Abb. 19	Kulturstiftung Wernigerode
S. 67, Abb. 20	Harzmuseum Wernigerode
S. 68, Abb. 21	Privatsammlung Wernigerode
S. 70, Abb. 22	Harzmuseum Wernigerode

S. 71, Abb. 23	Privatsammlung Hamburg
S. 72, Abb. 24	Kulturstiftung Wernigerode
S. 25, Abb. 25	Uwe Lagatz

Bilderreise Uwe Lagatz und Norbert Perner

S. 74–77, Abb. 1–3	Privatsammlung Wernigerode
S. 78–80, Abb. 4–8	Norbert Perner
S. 81, Abb. 9	Kulturstiftung Wernigerode
S. 82, Abb. 10–11	Norbert Perner
S. 83, Abb. 12	Kulturstiftung Wernigerode
S. 84-85, Abb. 13–15	Norbert Perner
S. 86, Abb. 17–18	Privatsammlung Wernigerode
S. 87–89, Abb. 19–23	Norbert Perner
S. 90, Abb. 24	Harzmuseum Wernigerode
S. 90, Abb. 25	Norbert Perner
S. 91, Abb. 26	Uwe Lagatz
S. 91, Abb. 27	Norbert Perner
S. 92, Abb. 28	Privatsammlung Wernigerode
S. 93–95, Abb. 29–33	Norbert Perner
S. 95, Abb. 34	Uwe Lagatz
S. 96, Abb. 35	Norbert Perner
S. 97, Abb. 36	Privatsammlung Wernigerode
S. 97–99, Abb. 37–40	Norbert Perner
S. 100, Abb. 41	Privatsammlung Wernigerode
S. 100–101, Abb. 42–44	Norbert Perner
S. 102, Abb. 45	Harzmuseum Wernigerode
S. 102, Abb. 46	Uwe Lagatz
S. 103, Abb. 47	Privatsammlung Wernigerode
S. 103, Abb. 48	Uwe Lagatz
S. 104, Abb. 49	Harzmuseum Wernigerode
S. 104, Abb. 50	Uwe Lagatz
S. 105, Abb. 51–52	Norbert Perner
S. 106, Abb. 53	Privatsammlung Wernigerode

S. 106, Abb. 54	Uwe Lagatz
S. 107, Abb. 55–56	Norbert Perner

Beitrag Jutta Dick

S. 109–110, Abb. 1–3	Moses Mendelssohn Akademie/Berend Lehmann Museum
S. 111, Abb. 4	Norbert Perner
S. 112, Abb. 5	Salzgitter AG-Konzernarchiv
S. 112, Abb. 6	Moses Mendelssohn Akademie/Berend Lehmann Museum
S. 113–114, Abb. 7–10	Nobert Perner
S. 115–121, Abb. 11–15	Moses Mendelssohn Akademie/Berend Lehmann Museum
S. 122, Abb. 16	moviebreak.de

Beitrag Elke-Vera Kotowski

S. 125, Abb. 1	Norbert Perner
S. 126, Abb. 2	Bayerische Staatsbibliothek München
S. 127, Abb. 3	aus: Der Vater des Kladderadatsch, der Begründer der Berliner Posse. Ein Erinnerungs-Blatt von Max Ring. Mit dem Bildniß von David Kalisch, Berlin 1875
S. 128, Abb. 4	Wikimedia Commons
S. 128, Abb. 5	Wikimedia Commons
S. 128, Abb. 6	Universitätsbibliothek Heidelberg
S. 130, Abb. 7	aus: Adolf Glassbrenner: Berlin wie es ist und - trinkt. 1834–1848
S. 130, Abb. 8	Zentralbibliothek Zürich
S. 131, Abb. 9	Wikimedia Commons
S. 132–33, Abb. 10–12	Universitätsbibliothek Heidelberg
S. 134, Abb. 13	Bayerische Staatsbibliothek München
S. 135, Abb. 14	aus: Der Vater des Kladderadatsch, der Begründer der Berliner Posse. Ein Erinnerungs-Blatt von Max Ring. Mit dem Bildniß von David Kalisch, Berlin 1875
S. 136, Abb. 15	Universitätsbibliothek Heidelberg
S. 137, Abb. 16	Wikimedia Commons
S. 137, Abb. 17	Theatermuseum Wien
S. 137, Abb. 18	Österreichische Nationalbibliothek Wien
S. 138, Abb. 19	aus: Georg Bötticher, Allotria, Leipzig 1893
S. 139, Abb. 20	aus: Schultze und Müller im Harz. Humoristische Reisebilder, Berlin 1853

Transkript Wilhelm Ferdinand Müller

S. 142, Abb. 1	Privatsammlung Wernigerode
S. 145, Abb. 2	Norbert Perner
S. 148–149, Abb. 3–4	Domschatz Quedlinburg, Fotos Norbert Perner
S. 151, Abb. 5	Privatsammlung Hamburg
S. 152, Abb. 6	Norbert Perner
S. 153, Abb. 7	Privatsammlung Hamburg
S. 157, Abb. 8	Privatsammlung Hamburg
S. 159, Abb. 9a	Harzmuseum Wernigerode
S. 159, Abb. 9b	Uwe Lagatz
S. 160, Abb. 10a und b	Norbert Perner
S. 161, Abb. 11	Privatsammlung Hamburg
S. 162-163, Abb. 12-13	Norbert Perner
S. 164, Abb. 14	Elger Graf zu Stolberg-Wernigerode
S. 165–166, Abb. 15–16	Privatsammlung Hamburg
S. 169, Abb. 17	Uwe Lagatz
S. 170–173, Abb. 18–19	Norbert Perner
S. 174, Abb. 20	Uwe Lagatz
S. 178, Abb. 21	Harzmuseum Wernigerode
S. 180, Abb. 22	Privatsammlung Hamburg
S. 182. Abb. 23	Uwe Lagatz
S. 185, Abb. 24	Privatsammlung Hamburg
S. 188, Abb. 25	Norbert Perner
S. 191–194, Abb. 26–28	Privatsammlung Hamburg
S. 195, Abb. 29	Norbert Perner
S. 196, Abb. 30	Privatsammlung Hamburg
S. 197–199, Abb. 31–32	Norbert Perner
S. 200, Abb. 33	Harzmuseum Wernigerode
S. 203–206, Abb. 34–36	Privatsammlung Hamburg
S. 209–211, Abb. 37–38	Norbert Perner

Transkript Adolph Glassbrenner

S. 214, Abb. 1	Digitale Landesbibliothek Berlin
S. 217, Abb. 2	Norbert Perner
S. 219, Abb. 3	Privatsammlung Dieter Beyer
S. 220, Abb. 4	Norbert Perner
S. 223, Abb. 5	Kulturstiftung Wernigerode
S. 224, Abb. 6	Norbert Perner
S. 225, Abb. 7	Harzmuseum Wernigerode
S. 226, Abb. 8	Privatsammlung Hamburg
S. 227, Abb. 9	Uwe Lagatz
S. 228, Abb. 10	Privatsammlung Hamburg
S. 230, Abb. 11	Privatsammlung Wernigerode
S. 233, Abb. 12	Kulturstiftung Wernigerode
S. 234, Abb. 13	aus: Hallbauer, Carl: Die Bielshöhle bei Rübeland am Harz, Braunschweig 1842.
S. 235, Abb. 14	Harzmuseum Wernigerode
S. 236, Abb. 15	Harzmuseum Wernigerode
S. 237, Abb. 16	Uwe Lagatz
S. 238, Abb. 17	Harzmuseum Wernigerode
S. 239, Abb. 18	Norbert Perner

Transkript David Kalisch

Alle Abbildungen aus: Schultze und Müller im Harz. Humoristische Reisebilder, Berlin 1853, Privatsammlung Wernigerode

Autorinnen und Autoren

Olaf Ahrens
Germanist und Historiker. Nach längerer Tätigkeit im Tourismusmarketing in Magdeburg und bei Hannover wechselte er zum Kulturmanagement. Seit 2016 leitet er das Stadtarchiv, die Stadtbibliothek und das Harzmuseum in Wernigerode.

Jutta Dick
Germanistin und Historikerin. Nach Stationen an der Alten Synagoge Essen und dem Salomon Ludwig Steinheim-Institut in Duisburg war sie ab 1995 Direktorin der Stiftung Moses Mendelssohn Akademie und des Berend Lehmann Museums für jüdische Geschichte und Kultur in Halberstadt, wo sie noch immer im Vorstand tätig ist.

Sarah Jaglitz
Historikerin und Judaistin. Sie forscht zur deutsch-jüdischen Geschichte des 19. Jahrhunderts und ist Referentin bei der Moses Mendelssohn Stiftung.

Elke-Vera Kotowski
Historikerin und Kulturwissenschaftlerin im Bereich der Jüdischen Studien mit dem Schwerpunkt deutsch-jüdische Beziehungs- und Exilgeschichte. Langjährige Mitarbeiterin am Moses Mendelssohn Zentrum für europäisch-jüdische Studien und Lehrbeauftragte an der Universität Potsdam. Seit 2021 ist sie Chefkuratorin der Moses Mendelssohn Stiftung.

Joseph A. Kruse
Literaturwissenschaftler und langjähriger Direktor des Heinrich-Heine-Instituts in Düsseldorf. Mitarbeiter an der historisch-kritischen Düsseldorfer Heine-Ausgabe (DHA) und Herausgeber des Heine-Jahrbuchs (1977–2009) sowie Mitglied der Heinrich-Heine-Gesellschaft. Seit 2024 ist er Träger der Moses Mendelssohn Medaille.

Uwe Lagatz
Pädagoge und Historiker, langjährige Tätigkeit in der Lehramtsausbildung des Landes Sachsen-Anhalt für das Fach Geschichte am Staatlichen Seminar und an der Universität Magdeburg, Forschungsinteressen: Historie des Harzraumes, früher Tourismus.

Norbert Perner
Grafikdesigner und Fotograf, Inhaber und Geschäftsführer einer Werbeagentur bis 2023, Printmedien und Ausstellungsdesign, Repro-, Architektur-, und Landschaftsfotografie, zur Zeit Freiberufler in Magdeburg.

Irmela von der Lühe
Professorin für Neuere deutsche Literatur an der Freien Universität Berlin (bis 2012) und seit 2013 Senior Advisor am Selma Stern Zentrum für Jüdische Studien Berlin-Brandenburg. Ihre Forschungsschwerpunkte liegen im Bereich der deutsch-jüdischen Literatur- und Kulturgeschichte, der Literatur des Exils und der Shoah, der Literaturgeschichte weiblicher Autorschaft sowie der Thomas Mann-Familie.

Danksagung

Wir möchten den Leihgebern, Bildrechteinhabern, Unterstützern und Förderern dieses Projekts ganz herzlich danken. Ohne die finanzielle Unterstützung des Landes Sachsen-Anhalt (Staatskanzlei und Ministerium für Kultur) und die Kofinanzierung durch die Moses Mendelssohn Stiftung, Berlin, wären Katalog und Ausstellung nicht möglich gewesen.

Besonderer Dank gilt der Brockenhaus gGmbH, dem Gleimhaus Halberstadt, dem Heimat- und FIS-Skimuseum Braunlage, der Kulturstiftung Wernigerode, dem Oberharzer Bergbaumuseum Clausthal-Zellerfeld, dem Museum Weißenfels, dem Niedersächsischen Landesarchiv, der Schloß Wernigerode GmbH und dem Stadtarchiv Göttingen sowie der Kulturstiftung Sachsen-Anhalt (Kloster Michaelstein). Wir bedanken uns zudem beim Verlag Hentrich & Hentrich für die Bereitschaft, den vorliegenden Katalog ins Programm zu nehmen und damit für eine nationale und internationale Verbreitung zu sorgen.

Die Transkriptionen übernahmen Katrin Schröder und Mandy Krause.

Wir danken zudem Dr. Peter Bode, Uri Faber, Jörg Felgner, Claudia Grahmann, Peter Grunwald, Dr. Christian Juranek, Dr. Reimar Lacher, Engelbert Maus, Isabell Radecke-Aurin, Ulrich Reiff, Sabine Riemenschneider, Rainer Schulze, Frederik Stenger sowie Annette Grundmeier, Ulrike Hofmüller, Steffi Hoyer, Andrea Jäger und Simon Raulf.

Impressum

Das Projekt „Heine im Harz“ wurde gefördert von der Moses Mendelssohn Stiftung
Fasanenstraße 3, 10623 Berlin

Die Deutsche Nationalbibliothek verzeichnet diese Publikation in der Deutschen Nationalbibliografie; detaillierte Daten sind im Internet über https://portal.dnb.de/ abrufbar.

Herausgeber: Elke-Vera Kotowski und Uwe Lagatz in Verbindung mit dem Harzmuseum Wernigerode

Klint 10
38855 Wernigerode

Hentrich & Hentrich Verlag Berlin Leipzig
Inh. Dr. Nora Pester
Capa-Haus
Jahnallee 61
04177 Leipzig
info@hentrichhentrich.de
www.hentrichhentrich.de

Gestaltung: Norbert Perner, Magdeburg
Druck: optimal media, Röbel/Müritz

1. Auflage 2024

Printed in Germany

ISBN 978-3-95565-676-8